대동강의 십자가

하늘씨앗 미림 유계준 장로

| 김호민 지음 |

유계준 장로
순교기념비
대동강의 십자가

쿰란출판사

1900년대 초 평양

1937년 정월 초하루 평양산정현교회 제직원

순교신앙의 보루 평양산정현교회

3·8선

임시정부 상해판 독립신문

옥천부원군 문희공 유창

강릉유씨 해천재

유계준 장로

미림 유계준 장로 순교기념비(경기도 고양시)

인헌 유기원 국립의료원장

고암 유기선 박사

월송 유기천 서울대학교 총장

현재의 산정현교회 전경

설립 110주년 기념 순교기념비 제막

순교기념비 제막식 축사

Living Water School 준공식

또 하나의 밀알(유정근 장로 가족)

대동강의 십자가

하늘씨앗 미림 유계준 장로

| 김호민 지음 |

유계준 장로
순교기념비
대동강의 십자가

쿰란출판사

추천사

　한국 땅에 전래된 복음의 씨앗은 싹을 틔우고 자라서 이 땅 방방곡곡에 교회당을 세우고 예수 그리스도의 복음을 증거하게 됨으로써 전 세계에서 유례를 찾아보기 어려울 만큼 교회성장의 큰 열매를 맺게 되었습니다. 1960년대로부터 1980년대에 이르기까지 한국교회는 눈부신 성장을 거듭하여 온 세계 교회로부터 주목을 받았습니다. 그러나 한국교회는 오직 성장지상주의, 현세적 기복주의에 빠져 교회의 사회적인 책임을 등한시하는 교회가 되고 말았습니다. 이는 많은 부작용을 낳게 되었고, 오늘에 이르러서는 세상으로부터 비판을 받는 교회가 되게 했습니다.

　마르틴 루터의 종교개혁 500주년을 맞이한 이때 한국교회는 너도나도 교회개혁을 부르짖고 있습니다. 그러나 아직도 무엇을 어떻게 개혁해야 하는가를 구체적으로 깨닫지 못하고 있을 뿐 아니라, 개혁의 의지 또한 심히 부족한 현실임을 보게 됩니다. 교회의 개혁은 지난날의 잘못을 통감하고 회개하는 마음이 없이는 구호에 그치기 쉬운 것이 사실입니다. 단순히 교회의 구조나 체제의 변화를 꾀하는 것으로는 교회의 갱신이 이루어질 수 없습니다.

　오늘의 한국교회는 사도행전이 보여주고 있는 초기 교회의 모습을 자세히 살펴봄으로써 교회의 참 모습은 무엇이어야 하는가를 깨닫고, 초기 한국교회의 모습을 살펴서 개혁의 과제를 찾아내야만

할 것입니다. 특히 초기 한국교회를 이끌었던 지도자들은 물론, 초기 한국교회 성도들의 순수한 신앙을 회복하고자 하는 결단을 해야 할 것입니다.

이 땅에 복음이 전래되고 막 뿌리를 내리며 성장을 시작하던 시점에 한국교회는 감당하기 어려운 시련에 직면해야 했습니다. 한국교회가 일본 제국주의자들로부터 받았던 박해는 당시 한국교회로서는 감당하기 어려운 시련이었습니다. 그러나 한국교회는 순교신앙으로 이 시련을 이겨냈습니다. 수많은 순교자가 이 땅에 피를 흘렸습니다. 6·25한국전쟁으로 인한 시련 또한 그랬습니다. 북한 공산주의자들은 한국교회를 무자비하게 탄압했습니다. 이때도 한국교회는 순교신앙으로 이 시련을 이겨냈습니다. 이처럼 한국교회는 순교자들의 피 위에 세워진 교회입니다.

오늘의 한국교회는 순교신앙을 잃어버린 교회가 되어가고 있는 현실입니다. 현세적인 기복주의의 늪에 빠져 허우적거리는 교회가 되어가고 있습니다. 예수 믿고 부자 되고, 예수 믿고 병 고침을 받고, 예수 믿고 자녀 손들이 현실적으로 잘되는 것이 복음의 핵심이라도 되는 것처럼 착각하고 있는 현실입니다. 오늘의 한국교회가 직면하고 있는 위기는 교회가 스스로 초래한 위기라고 할 수밖에 없습니다.

이러한 때에 산정현교회를 섬기고 있는 김호민 목사가 산정현교회가 배출한 위대한 신앙인이자 한국교회의 지도자였던 순교자 유계준 장로의 생애와 사상을 "대동강의 십자가"라는 제목으로 책을 출간하게 되었습니다. 유계준 장로님은 일본 제국주의 치하에서 순교의 각오로 믿음을 지켰고, 민족혼을 일깨운 지도자입니다. 또한 북한 공산주의자들의 탄압 아래서도 하나님의 사람으로서 사명을 다하다가 순교한 지도자입니다. 이 책의 저자 김호민 목사는 유계준 장로와 그 자녀 손들에 이르기까지 자세히 살펴서 기록으로 남김으로써 오늘을 사는 그리스도인들에게 큰 울림을 주고자 합니다.

이 책이 한국교회의 지도자들에게는 물론 많은 교인들에게 큰 울림을 줄 수 있을 것으로 믿습니다. 어떻게 사는 것이 그리스도인답게 사는 것인지, 교회는 무엇을 향하여 나아가야 할 것인지, 자녀 손들이 하나님의 은혜로 잘 되는 길은 무엇인지에 대하여 큰 깨달음을 주는 책인 줄 믿고, 저는 기쁜 마음으로 추천의 글을 씁니다. 감사합니다.

2018년 2월
박위근 목사
(대한예수교장로회 전 총회장)

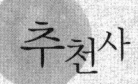

한국 기독교 최초의 순교자 토마스 목사가
평양 대동강에 세운 순교의 십자가!
84년이 흘러 산정현교회의 유계준 장로가
대동강에 다시 세운 순교의 십자가!

　이 두 문장이 한국교회가 순교의 피 위에 세워진 것이라는 사실을 보여주면서 이 책의 진가를 대변해 준다. 1905년에 마포삼열(Samuel Austin Moffett) 선교사의 전도로 예수를 믿게 된 유계준 장로는 철저히 자기를 부인한 사람이었다. 이 점에서 이 책은 평양신학교의 설립자인 마포삼열 목사와 산정현교회를 시무하다가 역시 순교한 주기철 목사의 역사와 관련해서 기억할 만한 에피소드도 많이 담고 있기 때문에 꼭 필요로 하는 책이다.

　과연 믿는 바의 확실함을 가지고 그대로 살아가는 사람이 어디 있을까? 순교자의 영성을 지니고 살아간 유 장로는 철저히 자기를 부인한 사람이었다. 죽음도 불사한 그는 독립운동 및 임시정부의 연통제 요원으로 일제에 항거하였으며 〈독립신문〉의 평남 지역 반포 책임을 맡았다. 곧 뜨거운 신앙이 나라사랑의 의지로 불타올랐던 것이다.

　예수님께서는 "말세에 믿는 자를 보겠느냐?"(눅 18:8)고 탄식하셨다. 바로 이 점에서 이 책은 과거 초기 한국교회를 되돌아보면서 오늘 우리의 신앙생활에 거울로 삼을 수 있는 자랑스럽고 귀한 믿음의 선조가 살아간 역사를 후손들이 이어갈 수 있는 귀한 교훈들을 발견하게 한다.

이 엄청난 신앙의 유산을 오고 오는 세대와 후대에 길이 전하기 위해 김호민 목사와 유계준 장로의 직계 후손들이 역사 복원의 차원에서 어마어마한 사명을 감당한 것을 치하한다.

이 책을 통해서 산정현교회를 넘어서 한국교회 아니 한국사회 전체가 이런 놀라운 선조들의 희생 위에 세운 전통을 흔들림 없이 이어감으로써 자유 대한민국의 기틀을 나라사랑 위에 굳게 세우는 새로운 계기가 되기를 바라면서, 신앙인뿐만 아니라 모든 한국인이 반드시 정독해 주시기를 바라는 마음으로 추천한다.

2018년 2월
소기천 교수
(장로회신학대학교 신약학)

감사의 글

    온 산과 들판이 화사한 옷으로 갈아입고 보수동 골목마저 꽃대궐이 되던 2008년 봄날, 아버님이 하늘의 부르심을 받아 꽃마차를 타고 가셨고, 2015년 그 봄날에 나의 어머님마저 이 세상을 떠나셨다. 지금 나도 할아버지가 되어 있지만 부모님이 떠나가신 빈자리는 그 무엇으로도 메울 수가 없다. 다만 그 빈자리에 찾아든 생각 하나는 이제는 내가 떠날 차례가 되었다는 조급함이다.

    2001년 나의 형은 교회에서 목사님과 여러 교우들과 함께 예배를 마치고 점심 식사를 한 후 짧은 다과시간에 갑자기 심장마비로 세상을 떠났다. 그 당시의 충격은 말로 표현할 수 없을 정도로 크게 자리 잡았고 '삶과 죽음은 항상 동반한다'는 생각이 나의 시간과 기억 속에 오롯이 남게 되었다.

    사람은 자기가 머물렀던 자리를 떠날 때, 한번쯤 주변을 돌아보고 살피게 되는 것 같다. '나를 이 땅에 보내신 하나님께서 머지않아 오라고 부르실 때 홀가분한 마음으로 떠날 수 있을까'라는 질문을 따라 그동안 살아온 삶의 기억을 헤집어 보다가 문득 한곳에 머무른다.

    나의 어린 시절, 끊어져 가는 가냘픈 생명을 가슴에 품고 산정현교회로 한걸음에 달려 올라가셨던 나의 할아버지 유계준 장로의 거룩한 모습 앞에 내가 살아온 모든 삶이 정지된 채 멈추어 버렸다.

나의 할아버지가 모세처럼 하나님의 부르심에 신실하게 응답하셨던 것처럼 나도 그 불붙는 떨기나무 앞에 신발을 벗어든 채 울고 섰다.

내가 살아온 삶이 비록 세상 사람들의 눈에는 보잘것없을지라도 나는 무릎을 꿇고 기도한다. 그리고 하나님의 신실하심과 일하심에 대하여 고백한다. 아울러 내 할아버지가 세상을 떠나는 마지막 순간까지 붙잡았던 예수 그리스도를 바라보며 나도 또 한 알의 하늘 씨앗이 되어 '밀알의 삶'을 살 수 있게 해달라고 간구한다.

한 가지 소망은 나의 할아버지 유계준 장로와 동행하셨고 일하셨던 하나님의 신실하심을 이 시대를 살아가는 주의 백성들과 세상 사람들에게 이야기해 주고 싶었다. 하나님은 언제나 그리하셨듯이 나의 기도에도 응답하셨다. 그 응답은 바로 이 책을 세상에 내어 놓을 수 있게 하심이다.

이 책이 세상에 나올 수 있도록 집필을 감당해주신 산정현교회 김호민 목사님과 평생의 동반자인 아내 이주배 권사와 아저씨에서 아버지가 되게 한 두 아들 근영, 한영에게 감사의 마음을 전한다. 아울러 출판이 마무리될 때까지 수고를 아끼지 않으신 쿰란출판사의 모든 분들께도 깊은 감사를 드린다.

신앙으로 산다는 것은 자신이 누구인지를 알고, 어디를 향해 가고 있는가를 분명히 아는 데서 출발한다. 뿐만 아니라 하나님의 목적이 무엇이며 그 뜻을 이루시기 위해 어떻게 일하고 계신지 알고 그분을 믿고 따르는 삶이라 하겠다.

  이 책은 오직 하나님의 일하심에 대한 증언이며 우리 모두의 삶에 대한 한 조각 하나님의 미세한 소리이다. 우리는 창세전에 그리스도 안에서 그의 아들이 되게 하신 하나님께 늘 감사하며 그의 은혜의 영광을 찬양함이 마땅한 자들이다.

2018년 2월
미림 유계준 장로의 손자 유정근

서문

역사학자 카(E. H. Carr)는 '역사란 무엇인가?'라는 질문에서 '현재와 과거 사이의 끊임없는 대화'라고 답한다. 그렇다면 그 역사 속에 살아가는 그리스도인은 누구이며 어떻게 살아가야 하는가? 하나님께서는 하나님의 사람들을 통해서 어떻게 일하시는가?

이 책은 우리 민족사의 수난시대를 살았던 평양산정현교회 미림 유계준 장로의 삶과 사상을 통해서 이 질문에 답해 보고자 한다. 아울러 이 시대를 살아가는 그리스도인들에게 하나의 이정표를 제시하고자 한다.

미림 유계준 장로는 1879년 음력 4월 3일, 평안남도 안주군 신안주면 청산 오리에서 태어났다. 당시는 일본과 서구열강의 조선침탈로 나라 안팎이 매우 어지러워지고 있었으며 조일, 조미, 조영, 조독 등 각종 조약이 체결될 때였다. 특히 수구파와 개화파 간의 갈등이 심화되었고 임오군란, 갑신정변 등으로 나라가 혼란스러운 때이기도 했다. 사회적으로는 각종 민란으로 일컬어지는 농민운동이 거세게 일어나던 시기였다.

이러한 역사의 소용돌이 속에서 은둔의 나라 조선을 향한 하나님의 섭리와 사랑은 기독교의 수용이라는 영적 각성으로 나타났다. 당시 평양은 조선의 소돔과 고모라 땅이었다. 그런데 술에 취해 부르던 노랫가락이 변하여 찬송이 되었고, 낙심과 절망의 한숨들이 소

망의 간구로 바뀌고 있었다. 동방의 예루살렘 평양! 그곳에 부흥의 불길은 이렇게 서서히 타오르기 시작했다.

청년기의 유계준은 청일전쟁, 러일전쟁을 경험하며 일본이나, 미풍양속을 해치는 서양 오랑캐는 반드시 물리쳐야 한다는 척외사상을 품게 되었다. 아울러 기독교를 혹세무민하는 서양 오랑캐 종교로 생각했다. 그런데 1905년 가을, 마포삼열 선교사가 한석진 조사와 함께 미림리에 전도하러 왔다가 계준을 만났다. 마포삼열 선교사와의 만남은 평양의 협객에서 신실한 하나님의 사람으로 변화되는 놀라운 사건이었다.

그는 주를 영접하고 상투를 자르고 단발을 감행했다. 이 일은 당시 시대적인 상황이나 관습으로 볼 때 도저히 행할 수 없는 결단이었다. 그 후 1906년 예수 그리스도를 영접한 사랑방이 있는 미림리의 살림집을 드림으로 미림교회가 설립되었다.

소규모의 시탄사업으로 시작한 회사는 날로 번성하여 규모가 점점 더 커져갔다. 회사는 대동강 나루터 근처에 자리 잡았고 쉰전골 마루턱에 집을 마련하여 이사도 하게 되었다. 이때는 장대현교회에서 산정현교회가 분립되던 시기였고 이사와 함께 산정현교회로 출석하게 되었다. 산정현교회는 일본제국주의 강점하에서 신사참배를 끝까지 반대하고 폐교당한 순교신앙의 보루가 된 유일한 교회이다.

산정현교회는 조선교회와 민족을 깨우는 순교신앙의 보루인 동시에 민족주의 운동의 거점이기도 했다. 따라서 이 책은 그 속에서 하나님 사랑, 이웃 사랑을 온 몸으로 실천하며 주기철, 김철훈, 정일선 목사님의 순교를 지켜보았고 자신도 마침내 순교의 잔을 마신 한 신앙인의 삶을 통해서 이 시대를 사는 그리스도인들에게 좌표를 제시하려고 한다.

유계준 장로의 하나님 사랑은 순교신앙으로 열매를 맺었다. 제1순교신앙의 시기라고 할 수 있는 일제시대에는 신사참배반대, 창씨개명반대운동 등으로 나타났다. 1938년 총회가 신사참배를 가결하자 산정현교회의 주기철 목사와 유계준 장로 및 성도들은 일사각오의 순교신앙으로 줄기차게 반대투쟁을 벌였다.

주기철 목사의 순교는 유계준, 조만식, 오윤선 등 기라성 같은 장로들과 동행한 사건이며 우리 민족사에 지울 수 없는 족적으로 남았다. 유계준 장로는 예수님의 본을 따라 죽는 그날까지 주님의 몸된 교회를 지키며 돌보다가 올곧게 하나님의 자녀 된 명예를 지키며 순교하였다. 1940년 9월 전국적으로 80%가 창씨개명에 참여하였다. 이때 산정현교회에서는 유계준, 조만식, 오윤선, 박정익, 정재윤, 한원준, 김승기, 김경진, 김성식 아홉 명이 창씨개명에 참여하지 않았다. 당시 창씨개명을 하지 않았다는 것은 결사각오를 했다는 의미이기도 하다.

제2순교신앙의 시기라고 할 수 있는 공산치하 때는 일요선거반대운동, 김일성 초상화 게시 반대, 조선기독교도연맹 가입거부 등으로 나타났다. 그는 철저하게 옛사람의 죽음을 경험하고 자기를 부인한 사람이다. 지금까지 쥐고 있던 모든 것과 구습을 벗어버리고 내 인생의 주인은 내가 아니라 하나님이심을 전적으로 인정하고, 그분의 통치를 받는 삶을 살았다. 그는 사도 바울의 고백을 자신의 고백으로 삼았다.
　"내가 그리스도와 함께 십자가에 못 박혔나니 그런즉 이제는 내가 사는 것이 아니요 오직 내 안에 그리스도께서 사시는 것이라 이제 내가 육체 가운데 사는 것은 나를 사랑하사 나를 위하여 자기 자신을 버리신 하나님의 아들을 믿는 믿음 안에서 사는 것이라"(갈 2:20). 이 고백이 있었기에 의의 면류관을 바라보며 십자가의 길을 묵묵히 걸어갈 수 있었다.
　또한 유계준 장로의 이웃 사랑은 민족주의운동과 애국위민사상으로 열매를 맺었다. 민족주의적인 성향은 상해임시정부의 연통제 간부로 독립운동자금조달, 임시정부에서 발행한 독립신문반포, 평남도 청폭파의 비밀요원, 독립투사들의 도피처를 제공하는 모습으로 나타났다. 특별히 그의 애국위민사상은 교육사업, 문화운동, 구제사업의 양상으로 나타났다. 그는 평양숭덕학교 재단이사장이 되어 기독교 정신과 민족주의에 기초한 유능한 지도자를 배출하여 그리스도의 향기를 발하고 민족을 사랑하며 박애정신을 구현하도록 하였다.

물산장려운동은 단순한 국산품 애용운동이 아니라 기독교 정신에 입각하여 민족자본을 육성하고 조선경제자립을 이루려 했던 강력한 민족주의운동이었다. 특이한 것은 양로원을 설립하여 이웃 사랑을 실천한 일이었다. 양로원은 단순한 무의탁자들의 쉼터만이 아니라 독립투사들의 가족을 돌보는 민족운동의 일환이기도 했다. 그가 온 가족을 남쪽으로 떠나보내면서 마지막으로 남긴 말이 있다. "나는 조만식 장로와 해야 할 일이 아직 남아 있다"라는 짧은 한마디이다.

그렇다면 조만식 장로와 해야 할 일은 무엇이었을까? 유계준 장로나 조만식 장로는 해방 후 월남할 수 있는 기회가 얼마든지 있었다. 하지만 고당 선생은 월남을 권하는 가족들에게 "나는 1천만 북한동포와 생사를 같이할지언정 나 혼자 떠날 수 없다"라고 했다. 바로 이 말에서 유계준 장로가 말한 조만식 장로와 할 일이 무엇인지를 가늠할 수 있다. 두 분은 일신의 평안을 위하여 1천만 북한 동포를 버릴 수 없었고, 진정한 자유와 해방을 누리게 하고 싶었던 것이다.

유계준 장로는 "의로운 정신은 언제나 생사를 초월했고 생사를 두려워하지 않았다"라고 했다. 그는 하나님의 교회인 산정현교회와 북한 동포를 위하여 이미 생사를 초월하고 있었다.

순교신앙, 민족주의, 애국위민사상 등등 그의 사상의 뿌리는 과연 어디에서 왔을까? 두말할 필요 없이 기본적인 가치관은 기독교 신앙에 근간을 두고 있다. 하나님 이외에 어떠한 존재도 숭배하지 않겠다는 하나님 사랑과 예수 그리스도의 보배로운 피가 반드시 이기리라는 믿음이 그 뿌리였다. 아울러 세상의 소금으로, 빛으로 사는 것이 비록 십자가의 길이라 하더라도 민족의 고난과 아픔에 참여하는 이웃 사랑이 그 뿌리였다.

이 책은 단순히 한 신앙인의 전기나 위인전이 아니다. 하나님의 신실하심과 일하심을 밝히는 데 목적이 있다. 하나님의 부르심 앞에 응답했을 때 하나님께서 어떻게 일하셨는가, 신앙인으로서 역사 앞에 어떻게 서야 하는가를 밝히는 데 있다.

유계준 장로가 세상을 떠나는 날까지 붙잡았던 말씀은 요한복음 12장 24절이다.

"내가 진실로 진실로 너희에게 이르노니 한 알의 밀이 땅에 떨어져 죽지 아니하면 한 알 그대로 있고 죽으면 많은 열매를 맺느니라."

순교는 교회의 씨라 했던가? 유계준 장로의 삶은 하늘 씨앗이 되어 떨어져 죽은 '밀알의 삶'이었다. 하늘 씨앗이 되어 하나님을 사랑하고 이웃을 사랑한 그에게 베푸신 하나님의 은혜가 어떠했는지, 이어지는 자녀들의 삶을 통해서 명확히 보게 된다. 많은 이들이 미국의 신앙 명문가로 조나난 에드워즈의 가문을 꼽는다. 마찬가지로 한국의 신앙 명문가를 꼽는다면 주저 없이 유계준 장로 가문을 들 수 있다.

　하나님께서는 그의 기도와 꿈대로 8남매에게 자유의 땅에서 놀라운 은혜를 베푸셨다. 8남매 모두 의사, 박사가 되게 하셨고 자손 대대로 의료계, 법조계, 교육계, 경제계, 정치계 등 각계각층에 이루 헤아릴 수 없을 정도로 많은 인재를 허락하셔서 가문을 번성케 해주셨다. 이 모든 것이 오직 신실하신 하나님의 일하심이다. 사랑하는 자에게 천 대까지 베풀어 주시는 하나님의 은혜가 참으로 놀라울 따름이다.

　이제 간절한 한 가지 소망을 품어 본다. 그것은 미림(美林), 아름다운 숲, 평양성의 에덴동산, 하나님 사랑, 이웃 사랑을 실천하며 빛과 소금이 되어 세상을 비추고 백성들 속에 녹았던 무너진 미림교회의 수축이다. 유계준 장로가 미림 옥토에 뿌렸던 하늘 씨앗이 한 알의 밀알이 되어 이 땅에서 다시 발아되기를 꿈꾸어 본다.

2018년 2월
산정현교회 뜨락에서
김호민

차례

| 추천사 | **박위근** 목사(대한예수교장로회 전 총회장) • 6
　　　　　소기천 교수(장로회신학대학교 신약학) • 9
| 감사의글 | **유정근**(미림 유계준 장로의 손자) • 11
| 서문 | • 14

① **한 알의 밀이 땅에 떨어져** – 미림 유계준　　23

② **아! 하나님의 은혜로** – 인헌 유기원　　143

③ **너 근심 걱정 말아라** – 고암 유기선　　209

④ **주는 나를 기르시는 목자요** – 월송 유기천　　303

⑤ **죽도록 충성하라** – 유정순　　363

⑥ **주의 인자는 끝이 없고** – 유정근　　407

한 알의 밀이 땅에 떨어져

미림 유계준

① 1

"관 치우라우!"

"아버님, 아기가 이상해요. 며칠째 열이 펄펄 끓고 약도 들질 않아요. 엉덩이가 새카맣게 되었어요. 어떻게 하면 좋아요. 아버님!"

6개월 된 아기, 유기선의 둘째 아들 정근의 상태가 심상치 않았다. 큰아버지 유기원에게 연락을 하여 약을 구해왔으나 아무 도움이 되지 않았다. 뭐가 단단히 잘못되었는지 엉덩이에 놓은 주사 부위의 살이 썩어 들어가고 있었다. 큰일이다. 아픈 아이의 몸에 점점 더 나쁜 반응이 일어나고 있는 게 분명했다.

정근은 눈망울이 초롱초롱 빛나는 귀염둥이였다. 아이를 업고 나가면 동네 아주머니들이 서로 안아 보겠다고 아우성이었다. 이웃 사람들의 품에서 동네 한 바퀴를 다 돌고 나서야 겨우 엄마의 품에 올 수 있을 만큼 맑고 순한 아기였는데, 이 아기의 생명이 위태로운 것이다.

아기의 위중한 상태를 보고 병원에서는 장례를 준비하라고 했다. 아무래도 가망이 없어 보였다. 살가운 이웃들이 자그마한 관을 짜왔다. 그걸 아무도 이상하게 생각하지 않을 정도로 아이의 생명은 꺼져가고 있었다.

이때, 할아버지 유계준 장로가 엄마 품에 안겨 있는 아기를 빼앗듯이 안고 어디론가 나가 버리는 것이 아닌가? 아기 엄마 화선은 어디로 가시는 거냐고 묻지도 못한 채 그저 울기만 했다.

계준은 아기를 안고 산정재 마루턱에 초가을의 맑은 햇살을 받고 우뚝 서 있는 산정현교회로 한달음에 달려갔다. 축 늘어진 손주를 안고 예배당으로 달려 들어간 계준은 하나님 앞에 간절히 머리를 조아렸다.

"생명의 주인이 되시는 전능하신 하나님 아버지, 감사합네다. 우리 가문에 귀한 하나님의 자녀인 정근이를 주시고, 이날까지 잘 자라게 해주셔서 감사합네다. 하나님 아버지, 그런데 우리 정근이가 지금 몹시 아픕네다. 정근이의 모든 것을 지으시고 주관하시는 하나님, 이 아이가 잘 자라서 장차 하나님 나라를 위해 귀하게 쓰임 받고 주님의 영광을 드러내는 사람이 되게 하여 주옵소서. 정근이의 생명을 오직 하나님의 뜻과 계획하심 아래 맡깁네다…."

'쏴아아~~ 쏴아아~~' 기도가 다 끝나기도 전인데…여전히 해가 쨍쨍 내리쬐는 맑은 하늘에서 갑자기 소나기가 쏟아지는 게 아닌가! 그것도 굵은 장대비가….

빗소리에 놀란 계준은 예배당 밖을 바라보며 '그거 참 이상하다' 싶었지만, 이내 마음 가득 잔잔한 평안이 임하는 것을 느꼈다. 밀려드는 그 평안은 예배당을 떠받친 기둥같이 되어 순식간에 계준의 마음을 가득 채웠다.

'아하, 하나님께서 은혜의 단비를 내려주시는구나…. 우리 정근이가 살아나갔구나….'

아이는 여전히 불덩이였다. 하지만 계준의 마음에는 이미 평안과 기쁨이 넘쳤다. 기도를 다 마치기도 전에 주님께서 응답하셨음을 확신했기 때문이었다.

"참되신 사랑의 언약 어길 수 있사오랴
오늘에 흡족한 은혜 주실 줄 믿습니다.
가물어 메마른 땅에 단비를 내리시듯
성령의 단비를 부어 새 생명 주옵소서."

생명이신 주님께서 정근에게 단비를 부어 주셨다. 새 생명의 단비를…. 계준은 아이를 안고 내려와 어미 화선의 품에 돌려주며 아주 단호한 목소리로 말했다.
"관 치우라우!"
폐렴으로 죽음 직전까지 갔던 아기, 정근의 엉덩이에 움푹 팬 자국은 할아버지가 된 지금도 새 생명의 흔적으로 남아 있다.

정근이가 이 이야기를 들은 것은 어느 정도 컸을 때이다. 그 이후 자기를 안고 한달음에 산정재 고개를 오르셨던 할아버지에 대한 고마움과 그리움을 한 번도 잊은 적이 없다.
자라면서 때때로 그 사랑의 깊이와 높이를 가늠해 보기도 했는데, 그 일을 생각할 때마다 항상 감사와 감격뿐이었다.
자신도 할아버지가 되고 보니 그 그리움은 더욱더 커졌다.
엉덩이에 움푹 팬 흉터는 그저 지나간 오래 전의 상처가 아니었다. 그것은 살아 계신 하나님의 놀라우신 은혜와 생명의 표적이 되었다. 아울러 할아버지의 믿음과 사랑의 증거이고 흔적이었다. 또 정근이 살아가는 동안 늘 마음속 깊은 곳에 단단하게 깔려 그의 생을 붙드는 믿음의 자원이 되었다.
인생의 비바람, 찬 서리를 홀로 맞고 섰을 때, 텅 빈 하늘 아래 홀로 버려진 채 덩그러니 남겨진 것 같은 외로움이 덮쳐올 때에도 넘어지지 않을 수 있었던 것은, 그런 은혜와 사랑의 흔적을 가졌기 때문이었다.

먼 길을 돌고 또 돌아, 다시 한국으로 돌아온 정근.
할아버지가 자신을 안고 올라가셨던 예배당을 추억하며, 그곳에서 할아버지 유계준 장로가 흘리셨던 눈물과 간절한 기도의 응답들이 아름다운 열매로 다시금 이 땅 위에 나타나길 소망하고 있다.

유계준의 가계와 사상의 뿌리

種竹自吟

蕭蕭蒼立玉　　푸르게 서 있는 대숲에 바람은 일고
直節自然天　　곧게 뻗은 마디마디 타고난 천성이라
我愛如君子　　군자 같은 너를 사랑하여
種爲庭實焉　　뜰 안 가득 채우리라

이 한 편의 시는 유계준 장로의 애국위민사상, 올곧은 성품, 순교자로서의 신앙적 뿌리가 과연 어디로부터 왔는가를 잘 보여준다.

이 글은 우리나라 유씨의 도시조(都始祖)인 유전(劉荃)의 시이다. 한나라 고황제 유방(劉邦)의 40세손인 유전의 호는 죽간(竹諫), 시호는 문양(文襄)이다. 유전은 정헌대부 한림학사 병부상서로 재임하였으며, 부인은 진한국부인 롱서 이씨다.

병부상서로 재직 중 왕안석이 제정한 청묘법(青苗法)의 부당함을 왕에게 극간하였으나 받아들여지지 않았다. 왕안석이 제정한 신법인 청묘법은 당시 백성들 간에 고리가 성행함으로 이를 막기 위해 나라에서 연 2할의 이자로 빌려주고, 추수기에 그 원리(元利)를 반환하게 함으로 고리를 얻어 쓰는 일이 없게 하던 저리금융정책이다.

정책의 방향은 옳았다. 하지만 국고를 채우기 위하여 논과 밭에 푸른 싹을 보고 추수도 하기 전에 미리 세금을 부과함으로 백성을 위한 법이라는 명분이 있었으나 실제로는 가혹하게 착취하는 악법이었다. 유전은 이 법의 폐지를 극간하다가 모함을 받았다. 그는 뜻을 같이하는 몇몇 동지들과 함께 결단했다.

"진실한 직언을 용납지 않는 이 땅에서는 더 머물 수 없다."

유전은 임팔급 등 팔학사와 함께 고국을 떠나 지금의 경북 영일 군 기계면에 정착하여 우리나라 유(劉)씨의 도시조가 되었다.

강릉유씨 해천재

강릉 유씨의 시조는 유전의 9세손인 유승비이다. 유승비의 증손 유창이 조선개국공신 2등에 책록되어 옥천부원군에 봉해짐으로 후손들이 강릉을 본관으로 하였다.

유계준은 문희공 유창의 첫째 손자 지주의 자손으로 경력공파다. 천성이 어질면서도 강직하고 직언을 서슴지 않을 뿐만 아니라 불의와 타협하지 않는 곧은 성품은 선대로부터 물려받았다.

옥천부원군 문희공 유창

계준의 순교신앙도 우연이 아니다. 1984년 5월 6일 한국천주교회 창설 200주년을 맞이하여 방한한 교황 요한 바오로 2세는 103위의 성인을 시성했다. 그중에 유진길 아우구스티노, 유대철 베드로, 유정률 베드로가 포함되어 있다. 이 세 분의 한국천주교회 성인은 문희공 유창의 자손인데 유진길, 유대철은 부자간으로 유창의 셋째 손자 계주의 자손으로 좌랑공파이다.

유정률은 강릉 유씨가 멸문의 위기를 만났을 때 북쪽으로 흩어져 평남 일대에 자리 잡은 문중으로 유계준과 인척관계에 있다고 볼 수 있으나 정확한 계보를 상고하기 어렵다. 이처럼 한 문중에서 세 분의 한국천주교회 성인이 났다는 것은 참으로 영광스러운 일이요 놀라운 일이며, 이를 통해 강릉 유씨 가문의 정신과 사상을 엿볼 수 있다.

유진길(1791-1839)은 학문에 뜻을 두어 20세 이전에 이미 학문이 높다는 평판을 들었다. 하지만 세상의 영광과 쾌락을 밀리하고 오로지 진리를 탐구하는 데만 전념하였다. 당시 훌륭한 학자들이 서학을 탐구하고 천주를 믿는다는 이유로 박해당했지만 기쁜 낯으로 죽는다는 말을 듣고는 서학이 사교가 아니라 참된 종교라고 여기게 되었다.

그러던 어느 날 우연히 장롱에서 영혼, 각혼, 생혼이라고 쓰인 헌 종이를 발견했다. 호기심과 함께 크게 놀라 그것을 맞추어 보았다. 그 책은 《천주실의》(天主實意)라는 책이었다. 유진길은 홍 암브로시우스를 찾아가서 교리를 배우고 교리서를 얻어 보았다. 그는 이때부터 모든 계명을 충실히 지켜나가기 시작하였다. 당시는 조선천주교회가 성직자를 파견해 줄 것과 항구적인 대책을 청원하려던 때였다. 이때 정하상과 유진길은 성직자가 없는 조선교회의 실제적인 지도자였다.

유진길은 1824년에 정하상과 함께 북경으로 가서 구베아 주교로부터 세례를 받았다. 1825년에는 정하상, 이여진 등과 함께 교황에게 청원서를 올렸다. 당시 조선교회는 박해로 인하여 폐허화되었고, 목자가 없는 상태였다. 이런 딱한 사정을 알리고 하루빨리 신부를 보내달라고 간절히 간청하였다.

유진길이 쓴 편지 덕분에 1831년 9월 9일자로 조선 대목구(자립교구가 설정이 안 된 지역에 자립교구에 준하는 역할을 부여한 준교구)가 설정되고, 이어서 선교사들도 입국하게 되었다.

1833년에는 유 파치피코(유방제 또는 여항덕으로 불림) 신부가 입국하고, 뒤를 이어 모방 신부, 샤스탕 신부, 앵베르 주교가 각각 입국하게 되었다. 이처럼 유진길은 조선천주교회 교구 설정의 주역이었다.

1834년 순조가 승하하면서 헌종이 왕위에 오르자 대왕대비 순원왕후가 수렴청정을 하게 되었다. 이때 안동 김씨 가문은 천주교에 비교적 호의적이었다. 대왕대비의 오라버니인 김유근은 유진길과 절친이었다. 하지만 풍양 조씨 조만영의 딸이 효명세자 익종비로 간택되면서 새로운 세력으로 등장하자 상황은 급변하였다.

이처럼 복음의 씨앗이 자라날 무렵인 1839년에 참혹한 박해가 일어났다. 이것이 기해박해였다. 이때 유진길은 한양에서 체포되어 배교를 강요당했으나 그는 외쳤다.

"나 때문에 당신들이 고초당할 것을 생각하니 대단히 마음이 괴롭지만, 천주를 안 뒤에 그분을 배반할 수 없으며 육신의 사정보다도 내 영혼의 구원을 생각해야 됩니다. 그러니 당신들도 나를 본받아 교우가 되십시오."

포장이 고문하며 그에게 물었다.

"신부가 숨어 있는 곳을 대라."

"서양 선생들이 우리나라에 오신 것은 오직 천주의 영광을 현양하고, 사람들에게 십계명을 지키게 해서 영혼을 구제해 주는 데 있습니다. 그들은 사람들에게 이 도리를 전하여, 죽은 후에 지옥의 영원한 괴로움을 면하고 천당에 올라가 한없는 복을 누리게 하려는 것입니다. 이러한 훌륭한 교를 전하려

유진길, 유대철 부자

고 생각하면서 어찌 스스로 나쁜 일을 할 수 있겠습니까? 그들이 만약 명예와 돈과 쾌락을 구했다면, 무엇 때문에 훌륭하고 부유한 고국을 버리고 죽음을 무릅쓰면서 9만 리 먼 곳에 있는 이 나라에 왔겠습니까? 그들을 맞아들인 자는 바로 저입니다."

결국 모방 신부와 샤스탕 신부가 숨어 있는 곳을 말하지 않은 죄로 주리형과 줄톱질형을 받았다. 그는 마침내 정하상과 함께 서소문 밖에서 참수형을 받고 순교의 영광과 시들지 않는 면류관을 차지하였다. 1839년 9월 22일 저녁 무렵이었고, 그의 나이는 49세였다.

그는 1925년 7월 5일 교황 비오 11세에 의해 시복되었고, 1984년 5월 6일 한국천주교회 창설 200주년을 기해 방한한 교황 요한 바오로 2세에 의해 시성되었다.

또 한 분은 열세 살 순교소년 유대철이다. 유대철(1826-1839)은 유진길의 맏아들이다. 유진길의 두 어린 아들은 아버지의 모범을 충실히 따랐다. 그러나 아내와 맏딸은 끝내 입교하지 않았다고 전해진다.

어머니는 늘 "너는 어째서 어미의 말을 듣지 않고 어미가 하라는 것을 아니하느냐?"라고 하였다. 그러면 대철은 공손한 말로 대답할 뿐이었고, 하나님 앞에 어머니의 눈이 어두움을 한탄하면서도 언제나 지극한 효성을 보여주었다.

박해가 시작되자 감옥에 갇혀 있던 아버지와 여러 순교자들이 보여준 훌륭한 모범은 그의 마음에 강렬한 열성을 불붙여 주었고, 대철은 하나님을 사랑하는 마음에서 1839년 7월에 자수하였다.

최연소 성인, 유대철

형리들은 유진길의 자식임을 알게 되자 옥에 가두고, 어르고 엄포하고 고문하는 등 온갖 방법을 사용하였다. 하지만 대철은 피투성이가 되면서도 배교하지 않았다. 어떤 형리가 담뱃대를 허벅지에 처박아 살점을 떼어내면서 소리쳤다.

"너 이래도 천주교를 버리지 않겠느냐?"

"그럼요! 믿고 말고요! 이렇게 한다고 배교할 줄 아셨어요?"

그러자 형리는 벌겋게 타오르는 숯덩어리를 부젓가락으로 집더니 입을 벌리게 하였다.

"자요" 하고 대철이 입을 크게 벌리자 형리는 놀라며 물러나고 말았다.

하루는 고문을 당한 끝에 까무러진 채로 옥에 끌려왔다. 함께 갇혀 있던 이들이 정신을 들게 하느라고 허둥지둥할 때 대철이 깨어나며 말했다.

"너무 염려 마세요. 이까짓 것쯤으로는 죽지 않아요."

이것이 첫마디였다. 열세 살의 어린 소년 대철은 문초 14회, 고문 14회, 태형 600대, 치도곤 45대를 맞았다. 온몸이 상처투성이요, 뼈가 부러지고 살점이 해어졌지만 기쁜 낯빛을 잃지 않았다. 유진길, 유대철 부자의 모습에서 바울과 스데반의 얼굴을 본다. 바울 사도는 이렇게 고백했다.

"내가 수고를 넘치도록 하고 옥에 갇히기도 더 많이 하고 매도 수없이 맞고 여러 번 죽을 뻔하였으니 유대인들에게 사십에서 하나 감한 매를 다섯 번 맞았으며 세 번 태장으로 맞고 한 번 돌로 맞고"(고후 11:23-25).

하루는 대철이 자기 몸에 해어진 채 매달려 있는 살점을 떼어서 재판관들 앞에 던졌다. 그들은 화가 나고 놀랍기도 하며 부끄럽기도 하였다. 형리들은 이 모든 감정이 가슴속에 뒤범벅이 된 채 치를 떨었다.

조정에서는 1839년 10월 31일, 어린아이를 공공연하게 죽이면 백성들이 반발할 것을 우려한 나머지 옥 안에서 노끈을 묶어 죽이도록 결정했다. 아직 어린 나이였기에 어른들처럼 유창하게 말은 못했지만 예수 그리스도의 이름을 두려움 없이 선포하는 대철의 모습이 하늘나라 천군천사들의 눈에는 어떻게 비쳤겠는가!

오! 주여, 영광을 받으소서.

유정률(1837-1866)은 평남 대동군 율리면 답현리, 일명 논재의 반가에서 태어났다. 하지만 어려서 고아가 된 후 짚신을 엮어서 생계수단으로 삼았다.

그는 기골이 장대하고 모습은 단아했으며 의지가 굳은 사람이었다. 하지만 처음에는 성정이 매우 거칠고 아내에게도 모질게 대했으며 도박을 즐겼다. 그러던 그가 1863년, 혹은 1864년경 천주교를 알게 되어 즉시 한양으로 올라와 베르뇌 주교에게 세례를 받았다. 세례를 받은 후 그의 삶은 완전히 변화되었다.

고향에 돌아와 지난날의 잘못된 행동과 방탕하고 난폭했던 생활을 반성하고 속죄하기 위해, 짚신 총을 고편(스스로 자기 몸을 때리는 채찍) 삼아 자신의 육체를 심하게 매질하며 극기하게 되었다. 그의 열성과 친절함에 아내와 많

유정률 순교 장면

은 사람들이 큰 감화를 받고 입교하게 되었다.

당시 조선은 대외적으로 열강의 이권 다툼 각축장이 되었고, 국내적으로는 이양선의 출몰로 인한 민심의 동요와 세도정치로 인한 폭정으로 혼란이 가중되고 있었다.

1866년 병인박해가 시작되었다는 소문을 들은 유정률은, 2월 16일 설에 친지들에게 세배 드리며 인사를 했다.

"안녕히들 계시라요. 이제 헤어지면 언제 다시 뵐 수 있을지 모르갔습네다."

마치 순교를 예감한 듯한 작별인사였다. 당시 평안감사 홍우길은 중군 정지용에게 천주학을 금하라는 명령을 내렸다.

2월 16일 저녁 이웃 마을인 고둔리 공소에서 교우들과 모여 성서를 낭독하며 기도하던 중, 집주인인 정 빈첸시오, 우세영 알레시오 등 5명이 함께 체포되어 평양감영으로 끌려갔다. 이미 체포된 100여 명의 교우들과 함께 문초를 받았다. 대부분의 교우들은 혹형과 고문을 이기지 못하고 배교하였다. 그때 중군 정지용이 물었다.

"너는 앞으로도 천주교를 믿겠느냐?"

"예, 저는 믿갔습네다. 제가 천주의 은혜로 살고 있는데, 어떻게 그분을 배반할 수 있갔습네까? 하나님은 창조주이시며 만민의 부모이십네다. 제 부모를 저주하는 흉악한 짓을 어찌 시키고 있습네까?"

유정률은 홀로 끝까지 신앙을 지켰다. 이에 화가 난 평양감사와 중군은 배교한 교우들에게 "너희가 저 유정률을 때려죽이면 백방(죄가 없다고 풀어줌)할 것이다. 그렇지 아니하면 엄히 다스리겠노라"고 명했다.

결국 100여 명으로 하여금 한 사람에 세 대씩 곤장을 때리게 하였다. 이때 유정률은 자기를 내려치는 교우들에게 소리치며 정신을 잃었다.

"살이 살을 잡아먹는구나. 교우가 교우를 때려죽이는 이 참상을 어찌하리요."

나졸들이 죽었다고 보고하자 감사는 "코에 심지를 박고 불을 켜라"고 명령하였다. 불이 타들어가도 전혀 움직임이 없자 그의 시체를 강에 던지게 하였다. 당시 유정률의 시신에서는 환한 빛이 번쩍였고

영명사와 부벽루 고지도

붉은 피가 번지더니 그 자리에 둥둥 떠 있었다고 전해진다.

유정률은 체포된 다음 날인 2월 17일, 300여 대의 매를 맞고 대동강에 던져짐으로 순교의 면류관을 받아 쓰게 되었다.

대동 강변 부벽루 옆에 있는 영명사에는 이 사실을 기록한 '순중군정공지용척사기적비'가 세워졌다.

"…병인년 정월 초사흘날(1866년 2월 17일) 아침 관청의 문을 활짝 열어 군사와 백성을 많이 모아 놓고 사교를 좇는 자들을 법정에 출두시켰다. 우선 제자들을 시켜 그 두목을 쳐죽여 강물에 던지게 한 다음 그들의 책과 종교용품을 불살랐다…."

그는 1968년 10월 6일 교황 바오로 6세에 의해 시복되었고, 1984년 5월 6일 한국천주교회 창설 200주년을 기해 방한한 교황 요한 바오로 2세에 의해 시성되었다.

대동강에 세워진 세 개의 십자가를 바라본다.

1866년 2월, 유정률이 세운 순교의 십자가!

그해 9월 한국기독교 최초의 순교자 토마스(Robert Jermain Thomas,

1839-1866) 목사가 세운 순교의 십자가!

세월이 흘러 84년 뒤에 그곳 대동강에 유계준 장로가 다시 세운 순교의 십자가!

동방의 예루살렘 평양을 적시는 대동강! 그 강은 십자가의 강, 순교의 강이 되어 오늘도 흐른다.

유진길, 유대철 부자의 올곧은 순교신앙. 유정률, 유계준의 대동강의 십자가. 이것이 뿌리 깊은 강릉 유씨의 정신이요 사상이다.

유계준의 타고난 성품은 쓰러져가는 나라의 애국계몽운동 및 독립운동으로 나타났으며 신사참배반대, 창씨개명반대, 조선물산장려운동, 교육 및 구제사업으로 나타났다. 공산치하에서는 신탁통치반대 및 일요선거반대운동으로 나타났고 기독교 탄압에 저항하다가 마침내 대동강의 십자가가 되어 순교하였다. 그의 가계에 흐르는 정신과 사상을 보여주는 시 한 수를 보자.

詠雪中松

蒼蒼冬獨秀　엄동 뚫고 홀로 푸르디푸른 고고한 자태
霜雪莫能侵　찬 서리 눈보라도 그 지조 꺾지 못해
非但材成棟　더러는 마룻대가 되기도 하려니와
最憐不變心　그보다 더 사랑스럽기는 변치 않는 마음이라

엄동설한에 홀로 고고하게 서 있는 한 그루의 소나무!

찬 서리 눈보라에도 조금도 흔들리지 않는 굳센 기상, 나라와 민족 앞에 부끄러움 없는 그 의로움, 순교자의 반열에 오른 변치 않는 믿음.

이것은 면면이 이어져 내려온 사상이요, 정신이요, 성품이었다.

이러한 사상과 정신은 후대들에게도 고스란히 이어졌다.

온 가족을 떠나보내고 홀로 남아 대동강에 십자가를 세운 유계준 장로의 마지막 뒷모습을 바라보며 몇 가지 생각과 질문을 던져본다.

하나는, 그가 남긴 대동강의 십자가는 무엇을 증언하고 있는가?

대동강 다리

또 하나는, 그는 무엇 때문에 죽음의 자리로 스스로 걸어 들어갔을까?

첫 번째 질문에는 이렇게 대답할 수 있지 않을까?

그것은 하나님 자녀로서의 소명이었다고.

유계준 장로! 그에게는 민족주의자, 애국계몽가, 독립운동가, 교육사업가, 기업가 등등 다양한 명칭이 따라 붙는다. 하지만 그는 그 무엇도 아닌 예수 그리스도의 제자였다. 하나님을 사랑하는 마음으로 나라와 이웃을 사랑했기에 붙여진 이름들일 뿐이다.

그렇다면 어떻게 사는 것이 참된 믿음의 길인가?

누가 그리스도의 참된 제자인가?

어떻게 하는 것이 주님을 따르는 길인가?

예수님은 마태복음 16장 24-25절에서 이렇게 말씀하셨다.

"이에 예수께서 제자들에게 이르시되 아무든지 나를 따라오려거든 자기를 부인하고 자기 십자가를 지고 나를 따를 것이니라 누구든지 제 목숨을 구원하고자 하면 잃을 것이요 누구든지 나를 위하여 제 목숨을 잃으면 찾으리라."

유계준 장로, 그는 철저히 자기를 부인한 사람이었다. 옛사람이 죽어야 새사람의 옷을 입을 수 있다. 그는 1905년 마포삼열(馬布三悅, Samuel Austin Moffett) 선교사의 전도로 예수를 믿게 되었다.

예수님을 만난 계준은 그렇게 좋아하던 술과 담배를 하루아침에 끊어 버렸다. 완전히 딴 사람이 된 것이다. 더구나 뼈대 있는 가문으로서는 도저히 있을 수 없는 일, 즉 양반의 상징이었던 상투를 자르고 단발을 감행했다. 여기에는 두 가지 의미가 내포되어 있다.

이제부터 하나님의 사람으로 새롭게 태어났다는 의미이자 동시에 을사늑약에 대한 분노와 저항의 표시였다. 또한 예수님을 만나 새사람이 되었는데, 양반이니 상놈이니 하는 게 뭐가 중요한가!

계준은 철저하게 옛사람의 죽음을 경험하고 자기를 부인한 사람이다. 지금까지 쥐고 있던 모든 것과 구습을 벗어버렸다. 그는 주 안에서 거듭남으로 이 땅으로 파송 받은 그리스도의 전권대사가 되었다.

죽는 것이 사는 것이라고 했던가?

계준은 내 인생의 주인은 내가 아니라 하나님이심을 전적으로 인정하고, 그분의 통치를 받는 삶을 살았다. 그는 사도 바울의 고백을 자신의 고백으로 삼았다.

> "내가 그리스도와 함께 십자가에 못 박혔나니 그런즉 이제는 내가 사는 것이 아니요 오직 내 안에 그리스도께서 사시는 것이라 이제 내가 육체 가운데 사는 것은 나를 사랑하사 나를 위하여 자기 자신을 버리신 하나님의 아들을 믿는 믿음 안에서 사는 것이라"(갈 2:20).

이 고백이 있었기에 그는 십자가의 길을 묵묵히 걸어갈 수 있었다. 당시 많은 사람들이 배교로도 모자라 일제에 부역하며 출세 가도를 달렸다. 이 사람들처럼 신사참배를 거부하지 않으면 쉽게 목회

할 수 있었을 주기철 목사님, 그는 신사참배를 단호히 거부하고 십자가의 길로 걸어갔다. 마찬가지로 유계준 장로는 이미 부와 명예를 손에 쥐고 있었다. 일제에 부역하고 공산당에 협력하면 얼마든지 편안한 삶을 살 수 있었지만, 의의 면류관을 바라보며 대동강에 세워진 십자가를 향하여 나아갔다.

주여! 이 몸은 주님의 것입니다.
주여! 주님께서 갈보리산 위에 십자가를 세웠듯이 제가 대동강에 십자가를 세우겠나이다.
주여! 이제는 제가 주님의 십자가를 지겠나이다.
주여! 나의 연약함을 도우소서.
갈보리 산 위에 세워진 예수님의 십자가!
유계준 장로가 세운 대동강의 십자가에서 예수님의 음성이 들려온다.
"너는 참된 믿음의 길을 가고 있는가? 너는 참된 제자의 길을 가고 있는가? 너는 정말 주님을 따르는 제자인가?"

우리를 향하신 하나님의 바람은 하나님의 통치에 참여하는 것, 즉 순종, 헌신, 충성일 것이다. 하나님은 자기의 기뻐하시는 뜻을 따라 우리를 아낌없이 사랑하신다.
반면에 하나님은 우리가 기쁜 뜻으로, 전심으로 사랑하기를 바라신다. 하나님을 사랑한다는 것은 우리의 책임과 의무라기보다 명예와 자유를 누리는 고유한 복일 것이다.
예수님은 하나님 아버지의 기뻐하시는 뜻을 따라 이 땅에 오셨고, 십자가에 달리셨고, 약속대로 부활하셨다.
하나님의 공의와 사랑을 십자가에서 완성하신 분이 바로 예수님이시다.

십자가를 지심으로 하나님의 뜻에 온전히 동참하셨다.
예수님께서 겪으신 수난은 하나님 사랑의 절정이었다.
그 피 묻은 십자가는 우리의 소망이 되었다.

"아버지여 만일 할 만하시거든 이 잔을 내게서 지나가게 하옵소서 그러나 나의 원대로 마시옵고 아버지의 원대로 하옵소서"(마 26:39).

예수님의 십자가는 하나님의 사랑 그 자체였다. 유계준 장로는 예수님의 본을 따라 죽는 그날까지 주님의 몸된 교회를 지키며 돌보았다. 철저하게 책임을 다함으로 올곧게 하나님의 자녀 된 명예를 지켰다.

이제 또 하나의 질문을 새겨본다.
그는 무엇 때문에 죽음의 자리로 스스로 걸어 들어갔는가?
이 질문에 대한 답변은 평소에 남긴 그의 어록에서 찾아볼 수 있다.
"세상은 의와 사랑, 정직과 약속을 지키는 시험장이다. 그러므로 어떤 상황에서도 의와 사랑, 정직과 약속은 지켜져야 한다."
그의 의와 사랑, 정직과 약속은 우정으로 나타났다. 그리스도 안에서 성숙한 사람의 특징은, 풍성한 생명을 나누는 의와 사랑으로 알 수 있다. 왜냐하면 의와 사랑은 하나님의 기쁨에 참여하는 수단이기에, 그것은 기쁨 안에 사는 사람의 표지이다.
의와 사랑은 인간관계 속에서 우정으로 나타나고, 그리스도의 통치가 성취되는 일에 기쁘게 참여하는 행위로 나타난다. 그래서 우정은 시간과 공간을 초월한다. 결코 배타적이지 않고, 서로 기쁨을 나누고, 모든 것을 공유하며 자유를 누린다.
유계준, 오윤선, 조만식 세 분은 아침마다 오윤선 장로의 사랑채에 모여 교회의 일과 조국의 앞날을 걱정하며 깊은 우정을 나누었다. 유계준 장로가 온 가족을 남쪽으로 떠나보내면서 마지막으로 남긴 말이 있다. "나는 조만식 장로와 해야 할 일이 아직 남아 있다"라는 짧은 한마디이다.

유계준 장로는 자신의 지론에 충실한 사람이었고, 그들이 나눈 우정은 어떤 죽음도 뛰어넘는 풍성한 생명으로 충만했던 것임에 틀림없다. 그들은 곧 죽음이 찾아올 터이지만, 비록 죽음의 한가운데 서 있다는 것을 알고 있다 할지라도 그것이 끝이 아님을 알았기에 기쁨을 잃지 않았다.

그리고 타고난 성품을 어찌할 수 있으랴?

한국기독교 100주년을 보도한 〈Time〉지는 한국기독교가 빨리 성장한 것은 "독립운동과 사회정의운동 등 하나님의 정의를 위해 흘린 한국 그리스도인들의 피와 고통의 열매다"라고 설명했다.

그 당시 교회와 그리스도인들은 인간의 자유와 인류의 평화와 민족의 독립, 그리고 무력으로부터의 해방을 진정으로 원했다. 그러나 자기가 원한다고 모두 그 일을 감당할 수 있는 것은 아니었을 것이다.

하나님은 우리가 자유와 평화를 누리기 원하신다. 하지만 그러한 가치를 온전히 누리려면 성령의 도우심과 확고한 세계관, 그리고 그것을 이루고자 하는 열망과 성품이 어우러져야만 한다.

유계준 장로는 예수님을 영접하자마자 곧바로 상투를 잘라 버리는 단호함을 보일 만큼 행동으로 옮기는 철저한 성품을 가졌다. 이러한 개혁적이고 적극적으로 정의를 추구하려는 열망은 그의 순수한 신앙의 발로이자, 가문에 흐르는 내력일지도 모르겠다.

강릉 유씨 가문은 일제에 침탈된 국권의 회복을 위한 독립운동에 헌신한 순국선열이 50여 명이나 된다. 이것은 그의 가문이 어떤 사상과 정신을 소유했는가를 말해주고 있다. 특히 3·1 운동 당시 독립선언서에 서명한 민족대표 33인 중 기독교 대표로 참여했던 낙포 유여대 목사는, 평안북도 의주 태생으로 만세운동, 육영사업, 민족계몽운동을 전개하였다. 아울러 안중근 의사와 함께 하얼빈 역에서 이등박문을 살해한 유동하 의사, 의열단에서 활약한 유석현 등의 나라사랑은 모든 이들의 귀감이 되고 있다.

끝까지 평양에 남아서 교회를 지켜내고자 했던 유계준 장로의 성품은 불의를 용납하지 못하는 하나님의 성품을 본받았다. 뿐만 아니라 조상으로부터 물려받은 정의와 자유를 향한 불굴의 기질이라고 해도 과언이 아닐 것이다.

유계준 장로는 오늘을 사는 우리에게 신앙이 무엇인지에 대해, 교회와 직분 그리고 사명에 대해 확실한 답을 주고 있다.

신앙에 대하여, 교회에 대하여, 직분과 사명에 대하여 그는 이 시대를 살아가는 우리에게 그리스도인은 누구이며 어떻게 살아야 하는가에 대한 실증적인 표본이다.

맹호출림

산정현교회는 주기철 목사가 시무하던 곳이다. "예수 천당!"을 외치던 최봉석(권능) 목사가 몸담았던 교회이기도 하고, 민족의 등불이었던 고당 조만식 선생이 장로로 섬기던 곳이기도 하다.

주기철, 조만식, 오윤선과 함께 끝까지 교회를 지킨 사람이 있다. 바로 유계준 장로이다. 그는 주기철 목사가 마지막 가는 날까지 그를 돌아본 사람이다. 주기철 목사 순교 후 유족들의 생계까지도 책임졌다. 그리고 그도 대동강에 십자가를 세우고 순교의 피를 흘렸다. 그에게 타협이란 없었다. 모진 비바람에도 불구하고 그저 묵묵히 주님의 교회를 지켰다. 그뿐만이 아니었다. 쓰러져 가는 나라를 세우는 일에 자신의 모든 것을 쏟아 부었다.

미림 유계준 장로 순교기념비와 윤덕준 권사의 묘
(경기도 고양시 신도면 오금리 소재)

'맹호출림'(猛虎出林)이라고 했던가? 그가 그랬다. 일본 제국주의자들 앞에서, 공산당 앞에서 그는 '숲에서 막 나온 용맹스러운 호랑이'와 같았다. 하나님을 사랑하는 그의 뜨거운 마음에서 나온 믿음과 용기라고 해야 할 것이다.

하나님은 당신을 사랑하는 자에게 천 대까지 복을 주신다고 하셨는데, 계준을 통해 그 말씀이 참으로 진리임을 확인하게 된다. 단 한 분, 하나님만을 사랑했던 장로 유계준….

그 자손들에게 베푸신 하나님의 은혜가 놀랍다. 설명할 수 없는 신비가 그의 자손들의 삶 속에 한결같이 나타난다. 계준은 비록 대동강의 십자가가 되어 순교의 피를 뿌렸지만 그가 뿌린 씨앗들이 열매가 되어 나타난 것이다.

천 대까지 계속될 열매들….

그 열매와 면류관은 사도 바울의 고백처럼 주님을 사랑하는 우리 모두를 위한 것이리라.

"이제 후로는 나를 위하여 의의 면류관이 예비되었으므로 주 곧 의로우신 재판장이 그날에 내게 주실 것이며 내게만 아니라 주의 나타나심을 사모하는 모든 자에게도니라"(딤후 4:8).

어린 시절

열한 살에 아버지와 한시를 주고받을 정도로 비범한 아이가 있었다. 들짐승이 나타났다고 놀란 동네 사람들이 집으로 뛰어 들어올 때 가장 먼저 활을 찾아들고 나서는 용맹스러움과 담력까지 갖춘 아이! 이 아이가 1879년 음력 4월 3일, 평안남도 안주군 신안주면 청산 오리에서 태어난 유계준이다.

평안도의 도 이름에 한 글자를 빌려줄 정도로 유서 깊은 고장 안주. 나라의 북방을 믿음직하게 지켜서 평안하게 하는 고장이라는 뜻과, 들이 넓고 물이 맑으며 살기 좋은 곳이라는 의미를 담고 있는 곳…. 경의선 철도가 안주 구 시가지를 비껴 지나가면서 그곳은 신안주라는 새로운 지명으로 불리게 되었다.

청천강 너머로 넓게 펼쳐진 열두 삼천리벌 곡창지대 안주 평야. 이곳으로 계준의 선조들이 이주하게 된 이야기가 하나 있다.

조선의 개국공신으로 옥천부원군에 봉해진 유창은 조선왕조의 창업을 도운 신진사대부의 중심에 있었으며, 태조에게 경사를 강론한 분이다.

청천강과 열두삼천리벌

유창은 조선왕조가 민본을 바탕으로 덕치와 애민정신 위에 세워지기를 원했으며 왕과 신하의 정직성과 도덕성을 치도의 자세로 꼽았다.

유창의 네 번째 동생 유치는 매우 총명하고 기상과

재능이 뛰어났다. 장형 유창은 가문을 크게 빛낼 동생이라고 그를 항상 칭찬했다고 한다.

조선의 개국으로 맏형인 유창은 개국공신이 되고 옥천부원군에 봉작되었으나, 유치는 고려의 국운이 기울자 불사이군의 의리를 지키다가 후에야 벼슬에 나아갔다.

태종 때 태상왕 이성계가 세상을 떠나자 풍수지리에 대해 잘 아는 대신들에게 명당을 찾도록 하였다. 그때 양주 검암산(현재 구리시) 자락에 좋은 자리가 있다는 이야기를 들은 하륜의 천거로 이곳에 산릉을 조성하게 되었다. 그런데 검암산의 '검'자가 칼을 의미하므로 불길하다 하여 구릉산으로 부르게 되었다.

문제는 지금의 건원릉은 강릉 유씨의 선산으로 당시 많은 사람들이 대업의 길지로 꼽았던 곳이다. 유치는 구릉산의 부친 산소와 백형의 사후 유택을 태조의 능지로 부당하게 빼앗기자 이 일을 분히 여겼다.

그는 '삭발도진세 존염표장부'(削髮逃塵世 存髥表丈夫: 머리터럭 자르고 속세를 떠나지만 구레나룻 남겨둠은 장부의 표상이라)라는 시를 남기고 태종을 피하여 북으로 가서 은거하게 되었다.

이 일로 태종의 심기를 거스르게 되어 멸문의 위기에 처했다. 그러자 장형 유창은 멸문을 막으려고 스스로 태조의 수묘관이 되어 3년간 묘를 지켰다는 이야기가 문중에 전해 오고 있다. 흔히 역사가들은 유창을 당나라의 누

건원릉

사덕(婁師德)과 같은 인물이라고 비유한다.
　누사덕은 중국의 철권여제인 측천무후 시절의 인물이다. 그는 성품이 얼마나 온유했던지 아무리 무례함을 당해도 흔들림이 없었다. 한번은 자신의 동생이 대주자사로 임명되어 벼슬에 나아가려고 하자 집으로 불러 이렇게 말했다.
　"우리 형제가 함께 벼슬에 나아가 황제의 사랑을 받는 것은 영광이나 반면에 적들의 시샘도 클 것이다. 이럴 때 동생은 어떻게 대처하겠는가?"
　"비록 남이 내 얼굴에 침을 뱉더라도 화 내지 않고 참을 것이며 말없이 닦겠습니다. 결코 저로 인해 형님에게 걱정이나 누가 되는 일은 없을 것입니다."
　이 말은 들은 누사덕이 동생에게 말했다.
　"내가 우려하는 것이 바로 그것이다. 만약에 어떤 사람이 네 얼굴에 침을 뱉는다면, 그건 너에게 크게 화가 났기 때문이다. 그런데 그것을 그 자리에서 바로 닦아 버린다면, 또 한 번 상대의 기분을 거스르게 되어 더 크게 화를 낼 것이 아니냐? 침은 그냥 두어도 저절로 마르게 되니 웃으면서 침을 받도록 해라."
　이것이 타면자건(唾面自乾)이라는 고사다. 남이 내 얼굴에 침을 뱉을 때 적대시하지 않고 오히려 저절로 마르도록 기다린다는 뜻으로 인내가 필요함을 비유해서 이르는 말이다. 유창의 수묘관 3년은 마치 이와 같다고 볼 수 있다.
　바로 이 시기에 계준의 선조들은 멸문을 피하여 사방으로 흩어지게 되었는데, 이것이 서북지방에 터를 잡는 계기가 되었다. 그리고 이곳에 세도정치로 위세를 떨쳤던 안동 김씨 가문이 대원군이 집권하자 낙향하게 된다.
　안동 김씨 세도가문과 안주의 유서 깊은 강릉 유씨 가문이 혼인을 하게 되었다. 그분이 바로 계준의 아버지인 유석덕이다. 당시는 일본과 서구열강의 조선침탈로 나라 안팎이 매우 어지러워지고 있었으며 조일, 조미, 조영, 조독 등 각종 조약이 체결될 때였다. 설상가상으로 계준의 아버지는 개화사상에 편승하지 못했고, 경제적인 타격을 받기에 이르렀다. 넉넉한 가정 형편에서 한학을 배워 그 깊이가 대단했던 계준은, 열세 살 때 아버지가 돌아가시고 가세가 갑자기 기울자 고향을 떠나게 된다.

"오마니, 피양으로 가서 품팔이라도 해야갔습네다. 이러다 우리 모두 굶어 죽을 것 같습네다. 자리 잡으믄 오마니를 모시러 오갔습네다."

어린 나이에 어찌 이런 생각을 했을까! 어머니는 신양리에 사는 외가 친척에게 도움을 청하라고 일러서 어린 아들을 떠나보냈다.

계준의 고향인 안주와는 사뭇 다른 분위기의 도시 평양! 일찍이 고구려의 고도로 관서지방의 요충지였으며 빼어난 경치와 명승지로 유명한 곳이다. 그는 무역상을 운영하는 외가를 찾아가 잔심부름을 하며 지내게 되었다. 또래에 비해 성숙했으며, 체격도 좋고 힘도 좋은데다 성실하기까지 했던 계준은 날이 갈수록 신임을 얻었다.

이때는 개화 바람에 수구파와 개화파 간의 갈등이 심할 때였다. 임오군란, 갑신정변 등으로 나라가 혼란스러운 때이기도 했다. 또한 파란 눈의 서

1900년대 초 평양

양인들이 들어와 선교를 위한 신식 병원과 학교가 세워질 때이기도
했다.

   1894년 음력 1월, 동학란으로 나라가 몹시 시끄러워지고 흉흉한
소문이 무성했다. 전라도 고부에서 전봉준에 의해 일어난 1차 농민
반란은 동학교도들의 조직과 세를 업고 삼남 일대를 장악해 갔다.
이것이 동학농민운동 또는 갑오농민운동이다.
   뾰족한 수가 없었던 조정에서는 청나라에 원군을 요청했고, 이
정보를 입수한 일본은 자국민을 보호한다는 명목으로 군대를 먼
저 인천에 상륙시켰다. 조선 정부는 당시의 열강 및 동북아 정세
에 효과적으로 대응하지 못함으로 내우외환을 불러들인 꼴이 된
것이다.
   일본군이 인천 앞바다에서 청나라 함선에 포격을 가함으로 시작
된 청일전쟁은 일본의 승리로 끝나는가 싶었다. 그런데 1894년 9월
에 물러나던 청나라가 평양에서 다시 일본과 대접전을 벌임으로 평
양 인근은 피비린내로 진동하고 쑥대밭이 되고 말았다.
   계준은 외가의 식솔들과 대성구지로 피난을 떠났다가, 이듬해 강
화도조약으로 전쟁이 끝
나자 다시 평양으로 돌아
왔다. 돌아온 평양은 예
전의 그곳이 아니었다. 전
쟁으로 사람도 잃고 재산
도 잃어 보이는 곳이라고
는 온통 폐허, 그 자체였
다. 게다가 승리한 일본
군의 행패는 차마 눈뜨고

청일전쟁 당시 일본군

보기 힘들 정도로 극심했다. 엉망이 된 삶의 터전을 보며 계준은 생각했다.

'왜 외국 군대가 남의 나라에 들어와서 전쟁을 하는가! 남의 나라에서 저들이 싸우는 것을 우리는 보고만 있다니, 우리 조선은 우리의 힘으로 나라를 지킬 수 없는 것인가!'

일평생 가슴에 품었던 민족에 대한 사랑과 뜨거운 불이 붙은 것은 이때부터였다.

계준은 사원으로 일하면서 각종 상도와 경영을 배우고 익혔다. 특유의 성실함으로 신용까지 얻어 많은 거래처를 확보하게 되었는데, 이 과정에서 그가 깨닫게 된 것이 있었다.

'돈을 벌어주는 것은 돈이 아니라 사람이다.'
'단순히 물건만 파는 게 아니라 사람의 마음을 얻어야 한다.'

아직 약관의 나이인데, 이처럼 중요한 사실을 깨달은 것이다. 그 이후 그는 평양에 있는 상인뿐만 아니라, 멀리 지방에 있는 상인들에게도 인간적인 끈끈한 정과 신용을 얻는 일에 신경을 썼다. 계준의 이런 경영철학은 나중에 청나라까지 무역의 범위를 넓히게 해주었다.

계준의 사업은 나날이 번창해 갔다. 그렇다고 승승장구하는 일이 반드시 좋은 것만은 아니었다. 돈 버는 일에 몰두하다 보니 그만 혼기를 놓치고 만 것이다. 그러자 어린 나이에 집을 떠나 성실하게 일한 계준을 신뢰하는 외가의 주선으로, 그는 평남 대동군 내리의 파평 윤씨 규수인 윤덕준을 만나 가정을 이루게 되었다.

파평 윤씨의 시조는 태사공 윤신달이다. 윤신달은 고려 태조 왕건을 도와 삼한을 통합하여 공신이 되었고, 5세손인 윤관은 대원수가 되어 여진을 정벌하고 동북면 9성을 쌓음으로 민족의 자긍심을 높였다.

이후 가세가 크게 일어나 명문 거가대족이 되었다. 특히 파평 윤씨는 조선왕실과 국혼을 많이 한 가문으로 고려시대를 거쳐 조선조에 이르기까지 권문세족으로 꼽힌다.

결혼 후 계준은 평양에서 약 4km 떨어진 대동강 상류 미림리에 집을 구입하고 신접살림을 차렸다. 후에 이곳에 미림교회를 설립하게 된다.

이 무렵, 평양에서는 외국인 선교사들이 들어와 제법 기세(?)를 떨치고 있었다. 저들은 예수교를 전한다며 길거리에서 전도하거나 집집마다 다니며 성경을 팔기도 했다.

그중 마포삼열이란 선교사는 장대재교회(후에 '장대현교회'로 바뀜)를 설립하여 주일마다 예배를 인도하고 있었다.

장대현교회

조선의 소돔과 고모라 땅 평양! 기생이 많고 풍류로 가득한 평양에 새로운 바람이 일고 있었다. 술에 취해 부르던 노랫가락이 변하여 찬송이 되었고, 낙심과 절망의 한숨들이 소망의 간구로 바뀌고 있었다.

한반도의 예루살렘 평양! 그곳에 부흥의 불길은 이렇게 서서히 타오르기 시작했다.

한 숟가락 더 먹여라 - 김달범, 자개바우

처녀 죽은 귀신은 손각씨
과부 죽은 귀신은 미명귀
목매달아 죽은 귀신은 무두귀
총각 죽은 귀신은 몽달귀신

평양성 밖 외곽지대, 숲이 우거지고 들짐승들이 자주 출몰하는 인적이 드문 으슥한 곳, 버려지는 송장들이 많아 해가 떨어지면 그 근처에는 사람들이 얼씬도 하지 않는 곳, 이곳에 득실거린다는 귀신들의 이름이다.

이곳은 청년 계준이 진정한 친구를 사귈 때 사용한 장소이기도 하다. 이 사람의 됨됨이는 어떠한가, 성실하고 올바른가, 의리와 용기가 있는가, 한마디로 사나이다운가를 살필 수 있는 최적의 장소였다.

많은 젊은이들이 계준의 남다른 용기와 성품에 반하여 친구가 되기를 원했다. 그러나 그와 친구가 되기 위해서는 반드시 치러야 하는 관문이 있었다. 이 시험을 통과하면 친구가 되었지만, 통과하지 못하면 아무리 돈이 많고 배움의 정도가 많아도 친구로 사귀지 않았다. 무사히 이 과정을 지나 친구가 되면 그야말로 삼국지에 나오는 도원결의처럼 생사를 같이하는 친구가 되는 것이었다. 아마도 계준은 유비와 관우, 장비의 도원결의를 떠올렸으리라.

김달범에게 주어진 미션은 귀신 떼들이 몰려 있다는 그곳에 가서 누워 있는 송장 다섯 구의 입에 좁쌀 한 숟가락씩을 먹이고 돌아오는 것이었다. 계준은 달범에게 좁쌀 한 주머니와 숟가락을 쥐어주며 물었다.

"할 수 있겠는가?"

"사내대장부가 죽은 송장에게 쌀 한 줌 먹이는 일이 뭐 그리 대단한가? 다녀오겠네."

칠흑 같은 어둠이 내리고 희미한 달빛만 고요하게 흐르는 그 길을 혼자 간 달범, 부스럭부스럭 소리에 흠칫하고 멈추자 어슴푸레 누워 있는 송장이 보였다.

달범은 정신없이 송장의 입에 좁쌀을 퍼넣었다.

다섯 번째 송장의 입에 좁쌀을 퍼넣고 막 일어나 돌아서려는데, 귀신의 아우성 같은 소리가 들려왔다.

"한 숟가락 더 먹여라."

달범은 섬뜩하며 순간 등골에 식은땀이 흘렀지만, 이내 벼락 같은 소리를 질렀다.

"한 숟가락 더 먹겠다고 한 놈이 누구냐!"

적막한 숲에 메아리만 울릴 뿐 대답이 없었다. 달범은 처음부터 다시 다섯 구 송장의 입을 벌려 좁쌀을 퍼먹이고 돌아왔다. 사실은 다섯 구의 송장 양 끝에는 시험에 먼저 통과한 다른 친구와 계준이 함께 시험관으로 누워 있었다.

보통의 경우, 친구가 되고 싶어도 그 으슥한 곳에 가지도 못할 뿐더러, 설사 가더라도 "한 숟가락 더 먹여라"는 소리에 그만 실신하거나 줄행랑치는 경우가 허다했다.

시험에 당당히 합격한 김달범, 그는 평생 계준의 형제와 같은 친구가 된 것이다. 계준에게 친구란 함께 살고 함께 죽자고 결의한 형제들과 같았기에, 훗날 이런 친구들과 함께 목숨을 걸고 마적 떼를 물리칠 수 있었던 것이다.

유계준은 본래 대장부다운 호탕함과 의협심이 강한 성격의 소유자였다. 그러나 어려서부터 가장이 되어 여러 가지 책임져야 하는 상황에서 살다 보니 스스로를 자제하며 살아갈 수밖에 없었다. 그러다 가정을 이루고 독립하면서부터 본래의 성품이 서서히 드러나기 시작했다. 술과 친구를 좋아하고 불의한 일을 보면 참지 못하는 기질이 살아나며 협객소리를 들었다.

당시에는 나라의 치안상태가 매우 좋지 않았다. 저녁이 되면 부랑배와 도적 떼들이 동네를 휘젓고 다니는 일들이 빈번했다.

어느 날 밤, 도적 떼들이 계준이 살고 있는 집을 습격했다. 자다 말고 일어난 계준은 큰 체격과 장사 같은 힘으로 여럿의 도적들을 순식간에 때려 눕혔다. 이 소문이 평양 시내에 퍼지게 되었고, 그로 인해 다른 동네의 협객들과도 교류하게 되었다. 김달범이 계준의 친구가 되기 위한 시험에 도전하게 된 것도 이런 이유에서였다.

자개바우라는 친구의 집은 큰 부자는 아니었지만 남부럽지 않게 살고 있었는데, 어느 날 도적 떼가 습격해 왔다. 흉기를 들고 설치는 바람에 다른 가족들은 이불 밑에 깔린 채 떨고 있었다. 그때 자개바우가 태연자약하게 말했다.

"여보시오, 밤손님들! 자개바우 재산은 못 가져가십니다."

그러자 도적 떼가 칼을 겨누었다.

"목숨이 아깝거든 입 닥쳐라."

도적들은 재빨리 짐을 챙겨서 달아났다.

자개바우는 그 뒤를 따르며 소리치기 시작했다.

"자개바우 물건은 못 가져갑니다."

"자개바우 재산은 못 가져갑니다."

끈질기게 뒤를 밟아 마침내 도적 떼의 소굴을 알아냈다. 날이 밝자 자개바우는 계준을 찾아왔다. 계준과 달범, 자개바우 등 결의형제들은 도적 떼의 소굴을 소탕했다.

그 후로 인근부락에는 더 이상 도적 떼가 나타나지 않았고 불안과 공포가 사라지게 되었다. 그로 인해 계준은 협객 중의 협객으로 주변에 이름을 알리게 되었다.

마포삼열 선교사를 만나다

이 무렵, 평양거리에서는 노방 전도하는 서양 선교사들의 모습을 자주 볼 수 있었다.

큰 키에 노란 머리, 파란 눈동자의 서양 사람들을 보려고 많은 사람들이 몰려들었다. 그중에는 선교사들의 코를 만지는 사람도 있었고, 심지어는 파란 눈이 신기하다며 손가락으로 찔러 보는 사람도 있었다. 원숭이처럼 생긴 서양 사람이 한국말을 하는 것은 무엇보다 더 좋은 구경거리였다.

마포삼열(Samuel Austin Moffet, 馬布三悅, 1864~1939년)

평양의 협객들은 기독교를 혹세무민하는 서양 오랑캐 종교로 생각했다.

"조상님께 제사도 드리지 못하게 하다니…."

더구나 '누구나 평등하다'는 그들의 주장은, 삼강오륜으로 다져져 있는 유교사회에서는 도저히 용납할 수 없는 일이었다. 이들은 선교사들이 머무는 집을 향해 돌을 던지거나, 노방 전도 중에는 몸으로 시비를 걸기도 했다. 나중에 목사가 된 이기풍이라는 청년은 마포삼열 선교사에게 돌을 던져 턱에 큰 상처를 입히기도 했다.

젊은 유계준도 이에 못지않았다. 남의 나라에서 전쟁을 일으키는 일본이나, 미풍양속을 해치는 서양 오랑캐는 반드시 물리쳐야 한다는 생각이 늘 마음 한쪽에 자리 잡고 있었다. 따라서 선교사들을 괴롭히고 시비 걸고 행패부리는 생활이 일과처럼 되었다. 다른 일상과 가정생활도 별반 다르지 않았다. 하루 일과가 끝나면 친구들과 밤늦도록 술을 마셨고, 아침에 입고 나간 두루마기가 흙투성이가 되도록 술에 취해 비틀거리며 집으로 돌아오곤 했다.

이런 일이 거의 5년 동안 일상처럼 되풀이되자, 갓 시집온 아내 덕준은 매일 밤을 눈물로 지새웠다. 아내의 마음고생은 이만저만이 아니었다.

1904년 2월, 만주와 조선의 지배권을 놓고 예기치 않았던 러일전쟁이 발발하여 평양 일대는 청일전쟁 이후 또다시 전운에 휩싸이게 되었다. 이때 우리가 간과하고 있는 일이 하나 있다. 러일전쟁 시 중립을 지키겠다던 영국과 미국이 일본을 적극적으로 지원했으며, 그 결과 조선의 패망을 재촉했다는 점이다.

10년 전의 전쟁으로 쑥대밭이 되었던 평양을 기억하는 주민들은 일찌감치 피난길에 올랐다. 계준도 아내와 함께 어머니가 계신 신안주로 몸을 피했다. 전쟁은 이듬해 초에 끝났다. 그러나 일제가 조선을 통째로 삼키는 단초를 제공하는 불행한 결과를 가져왔다.

1905년, 러일전쟁에서 승기를 잡은 일본은 조선의 외교권을 박탈하고 식민지로 편성하기 위하여 불법적인 조약을 강제로 체결하였다. 이것이 을사늑약이다. 을사늑약 이전에 미국과 일본 사이에 기

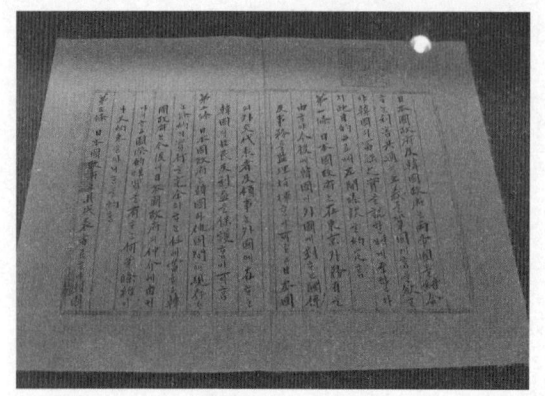
을사늑약 문서

억해야 할 중요한 비밀 밀약이 하나 있다. 가쓰라 태프트 밀약이다. 1905년 7월 29일에 일본의 내각 총리대신이자 임시 외무대신이었던 가쓰라 다로와 미국의 육군 장관 윌리엄 태프트 사이에 맺어진 비밀 협약이다.

가쓰라 태프트 밀약

두 나라는 다음과 같은 3가지 사항에 합의하였다.

첫째, 미국이 필리핀을 통치하고, 일본은 필리핀을 침략할 의도를 갖지 않는다.

둘째, 극동의 평화유지를 위해 미국·영국·일본은 동맹관계를 확보해야 한다.

셋째, 미국은 일본의 한반도에 대한 지배적 지위를 인정한다.

이 밀약은 일본과 미국이 한반도와 필리핀에 대한 서로의 지배권을 인정하고, 동아시아에서 미국·영국·일본의 동맹을 강화하는 것을 주요 내용으로 하고 있다.

일본은 1905년 8월 12일, 제2차 영일동맹을 맺어 영국에게도 한반도에 대한 지배권을 인정받는다. 그리고 1905년 9월 5일, 포츠머스조약을 체결해 러시아에게도 한반도에 대한 지배권을 인정받았다. 마침내 1905년 11월 17일, 을사늑약으로 대한제국의 외교권을 빼앗았다.

을사늑약으로 시국은 몹시 어지러웠고, 곳곳에서 의병이 일어나는가 하면, 다른 한편으로는 도적 떼가 판을 쳤다. 백성들의 정신은 황폐해졌고, 양심이란 찾아볼 수 없을 만큼 타락해 갔다. 정치 모리배들은 수단과 방법을 가리지 않고 자신들의 배만 채워가기에 급급했다. 이렇듯 나라 안은 온통 어지럽고 소란스러운 소문으로 어디에서도 소망의 빛이 보이지 않았다.

한편 청일전쟁, 러일전쟁 후에 평양을 중심으로 서북 지역에는 놀랍게도 기독교가 확장되어 갔다. 마을마다 교회가 세워지고, 교회마다 많은 사람들이 몰려들었다.

조선의 소돔과 고모라 같은 지역이었기 때문일까? 아마 조선의 불쌍한 영혼들을 사랑하신 하나님의 뜻이리라.

미림교회 설립과 무너진 제단의 수축

1905년 가을, 마포삼열 선교사가 한석진 조사와 함께 미림리에 전도하러 왔다가 계준을 만났다.

노방 전도하는 선교사들을 못살게 굴기로 악명 높았던 계준을 보고 마포삼열 선교사가 반갑게 맞으며 인사했다.

"형님, 이제 그만 예수 믿읍시다. 예수

한석진 목사

믿어야 구원받습니다."

예전에도 계준은 마포삼열 선교사를 만난 일이 있었다.

"왜 남의 나라에 들어와 사람들을 현혹하느냐! 좋은 말로 할 때 너희 나라로 돌아가거라! 그래도 조선을 떠나지 않는다면 내 주먹으로 돌려 보내주마!"

이렇게 큰소리치며 마구 때린 적이 있었다. 그런데 자기가 그렇게 못살게 굴었던 마포삼열 선교사로부터 인사를 받은 것이다. 부끄러운 생각이 들었다. 이상하다는 생각도 들었다.

'나에게 그토록 모욕당하며 맞았던 사람이 어찌 내게 이처럼 웃으며 반갑게 인사할 수 있을까! 도대체 저들이 전하는 예수가 무엇이란 말인가? 멸시보다, 조롱보다, 주먹보다도 앞선단 말인가?'

늘 술에 취해 있었던 계준이지만, 이날은 술을 마시지 않은 상태였다. 그래서였을까? 싸울 마음이 없는 상대에게 행패부리며 주먹 날렸던 일을 미안하게 여긴 계준은 자신의 집 사랑방으로 마포삼열 선교사를 모셨다.

처음으로 예수는 누구인가, 기독교에 대해 차분히 듣는 시간을 가지게 되었다.

"하나님께서 이 세상의 모든 천지만물과 사람을 창조하였습니다. 그러나 하나님께 불순종한 인간은 하나님께 가까이 나아갈 수 없게 되었습니다. 인간은 근본적으로 태어날 때부터 죄를 짊어지고 태어납니다. 그러나 죄가 없으신 예수님을 믿고 영접하면 새로 태어나게 됩니다. 이것을 중생이라 하지요. 거듭난 사람은 겸손해지고 다른 사람을 자기의 몸과 같이 사랑하게 됩니다. 뿐만 아니라 하나님께서 천 대까지 복을 내려주십니다."

마포삼열 선교사는 한석진 조사의 통역을 통해서 기독교 진리를 알기 쉽게 설명해 주었다.

설명을 듣는 중에 지금까지 기독교에 대해 가졌던 선입견과 갖가지 오해와 의심들이 사라지기 시작했다.

계준은 서학은 사악한 것이며, 유학이야말로 진리요 가장 좋은 가치라고 생각했었는데 유학보다 더 귀한 진리가 있다는 것을 알게 된 것이다. 그러자 계준의 마음은 걷잡을 수 없을 정도로 복음에 빠져들기 시작했다.

잘 알지도 못하는 서양 사람에게 주먹을 날린 것에 대한 미안함 때문에 사랑방에 한 번 모신 것이었는데….

계준의 마음은 본인도 모르게 조금씩 열리기 시작했다. 처음엔 '서양 사람들이 왜 남의 나라에 들어와 매 맞고 원숭이 취급까지 받으면서 저렇게 전하는 걸까? 기독교가 뭔지 어디 한번 들어나 보자' 하고 마음먹은 것이었는데, 이날 그는 '예수를 믿어볼까' 하는 마음까지 먹게 되었다.

한 달 후 전도대가 다시 미림리로 왔을 때, 사랑방으로 모셔서 복음을 듣다가 그는 예수를 믿겠노라고 고백을 하게 되었다. 바울을 만나주셨던 것처럼, 성령의 임재하심이 계준의 사랑채에 임했다.

그 이후 기독교의 교리를 더 듣고 싶어 자신의 사랑방에 동네 사람들을 불러 모아놓고 선교사를 청하기도 했다. 이것이 바로 유계준 장로가 설립한 미림교회의 시작이 되었다.

1893년 가을, 마포삼열 선교사가 대동문 안에 있는 판동 홍종대의 가옥을 매수하여 자택에서 예배를 드리게 되었다. 1894년 1월 5일에는 제1회 입교식을 거행하였는데 최정량, 전재숙, 문흥준, 이동승, 조상정, 한태교, 박정국 7인이 세례를 받았다. 1894년 4월 6일 밤에 누가복음 13장 45절을 강론하던 중 장별군관 노기건 등이 예배당에 난입하여 한석진, 최치량, 송린서, 신상호, 우지룡 등 5인을 잡아 가두고 핍박하는 일이 일어났다. 이때 최치량, 신상호 등 4인은 곧 방면 되었으나 한석진은 구금되어 무수히 구타를 당하고 난 뒤에야 방면되었다. 이때를 기점으로 판동 마포삼열 선교사의 자택을 예배당(장대현교회)으로 정하게 되었다.

미림리에 복음이 전파된 것은 1900년경으로 마포삼열 선교사와 한석진 조사에 의하여 복음의 씨앗이 뿌려졌다. 미림리에서 제일 먼저 복음을 수용한 분은 기록으로 볼 때 윤태흠이라고 할 수 있다. 윤태흠은 판동예배당에서 원입교인이 되었고 1899년 장천교회에서 마포삼열 선교사에 의하여 세례를 받았다. 이 당시 미림교회는 정식 교회가 아닌 기도처소로 있다가 1906년 유계준 장로가 신접살림을 차렸던 집을 헌물함으로써 마침내 정식 예배당이 설립되었다.

이때 미림리의 최초 세례교인이었던 윤태흠을 장로로 세웠다. 당시 유계준 장로는 청년 사업가로 기틀을 다지고 대동강을 중심으로 교역을 확대하고 있었다. 따라서 많은 투자가 요구되던 시기에 하나님의 성전을 먼저 쌓은 그의 헌신은 하나님 사랑의 또 다른 모습이었다.

1907년에 최초로 목사 안수 받은 7인
(뒤 왼편에서부터 방기창, 서경조, 양전백,
앞줄 한석진, 이기풍, 길선주, 송린서)

미림교회의 초대 교역자는 한석진 목사다. 한석진 목사는 평양장로회신학교에 입학하여 1907년 1회로 졸업하였으며 장로교 최초 목사 7인 중 한 분이다. 대한예수교장로회 독노회 1회 회의록을 보면 목사 안수 후에 장천교회, 미림교회,

이천교회의 전도목사로 파송 받았고 이듬 해, 1908년 9월에 목사로 파송 받았다. 한석진 목사는 의주, 평양, 서울, 마산 등지에 수많은 교회를 설립하였고 한국기독교 역사에 뚜렷한 족적을 남겼다. 그는 장로교신경의 제정위원이 되어 장로교의 기틀을 놓았을 뿐만 아니라 교파 간의 장벽을 허문 에큐메니칼운동의 선구자였으며 역사 앞에 부끄러움이 없는 애국자요 참다운 신앙인이었다. 특히 선교사와 조선인 목회자 사이의 평등을 강조했으며, 조선교회의 자립과 독립 의식을 고취하였고 1917년에는 제6대 총회장에 선출되었다.

아울러 한석진 목사는 1932년 여집사 제도의 신설을 처음으로 총회에 헌의했다. 여집사 제도는 여권신장과 한국교회의 놀라운 성장 동력으로 작용하였으며 현재의 직제를 형성하는 데 결정적 역할을 했다고 말할 수 있다. 또한 남녀석을 나누는 휘장을 철거하여 남녀차별의 극복을 위해 힘썼고 신분차별 극복을 위한 사랑의 실천에 힘썼다. 유계준 장로의 자주독립적, 개혁적, 실천적, 진취적인 성향과 한석진 목사의 신앙 및 사상은 궤를 같이하고 있으며 미림교회의 정신으로 이어졌다.

1906년 설립된 미림교회는 1913년에 청호리교회를 분립시켰고, 1922년에는 3,600원을 들여 기와집 20칸의 교회당을 건축하였다. 유계준 장로는 모 교회를 위한 지원을 아끼지 않았다.

'이 세상을 만드신 하나님, 죄인인 우리를 위해 독생자를 보내주신 하나님, 우리를 위해 십자가를 기꺼이 지신 예수님, 그리고 다시 살아나신 예수님, 속히 다시 오마 약속하신 예수님, 이 예수님이

삭발을 한 유계준 장로

우리와 함께하신다니….'

 예수님을 만난 계준은 그렇게 좋아하던 술과 담배를 끊어 버렸다. 완전히 다른 사람이 된 것이다. 양반의 상징이요, 뼈대 있는 가문으로서는 도저히 있을 수 없는, 상투를 자르고 단발을 감행했다.

 '예수님을 만나 새사람이 되었는데, 양반이니 상놈이니 하는 게 뭐가 중요한가!'

 아하! 이것은 계준을 대동강의 십자가로 세우시려고 예정하신 성령님의 놀라운 역사가 아닐까?

 상투를 틀었던 긴 머리를 자르고 집에 들어가니 아내가 기겁하며 놀라 며칠 동안 근처에도 오지 않았다고 한다.

 동네의 몇몇 사람들은 '술 끊고 예수 믿는다더니 미쳐가고 있다'며 손가락질도 했다. 그래도 계준은 웃어넘길 뿐이었다.

 협객 중의 협객으로 이름을 날렸던 유계준이 사람들의 비난과 모욕, 혀를 차는 일에도 끄덕도 하지 않고 허허 웃어 넘기다니, 이 일을 어떻게 설명할 수 있겠는가!

 오로지 성령님의 능력이리라. 이런 그의 굳은 기질은 신앙을 가진 후에도 그대로 나타났다. 한번 결심한 것은 절대로 돌이키지 않고 친구들을 소중히 여기는 그의 모습은 친구들에게 복음을 전하는 것으로 나타났다. 자연스럽게 그의 사랑방은 친구들과 함께 모이는 작은 교회가 되었고, 이때 믿게 된 김봉규, 김진규 형제는 뒷날 미림교회, 청호리교회의 중심인물이 되었다. 김봉규는 후에 장로로 임직을 받았고, 조신성 여사와 함께 독립운동을 전개하였다.

 김봉규는 유계준 장로가 예수를 영접하기 이전부터 교제한 벗이었으며 대한국민회활동을 중심으로 독립운동을 전개하였다. 유계준 장로가 임시정부의 연통제 요원으로 독립운동을 전개했다면 김봉규 장로의 대한국민회 역시 1919년 8월 평양에서 박승명 장로의 주도로 결성된 임시정부의 지원단체였다. 대한국민회는 교회조직을 기반으로 설립되었으며 오직 우리 민족의 힘으로 독립을 쟁취해야만 외세의 영향에서 벗어날 수 있다고 믿었다.

김봉규 장로는 대동군 청호리 촌장으로 광복군총영과 연결되어 있었으며 친일파 처단, 독립군 지원 등 무장투쟁을 전개하였다. 1920년 11월 청년들을 규합하여 대한독립청년단을 조직하였고 맹산군 선유봉 호랑이굴에 본부를 두고 사형선고문, 협박장, 경고문 등을 인쇄하여 일본관헌과 친일파들에게 보내는 한편 우편물호송대를 습격하여 탈취한 후 상해임시정부에 보내기도 하였다. 이처럼 미림교회와 청호리교회는 형제교회로서 민족과 역사 앞에 부끄러움이 없는 소중한 하나님의 교회였다.

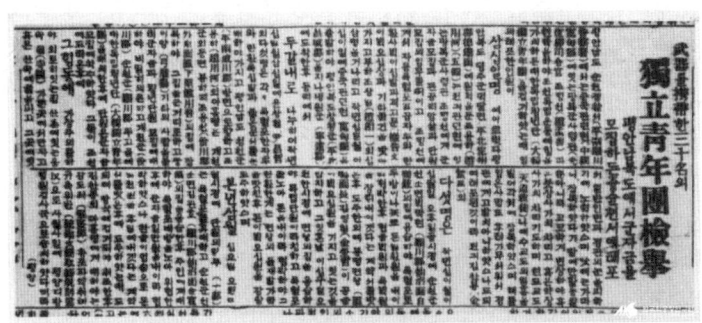

대한독립청년단 검거 기사

미림(美林), 아름다운 숲, 평양성의 에덴동산! 그곳에 하나님께서 기뻐하시는 미림교회가 있었다. 미림교회는 하나님 사랑, 이웃 사랑을 실천하며 세상에 그리스도의 빛을 비추고 소금이 되어 백성들 속에 녹았던 참다운 교회였다. 더구나 3·1만세운동과 독립운동, 신사참배반대운동에도 앞장섰던 교회였다. 하지만 미림교회는 한국전쟁과 함께 무너진 채 이 땅에서 회복되지 못하고 말았다.

한때 장로교를 중심으로 북한교회 세우기 운동이 일어났다. 지금도 곳곳에서 '무너진 교회를 수축하자! 통일을 대비하자'는 구호는 요란하다. 하지만 무엇으로 어떻게 수축할 것인가? 구호가 아닌 실제적인 방안이 있어야 하지 않을까? 이제 얼마 남지 않은 이산 1세대가 세상을 떠나기 전에 이곳 대한민국에서 무너진 이북교회가 다시 수축되면 어떨까? 북한의 문이 열리든, 안 열리든 이곳에서 준비하고 기다리다가 하나님의 때에 고향 산천에 미림교회는 물론 청호리교회와 무너진 수많은 하나님의 교회가 다시 수축되어지기를 간구해 본다.

예수님은 예루살렘 성을 보시고 예루살렘아! 예루살렘아! 애타게 부르시며 눈물을 흘리셨다. 이 시대에는 누가 동방의 예루살렘, 평양을 위하여 눈물을 흘려줄까? 누가 평양성의 아름다운 숲, 미림을 향하여 주의 구원을 노래할까? 누가 있어서 내 나라와 민족과 역사를 바라보며 두 동강난 허리를 부여잡고 몸부림치며 간구할까?

그 옛날 이스라엘 백성들이 금송아지를 만들어 놓고 이것이 우리를 애굽 땅에서 인도하여 낸 신이라고 섬기며 먹고 마시고 뛰놀 때 전능자의 손을 멈추게 한 사람이 있었다. 우상숭배가 사망의 광풍이 되어 휘몰아칠 때 흉흉한 바다 한복판에 우뚝 솟은 바위가 되어 그 죽음의 파도를 온몸으로 막아낸 사람이 있었다. 그는 동족들의 아픔과 고난을 모른 체했더라면 왕자의 지위를 잃어버리지 않았을 것이다. 애굽의 온갖 금은보화로 치장한 채 황금마차 타고 천하를 호령하였으리라.

그런데 떨기나무 불꽃 가운데서 들려오는 음성이 있었다.
"모세야, 모세야!" "주여! 내가 여기 있나이다."
"가라, 모세! 네가 내 백성을 구하라."

그가 시내 산에 올라 40주야를 기다리며 하나님의 계명을 기다리고 있었다. 그런데 하나님의 백성들이 금송아지 앞에서 뛰놀며 애굽으로 돌아가자고 외쳤다. 그들은 이미 들판에서 풀을 뜯는 송아지의 상으로 하나님의 영광을 대신하고 있었다. 그때 여호와께서 말씀하셨다.

"내가 이 백성을 보니 목이 뻣뻣한 백성이로다. 내가 그들을 진멸하고 너를 큰 나라가 되게 하리라."

"주여! 주님의 뜻을 제게 이루소서. 주여! 제가 여기 있나이다."

얼마든지 이렇게 말할 수 있었으리라.

하지만 그는 자신의 생명을 걸고 주 앞에 간청하기 시작했다.

"주여! 저를 생명책에서 지워주시고 무지몽매한 주의 백성을 용서하옵소서. 주의 권능과 크신 팔로 구원하신 주의 백성들을 용서하옵소서. 주여! 애굽 사람들이 무엇이라고 하겠습니까? 여호와가 자기 백성을 산에서 죽이고 지면에서 진멸하려고 인도하였다고 하지 않겠습니까? 주여! 맹렬한 노를 그치시고 뜻을 돌이켜 주옵소서."

마침내 여호와께서 뜻을 돌이키셨다.

이 시대에는 누가 몰아치는 사망의 광풍을 가로막고 애원할까?

자기 동족들 때문에 가슴앓이 한 또 한 사람이 있었다. 그는 평생 동안 이방인들에게 복음을 전파했다. 하지만 그의 마음 깊은 곳에는 동족들을 향한 아픔과 눈물이 있었다. "주여! 차라리 제가 예수 그리스도에게서 저주를 받아 끊어질지라도 내 동족, 내 피붙이들이 구원받기를 원합니다."

동족을 가슴에 품고 간구하는 처절한 사도 바울의 간구다.

바울이 아무리 동족들에게 복음을 전해도 그들은 돌로 치고 매를 때리고 가두고 박해를 멈추지 않았다. 그 정도면 내팽개칠 만도

한데……

그러나 그는 자기 목숨을 하나님 앞에 내어 놓고 처절하게 간구했다. 사도 바울이 동족을 아끼고 사랑하며 불쌍히 여기는 그 마음이 예수 그리스도의 마음이요 대속의 사랑이 아닐까? 그런데 이제는 누가 예수 그리스도의 마음으로 이 민족을 품을 것인가? 주님은 이 시대에 누구를 택하시고 보낼 것인가?

이 책을 통해서 유계준 장로의 신앙과 사상이 전파되는 것으로 그치지 않고 미림 옥토에 뿌렸던 하늘 씨앗이 한 알의 밀알이 되어 수많은 열매를 맺었듯이 이 땅에서 다시 발아되기를 꿈꾸어 본다. 토마스 목사, 유계준 장로 등등 수많은 순교자의 피가 뿌려진 대동강변에서 불을 토하며 복음을 전하는 누군가를 기다리고 싶다.

주여! 동방의 예루살렘을 다시 구원하소서.

주여! 미림을 주님의 손에 맡기나이다.

피득이(彼得, 베드로)

하나님의 사람, 유계준은 성경 중심, 교회 중심의 사람으로 자라갔다. 이때가 그의 나이 28세다. 그런데 결혼한 지 5년의 세월이 지났으나 슬하에 자녀가 없었다.

'내가 죄가 너무 많아 자식이 없구나. 내가 그동안 너무 몹쓸 짓을 많이 했어. 술에 절어서 살고, 주님과 선교사님을 괴롭힌 흉악한 죄인이었구나. 그럼에도 불구하고 하나님이 나를 자녀로 삼아 주시다니…'

자신의 과거를 돌아보며 지난날의 죄를 자복했다. 하나님의 사랑이 강물이 되어 마음속에 넘실대며 감동으로 밀려왔다. 그의 두 눈에는 눈물샘이 터졌고 그것이 그치지 않았다.

십자가 앞에 그동안 지은 죄를 모두 다 쏟아 놓고 나니 세상이 다르게 보였다. 모든 기도를 들어주시고 응답해 주시는 분이 나의 하나님이란 생각에 계준은 하늘을 나는 것처럼 행복하고 즐거웠다.

지난날에는 어지러운 세상을 비판하고 조롱해도 즐겁지 않았고, 술을 마셔도 노래를 크게 불러도, 돈을 많이 벌어도 허전한 마음뿐이었다. 그러나 지금은 하나님의 사랑과 하늘의 소망, 예수님에 대한 믿음과 기쁨으로 가득했다.

사람의 힘으로는 가능한 일이 아니었다.

하나님께 간절한 마음으로 기도드리면 들어주신다는 선교사님의 말을 듣고 계준은 순박한 기도를 드렸다.

"하나님 아버지, 저에겐 아직 자식이 없습니다. 제게도 자녀를 주옵소서."

역시 우리 하나님은 선하시고 좋으신 아버지이셨다.

자신의 사랑방을 교회로 개방한 지 석 달 후에 하나님께서 새 생명을 주신 것이다.

"하나님 아버지! 정말 감사합네다. 귀한 자녀 주심을 감사합네다. 첫 열매는 하나님 아버지의 것이라 하셨으니, 이 아들을 잘 키워 주의 제단에 바치갔습네다."

1907년 2월 9일, 결혼 6년 만에 마침내 첫 아들을 얻었다. 계준은 이름을 무엇으로 지을까 고민하다가 한문성경을 읽던 중 베드로의 이름이 '피득'(彼得)이라는 것을 보고 기쁨의 탄성을 질렀다.

그 이름의 뜻이 '얻음을 입었다', '주셔서 얻었다'였는데, 하나님이 주셔서 받았다는 자신의 고백과 일치했기 때문이다.

한편으론 베드로의 신앙고백 위에 교회가 세워진 것처럼, 이 아이도 장차 조선교회와 나라를 이끌어 갈 인물로 자라기를 바라는 마음이었기에 주저 없이 '피득'이라 지었다.

피득은 그 해 여름, 마포삼열 선교사로부터 유아세례를 받았다. 계준은 아이가 자라면 주의 사역자로 바치겠다는 약속도 하였다.

장대현교회에 다녔던 이들 가족은, 그 후 1906년에 산정현교회가 분립되면서 적을 옮겼다.

교회를 향한 계준의 사랑과 열정은 마른 장작에 불붙듯 타올랐다. 교회의 모든 일에 적극적이었으며, 항상 다른 교인들에게 모범이 되었다. 용서 받을 수 없는 죄인을 구원해 주시고, 자녀 삼아 주시고, 아들까지 주신 은혜가 너무도 감사했기 때문이었다.

하나님의 사랑과 은총에 푹 잠긴 계준은 교회생활에도, 사업에도 성실과 열심으로 임했다. 소규모의 시탄사업으로 시작한 회사는 날로 번성하여 규모가 점점 더 커져갔다. 회사는 대동강 나루터 근처에 자리를 잡았다. 쉰전골 마루턱에 아담한 초가집을 얻어 이사도 하였다.

계준이 신접살림을 차렸던 곳, 예수님을 처음 영접했던 미림리의 집은 하나님의 교회로 드려졌다. 구원의 은혜에 감격한 계준의 삶은 주님의 새 생명으로 넘치게 되었다.

평안남도 도청 경찰부 폭탄 투척 사건

하나님의 은혜와 도우심으로 사업은 점차 확대되어 갔다. 평양은 물론 중국까지 교역을 확장하게 되었다. 6남 2녀의 자녀도 주셨다.

채관리에 넓은 대지를 마련한 후 새 집을 짓고, 많은 자녀뿐 아니라 고향에서 모시고 온 어머니와 함께 살게 된 계준은 더욱더 신앙생활을 열심히 했다.

열세 살에 고향을 떠나오며 어머니께 드렸던 약속을 지킬 수 있게 된 것도 모두 하나님의 은혜라고 생각했기 때문이다.

1920년 8월 3일 밤, 번쩍번쩍 섬광이 일어나고 천둥과 같은 굉음이 하늘과 땅을 흔들더니 30분이나 흘렀을까…쿵쿵거리는 다급한 발자국 소리 뒤로 똑똑 문을 두드리는 소리

일제강점기 평양경찰서. 평양부청

가 들렸다. 이미 약속이 되어 있는 듯했다. 발자국 소리를 기다렸다는 듯이 계준은 황급히 나갔다.

조금 후 다시 들어온 계준의 뒤에 검은 복장에 복면을 한 알 수 없는 남자가 따라 들어왔다. 그 남자는 기선이 자고 있던 방 벽장 속으로 기어 들어갔다.

큰 소리와 섬광만으로도 무서운데 시커먼 복면의 남자가 벽장으로 들어가는 모습은 공포 그 자체였다.

어찌된 영문인지도 모른 채 불안과 두려움으로 어쩔 줄 몰라 하는 셋째 아들 기선을 본 계준은 "괜찮다, 어서 자거라" 하며 머리끝

까지 이불을 덮어 씌웠다.

다음 날 아침, 일본 순사들의 호각소리가 귀를 찢는 듯했고, 군화 소리는 평소보다도 더 요란했다. 긴장이 감도는 요란한 아침은 어제의 그 큰 소리, 그리고 복면 남자와 무관하지 않다는 것을 어린 아들 기선은 짐작했다.

학교에 가기 전 계준은 아들을 조용히 불렀다.

"기선아! 오늘은 학교에 날레 가라우. 길거리에 일본 순사와 헌병들이 많을 것인데 놀라지 말고, 또 누가 너더러 무슨 말을 묻거든 모른다고 대답하면 되는 기야. 알갔디? 하나님의 자녀는 담대해야 하는 기야."

계준의 집은 강변 근처에 있었는데 적지 않게 큰 집이었다. 집 정면에 큰 대문이 있었고, 뒤쪽으론 후문이, 정면과 후면 사이 정원에는 중대문이 있었다. 또 정문과 중문 사이 측면에는 샛문이 있어서, 이 집의 출입구는 네 군데나 되었다.

정문과 중문 사이에 사랑채가 있고, 중문과 후문 사이에는 안채와 대청마루를 격하여 조그마한 방들이 있었다. 이런 집 구조로 인해 사랑채에서 무슨 일이 일어나는지 안채에서는 잘 알 수 없었다.

대동강 나루터

계준이 경영하는 사업체는 중국의 천진과 진남포를 오가며 청염과 관염(관청에서 제조하고 판매하는 소금)을 무역하는 풍선(무역선)과 시탄(땔감으로 쓰는 나무, 숯, 석탄 따위를 이르는 말)

등 연료를 교역하는 수상선 10여 척의 선박을 보유한 큰 회사였다.

당연히 사랑채에는 상인들과 작업 인부들로 항상 북적였다. 아들 기선의 마음이 불안한 채 며칠이 흘렀다.

아버지의 엄하신 말씀 때문에 입을 다물고는 있었지만, 전에 없는 삼엄한 경비와 시도 때도 없이 하는 몸수색을 봐서는 분명 며칠 전의 그 요란함과 무관해 보이지 않았다.

사복을 입은 일본 경찰들이 사랑채를 비롯해 배가 드나드는 강변과 계준의 집 주위를 계속 서성댔다. 그래도 계준의 호탕한 웃음소리와 일처리가 빠른 손놀림은 평소와 다름없었다.

지축을 흔드는 요란함과 섬광이 있은 지 일주일이 지난 어느 날 새벽, 수상선 선장 최형신과 유계준이 귓속말을 주고받는 동안 벽장 속으로 기어 들어갔던 시커먼 사나이가 나타났다. 세 사람은 쏜살같이 수상선으로 뛰어 올랐다.

계준은 청년을 시탄 밑으로 몸을 감추게 하고는, 선장과 인사를 나눈 뒤 배에서 내려와 아무 일도 없었다는 듯이 사랑채로 향했다.

평양을 발칵 뒤집어 놓은 도청 경찰부 폭파 사건은 폭탄을 투척하여 평안남도 제3부청사의 건물 일부를 파괴시키고, 일본인 형사 2명의 사상자를 낸 사건이다.

그 사건을 실행한 후 삼엄한 경비망을 뚫고 유유히 상해로 돌아간 인물, 그가 바로 벽장 속 청년 김예진이다. 이처럼 도청 폭탄 투척 사건이 가능했던 것은, 당시 상해임시정부의 연통제 조직의 간부로 비밀업무를 수행하던 유계준 장로가 있었기 때문이다.

계준은 상해임시정부의 독립자금 지원 및 모금, 독립투사들의 도피처와 탈출로를 확보하는 일들을 수행하고 있었다.

상해임시정부의 연통제는, 임시정부 내무총장 도산 안창호 선생이 1919년 5월 25일, 상해에 도착해 7월 10일 공포한 임시정부 국무원령 제1호 임시연통제가 공포되면서 출범한 국내 비밀행정조직이었다.

임시정부는 전국을 13도, 12부, 215군으로 편성했다. 서울에는 총판, 각 도에는 감독부, 부와 군에는 총감부, 각 면에는 사감부를 설치하기로 하였다.

임시연통제는 도산 안창호 선생이 1910년 한일병합늑약 이전에 조직한 신민회의 조직 원리를 계승한 것으로 알려져 있다. 연통제를 시행한 목적은 비밀행정조직을 통해서 국내 통치력을 장악함으로써 궁극적으로 독립을 달성하는 데 있었다.

연통 각 부는 임시정부에서 발포하는 법령이나 기타 각종 공문의 전파를 비롯하여 독립전쟁에 대비한 군인징집, 군수품의 조달, 시위투쟁의 준비 및 주동, 독립운동자금 모집, 통신연락 등의 임무를 수행하였다.

이때 함경도와 평안도에서는 면 단위까지 연통제가 실시되었으나, 1920년 함북 연통제 사건을 통해서 실체가 드러남으로 일제의 극심한 탄압을 받아 조직이 대부분 와해되었다.

김예진은 숭실전문학교 2학년 당시 만세시위 주모자로 붙잡혀 6개월간 미결수로 있게 된다.

그 후 병보석으로 출감, 평양기독병원에 입원해 있는 중에 상해로 망명하여 김구, 안창호 선생을 도와 독립운동에 전력을 다하였다.

재학시절에는 신앙이 돈독하여 주일학교에서 열심히 봉사하였다. 주일학교 학생들에게 하나님 사랑, 나라 사랑이라는 중요한 가르침을 전하며 선한 영향력을 끼쳤다.

이때 유계준의 큰 아들 피득이를 가르쳤는데, 이런 인연으로 피득이는 김예진 선생의 집에서 3·1 만세운동에 필요한 태극기를 만들게 되었다.

청년 김예진은 무사히 상해로 망명하여 김구 주석의 광복운동에 가담한다. 그 배후에 음지에서 은밀하게 상해임시정부를 도운 계준의 독립운동이 뒷받침되었음은 말할 나위 없다.

김예진은 1925년에 다시 들어와 독립을 위한 활동을 하다가 체포되어, 대전형무소에서 2년의 옥고를 치른다. 다시 평양으로 옮겨 복역하다가 건강 악화로 출감한다.

김예진의 출감 당일, 평양형무소 앞에서 예진을 다시 만난 계준과 기선은 그날의 눈동자를 평생 잊을 수가 없었다. 몸은 쇠약할 대로 쇠약해졌지만, 그의 눈에서는 광채가 나고 있었기 때문이었다.

그 후 김예진은 평양신학교를 나와 용산구 후암동에 후암교회를 설립하고 복음을 전했다. 그러다 6·25 전쟁 중 피랍되어 인민군의 총탄 앞에 피를 뿌려 별세했다.

계준은 하나님께서 허락해 주신 재력을 사용하여 이렇게 독립운동하는 이들을 도왔으며, 보이는 곳에서, 보이지 않는 곳에서 묵묵히 나라사랑을 몸으로 실천했다.

이름도 없고 알아주는 이 하나 없지만, 독립운동자금을 지원하고 위험한 일들을 기꺼이 감당했다. 청년 김예진을 피신시킨 것도 그중의 하나일 뿐이다. 나라와 민족을 사랑하는 계준에게는 조금의 주저함이나 두려움이 없었다.

이는 눈에 보이는 일제의 권력을 두려워하지 않고 진정한 권력자이신 하나님만을 두려워하며 경외했기에 가능했던 일이다.

독립신문 국내 반포책

임시정부 상해판 독립신문

1923년 8월, 유난히 더웠던 그해 여름은 수십 일간 쏟아진 심한 폭우로 대동강에도 홍수가 나서 수많은 이재민을 냈다. 홍수로 말미암아 중국에서 들여와 뜰에 야적했던 청염들이 가라앉고 녹아내리고 있었다.

계준은 자고 있는 셋째 아들 기선을 다급하게 깨웠다.

"기선아, 날레 일어나라우!"

석유 등불을 켜들고 따라나서라고 재촉했다.

밖에서는 수십 명의 인부들이 마당에 산처럼 쌓아 놓은 소금 가마니를 옮기는 작업을 하고 있었다.

빗물에 쓸려가지 않도록 소금 가마니를 옮기는 인부들 사이를 헤집고 기선은 아버지를 따라갔다. 등불을 높이 켜들고….

대동 강변, 500평의 대지에 큰 사무실과 창고, 작업 인부들의 숙소와 사랑방까지 갖춘 대규모 사업체를 운영하였던 계준, 그런 그가 흙탕물 속에서 무언가를 열심히 찾더니 청염(중국에서 나는 알이 굵고 거친 소금) 한 가마니를 짊어지고 나오는 것이 아닌가!

계준은 계속해서 쏟아지는 빗속을 뚫고 사랑채의 한적한 모퉁이 방으로 들어가 가마니를 내려놓고는 아들에게 말문을 열었다.

"기선아, 내 말 잘 들으라우. 이 가마니는 소금 가마니가 아니라 상해임시정부에서 보내온 독립신문이다. 소금은 다 녹아 없어져도 되지만 이 신문은 절대로 떠내려가거나 녹아 없어지면 안 되는 것이다."

계준은 상해임시정부의 연통제 간부로서, 임시정부에서 발행하는 독립신문 국내 반포책이었다. 그의 후손들은 유계준 장로가 독립운동을 위하여 많은 자금을 지원하고 독립투사들의 피난처 및 탈출로를 확보하여 무장투쟁을 은밀하게 후원한 것을 잘 알고 있지만, 한 번도 독립유공자 신청을 하지 않았다. 다만 하나님의 영광을 위하여 순교한 것을 마음에 기릴 뿐이다.

기미년 만세운동의 실패로 중국으로 망명한 독립운동가들은 김구를 중심으로 상해에 임시정부를 세우고 외로운 독립투쟁을 하게 된다. 임시정부에 참여한 안창호는 일제의 만행을 알리고, 임시정부의 활동을 대내외에 알릴 대변지가 있어야 함을 깨닫게 된다.

그 후 상해로 온 소설가 이광수로 하여금 〈독립〉이라는 정기 간행물을 펴내게 한다.

1919년 8월 21일에 창간되어 그해 10월 16일까지는 〈독립〉이라는 제호로 발행되었다. 10월 25일 제22호부터 〈독립신문〉으로 바뀌어 국내로 들여오게 되고, 외롭게 투쟁하고 있는 우국지사들에게 비밀리에 뿌려졌다.

국내 배포는 상해임시정부의 교통국과 연통제 조직망을 이용하였는데, 유계준 장로는 독립신문의 평남 지역 반포 책임을 맡고 있었다. 따라서 임시정부와 비밀리에 연결된 계준은 독립신문을 배포하고 독립투사들의 신변보호 및 탈출과 자금을 수합하여 보내는 일을 감당했음을 알 수 있다.

이 일을 함께한 사람이 남문밖교회의 윤성운 장로, 산정현교회의 전상보, 김정익 집사다.

산정현교회의 전상보 집사는 당시 양말 공장을 운영하였는데, 후에 독립운동 자금 지원이 발각되자 자신이 모든 것을 책임졌고, 동지들을 보호하고 옥고를 치르다가 출옥했으나 곧 주님의 부르심을 받고 순교의 길로 나아갔다.

"기선아! 우리나라는 네가 태어나기 전, 1910년에 일본제국주의자들에게 나라를 강탈당했단다. 나라 없는 백성이라…. 아주 슬픈 일이지. 그러나 하나님께서는 우리나라를 이렇게 그냥 두지 않으실 거라고 아버지는 믿는다. 다시 나라를 되찾아야 한단다. 그러려면 백성들의 마음에 나라를 사랑하는 마음과 의지가 있어야 하는데, 그것을 배우고 익혀야 한다. 또 우리가 혼자가 아니라는 걸 서로에게 알려야 하기에, 이 신문이 꼭 필요한 거란다."

"이 신문은 상해에서 만들어진 것이고, 소금 가마니에 넣어 이곳까지 온 것이다. 아버지는 이것을 흩어져 있는 우국지사들과 백성들에게 나눠주는 일을 하고 있단다. 이 신문을 만드는 여러 사람들의 정성과 노력이 있는데, 이것이 빗물에 녹아내리거나 왜놈들의 손에 들어가면 안 되는 일이다. 이 일은 아주 중요한 일인 동시에 아주 위험한 일이기도 하단다."

"아들아, 사랑에는 희생이 뒤따르는 법이야. 나라를 사랑하려면 희생을 각오해야 한다. 거룩한 희생은 값진 것이고, 아버지는 하나님께서도 이 일을 기뻐하실 것이라고 믿는다."

열한 살 기선에게 아버지의 말씀은 두렵고도 놀라운 것이었다. 비를 흠뻑 맞아 비록 몸은 떨고 있었지만, 기선의 마음속에서는 아버지의 말씀대로 나라를 사랑해야 한다는 다짐들이 불끈 불끈 솟아났다. 사랑은 대가를 지불해야 한다는 것도 새삼 깨닫게 되었다.

그날, 기선이 손에 들었던 것은 단순한 등불이 아니라 나라사랑의 또 다른 횃불이었던 것이다.

아들에게 독립신문을 맡기고 계준은 다시 폭우 속으로 나갔다. 기선은 두렵고 떨리는 손과 마음으로 가마니를 살그머니 열어 보았다.

태극기와 애국가가 전면에 선명하게 실려 있는 독립신문, 태극기를 보니 말할 수 없이 기뻤지만, 이 신문이 바로 눈앞에 있다는 두려움도 함께 뒤섞이는 마음이었다.

어린 기선은 주체할 수 없는 마음으로 태극기를, 그리고 애국가를 써서 간직했다.

그날 밤 아버지를 통해서 만난 독립신문은 기선의 삶을 바꾸는 계기가 되었다. 계준에게 이 일은 단순한 신문의 반포가 아닌 하나님께서 주신 사명의 실천이며 애국애족의 표현이었다.

1924년은 계준이 안수집사 임직을 받은 축복된 해이다. 좀 더 하나님의 나라에 대한 책임 의식을 가지고 헌신하라는 명령으로 믿었다.

계준의 자녀들은 주일학교에 다니며 조만식 선생의 가르침을 받았다. 좋은 선생님들에게서 세상 그 어디에서도 배울 수 없는 귀한 가르침을 받았다.

하나님을 사랑하며 공경하는 사람들은 나라와 민족을 아끼고 사랑해야 함을 배웠다.

유계준 장로는 조만식 장로, 오윤선 장로와 매우 각별한 사이였다. 해방 후 피랍될 때까지, 교회와 민족을 위해 언제나 무릎을 맞대고 함께 기도하며 논의하였던 신앙의 동지이자 정치적인 동지요, 인생의 동반자였다.

그는 도산 안창호 선생의 형, 안치호 장로와도 가깝게 지냈는데, 안 장로의 딸과 피득이가 크면 결혼을 시키자 약속할 정도로 돈독한 사이였다.

계준에게 나라사랑에 대한 특별한 마음이 생긴 것은 어려서부터 느꼈던 힘없는 나라의 백성으로 산다는 억울함과 더불어, 이런 투철한 민족주의자들과 함께 교제하며 신앙생활을 했기 때문일 것이다.

더불어 일본의 식민지정책의 횡포, 사업을 하면서 숱하게 만났던 어려움과 불의한 일들도 나라사랑의 불을 지피는 데 한 몫 하였을 것이다.

숭덕·숭인학교와 교육사상

하나님은 역사의 주인이시며 택한 사람들을 통해서 그 일을 이루어 가신다. 계준은, 일제에 강탈당한 국권을 회복하고 가난한 백성을 구하는 길은 기독교 신앙과 교육을 통한 유능한 인재양성에 있다고 보았다. 따라서 계준의 교육사상은 기독교 정신과 민족주의, 자립자강으로 표현할 수 있다. 그의 교육사상은 숭덕·숭인학교를 통해서 나타났다. 숭인학교의 전신은 숭덕학교였다.

숭덕학교는 1894년 마포삼열 선교사가 선교를 목적으로 세운 신식 교육기관이었다. 1898년에 이르러 평양연합회가 운영하다가 화재로 전소하자 장대현으로 이전하여 교사를 신축한 후 1907년 숭덕학교로 개칭하였다. 이후 장족의 발전을 거듭한 숭덕학교는 1922년 4월 고등보통

평양숭인상업학교 구교사

숭인상업학교

과를 숭인학교로 분립하였고 1923년에 이르러 학생이 500여 명에 이르는 큰 학교가 되었다.

당시엔 출세하려면 관립학교에 보내야 했다. 하지만 인기가 있는 관립학교는 대부분 친일파의 자식들이 다녔고, 교육을 통한 부역자를 양성하고 있었다. 이에 계준은 큰아들 피득부터 관립학교에 보내지 않고 허가도 나지 않은 숭덕 및 사립학교에 보냈다. 그것은 그의 유별난 민족주의에 기초한 교육사상과 신앙의 발로였다.

숭덕학교의 교사들은 모두 기독교인이었고, 교육방침은 민족애와 기독교 신앙을 기르는 데 있었다. 기독교 교육에 입각하여 덕육을 실시하여 생활에 필요한 일반적 기능을 전수받아 기독교인으로서의 인격을 함양하고 국어를 습득하는 데 그 목적을 두었다.

숭덕학교에는 교장 정두현 선생을 비롯하여 3·1 운동 때 만세시위를 주도한 황찬영, 함석원, 곽권용, 김제현 등등 기라성 같은 민족주의 선생들이 학생들에게 많은 영향을 주고 있었다.

학습과정은 하나님에 대한 경외심을 기르고 자조, 박애, 봉사, 희생정신, 자치정신 등을 생활화시키며 1일 1선, 기도회 및 성경연구로 신앙의 깊이를 다지는 것이 주요 골자였다.

계준은 숭덕학교의 재단이사장을 오랫동안 역임하였고, 1920년 숭덕고등과를 따로 분리하여 숭인상업학교를 세우는 데 초기부터 설립이사로 참여하였다.

그는 숭인학교를 몹시 아끼고 사랑하였으며, 큰 사명감을 가지고 운영하였다. 유계준 장로는 숭덕·숭인학교의 설립에 많은 재산을 출연하고 운영하였는데, 이는 나라를 사랑하고 백성들을 사랑하는 애국위민사상의 발로였다.

숭인학교는 1930년대에 숭인상업학교가 되었는데 유계준, 조만식, 오윤선 등 민족주의 사상이 투철한 장로들이 주체가 되어 이끌어 나갔다.

기독교 정신과 민족주의에 기초한 숭인학교를 통해서 배출된 유능한 지도자들이, 각계각층에서 그리스도의 향기를 발하고 민족을 사랑하며 박애정신을 구현하였다.

신사참배 반대운동

평양산정현교회의 제직원 일동

1930년은 계준이 하나님 나라의 고귀한 일꾼으로 부름을 받아 산정현교회의 장로 장립을 받은 축복의 해이다.

지금까지 민족주의자로서 국권을 회복하는 일과 사업 확장

및 교육사업을 통해서 인재를 양성하며 나라사랑을 실천해 왔다면, 이때부터 하나님의 나라에 대한 책임과 산정현교회의 장로로서 좀 더 충성하고 헌신하는 계기가 되었다.

3·1 운동 이후 평양 교계와 사회에 큰 영향을 미치고 있었던 산정현교회에는 유계준 장로를 비롯하여 조만식, 오윤선, 최정서 등 기라성 같은 평신도 지도자들이 있었다. 따라서 조선교회와 민족을 깨우는 모델과 같은 교회였다.

1931년, 만주를 침략하기 시작한 일본은 만주국이라는 괴뢰정부를 수립하고 앞으로 다가올 국력소모에 대비하여 2,500만 조선민족을 일본인화하는 소위 황국신민화정책의 필요성을 느꼈다. 따라서 강력한 탄압정책과 회유 및 민족문화말살 정책을 펴게 되었다. 이는 민족정신을 말살하고 조선을 병참 기지화하려는 의도가 숨어 있었다.

일제는 우리의 종교와 사상, 자유를 억압하기 위하여 곳곳에 신사를 세우고 참배할 것을 강요했다. 신사는 일본의 민간종교에 불과했지만, 메이지유신 이후부터는 국민통합을 위한 이념으로 사용되었다.

일본 신사의 조선 등장은 한일병합늑약 직후의 일이나, 그것이 전 조선인들에게 강제적인 참배로 나타난 것은 미나미 지로오(南次郞) 총독이 부임하고 나서부터의 일이다.

미나미 총독은 관동군 사령관을 지낸 육군 대장으로 조선에 오기 전부터 조선에 대한 감정이 좋지 않았다.

베를린 올림픽에서 손기정 선수가 마라톤을 제패하자 동아일보는 손기정 선수의 가슴에 달렸던 일장기를 지워버린 사진을 게재했다.

미나미 총독

그때부터 미나미는 조선을 벼르고 있었다.

'내가 조선에 가면 일본제국의 본때를 보여주마.'

일본에 대한 그의 충성심은 힘없는 나라 조선에서 휘두르는 칼날의 잔혹함으로 나타났다. 가장 먼저 상처를 받은 곳이 교회였다.

한국천주교회는 1918년 신사는 다른 신들을 위하는 곳이므로 참배할 수 없다는 장정을 작성하였다. 1925년 교리교수지침서에서는 신사참배가 확실한 이단이므로 금지한다는 선언을 했었다. 하지만 1936년 5월 18일 로마교황청은 신사참배를 해도 좋다는 훈령을 내렸다. 그러자 마렐라 대주교는 조선천주교 신자들에게 '국체명징(國體明徵)에 관한 감상'이라는 서한을 통해 교황청의 통고를 전달했다.

마침내 1936년 5월 25일, 일본의 신사참배가 우상숭배가 아니라 국가의식이라는 주장을 제일 먼저 내놓아 참배를 허용했다.

이어서 1936년 6월 29일 총독부에서 감리교의 양주삼 총리사를 초빙하여 신사참배는 국민의례이므로 교회적으로 참여할 것을 결의하고 적극 참여할 것을 요청하였다. 따라서 감리교회는 신사참배가 교리에 위반되거나 신앙에 구애됨이 없다고 함으로 교인들을 배교로 몰아넣었다. 결국 하나님 앞에 예배드리기 전에 황국신민서사(황국신민으로서의 맹세)를 암송하고 동방요배를 하고 난 뒤에야 예배를 드렸다.

아하, 이 일을 어찌하랴! 조선교회여! 조선 성도여!

조선교회 지도자들과 교인들이 그만 아합과 이세벨의 길로 나아갔다. 일본의 칼날은 신사참배를 저항하는 장로교로 향했다.

1932년, 장로교총회는 기독교 학교 생도는 타종교 식전에 참여함을 불허한다는 결정을 내렸다. 그러나 1938년 2월 평북노회가 신사참배를 제일 먼저 가결했다. 당시 평북노회장은 헌병보조원 출신인 김일선이었다. 이에 적극적으로 가담한 사람은 당시 부총회장이었던 홍택기다.

일제는 장로교총회의 조직적인 신사참배를 끌어내려고 유도하며 반대하는 사람들은 무조건 잡아 가두었다.

1938년 2월 8일, 이때 평양신학교에서 한 사건이 일어났다. 기숙사 뜰에 심어 놓은 나무 한 그루가 도끼에 찍혀 뽑히는 사건이 발생했다.

그 나무는 신사참배를 가결한 친일매국행위자 평북노회장 김일선 목사의 졸업기념수였는데, 평북노회가 신사참배는 우상숭배가 아니라 국민의식이라며 신사참배를 가결하자 분개한 평양신학교 학생 장홍련이 항거의 표시로 그 나무를 도끼로 찍어버린 것이다.

이 사건으로 인해 평양경찰서는 관련자뿐 아니라 10여 명의 학생과 교수들, 그리고 평소 신사참배를 거부하라고 교사했다는 혐의를 둔 주기철 목사를 구속했다.

그날 산정현교회에서는 7만 원의 예산을 들여 967평의 대지 위에 지은 250평의 2층 예배당 헌당식이 있었다. 교회는 아침부터 잔칫집 분위기였다. 흥겨운 분위기는 형사들이 들이닥쳐 주 목사를 강제로 연행하면서 순식간에 초상집으로 바뀌었다.

'이렇게 크고 중요한 행사 중에 담임목사가 연행되어 가다니!'

온 교인들의 실망은 이만저만이 아니었다. 유계준 장로는 교회의 중요한 행사이니 헌당식을 마치고 나서 연행하도록 가로막았으나 그들은 막무가내였다.

"당신네들은 당신네들의 사정이 있겠지만, 우리는 우리의 사정이 있으니 우리의 법대로 처리하겠소."

평양장로회신학교

1938. 9. 10. 평양신사에 참배하는 총회 대표

그들은 주 목사를 끌고 가버렸다. 기쁨과 감격의 성전 헌당식이 있던 날 잡혀간 주 목사는 27일 동안 경찰서에 구류되어 온갖 고문을 다 받았다.

같은 해 8월, 27회 총회를 앞두고 신사참배 반대자들의 예비검속이 있다며 다시 주 목사를 잡아 가뒀다. 마침내 1938년 9월 9일 오후 8시, 평양의 서문밖교회에서 회집된 27차 총회에서 조선교회의 마지막 보루였던 장로교회가 신사참배라는 배교의 길로 나아가고 말았다.

"아등(我等)은 신사는 종교가 아니요, 기독교 교리에 위반하지 않는 본의를 이해하고 신사참배가 애국적 국가의식임을 자각하며, 또 이에 신사참배를 솔선려행(率先勵行)하고…총후 황국신민으로서 적성을 다하기로 기한다."
소화 9월 10일 조선예수교장로회 총회장 홍택기

이것이 장로교 총회 배교 결정의 내용이었다. 이때 일제는 의성농우회 사건에 주기철 목사가 연루되었다며 의성경찰서로 잡아갔다. 이곳에서 주 목사는 6개월 동안 온갖 고문 속에 심문을 받았다.

유계준 장로는 주 목사가 처음 평양경찰서에 있었던 27일 동안,

그리고 의성경찰서에 있을 때 자주 면회를 했다. 그때마다 믿음을 지키기 위해 알아볼 수 없을 지경으로 육신이 망가진 주의 종을 보고 어찌 울지 않을 수 있었으랴!

시련은 끝이 보이지 않았다. 주 목사는 그 이듬해 2월에 석방되었지만, 다시 8월에 의성사건의 옥독을 풀지도 못한 채 또 끌려가서 온갖 고문을 당하며 옥고를 치르게 되었다.

이듬해인 1940년, 예배당이 폐쇄된 후 1개월간의 가석방, 그리고 다시 끌려가 1944년 4월 순교할 때까지 5년 4개월의 긴 세월 동안 유계준 장로는 한결같이 주 목사의 옥바라지를 했다. 그런 유계준 장로의 한결같음은 감옥에 있는 동안, 가족들의 생활비를 빠뜨리지 않고 챙긴 것으로도 나타났다.

주기철 목사가 구속된 후 가족은 멀리 내쫓겨졌으며 예배당은 폐쇄되었다. 교인들은 뿔뿔이 흩어진 상태였고, 항일운동자들을 돕지 못하도록 일제의 감시는 더욱 심해졌다.

식량은 배급제에다가 생활필수품 모두가 귀하디귀한 그때에, 유계준 장로는 주 목사와 백인숙, 방계성 전도사와 사찰에게 꼬박꼬박 월급을 지급했다. 주 목사 가족에게는 월급 이외에도 생활에 필요한 것을 매월 공급했다. 이를 알게 된 일본 경찰은 회계 노동팔 집사를 구타했다. 주 목사 집에 봉급을 보냈다는 것이 그 이유였다.

그 이후 유계준 장로가 단독으로 이 일을 맡았다. 한번은 평양경찰서에서 유계준 장로를 불러 주 목사의 봉급을 지급하지 말라며 협박을 했다. 주 목사가 온갖 고문에도 뜻을 굽히지 않자 노모와 가족, 그리고 주변 사람들을 괴롭히기로 작정한 것이었다.

"주기철은 대일본제국의 반역자요. 반역자를 계속 돕겠다는 것이오?"

"내가 알기로 일본에서는 스승이 어려움을 당할 때 제자들이 그 가족들을 돌아보며, 굶어 죽는 것을 그냥 보고 있어서는 안 된다고 가르치는 것으로 알고 있는데, 내가 잘못 알았소? 그 의리가 일본의 정신 아닙니까? 자기 스승이 어려움을 당할 때 모른 척하지 않고 도와주는 것은 우리 조선의 예의도덕이요. 우리의 영적 스승이신 목사님의 가족을 돌보며 생활비를 드리는 것이 일본의 의리에 어긋나오? 어느 법에 저촉된단 말이오?"

이 말에 왜경은 쓴 입맛만 다셨다고 한다. 하지만 일제의 악독은 계속되었다. 주 목사의 가족들을 집에 가둔 채, 나오지도 못하게 하고, 외부 사람들이 들어가지도 못하게 한 것이다. 모든 지원을 끊으려는 일제의 악하고 반인륜적인 계획이었다.

이때, 계준은 주 목사의 노모와 어린아이들이 굶지 않도록 묘안을 생각해냈다. 그것은 자기의 손녀를 이용한 것이었다.

당시 평양 서문여고에 다니던 손녀 정희에게 주어진 책무는 아침 등굣길마다 책가방 속에 쌀을 넣어 주 목사님 집에 쏟아 놓는 것이었다.

계속되는 감시망 속에서 어린 학생이라면 의심을 받지 않을 것 같다는 것이 유계준 장로의 생각이었다. 그러나 독이 바짝 오른 왜경의 눈을 피해 매일 쌀을 쏟아 놓는다는 것은 여간 위험한 일이 아니었다.

목사님 가족을 사랑하는 시아버지의 마음을 이해하면서도 맏며느리인 정희 어미의 마음은 불안하기만 했다.

"정희가 만에 하나 들키기라도 한다면 보나마나 학교에서 퇴학당할 것이고, 우리 가족 모두가 곤욕을 당할 것인데 다른 방법이 없을까요?"

유계준 장로는 부드럽지만 단호하게 대답했다.

"그따위 곤욕쯤은 주 목사님이 옥중에서 당하는 고통에 비할 바가 못 된다. 상황이 매우 어렵지만 그래도 우리는 우리가 할 수 있는 일에 최선을 다해야 한다."

지쳐 쓰러진 엘리야에게 아침과 저녁마다 까마귀를 통해서 떡과 고기를 주시고 물을 먹이신 하나님께서 주의 종의 가족을 이렇게 돌보시고 먹이신 것이다.

유계준 장로는 그 위험하고 어려운 시기에 기꺼이 하나님이 사용하시는 까마귀가 되어 주 목사의 가족들을 챙기고 보살폈다. 그의 이런 결단과 행동은 눈에 보이는 권력보다 눈에 보이지 않는 하나님의 손길과 권력, 진정한 권력을 두려워하며 경외하는 마음에서 비롯된 것이었다.

그의 이런 마음, 하나님 한 분만을 경외하기에 눈에 보이는 권력을 두려워하지 않음은 주 목사 사면(辭免) 사건에서도 동일하게 나타난다.

김동원 장로가 쓴 드라마

당시 유계준, 오윤선, 조만식 등 나라와 민족을 사랑하는 장로들은 평양 교계에서도 인정받는 고매한 인격과 애국정신을 소유한 민족주의자들이었다.

1938년 총회가 신사참배를 가결하자 주기철 목사와 장로 및 성도들은 일사각오의 순교신앙으로 줄기차게 반대투쟁을 벌였다. 그러나 김동원 장로는 수양동우회 사건으로 조사를 받게 되자 일제 당

수양동우회

국의 책략에 말리게 되어 주기철 목사를 사임시키려는 일제에 동조하게 된다. 이로 인해 자연스럽게 유계준, 조만식, 오윤선 장로들과는 멀어지게 되었다.

평양경찰서 고등계 주임 시미즈와 모리 검사는 주기철 목사에게 심한 고문도, 회유도 해봤지만 끝까지 굴복하지 않자 새로운 계략을 세운다.

주기철 목사가 교인들을 선동하기 때문에 신사참배를 반대하는 것으로 판단하고 교회에서 파면시켜 쫓아내면 영향력이 없어질 것이라고 생각한 것이다.

모리 검사는 김동원 장로에게 주 목사의 사표를 받아 온다면, 김 장로의 수양동우회 사건을 무죄로 해주겠다고 제안했다. 수양동우회는 도산 안창호의 영향을 받은 이광수가 귀국해 조직한 수양동맹회가 그 전신으로, 당시 합법적 민족운동 단체였다.

수양동맹회는 인격수양과 민족문화 건설을 기치로 내세운 흥사단의 국내조직 격이었다. 1926년에 도산 선생이 세운 평양 대성학교 출신 중심의 동우회와 통합해 수양동우회가 되었다.

수양동우회 사건은, 1937년 6월 기독교청년면려회의 '불온 인쇄물'의 배후로 수양동우회를 지목하고 관계자 181명을 치안유지법 위반 혐의로 체포해 42명을 기소한 사건이다.

김 장로는 번민하기 시작했다.

주 목사님과 산정현교회를 팔아먹고 내가 살아야 할 것인가? 아니면 일제의 요구를 거절할 것인가? 그동안 오윤선 장로가 운영하는 숭인상업학교에 지원을 아끼지 않았고, 의견도 존중해 주었으니 내 제안을 거부하기 어려울 것이다.

조만식 장로도 물심양면으로 도왔고 협조했으니 그도 거부하기 어려울 것이다. 문제는 유계준 장로였다. 유계준 장로가 숭덕학교를 위해서 애쓰고 수고하는 줄 알면서도 그를 별로 도운 적이 없었다. 더구나 유 장로는 주 목사님과 성격도 비슷하고 호락호락한 사람이 아니었다.

어떻게 할 것인가? 오윤선, 조만식 두 장로만 거부하지 않으면 승산이 보였다.

며칠 동안 고민 끝에 김동원 장로는 한 편의 드라마를 지어냈다. 그 각본을 들고 오윤선 장로의 사랑방을 찾았다. 그는 유계준, 조만식 장로가 그곳에 자주 모인다는 것을 알고 있었다.

"장로님들, 안녕하시오. 나는 방금 전 시미즈가와 유타로 방에서 주 목사를 면회하고 왔소."

산정현의 삼총사 장로들은 반가웠다.

"어떻게 면회가 되었습니까?"

"내가 시미즈가와 주임에게 부탁했더니 특별히 허락해 주어서 잠시 면회를 했는데요, 우리가 잘 좀 생각해 볼 문제가 있어서 이렇게 왔습니다. 우리 목사님을 보니 눈물이 왈칵 나옵디다. 그 좋던 얼굴이 피골이 상접하여 바싹 말랐는데 못 보겠더라고요. 나를 보더니 '장로님, 저 장국 한 그릇만 사다 주세요' 하는 게 아닙니까? 그래서 주임에게 양해를 구하고 장국을 사다 드렸더니 국물까지 다 드시고는 '장로님, 참 고맙습니다. 사과 몇 알 맛보았으면 좋겠네요' 하시길

래 사과도 사다 드렸더니 껍질도 벗기지 않은 채 다 잡수시더이다."

이렇게 장황한 이야기를 늘어놓은 후 김동원 장로는 고등계 주임이 자기에게 한 말이라고 하며 이렇게 전했다.

"우리가 보니 주 목사는 신사참배를 절대 하지 않을 사람이오. 그렇기 때문에 주 목사 개인에게는 신사참배를 하라고 강요하지 않을 생각이오. 그러나 목사로서 교인들을 선동하고 평양시내 다른 교회의 교인들에게까지 막대한 영향을 끼치고 있으니 이것이 문제란 말이오. 그래서 말인데 당장이라도 사임하고 고향으로 내려간다면 감옥에서 나올 수도 있을 것 같으오."

김동원 장로는 시미즈가와의 말을 듣고 속으로 매우 기뻐했다며 말을 이었다.

"장로님들, 한번 생각해 보세요. 우리는 이렇게 편안히 있는데, 젊은 목사를 우리가 너무 고생시키는 것 아니오? 이러다 주 목사님이 옥사라도 하시게 되면 어쩌려고 그러십니까? 그러기 전에 주 목사님을 사임시켜 고향으로 내려가게 하시는 게 어떨까요? 교회는 여기 말고도 많이 있지 않습니까? 장로님들, 우리가 당회에서 그렇게 결의하면…."

바로 그 순간이었다.

그때까지 참아가며 듣고 있던 유계준 장로가 버럭 소리를 높였다.

"우리가 앞으로 살면 얼마를 더 산다고 이런 비겁한 일을 한답니까? 김 장로는 어느 나라 사람이오? 이게 정말 주 목사님을 위하는 일인 것 같소? 외롭게 고생하고 있는 목사님과 함께 고난당해도 모자랄 판에 사임시키자고요? 당치도 않은 말은 집어 치우시오!"

김동원 장로의 각본은 아무런 동의도 얻지 못한 채 삼총사 장로들 때문에 끝나고 말았다.

나중에 주 목사가 석방되어 교회로 돌아왔을 때, 김동원 장로가 면회를 왔다는 것도, 장국을 사다 달라 했다는 것도, 사과 몇 알 맛보았으면 좋겠다고 한 것도, 사과를 껍질째 먹었다는 것도 모두 사실이 아닌 것으로 드러났다.

유계준 장로는 "우리 민족 제일의 결점은 비겁이다. 구차한 생명을 위하여 의를 저버리면 비겁한 것이다"라고 했다.

유계준 장로는 김 장로에게서 바로 그 모습을 본 것이다. 반면에 유계준 장로는 하나님을 두려워했기에 사람의 권력을 두려워하지 않았다.

구차한 생명을 위하여 비겁함을 택하거나, 쉬워 보이는 길로 가기 위해 결코 타협하지도 않았다. 그것은 그의 마음 가운데에 하나님이 계셨기 때문이고, 곧은 성품과 기개는 가문의 전통이었다.

> "이제 내가 사람들에게 좋게 하랴 하나님께 좋게 하랴 사람들에게 기쁨을 구하랴 내가 지금까지 사람들의 기쁨을 구하였다면 그리스도의 종이 아니니라"(갈 1:10).

창씨개명 반대와 이누꼬 부다오(犬子 豚男)

"조선의 가을 하늘을 네모로 접어 편지에 넣어 보내고 싶다!"
노벨상 수상자인 소설가 펄벅이 한 말이다.

사계절마다 독특한 아름다움을 가진 나라. 거기에다 고유한 말과 글을 가진 나라가 지구상에 얼마나 될까?

하나님의 놀라우신 창조섭리를 1년 내내 골고루 다 누릴 수 있는

창씨개명 홍보

우리나라는 하나님께 받은 은혜가 너무 많다.

셀 수도 없이 많이 받은 은혜, 만 가지 은혜를 받은 이 땅에 말도 안 되는 가짜 은혜가 나붙었다. "천왕폐하께서 일본 사람과 조선 사람을 일시동인의 거룩하신 뜻으로, 똑같은 적자로 삼으시기 위하여 이름도 똑같이 짓기로 하였으니, 이 은혜에 우리 국민은 오로지 감읍할 뿐이다."

일제의 조선말살을 위한 황국신민화정책은 집요하고 악독했다. 소위 국체명징이란 구호 밑에 매월 1일을 흥아봉공일(애국일)이라고 정하고 온 시민을 동원해 신사참배를 강행시켰고, 근로봉사를 강요하였다.

국체명징이란, 일왕은 국가 그 자체, 곧 국가의 윤리적, 정치적, 정신적 본체인 국체이므로 나라의 모든 구성원이 이에 충성해야 한다는 사상이다.

1938년에는 칙령 103호를 발표하여 한국어를 정과목에서 제거하였으며, 일본어만이 국어가 되어 일본말 쓰기를 강요하였다.

'고꾸고노 조오요노 이에'(국어 상용의 집)라는 표를 만들어 일본말만 사용하는 집의 대문에 붙여주고, '애국자의 집'이라 칭찬하며 쌀 배급의 특혜를 주었다.

주권도 잃었는데, 이제 말과 글까지 잃게 된 것이다. 미나미 지로오 총독은 당시 조선총독부 학무국장의 조언을 얻어 1939년 11월

10일 조선민사령을 개정, 1940년 2월부터 창씨개명이라는 전대미문의 해괴한 법을 발표하였다.

창씨개명을 입안하고 추진한 사람은 1937년 총독부 학무국장으로 취임해 조선인의 '황국신민화'를 밀어붙인 시오바라 도키사부로(鹽原時三郎)였다. 이름, 말, 정신을 송두리째 빼앗아 일본 사람과 같이 만든다는 민족개종정책은 민족문화말살로 이어졌다.

1940년 8월 10일, 동아일보는 폐간호를 냈고 조선일보의 팔면봉은 마지막 울음을 싣고 뒤따라 폐간되었다.

"비바람 겪어서 이십춘 이십추
일일에 일갈
이 몸의 사명도 이날로 종언
두태는 뚜드려 황피를 벗고
산채는 찍어서 신미를 내고
맥립은 썩어 죽어 토아를 하나니
이 몸의 죽음도 그러하리라."

이 울음은 이 나라 조선, 온 백성의 울음이었을 것이다. 창씨개명의 비바람은 그칠 줄 모르고 불어댔다. 유계준 장로의 집이라고 해도 이를 피할 수 없었다.

그해 9월에 창씨를 한 전국 집계가 80%라고 발표되었다. 이에 일본 경찰은 나머지 개명을 하지 않은 사람들을 더욱 괴롭히며 실적 올리기에 혈안이 되었다. 그러나 그러면 그럴수록 산정현교회는 유계준, 조만식, 오윤선 세 장로를 중심으로 창씨개명을 강력히 반대하는 운동을 전개하였고, 많은 교인들이 이를 따랐다.

이때 창씨개명을 거부한 교인들의 명단을 보면 정재윤 장로, 박정익 장로, 김경진 집사, 김성식, 김승기, 한원준 등등이 세 장로와 뜻을 같이했다.

그러나 그게 어디 쉬웠을까? 창씨개명을 하지 않은 사람들은 반일분자, 사상가란 딱지를 붙여 툭하면 소환하였고, 모진 수모와 냉대를 받았다. 특히 창씨개명을 강요하는 방식도 매우 치졸하고 악랄했다.

창씨를 하지 않은 사람의 자녀는 각급 학교의 입학과 진학을 거부당했으며, 학교차원에서 거부하면 해당 학교를 폐교 조치했다. 아동들을 이유 없이 구타하고 공·사기관에 채용하지 않았다. 특히 비국민, 불령선인으로 단정하여 사찰을 철저히 했다.

당시 지식인들 사이에 이런 이야기가 오고갔다.
"창씨는 어떻게 하셨습니까?"
"예, 이누꼬 부다오(犬子 豚男)로 했습니다."
"어허, 어떻게 이누꼬상이 되셨습니까?"
"자고로 성을 바꾸는 자는 개와 같다고 했으니 이누꼬(犬子)로 했습니다. 그리고 아무 생각 없이 배나 채우고 잠이나 쿨쿨 자면서 살고 있으니 부다오(豚男)라고 했습니다."
어찌 실소를 금할 수 있으랴!

계준도 무사할 수 없었다. 평양경찰서 고등계에서 날마다 소환장이 왔고, 형사들은 집으로 찾아와 비국민, 불령선인이라며 공갈과 협박을 일삼았다.

학교 선생들은 등교한 유계준 장로의 손녀에게 창씨개명을 할 때까지 학교에 오지 말라며 강제로 귀가시켰다.

유계준 장로의 3남 기선은 창씨개명을 하지 않았다는 이유로 헌병대에 끌려가 따귀를 맞고 발길로 차이며 짐승처럼 대접받는 수모를 겪기도 했다. 그렇게 맞을 때마다 한마디 말도 못하고 눈물을 삼키면서 아버지께서 하신 말씀을 떠올리며 참았다고 한다.

하루는 아들들과 손자들이 모여서 공동회(?)를 열었다. 그날의 주제는 창씨개명이었다.

계준은 안경을 코끝에 걸친 채 아이들의 이야기를 조용히 듣고 있었다. 아이들은 "이처럼 학교에서 쫓겨나고 매를 맞으니 창씨를 해야 되는 것 아니냐?"라고 했고, "아니다. 우리는 끝까지 유씨여야 한다"라고도 했다.

그 순간 벼락 같은 소리가 들렸다.

"우리는 조선 사람이다. 조선 사람은 조선말을 하고 부모가 지어준 이름으로 살아야 하는 것이다. 자고로 부모가 물려준 성을 바꾸는 것은 개자식들이나 하는 짓이다. 개, 돼지처럼 배만 채우며 아무 생각 없이 살면 안 된다. 설령, 개자식들에게 맞고 차여도 굴복하지 말거라. 애비를 앞혀 놓고 성을 바꾸는 것은 안 되는 것이다. 이름 바꾸고 성을 바꾸려면 이 집에서 썩 나가거라. 하나님의 사람은 지조가 있어야 되는 것이다."

삼봉 정도전은 평안도 사람의 용맹하고 성급한 성격을 평하여 맹호출림이라고 했다. 사나운 호랑이가 숲속에서 나온다는 뜻이다.

평안도 출신인 계준에게 맹호출림의 모습은 어찌 보면 당연한 것이었다. 그러나 그가 반드시 용맹하고 성급한 평안도 사람이라서 창씨개명을 하지 않은 것은 아니었다.

예수 그리스도를 영접한 후, 그의 시각이 완전히 바뀌었기 때문이다. 하나님을 사랑하는 것이 곧 나라를 사랑하는 것임을 몸소 깨닫게 된 것이다.

가난하고 작은 나라, 힘없는 민족인 조선 사람에게 복음의 기쁜 소식을 허락해 주시고, 하나님의 자녀 삼아 주신 은혜가 놀랍고 고마워 민족운동에 나섰던 것이다.

하나님께서 주신 나라, 하나님께서 주신 말과 글이 어찌 천왕의 은혜로 된 것인가!

우리가 우리의 이름을 우리말로 부르고 쓰는 것에 감사한 적이 있었던가!

유기선, 박화선, 유정근, 이주배, 김호민, 윤미경…등 내 이름으로 불린다는 것은, 우리가 하나님께 받은 만 가지 은혜 중 하나이리라.

이별, 그리고 사랑하는 가족들

"하나님께서 바른길 가게 하시고, 고통과 시련을 이겨내게 하시며, 용기를 주셔서 스스로 제 힘으로 서게 하옵소서. 하나님 아버지께서 보호자가 되시고 인도자 되셔서, 이 아들의 가는 길을 지키시고 붙들어 주옵소서. 이 땅에 꼭 필요한 사람이 되어 하나님께 영광 돌리는 주님의 자녀들이 되게 하여 주옵소서."

나룻배로 대동강을 건넘

이 기도는 유계준 장로가 큰아들 기원과 손을 마주 잡고 드린 마지막 기도이다.

기원과 가족들은 이 기도가 아버지와 드린 마

지막 기도였음을 그땐 알 수 없었다.

평소 집 대문에 8남매 모두의 문패를 붙여서 주인의식을 가지게 한 아버지!

일제의 탄압 아래에서도 민족학교에서 공부시키고, 여덟 아이 모두를 의사로 만들어 가족 모두가 운영하는 종합병원을 세워 나라를 잃은 가난한 백성, 병든 자, 소외된 자를 치유하여 하나님 사랑, 이웃사랑의 실천을 꿈꾸었던 아버지!

학도의용군으로 잡혀갈 위기에 처했을 때, 잡으러 오는 일제 주구들의 발목을 자른다고 대문 안쪽에 도끼를 놓아두었던 아버지!

그의 유난했던 자식 사랑은 여덟 명의 자녀 모두를 품에서 놓아 남한으로 보내는 결단으로 나타난다.

일제의 탄압도 견뎌내었던 유계준 장로는 일제보다 더 악랄하고 저급한 공산정권 아래에서는 본인의 꿈을 이루는 것도, 자녀를 키우는 것도 불가능하다는 생각을 했던 것이다.

큰아들 기원부터 남한으로 내려 보내기 시작하여 함께 가자는 아내까지 재촉하며 등을 떠밀었다.

"장로님도 같이 갑시다. 우리만 가면 어떡해요. 서두르지 않으면 길이 막힐 겁니다."

"나는 가족들이 무사히 38선을 넘었다는 소식이 들리면 그때 가리다. 나는 혼자니까 얼마든지 내려갈 수 있으니 염려 마시오. 나는 조만식 장로와 이곳에서 아직 할 일이 있어요. 어서 서두르시오."

38선

이것이 가족과 영영 이별의 순간이 될 줄은 아무도 몰랐다. 훗날 윤덕준 권사는 자녀들에게 그때의 일을 이렇게 술회하였다.

"너희 아버지는 주변 인사들로부터는 참으로 존경을 받은 훌륭한 분이셨다. 그러나 아내에게는 조금도 배려가 없는 아주 '빵점짜리 남편'일 뿐이었다. 열아홉에 시집왔는데 툭 하면 왜놈들에게 잡혀가니 한시도 마음을 놓을 수가 없었다. 해방이 되어 왜놈들이 물러나고 이제는 한 시름 놓는가 싶었는데 걸핏하면 공산당에게 잡혀가니 한평생을 가슴 졸이면서 살아왔다. 아내의 심정을 조금이나마 이해해 주시기를 얼마나 바랐는지 모른다. 이렇게 살다가는 비명횡사(非命橫死)라도 할 것 같아서 나라도 월남하면 따라 나오실 줄 알았다. 그래서 38선을 넘었는데 영영 이별이 되었구나. 참으로 무정한 분이 아니냐."

그렇다면 조만식 장로와 해야 할 일은 무엇이었을까? 유계준 장로나 조만식 장로는 해방 후 월남할 수 있는 기회가 얼마든지 있었다. 하지만 고당 선생은 월남을 권하는 가족들에게 "나는 1천만 북한동포와 생사를 같이할지언정 나 혼자 떠날 수 없다"라고 했다.

바로 이 말에서 유계준 장로가 말한 조만식 장로와 할 일이 무엇인지를 가늠할 수 있다. 두 분은 일신의 평안을 위하여 1천만 북한동포를 버릴 수 없었고, 진정한 자유와 해방을 누리게 하고 싶었던 것이다.

유계준 장로는 "의로운 정신은 언제나 생사를 초월했고 생사를 두려워하지 않았다"라고 했다.

그는 하나님의 교회인 산정현교회와 북한 동포를 위하여 이미 생사를 초월하고 있었다.

그리고 1948년 8월 15일, 남한에 단독정부가 들어서고 난 후 38선은 완전히 막혀 버렸다. 자녀를 사랑하고 아끼는 부모의 마음은 모두 다 같은 마음일 것이다. 유계준 장로도 그러하였으리라.

하나님을 영접하고 난 후에 얻은 자녀들이라 성경말씀과 원리대로 양육하려고 애를 썼다. 아이들은 아버지와 조만식 등의 훌륭한 선생님들에게 신앙교육과 행동하는 나라사랑의 방법을 철저하게 교육받았다.

계준은 일본 사람이 가르치는 학교에서는 배울 수 없다며 사립학교인 숭덕, 경신, 숭실 등의 기독교학교에 아이들을 보냈다.

본인 또한 숭인학교 이사장이 되어 기독교 학교가 세워지고 유지될 수 있도록 거액의 재산을 출연했고, 모든 정성을 아끼지 않았다. 고맙게도 아버지의 이런 마음과 신앙을 자녀들은 알아주었다.

4남 기천이 숭실학교 졸업 후 경성제국대학에 시험을 치르러 서울에 갔을 때이다.

구술시험을 맡았던 교수가 기천이 숭실학교에서 성경과목을 이수한 것을 확인하고는 "성경이 어떤 책이냐"라고 웃으며 물었다.

기천은 성경도 모르는 교수가 있는 학교에는 다닐 수 없다며 이미 필기시험까지 마쳤지만, 그 길로 짐을 싸서 집으로 돌아왔다.

그 교수가 성경에 대해 야유하는 것으로 느꼈다는 것이다. 하나님도, 성경도 모르는 교수가 무얼 가르치겠느냐며 경성제대와 일찌감치 결별한 것이다. 이렇게 계준의 자녀들은 아버지의 가르침에 잘 순종했고 믿음으로 자라주었다.

그렇다고 그저 모든 걸 받아 주는 아버지는 결코 아니었다.

큰아들 기원이 고등학교 2학년 때의 일이다. 1학년을 다니다 중퇴하고 만주로 떠나 독립군에 들어가서 청산리전투에 참가했던 김기호라는 친구가 학교로 찾아왔다.

동급생이더라도 나이가 많았던 김기호는 주머니에서 권총을 꺼내 보이며 전투의 치열함이며, 자기가 겪었던 일들을 신이 나서 이야기했다.

그러면서 자랑 반, 위협 반으로 기원에게 함께 만주로 가서 독립군에 들어가자고 강권하였다. 나라를 빼앗긴 울분을 조국광복을 위해 떨쳐야 한다며 설득한 것이다.

기원은 곧 그러겠노라 했고, 기호는 그러려면 먼저 독립운동자금을 마련해서 만나자고 했다. 기호가 찾아온 것은 기원의 집이 부유한 집안임을 알았기 때문이었다. 기원은 선뜻 대답하고 약속했지만 돈을 마련할 방법이 없었다.

기호와 만나기로 약속한 날이 다가오자 마음이 급해졌다. 급기야 아버지 방에 있는 금고에서 돈을 빼내기로 작정하고 기회만 엿보고 있었다.

마침 아버지가 금고의 돈을 계산하실 때 손님이 오셨다. 아버지는 "잠깐 나갔다 올 테니 금고를 잘 지키라"고 당부하시고 손님을 만나러 나가셨다.

기원은 얼른 금고에서 돈뭉치를 꺼내 품에 넣고 자기 방으로 가서 이불 밑에 감추어 놓고는 자는 체하며 누웠다.

큰돈이 없어진 걸 모를 리 없는 아버지는 전혀 내색하지 않고 방에 들어와 누워 있는 아들의 이불 밑에 손을 넣으며 말했다.

"방이 춥지 않느냐?"

아버지의 손에 두툼한 돈 뭉치가 잡혔다.

기원은 사실 그대로 말씀드렸다. 불호령이 떨어질 것을 예상하고 있었지만 아버지의 목소리는 한없이 부드러웠다.

"나라를 사랑하여 조국광복의 일에 참여하는 일은 매우 가상한 일이다. 그러나 너는 아직 어리고 큰일을 해내기엔 준비가 덜 되었다. 맨주먹으로 범을 때려잡겠다고 달려들어서는 안 되는 것이며, 맨발로 깊은 강을 건너려고 뛰어들어서도 안 되는 것이다. 지금 네가 하려는 것은 나라를 구하겠다는 것인데, 치밀하게 준비하고 계획을 세워 성공할 수 있도록 해야 한다. 준비가 안 된 상태에서 뛰어들게 되면 남에게 의지하게 되고, 돕기는커녕 도리어 더 큰 피해를 주게 된다. 만나기로 한 장소와 시간을 말해 보거라. 이 애비가 약속한 돈을 가지고 가서 전해주고 양해를 구하마. 그러니 너는 조금도 염려하지 말고 네 장래를 위해 오늘에 최선을 다하도록 하여라."

약속 장소인 서기산공원에서 기호를 만난 유계준 장로는 실제로 돈을 전달했다. 물론 유계준 장로는 이미 임시정부에 독립운동자금을 보내고 있었다.

그때 일에 대해 기원은 이렇게 고백했다.

"그 일이 있은 후 아버지는 단 한 번도 그 일을 책망하시거나 누구와도 그 이야기를 나눈 적이 없으셨다. 나를 믿어주기를 태산같이 하셨다. 그런 아버지의 사랑과 믿음은 아버지에 대한 뜨거운 사랑과 존경을 솟구치게 한다. 이 일을 겪고 난 후 나는 나에 대한 아버지의 신뢰에 보답하고자 학업에만 전념하였다."

날아온 목침

큰아들 기원이 평양연합기독병원에서 근무하던 중 병원 측의 배려로 일본에서 2년 동안 안식년을 보낼 수 있게 되었다. 더불어 또 다른 특혜를 받았다. 폐결핵과 당뇨에 관한 당대 최고권위자인 동경제대 사카구치 교수와 함께 연구할 수 있는 기회를 가지게 된 것이다.

평양연합기독병원

기원은 외국인들이 거의 없는 연구실에서 이국의 낯선 생활을 하며 선진의료기술들을 배우고 익히게 되었다.

방학이면 히메지고등학교에 다니는 넷째 동생 기천과 동경여자의전에서 공부하는 여동생 기옥과 함께 동경대 근처 연못 일인지에서 즐거운 시간을 보내기도 했다.

평소 아버지 유계준 장로는 자식들에게 재산을 물려주지는 않겠지만, 공부하는 데에는 아낌없는 뒷바라지를 해주겠다고 늘 말해 왔기 때문에 연구에 필요한 돈이나 학비와 생활비를 청구하면 돈의 많고 적음을 막론하고 보내주셨다.

기원이 동경에서 연구를 시작한 지 1년 반이 지났을 때쯤의 일이다. 기원의 아내가 중병으로 갑자기 입원하게 되었다. 기원은 급히 귀국했다.

잠시 돌아온 기원에게 병원 측에서 그간의 사정 이야기를 하며 다시 출근하라고 했다. 기원의 안식년은 그렇게 끝이 나고 말았다.

기원이 돌아왔다는 소식에 여기저기서 귀국 환영회를 열어 주었다. 그런데 분주한 나날들을 보내던 기원에게 예기치 못한 사건이 일어났다.

기원을 포함하여 함께 식사했던 병원 동료의사들 7명이 장질부사(typhoid fever)에 걸린 것이다. 이들 7명은 기원이 근무했던 기독병원

격리병실에 입원을 했다.

그런데 평소 평양연합기독병원을 질시하던 일제는 신문에 '평양기독병원 전염병 복마전'이라고 대서특필했다. 의사 7명이 장질부사에 감염되었고, 그중 3인은 중증이라고 친절하게(?) 기사를 실었다.

그중에서도 기원의 상태가 가장 심각했다. 18일 동안 40도가 넘는 고열이 계속되었다. 헛소리도 했다. 의식을 잃고 사경을 헤매고 있었다.

기도로 얻은 큰아들이 사선을 넘나드는 동안 아버지 유계준 장로는 병상을 떠나지 않고 기도했다. 그러나 아들의 상태가 워낙 위중해, 가망이 없다고 생각하여 주기철 목사님을 모시고 임종예배를 드리게 되었다.

"하나님 아버지, 유망한 청년 기원이를 이렇게 데려가시렵니까?"

주기철 목사가 기도를 마치려는 순간 기원이 눈을 떴다. 함께 있었던 모든 사람이 깜짝 놀랄 수밖에 없는 상황이었다.

"나를 알아보겠느냐?"

아버지의 말에 기원은 고개를 끄덕였다. 의식이 없던 아들이 다시 깨어난 것이었다. 안타까움과 슬픔의 임종예배가 기쁨과 감사의 예배로 바뀌게 된 것이다.

"사망에서 살리신 하나님 아버지, 평생토록 주님께 이 생명을 바치겠습니다."

기원이 퇴원하고 드린 감격과 감사의 기도였다.

이후 병원 측의 배려로 3개월의 휴가를 얻어 황해도 구미포에서 몸을 추스른 다음 집으로 돌아왔다.

아버지 유계준 장로가 나지막한 목소리로 기원을 불렀다. 무겁고 엄숙한 분위기였다. 뭔가 심상치 않은 아버지의 안색을 확인하고는 자기도 모르게 기원은 이내 무릎을 꿇고 앉았다. 침도 삼킬 수 없는 긴장된 시간이 한참 흐른 후 아버지가 물으셨다.

"너, 도대체 빚을 얼마나 지고 사는 거냐? 내가 보내준 것이 부족했느냐?"

"빚진 것 없습니다."

"무어라? 빚이 없다고? 바른대로 말하지 못하느냐? 지금 애비 앞에서 거짓을 고하느냐?"

"결단코 빚은 없습니다."

아버지의 안색이 노여움으로 인해 붉어졌다.

"이노옴! 그래도 애비를 속이느냐?"

벼락 같은 소리에 이어 목침이 날아왔다. 기원은 몸을 숙여 겨우 목침을 피했다. 기원의 무릎 앞으로 아버지가 던진 서류뭉치가 떨어졌다.

아버지의 목소리는 가늘게 떨렸다. 숨소리에는 깊은 탄식이 녹아 있었다. 아버지는 떼이지 않는 입을 열어 겨우 말씀하셨다.

"나는 네가 사경을 헤매는 3주 동안 네 병상을 혼자 지켰다. 그러는 동안 네가 알 수 없는 말들을 내뱉더니 나중에는 '유기원이 빚지고 북간도로 도망을 간다'고 헛소리를 하더구나. 처음에는 헛소리라고 생각했는데, 계속 반복하는 게 헛소리만은 아닌 것 같았다. 그래서 내가 따로 알아봤더니 네가 빚은 없는 것 같더구나. 그래도 마음이 놓이지 않아 전화번호책의 요릿집을 찾아 전화해서 기독병원 유기원의 외상값이 있느냐고 물어보고, 외상값이 있는 집은 영수증

목침

을 모두 가져오라고 해서 내가 다 물어 주었다. 네 앞에 있는 뭉치가 그 영수증들이다. 이 애비의 체면이 뭐가 된 것이냐?"

아버지의 침묵이 이어졌다.

"이것 말고도 빚이 더 있으면 지금 말하거라. 다 물어 줄 테니 바른대로 말해라."

기원은 아버지 앞에서 고개를 들 수 없었다.

지금까지 삶으로 본을 보이신 아버지께, 부족함 없이 공부할 수 있도록 뒷받침을 해주신 분께 이런 실망을 안겨 드리다니!

땅 속으로 숨고 싶은 심정이었다. 후회와 죄책감을 가득 안고 돌아온 방에서 아내가 들려주는 이야기는 그를 더욱 벼랑으로 떠미는 것만 같았다.

기원이 사경을 헤매는 동안 고리대금업자가 아내를 찾아와 차용증을 내밀며 돈을 갚으라고 했다는 것이다.

아내는 심각한 상태의 아들 곁을 지키는 아버님께 말씀 드릴 수가 없어서 패물이며 금비녀, 은수저 등 온갖 것들을 다 내다 팔아 아버지 몰래 돈을 갚았다는 것이다.

이 일은 유기원의 일생에 큰 전환점이 되었다. 하나님의 은혜, 부모님의 은혜와 배려를 잊고 세상을 좋아하며 그것들을 좇아 산 것에 대해 통렬한 반성을 하게 되는 계기가 되었다.

그 이후 그는 신앙과 삶에서 올바른 길을 가기로 결심했다.

그날 아버지가 던진 목침은 목침이 아니라 아버지의 마음이고 눈물이었을 것이다.

자녀들을 하나님의 말씀대로 양육하려고 애쓴 유계준 장로!

자녀들에게 무한한 신뢰를 보여주었지만, 그들이 옳지 않은 길로 갈 때에는 지엄하게 꾸짖어 바른 길로 가게 하는 참된 아버지로서의 표상을 보게 된다.

도끼로 발목을…

"광활한 사막을 횡단하는 자동차 한 대가 있다. 이 자동차는 가솔린을 충분히 준비하지 못했기 때문에 가는 도중 서게 되고 말 것이며, 이 자동차는 원주민들의 손에 의해 원점으로 다시 돌아갈 것이다."

이 말은 중국의 석학 임어당이 중일전쟁을 일으킨 일본에 대해 비유한 말이다.

무모한 사막횡단을 시도하다 돌아가게 된 자동차, 일본에 관한 예언은 적중했다. 그러나 그 과정 중에 일제가 저지른 악행은 힘없는 이 땅의 백성들에게 엄청난 시련과 고통을 가져왔다.

중일전쟁을 도발한 일본은 헤어 나올 수 없는 장기전을 만나게 되자 심각한 인력난에 빠졌다. 이 문제를 해결하려고 조선의 청년들을 동원하기 시작하였다.

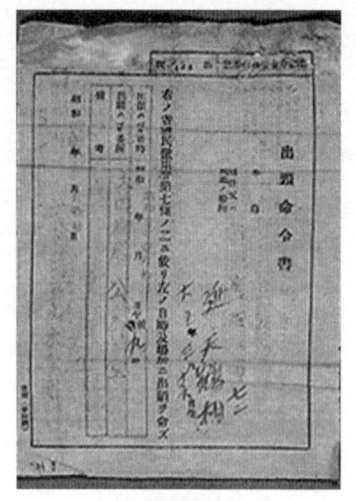

징용출두명령서

1937년 7월 7일 중일전쟁 도발, 1941년 하와이 진주만 기습, 1945년 패망, 항복.

일본은 만 8년 동안 전쟁을 치르면서 모든 필요한 것들을 한반도에서 해결했다.

4단계 군사조치라는 이름으로 조선의 경제적, 인적 자원의 모든 것들을 수탈해 갔다.

1단계는, 소위 지원병제도로 1938년 일제칙령 95호로 공포하여 4월 3일 시행된

육군특별지원병령에 따라 조선 청년들을 일본군에 편입시킨 것이다.

2단계는, 해군 특별지원병제로 1943년 4월 내각이 결정, 10월에 입영케 하였다.

3단계는, 소위 학도병 지원제로 당시 전문학교와 대학에 재학 중인 우리 민족의 인재들을 강제로 수탈한 방법으로, 1943년 10월 1일에 공표하고 1944년 1월 20일에 입영시켰던 것이다.

4단계는, 전면적인 징병제였다.

경제적 착취로 시달리고 지친 우리 민족은 살아남기 위해 정든 고향을 등지고 북만주 황량한 곳으로 떠나 유랑생활을 했다. 그러나 아직 남아 있던 사람들은 생떼 같은 자식들을 총알받이로 빼앗기게 된 것이다.

계준의 손에 도끼를 들게 만든 학도병 지원제는 이렇게 시작된다.

1941년 12월 7일 주일, 일본이 중국 침략 및 추축국(독일·이탈리아)과 동맹을 맺자 미국은 미국 내의 일본 자산을 동결시키고, 석유 및 기타 전쟁필수품이 일본으로 출항하는 것을 금지했다.

1941년 7월, 미국은 일본과의 모든 상업·금융 관계를 단절했다. 일본은 진주만 공격 당일까지도 계속해서 미국과 협상하면서 도조 히데키(東條英機) 총리 정부는 전쟁을 결의했다.

일본의 연합 함대 사

진주만 기습 오클라호마호 잔해

령관 야마모토 이소로쿠(山本五十六) 제독은 조심스럽게 미국 태평양 함대에 대한 공격을 계획했다.

그해 11월 23일 항공모함 6척, 전함 2척, 순양함 3척, 구축함 11척으로 이루어진 일본 함대는 나구모 주이치(南雲忠一) 중장의 지휘 아래 하와이 북쪽 440km 지점으로 항해해 나갔고, 이곳에서 모두 360대의 비행기를 출격시켰다.

진주만에 정박 중이던 배는 일본 폭격기의 완벽한 목표가 되었다. 일요일 아침이었기 때문에 병사들은 제대로 배치되어 있지 않았다. 마찬가지로 비행기도 비행장에 정렬해 있었고, 몇 대만이 비행 중이었다.

일본 전투기는 미국 전함에 치명타를 입혔다. 애리조나호, 캘리포니아호, 웨스트버지니아호는 침몰당하고 오클라호마호는 전복되었다. 45분 뒤 제2진 비행단이 진주만을 휩쓸고 메릴랜드호, 네바다호, 테네시호, 펜실베이니아호에 큰 타격을 입혔다.

그밖에도 함선 18척이 침몰되거나 큰 손상을 입었고, 180여 대가 넘는 비행기가 파괴되었다. 군인 사상자는 사망자 2,300명을 포함해 3,400명에 달했다. 일본 측은 단지 비행기 29~60대와 소형 잠수함 5대를 잃었을 뿐이었다.

그러나 태평양 함대 소속 항공모함 3대는 공격 당시 진주만에 없었기 때문에 공격을 피할 수 있었다. 8척의 전함 가운데 애리조나호와 오클라호마호를 제외한 6척은 수리되어 복귀했다. 일본은 섬에 있던 중요한 석유저장 시설을 파괴하지는 못했다.

일본 국민들은 진주만 기습을 천우신조라고 하며 미친 듯이 날뛰며 좋아라 했다.

공습 다음 날, 루스벨트 대통령이 일본에 선전포고를 했다. 이른

바 '리멤버 펄하버'(Remember Pearl Harbor, 상기하자 진주만)라는 의회연설을 통해, 떨어졌던 미국민의 사기를 진작시켰다. 그리고 일본 본토 공격을 명령하였다.

지휘관의 이름을 딴 '두리틀(James H. Doolittle) 공습'이 그것이다.

전쟁이 점차 가열되어 가던 중, 해군 연합 함대 총사령관 야마모도 대장이 미국 항공기의 기습으로 전사하게 된다. 그 이후 전세는 180도 달라졌고, 결국 일본은 패전에 이르게 되었다.

당황한 조선총독부는 지원병제도만으로는 모든 조선 청년들을 죽음의 전쟁터로 끌고 가기에 부족하다고 여겼다. 전쟁 후의 뒷일도 불안했다. 결국 그들이 내린 방법은 조선의 지식층을 없애는 것이었다. 참 일제다운 발상이었다.

이에 2, 3단계를 공표, 실시하게 되었고 조선의 대학, 전문학교, 고등학교에 재학 중인 학생은 모두 학도지원병으로 출전할 지원서를 제출하라는 명령이 내려진 것이다.

자기네 멋대로 법을 만들고 공표하여 조선인 학생들을 전쟁터로 끌어가기 시작했다. 이 일을 위하여 창씨개명 때와 같이 일본 헌병, 경찰, 친일파 주구들을 총동원했다. 이들은 충성스럽게 협박과 공갈 등 갖은 방법으로 조선의 젊은이들을 잡아갔다.

나라를 빼앗긴 것도 서럽고 억울한데 재산도 빼앗기고, 이제는 자식들마저 빼앗기게 된 조선 사람들의 마음은 시커멓게 타 들어갔다.

그러나 조선 사람들의 마음을 더 쓰리고 아프게 한 것은 그 일에 앞장서는 같은 민족이었다.

그들은 1905년 을사늑약의 매국노 이완용, 이근택, 이지용, 박제순, 권중현이었다. 1910년 한일병합늑약 때부터 일본이 조선을 돕는 거라며 떠들어대던 이완용, 윤덕영, 민병석, 고영희, 박제순, 조중응, 이병무, 조민희, 송병준 등등의 무리와 조금도 다르지 않았다.

유계준 장로는 학도병의 칼바람이 자신의 집안에도 불 것을 예견하고 있었다. 그러던 중 친일파의 거두 이모 변호사와 실업계의 주구 김 장로가 유계준 장로 가정의 학도병 권유 담당자로 내정되었다는 사실을 알게 되었다.

실업계의 주구 김 장로는 재학생뿐만 아니라 졸업생까지도 학도지원병으로 나가게 해야 한다고 목소리를 높였다. 유 장로의 아들은 이미 졸업했지만, 본인이 가서 설득해 보겠다고 역설하였다는 이야기도 들렸다.

김 장로가 이처럼 열과 성의를 다하는 모습을 보고, 〈사상계〉의 책임자였던 모리 검사장을 비롯한 일본 고등계 간부들이 감격하여 박수갈채를 보냈다는 사실도 알게 되었다.

이 정보를 가장 먼저 알게 된 3남 기선은 많은 생각 끝에 아버지께 말씀드려야겠다고 결심하였다. 왜냐하면 동생 기천이 일본에서 공부하는 중이었고, 아버지 유계준 장로에게는 아들이 6명이나 있었기 때문이다.

기선의 이야기를 모두 들은 아버지 유계준은 아무 말도 하지 않고 깊은 생각에 잠겼다.

다음 날, 계준은 외출도 하지 않고 사랑채에 앉아 있었다. 누군가를 기다리고 있는 것 같았다. 그런데 그가 앉아 있는 사랑방 앞의 중대문 뒤에 서슬이 퍼렇게 날이 선 도끼 한 자루가 놓여 있는 게 아닌가!

보이지 않던 도끼가 대문 뒤에 놓여 있는 것을 본 기선은 놀라지 않을 수 없었다.

침묵 가운데 앉아 계시는 아버지의 심상치 않은 분위기를 어머니께 전하자 어머니는 아버지께 이미 들은 말씀을 해주셨다.

"학도지원병으로 아들을 바치라고 강요하러 이 변호사와 김 장로가 우리 집에 들어오면 내 가만 두지 않을 것이오."

"자식들은 하나님께 바쳐야지 침략전쟁에 미쳐 돌아가는 일본놈들에게 바칠 순 없소. 생각 같아서는 우리 집에 들어오는 그놈들의 정수리를 내리치고 싶지만 내가 하나님의 은혜를 받아 예수를 믿고 또 장로가 되었는데, 살인을 할 수는 없다는 생각이 들었소. 그것은 좀 더 생각해 보기로 하고, 우선 두 놈들의 발목을 찍어 앉은뱅이를 만들어 놓을 작정이오. 그러면 우리 집을 마지막으로 다른 집에는 못 가게 될 것인데, 그렇게 만들어 놓는 것이 좋을 듯하오."

"자식 공부시키고 뒷바라지한 부모들이 지금 나와 같은 고통을 당하고 있을 텐데, 이놈들이 날뛰게 그냥 두어선 안 되겠소. 그래야 다른 친일 주구들에게 경종을 울리게 되지 않겠소?"

"우리나라가 망한 것도 오히려 왜놈들보다는 이완용, 송병준 같은 놈들을 우리 손으로 정리하지 못한 까닭이외다. 지금 이완용 같은 족속들이 전국 각지에서 날뛰고 있으니, 우리 집에 오는 놈들만이라도 내 손으로 정리할 작정이오."

유계준은 충분히 그렇게 할 수 있는 힘과 용기가 있는 사람이었다. 예수 믿기 전, 의롭고 용감한 친구들과 함께 도적 떼를 소탕한 유계준이었기에, 진정한 친구를 얻기 위해 시체 옆에 누울 수 있는 담력을 가진 유계준이었기에, 게다가 지금은 하나님의 사람이 되어 나라와 민족을 사랑하는 것이 곧 신앙이고 믿음인 것을 깨달은 후였다. 또 8남매의 아버지가 아닌가!

자연인 유계준보다 더 강력한 아버지 유계준이 도끼를 내리칠 수 있는 사람임을 아내와 아들 기선은 알았던 것이다. 도끼가 왜 놓여 있는지를 안 이상 가만히 있을 수 없었다.

평양 〈매일신보〉 평남지사장을 찾아가 이야기를 털어 놓았다. 방법을 찾아 해결하기 위해서였다.

그러나 돌아온 이야기는 실망스러웠다.

"지금은 일 억 국민이 일치단결되어 우리의 적, 미국과 영국을 격멸하고 대동아 공영권을 건설하는 성업을 완수하기 위하여 모두가 힘써야 될 때인데, 어르신네와 같은 어리석은 만행이 있어서야 되겠소? 지성인인 유 선생님이 아버지를 말리도록 하세요."

기선은 사무실을 나오면서 다짐을 한다.

'너희 뜻대로는 안 될 거다. 나는 하나님을 따르시는 아버지를 따를 것이다.'

기선이 평남지사장을 만나고 온 후 며칠이 지나도 친일 주구들은 집에 나타나지 않았다.

어찌된 일일까?

그들이 서슬이 시퍼런 도끼가 있음을 알고 무서워서 나타나지 않은 것이 아니다. 하나님의 말씀이 살아 있는 검이 되고 불담이 되어 계준과 아들들을 지키신 것이다. 주의 명령과 법도에 머무르는 자의 모든 것을 지켜주시는 하나님 약속의 실현인 것이다.

"네가 물 가운데로 지날 때에 내가 너와 함께할 것이라 강을 건널 때에 물이 너를 침몰하지 못할 것이며 네가 불 가운데로 지날 때에 타지도 아니할 것이요 불꽃이 너를 사르지도 못하리니 대저 나는 여호와 네 하나님이요 이스라엘의 거룩한 이요 네 구원자임이라…"(사 43:2-3).

창씨개명의 찬바람, 학도병의 칼바람, 나라 잃은 백성의 마음에 부는 눈물과 탄식의 비바람을 주님께서 막아 주신 것이다.

순교신앙의 보루

산정현교회는 순교신앙의 마지막 보루였다.

이 땅에 하나님 말씀의 씨앗이 뿌려지고 싹이 트고 자라는 동안 성령의 불 같은 역사는 대단했다. 평양은 한국선교의 주요거점이 되었고, 그 중심에 장대재교회가 있었다.

정대현교회(장대재교회)가 성장함에 따라서 1903년 3월 칠골교회, 동대원교회, 11월에는 남문외교회, 1905년 사창골교회가 분립되었다. 이어서 1906년 1월 7일 번하이셀을 담임목사로 산정현교회가 분립되었다.

산정현교회 사기에는 1906년 1월 7일에 설립되었다고 기록하고 있다. 한편 1906년 북장로회 연례보고서에 따르면 1월 마지막 주일(28일)에 처음 집회를 가졌다고 기록하고 있다.

번하이셀의 일기와 사료들을 통해서 보면, 아마 1월 첫 주에 분립에 관한 결정이 이루어지고, 1월 마지막 주일에 첫 예배를 드리지 않았을까 추측을 해볼 수 있다.

산정현교회의 구역은 동으로 대동강, 남으로 육로리를 기점으로 남산현, 서로는 서문가로부터 장별청로, 북으로는 숭령전에서 당동을 지나 대동강에 이르렀다.

1월 26일 첫 설립예배(금)에는 약 125명이 참여하였고, 1월 28일 마지막 주일에 첫 주일예배를 드렸다. 평양에서는 1906년 1월 28일부터 2월 3일까지 신년부

번하이셀 선교사 가족

순교신앙의 보루 산정현교회 전경

흥회가 열렸는데 참으로 놀라운 한 주간이었다.

한 주간 동안 얻은 결신자가 1,400여 명에 이르렀고, 산정현교회는 설립 두 번째 주일에 무려 250여 명이 참석하여 예배를 드렸다. 나라와 백성을 이끌어나갈 산정현교회는 이렇게 비약적인 성장을 하였다.

산정현교회는 1907년 1월부터 장대현교회를 중심으로 일어난 평양대부흥운동의 목격자요 주역이었다. 동년에 산정현교회 교우들은 정성을 모아 헌금한 건축헌금으로 건축을 시작했으며, 마침내 닭골 산정현에 교회가 완공됨에 따라서 평양성 제4교회에서 산정현교회로 불리게 되었다.

새로 설립된 산정현교회의 담임은 번하이셀((Charles Francis Bernheisel 1874-1958)이었다. 번하이셀은 1874년 미국 인디애나 컬버에서 태어나 1896년 하노버 대학을 졸업(B.A)하고 1900년 맥코믹 신학교를 졸업하고 그해 목사 안수를 받은 후 한국 선교사로 임명을 받고 9월 8일 한국으로 출발하였다. 그는 산정현교회의 초대 목사로 부임한 후에도 평안도 동북지역과 황해도 일대에 나귀를 타고 순회하며 많은 교회를 설립한 참으로 신실한 하나님의 종이요 한국을 사랑했던 목자였다. 특히 번하이셀은 순회전도가 의료선교 이상으로 중요한 부분이라고 여겼고 나귀를 가리켜 신뢰할 수 있고 믿음직하고 성실하고 안전한 동료라고 말할 정도였다.

그는 평양대부흥운동의 주역이기도 했다. 1907년 1월 14일과 15일

저녁 집회에는 산정현교회 성도들과 함께 참석하였고 사경회를 이끌었다. 그때의 일을 일기에서 이렇게 기록하고 있다. "영성 강화와 성령충만을 위한 저녁집회를 열었다. 그리고 그곳에서 이제껏 말로만 듣던 광경을 목격했다. 성령이 청중을 사로잡아 성도들이 죄를 깨닫고 통회 자복하였다." 이 사건은 그 후 산정현교회가 단순히 민족주의와 순교신앙의 전통만을 고수하는 교회가 아니라 영적으로 깨어 있는 그리스도의 몸 된 교회가 되게 하였다.

1910년 일제강점으로 새로운 전환기에 들어섰다. 을사늑약, 한일병합늑약으로 민족적인 위기에 봉착하자 나라와 민족을 향한 시대적 사명으로 나아갔다. 번하이셀, 한승곤, 강규찬 목사에 이르기까지 이 기간은 기독교 민족운동의 보루로서의 산정현교회를 만날 수 있다. 특히 민족주의자였던 유계준, 조만식, 오윤선 장로 등은 민족운동을 이끌었다.

1912년에 들어서는 105인 사건으로 어려움을 겪기 시작했다. 105인 사건은 조선교회의 놀라운 영적 부흥과 성장을 목도한 일제가 교회에 대해 총독부를 위협하는 위험세력으로 인식함으로 교회지도자를 구속하여 성장과 민족운동을 막아보려고 날조한 기획된 사건이다. 105인 사건에는 강규찬 목사, 김동원 장로가 동참하였다.

1913년, 한승곤 목사의 부임은 선교사 중심에서 조선인 중심으로의 전환이라는 중요한 의미가 있다. 한승곤 목사 역시 강한 민족의식의 소유자였고, 미국에 건

한승곤 목사

너가서 북미한인교회 공의회를 조직하여 나라와 민족의 독립을 위하여 힘썼다. 한승곤 목사는 평양 출신으로 숭실중학교, 평양신학교를 거쳐 1913년 목사 안수를 받았다. 그는 성경을 체계적으로 연구하여 해박한 지식을 소유했을 뿐만 아니라 매우 강한 민족의식을 소유한 사람이었다. 특이한 점은 미국으로 망명한 후 시카고 한인감리교회, LA한인감리교회 등 감리교회에서 시무하였다. 그 후 북미대한인국민회 대표로 참석하여 임시정부 재정 후원 및 독립운동 세력 결집 문제를 논의했다. 1936년 귀국하여 독립운동을 전개하다가 체포되어 징역형을 받았다. 대한민국 정부는 1993년 건국훈장 애족장을 추서하였다.

한승곤 목사와 산정현교회는 주일학교의 중요성을 인식하여 교회학교 육성에 힘쓴 결과 평양 지역의 모범적인 주일학교로 성장해 나갔다. 한승곤 목사가 사임한 후에는 강규찬 목사를 청빙하였다.

강규찬 목사는 민족의식이 투철한 한학자로 고전에 능통했다. 강규찬 목사의 부임으로 산정현교회는 더욱 민족의식이 강화되었고, 민족운동의 본산으로 자리매김을 하게 되었다.

교세는 더욱 성장하여 예배공간이 부족하게 되자 1918년 4월에 4천여 원으로 교회를 증축하게 되었다.

강규찬 목사(왼쪽은 평양신학교 졸업사진)

1919년부터 1920년 사이 산정현교회는 큰 시련을 만나게 되었다. 1919년 3·1 운동의 주역으로서 강규찬 목사와 조만식 등은 처음부터 뜻을 같이 하였고, 김선두 목사(서문밖교회)의 식사, 강규찬 목사(산정현교회)의 설교와 정일선(서문밖교회 전도사)의 독립선언서 낭독은 조만식에게 큰 용기를 주었다. 산정현교회 당회장 강규찬 목사는 경성감옥에 수감되었고, 상해로 망명을 떠나던 조만식은 강동군에서 체포되어 평양형무소에 수감되었다.

당시 유계준 장로가 설립한 미림교회에서는 김기엽 장로, 이성두 학생, 청호리교회에서는 김봉규 장로, 김진규 장로, 황병필 영수 등이 수난을 당했다. 서대문 감옥에 수감된 강규찬 목사는 감옥에서도 학습문답을 하고 세례를 베풀었다. 이러한 그의 모습은 그가 복음으로 무장된 하나님의 사람이었으며, 민족을 아끼고 사랑했음을 보여준다.

3·1 운동은 105인 사건과 무관하지 않다. 105인 사건으로 옥고를 치른 강규찬 목사는 서북장로교회의 선두에 서 있었다. 초대교회가 박해 속에서 복음이 더욱 왕성했던 것처럼, 산정현교회는 담임목사가 구속된 상황에서도 조금도 흔들림이 없었고 성도들은 굳건하게 교회를 지켰다.

3·1 독립만세운동은 큰 시련이었으나, 산정현교회는 박해를 이기는 믿음으로 더욱 굳게 자리 잡았고, 순교신앙의 밑거름이 되었다.

이 시기에 산정현교회는 정치적, 사회적 위기 속에서도 더욱 복음을 전파하고, 하나님의 말씀을 배우며, 장차 나라와 민족을 이끌어 가는 지도자를 양성함으로 사회와 민족을 선도하는 교회로 자리매김하게 되었다. 따라서 민족 앞에 부끄러움이 없는 교회, 사회적 책임을 감당하는 교회가 되었고, 3·1 운동 후 유계준, 조만식, 오윤선 등은 민족운동의 지도자로 등장하게 되었다.

산정현 삼총사였던 세 사람은 암울한 민족과 나라의 미래를 위한 문화운동, 물산장려운동, 신앙운동, 교육사업 등을 전개하여 산정현교회와 여타 교회가 민족운동의 거점이 되도록 하는 데 큰 영향을 미쳤다.

조선물산장려회

3·1 독립운동 후 "내 살림 내 것으로"라는 기치 아래 물산장려운동이 시작되었다. 조선물산장려운동은 단순한 국산품 애용운동이 아니라, 기독교 정신에 입각하여 민족자본을 육성하고 조선경제자립을 이루려 했던 강력한 민족주의 운동이었다.

1920년 7월 30일, 평양 예수교서원에서 임시회장 조만식의 사회로 조선물산장려회 발기인대회가 개최되었다. 8월 23일로 예정된 창립총회는 개최되지 못했고 1922년 5월 16일에 재차 발기인대회가 열렸다.

1922년 6월 20일, 조선물산장려회 창립총회가 열렸고, 조만식이 회장으로 선출되었다. 이어서 평양에 조합이 구성되었다. 당시 강규찬 목사, 유계준 장로는 발기인과 임원에는 포함되지 않았으나 신실한 후원자였다.

서울에서는 1922년에 연희전문학교 학생들이 조선물산장려회의 결성에 고무되어 자작회를 조직했고, 1923년에는 경성조선물산장려회가 결성되었으며, 자매단체인 토산품애용부인회가 조직되었다. 이어서 전국으로 요원의 불길처럼 타오르게 되었다.

산정현교회는 평양은 물론 조선 전체에 있어서 민족운동의 요람이요, 거점으로 자리 잡았다. 여기서 간과하거나 오해해서는 안 될 중요한 사실이 하나 있다. 산정현교회는 단순한 민족주의운동의 거점이 아니었다. 무엇보다 나라 잃은 백성을 향한 예수 그리스도의 복음전파를 게을리하지 않는 오직 믿음으로 세워진 교회였다.

오직 예수 그리스도를 믿는 성도로서 나라와 민족을 사랑하는 교회였으며 민족적, 사회적 책임을 부끄럽지 않게 감당했다.

따라서 산정현교회는 평양대부흥운동과 기독교민족운동과 독립운동의 산실이요 평양에서 가장 부유한 교회, 지도자들이 운집한 영향력 있는 교회가 되었다.

3·1 운동 이후 교회는 급성장하였고, 1922년부터 1923년에 이르러 교인이 1천여 명에 이르게 되었다.

빛과 그림자

그러나 빛이 크면 그림자도 크다고 했던가?

1925년 이후 산정현교회는 전환기에 접어들었다. 영향력 있는 번하이셀 선교사, 강규찬 목사의 훌륭한 리더십은 조선교회의 중요한 위치를 차지하게 했으며, 민족주의적인 분위기는 숭실전문, 평양신학교 재학생들이 출석하는 매력적인 교회가 되었다.

그런데 1931년 송창근이 박사학위를 취득하고 귀국하였고, 1933년 산정현교회의 담임목사가 되었다. 이 시기에 평양 지역 교회는 세대교체의 바람이 일어나고 있었다. 송창근 목사는 조선장로교회의 1호 박사학위 소유자였다. 따라서 산정현 교회는 가장 화려한 이력의 담임목사를 청빙한 교회가 되었다. 하지만 송창근 목사의 신학적 토양은 산정현교회와 일치하지 않았다. 그의 신학은 기성교회를 향하여 비판적이었고 부정적이었다. 따라서 보수적인 박형룡과 동역하는 것이 불편했고, 그 결과 1933년 김재준을 청빙하게 되었다.

송창근 목사

송창근은 〈신학지남〉에 기고한 글을 통해서 "말씀, 위대한 생명의 말씀, 이 말씀은 우리의 신앙이란 뜻이라고 하였다. 말씀은 우리에게 생명이 되고 전부가 되고 절대가 된다. 교회가 있는 곳에는 반드시 믿음이 있을 거이고 믿음이 있는 데는 말씀이 있다"라고 하였다.

따라서 말씀이 신앙의 근간이기 때문에 경험에 근거한 신앙이 아니라 말씀에 근거한 신앙생활을 해야 한다고 주장하였다.

송창근은 성경이 생명의 말씀임을 언급하며 신비주의의 문제점을 지적하였다. 그는 신비주의가 성경의 객관성에 기초하지 않고 비시간적, 비인격적 성격을 지니고 있기 때문에 기독교의 진리와 배치된다고 역설하였다.

송창근은 말씀이 곧 예수 그리스도 자체이기 때문에 역사적, 인격적 실체인 예수 그리스도 자체가 성경이라고 보았다. 송창근 목사가 부임한 후 신학자의 설교는 기성교회 목회자의 설교와는 다르다는 이야기가 들렸다. 지적인 측면은 강하지만 영적인 능력이 약하다는 평가였다.

송창근의 설교와 글들은 매우 비판적이었고, 조선교회를 강도 높게 비판하기에 이르렀다. 그는 조선교회의 정통주의를 위선자, 형식주의자, 20세기의 바리새교인이라고 비판하였다. 당시 송창근의 비판은 교계, 신학자, 당회원을 가리지 않았고, 그만 도를 넘어섰다.

주기철 목사

1935년 '아빙돈 단권 성경주석' 사건으로 교계가 시끄러워지자 조선교회를 이해 타산으로 몰아붙였다. 결국 당회와도 멀어진 송창근은 1936년 4월 사임하게 되었다. 이때 1천여 명의 교세는 몇 년 사이에 불과

100여 명이 남을 정도로 위기의 시기를 맞았다.

이 시기는 산정현교회가 민족운동의 중심에만 있었던 것이 아니라 송창근, 김재준 등 진보주의 신학에 노출된 시기이기도 했다.

송창근 목사의 사임으로 후임자를 찾게 된 산정현교회는 신사참배 반대에 당당히 맞설 목회자를 찾게 되었다. 따라서 주기철 목사의 부임은 시대의 소명이요 하나님의 섭리였다고 말할 수 있다. 1936년에 부임한 주기철 목사는, 1944년 4월 옥중에서 순교할 때까지 신사참배에 당당히 맞섰고, 산정현교회는 다시 민족운동과 신사참배 반대운동의 거점이 되었다.

배교에 맞선 조선교회의 마지막 횃불

1938년 9월 9일 8시, 총회 산하 27개 노회, 223명의 총대(목사 99명, 장로 89명, 선교사 35명) 중 193명이 참석한 가운데, 평양 서문밖교회에서 27회 비극적인 총회가 진행되었다.

총회장에 홍택기가 선임되자 평양노회장 박응률이 평양, 평서, 안주 3개 노회 총대 32명을 대표하여 신사참배를 찬성하는 긴급동의를 제출했다. 그러자 평서노회장 박임현, 안주노회장 길인섭의 동의와 재청이 있었다. 이때 블레어 선교사가 신사참배를 반대해야 한다고 외쳤으나, 홍택기가

홍택기(앞줄 중앙), 김길창(앞줄 오른쪽)

가결되었음을 선포함으로 배교의 길로 나아갔다.

총회는 신사참배가 종교적인 행위가 아니며, 기독교 교리에도 위반되지 않는 애국적 국가의식으로 거룩한 하나님의 뜻이라고 하였다. 이날은 경술국치일처럼 조선교회 치욕의 날이었다.

신사참배를 결정하자 심익현의 요청으로 전국노회장 23명, 만주 노회장 4명이 부총회장 김길창의 인도로 평양신사에 참배하는 배교 행위의 극치에 이르렀다. 조선교회는 정통성을 상실한 채 우상숭배의 길로 나아갔다.

교회는 무엇을 위하여 존재하는가?

교회의 존립 이유와 근간은 무엇인가?

오직 예수 그리스도가 아닌가?

세상의 소금과 빛으로 오직 진리를 외쳐야 할 교회가 일제의 신사 앞에 무릎을 꿇고 황국신민화정책의 선봉에 편승했다는 사실은, 이 시대를 살아가는 우리에게 분명한 경종을 울리고 있다.

이후 1938년 평양신학교의 폐교, 1940년 〈신학지남〉의 폐간으로 이어졌으며, 평양신학교 시대가 막을 내렸다. 하지만 이 시기에 아직도 우상 앞에 무릎 꿇지 않은 살아 있는 하나님의 교회가 있었다.

서북 지역에서의 신사참배 반대운동은 산정현교회를 중심으로 전개되었다. 조선교회의 마지막 신앙의 보루였던 산정현교회의 주기철 목사와 유계준, 조만식, 오윤선 등 신사에 무릎 꿇지 않은 신앙의 용사들이 그들이었다.

1939년 10월 21일, 장로 및 집사를 호출하여 교회위원은 매주 한 번씩 신사참배를 이행하라는 지시를 받았고, 불이행시 교회를 폐쇄한다는 통보를 받았다.

그러나 10월 22일 장로, 집사, 교역자 30여 명이 모여 신사참배는 할 수 없다고 결의하였다. 만약 산정현교회마저 무너졌다면 조선교회는 어떻게 되었을까? 영원히 신앙의 정통성을 유지할 수 없었을 것이다. 이것은 하나님의 은혜였다.

산정현교회는 칠흑같이 어두운 그 시대에 올곧은 신앙의 양심이었고 심장이었으며, 한 줄기 남은 생명의 빛이었다. 산정현교회와 주님의 백성들은 암흑시대에 조선교회의 꺼져 가는 등불을 끝까지 지킨 용사였으며, 신앙의 수호자였다. 이것이 산정현교회의 영원한 가치이다.

1939년, 제37회 평양노회에서는 주기철 목사가 총회의 신사참배 결의와 총회장의 경고문을 무시했다는 이유로 교회헌법 권징 조례 19조에 의하여 산정현교회 시무를 권고사직시켰다.

총회의 신사참배 결의를 무시했다는 이유로 하나님의 종을 사직하게 했으니, 참으로 부끄러운 배교행위요 우상숭배의 극치가 아닐 수 없었다. 하지만 산정현교회는 조금도 흔들리지 않고 일제의 신사참배 강요에 맞섰다.

1939년 12월 19일, 남문외교회에서 열린 평양노회 임시노회에서 노회장 최지화가 주기철 목사의 목사직 파면을 선포하였다. 참으로 민망한 것은 평양노회마저 주기철 목사를 배척하였다는 것이다. 조선교회에 깊은 어둠이 뒤덮이고 말았다. 하지만 삼엄한 그 자리에서 주기철 목사의 면직안에 '아니오'를 외친 마지막 양심이 있었다. 그는 번하이셀 선교사와 벽지도교회 우성욱 목사였다.

모두 침묵하고 있을 때 우성욱 목사는 불법이라고 외치며 반대의사를 분명히 하였다. 그리고 산정현교회 박정익 장로가 총회에 고소하겠다고 하자 연행되고 말았다.

이때 이인식을 산정현교회 당회장으로 임명하였다. 그리고 산정현교회 수습위원으로 장운경, 박응률, 심익현, 김선한, 이인식 등 7인을 선정하였다. 이들은 공개적으로 신사참배를 찬성한 배교자요, 일제의 주구들이었다.

이인식은 몇 차례 당회를 소집하려고 했으나, 신사참배 반대에 앞장선 장로들은 일체 응하지 않았다. 다행히 주기철 목사의 면직 이후 번하이셀 선교사가 흔들림 없이 산정현교회를 이끌었고, 일경의 협박에도 굴하지 않고 강단을 지켰다. 이것은 조선교회의 마지막 보루를 지켜주신 하나님의 은혜요, 번하이셀 선교사의 소명이기도 하였다.

하지만 1940년 3월 24일, 부활절 주일 11시에 경찰의 호위를 받으며 노회에서 파송한 위원(최지화, 장운경, 이인식 장로 3인)들이 입장했다. 그러자 산정현교회 성도들의 찬송이 예배당을 가득 메웠다.

"내 주는 강한 성이요 방패와 병기 되시니
큰 환난에서 우리를 구하여 내시리로다
옛 원수 마귀는 이때도 힘을 써
모략과 권세로 무기를 삼으니 천하에 누가 당하랴."

루터가 보름스회의에서 황제와 교회지도자들 앞에서 종교개혁의 횃불을 높이 들었듯이, 일제의 무서운 박해와 탄압 앞에서 산정현교회 성도들은 한 마음으로 저항하며 주를 찬송하였다. 그 찬송은 조선교회와 평양노회와 배교자들을 향한 경고와 심판의 나팔소리였다.

전권위원들은 계속 제지하였으나 교인들은 "내 주는 강한 성이요"만 찬송하였다. 일본 경찰들이 찬송가를 빼앗고 닥치는 대로 구타하였으나 그래도 멈추지 않았으며, 7인 위원들은 강단 아래로 내려왔다.

1940년 3월 24일, 오후에 경찰을 대동한 장운경이 나타났다. 그는 산정현교회 집회를 정지한다는 평양노회 전권위원장 명의의 경고장을 붙였다.

急告
금반 형편에 의하여 당분간 산정현교회 집회를 정지함.
소화 15년 3월 24일
평양노회 전권위원회 백

일제 주구들의 만행은 여기서 그치지 않았다. 전국 3,300개 교회 중 신사참배에 반대하여 폐쇄된 유일한 교회였던 산정현교회를 천주교회에 25만 원을 받고 매각하려는 시도가 있었다.

하나님의 교회를 폐쇄한 것으로도 모자라 매매를 시도하는 이 일에 앞장 선 가룟유다 같은 사람이 일제의 주구였던 장운경이다. 이것이 바로 부끄러움을 모르고 하나님을 경외하지 않는 일제의 주구가 된 배교자들의 모습이었다. 이날 수십 명의 교인들이 연행되거나 체포되었다.

고난은 여기서 끝나지 않았다. 경찰은 교회 입구 대문을 폐쇄시켰고, 주기철 목사의 자녀들과 노모를 사택에서 쫓아냈다. 일제의 주구가 되어 버린 교계지도자들은 배교의 길을 걷는 것으로도 모자라 주님의 몸 된 교회를 폐쇄하는 참으로 부끄러운 일을 자행했다. 그들은 결국 주님의 몸 된 교회에 빗장을 지르는 박해자들로 돌변하고 말았다.

산정현교회 교인들은 폐쇄에도 굴복하지 않고 신앙의 순결을 지켰으며, 조선교회의 마지막 횃불이 되어 활활 타올랐다.

1941년부터 1944년 4월까지 계속된 주기철 목사의 투옥은 참으로 힘겨운 나날이었다. 가혹한 고문과 후유증으로 죽음의 그림자가 깊게 드리웠고, 1944년 4월 13일에는 유언을 남겼다.

"여드레 후에는 아무래도 소천될 것 같습니다. 지금까지 몸이 부어올랐습니다. 생명보험 든 2백 원으로 큰 아이 영진이 장가보내도록 하십시오. 어머님께 봉양 잘하여 드리고…어머님께는 죄송합니다."

마침내 주기철 목사님은 1944년 4월 21일, 8일 전에 직접 예견했던 대로 주님의 부르심을 받고 하나님 나라로 갔다. 드디어 찬란한 순교자의 면류관을 쓰시고, 유언대로 천사장의 나팔소리와 함께 만왕의 왕으로 다시 오실 주님을 기다리며 평양 돌박산에 잠들었다.

일사각오, 순교 그 이후

1945. 8. 17. 산정현교회 출옥성도들

1945년 8월 15일 해방부터 1950년까지는 박해와 저항과 순교의 시대였다. 일제의 악랄한 박해를 이겨낸 산정현교회는 또다시 공산정권의 박해에 직면하게 되었다.

이 시기는 순결한 그리스도의 신부로서 그리스도의 남은 고난에 동참하는 제2순교신앙의 시기라고 할 수 있다. 하지만 이 땅의 교회가 완전할 수 없음을 보여주는 안타까운 시기이기도 하다.

말씀의 뿌리가 깊이 내려지고 굵어지기도 전에 불었던 신사참배와 창씨개명의 칼바람과 온갖 박해도 이겨낸 산정현교회! 일사각오, 순교신앙의 피가 흐르는 그 교회가 흔들리기 시작했다.

주 목사의 순교 후 당회는 한상동 목사를 후임으로 선정하였다. 그러나 이듬해 모친상을 당하자 월남한 후 돌아오지 않았다. 할 수 없이 방계성 전도사가 강단을 맡게 되었다.

해방 후 영적 각성을 경험하며 조선교회의 복구에 힘쓰던 교회 안에 미묘한 갈등이 일어났다. 산정현교회의 갈등 원인은 평양노회의 가입 문제와 공산치하에서의 시국에 대처하는 방안 문제였다.

해방 이후 평양노회가 노회 재가입을 요청했다. 그러자 사과의 뜻을 표명하고 요청하였으니 가입하자는 의견과, 사과의 진정성이 의심스러우니 아직 시기상조라는 견해가 대두되었다.

또 하나의 분열 원인은 신앙을 우선할 것인가? 아니면 민족적, 시대적인 책임을 우선할 것인가의 갈등이었다. 즉 교회가 사회, 정치적 문제에 적극적으로 참여해야 하는가, 아니면 참여하지 말아야 하는가의 문제였다.

이때 조만식, 유계준, 오윤선은 산정현교회가 민족주의 방향으로 나아가야 한다고 생각했다. 또한 현 정권이 하나님과 예수 그리스도를 부인하는 세력이므로, 예수 그리스도를 믿는 사람은 단결하여 투쟁해야 한다고 생각했다. 분명한 사실은 정권을 쟁취하려는 목적이 아니라, 예수 그리스도를 믿는 하나님의 자녀로서 공산정권에 맞서는 길을 택한 것이다. 이는 일제 강점기를 벗어나 민족을 살리고 백성을 이끌어야 한다는 시대적 사명의 발로였다.

반면에 방계성, 박정익, 김현석은 산정현교회가 좀 더 신앙적으로 충실하며 정치, 사회, 민족적 문제에 개입하거나 참여하는 것은 신중해야 한다는 입장이었다. 이들은 교회는 정권투쟁을 일삼는 곳이 아니라 하나님 앞에서 올바른 생활을 하고, 탄압을 받을 때는 신앙을 견지하다가 순교하는 것이 옳다고 보았다.

당회의 대립은 곧바로 교인들의 대립으로 이어졌고, 분열의 씨앗이 잉태되고 말았다.

민족적, 사회적 책임을 감당하는 교회가 될 것인가? 아니면 신앙적으로 충실할 것인가? 사실 어처구니없는 명제다. 이것은 선택의 문제가 아니다. 왜냐하면 민족적, 사회적 책임을 감당하지 않는 교회나 신앙을 견지하지 않는 교회 모두 존재 이유가 없기 때문이다.

이 시기에 간과해서는 안 될 사건이 하나 있다.

1946년 9월 5일, 북조선임시인민위원회는 도·시·군 인민위원회 선거에 대한 법령을 공포하고, 두 달 후인 11월 3일 일요일을 선거일로 결정하였다. 그러자 장로교 5도 연합노회는 10월 20일 주일선거 문제에 대한 5개 항의 결의문을 북한 당국에 통고하였다. 결의문 내용은 일요일에 행하는 선거에 참여할 수 없다는 강력한 의지의 표명이었다.

일제 말기 신사참배 문제가 대두되었을 때 북한 지역의 교회 지도자들은 신사참배에 반대하여 '순교'하면서까지 거부하였다.

이제 소련군이 북한에 진주하고 사회주의 정권이 들어서게 되면서, 또다시 고난과 박해와 십자가의 길이 기다리고 있었다.

기독교와 공산주의는 도저히 양립할 수 없었다. 해방 후 초기에는 신앙의 자유를 보장하는 것처럼 위장되었지만, 결국 기독교는 공산당에게 있어서 청산의 대상이었다. 산정현교회는 주일선거 반대 운동을 선봉에서 이끌었다.

바로 이러한 시기에 분열의 씨앗이 움트고 말았다. 산정현교회의 역사를 통해서 배우고 반드시 기억해야 할 것이 있다. 나라와 민족이 없는 교회는 배교의 길로 갈 수밖에 없다는 것이다. 동시에 하나님을 경외하지 않는 신앙은 일제의 주구를 양산했다.

일제치하의 조선교회와 수많은 교회 지도자들이 이 사실을 입증하지 않았는가? 결국 어느 시대나 분열과 다툼은 큰 상처를 남긴다. 만약 그때 하나님의 말씀 앞에 바로 서서 서로 하나가 되었다면 어떻게 되었을까?

일제의 모진 박해와 식민통치도 견디고 이겨낸 교회!
일사각오 순교신앙의 정점에 있는 교회!
순교자의 피가 철철 흐르는 교회!
하지만 세상의 교회는 완전하지 않음을 어찌하랴.

다시 뿌려진 순교의 피 - 김철훈 목사

하나가 되어도 견디기 어려운 시점에서 다툼으로 얼룩지게 되자, 유계준 장로는 창자가 끊어지는 것 같은 고통을 느꼈다. 예전의 칭송과 영광이 변하여 사람들의 조롱거리와 손가락질의 대상이 되었다니….

은혜가 메마른 교회는, 한때 찬란한 영광과 고귀한 명성의 예루살렘 성전이 이방민족

김철훈 목사

에게 짓밟히고 갈취의 대상이 되었던 것처럼, 폐허가 된 것 같았다.

산정현의 삼총사로 불렸던 오윤선, 조만식 장로도 없는 예배당에 혼자 남은 유계준 장로. 그는 교회를 다시 일으켜야겠다는 마음으로 무릎에 힘을 주어 일어나 후임 목사를 찾는 방을 붙인다. 자격 기준은 다음과 같았다.

1. 신사참배에 항거한 분
2. 공산당과 투쟁할 용기가 있는 분
3. 보수주의에 입각한 신앙이 두터운 분

이 세 가지 조건만 맞으면 누구든 청빙할 참이었다. 그러나 이북 전역을 훑어보아도 이런 기준에 맞는 목회자를 찾기는 힘들었다. 그러다 선교리 넘어 동평양교회 담임목사로 있던 김철훈 목사가 산정현교회가 찾는 목회자라는 생각에 김 목사님을 찾아갔다. 김철훈 목사는 1904년 10월 7일 경기도 양평에서 독립유공자이신 김경덕 목사의 3남으로 태어났다. 1919년 3·1독립만세운동을 주도하다가 일제에 검속되어 옥고를 치르는 부친을 보면서 하나님 사랑과 민족 사랑을 배웠다. 그는 숭실중학교와 숭실전문학교를 졸업하였다. 숭실전문학교 시절엔 1929년 11월 3일 광주학생의거사건이 발생하였고 1930년 1월 21일과 22일에는 김철훈과 강태민의 주도로 평양시 대규모 학생만세사건이 일어났다. 이때부터 옥살이가 시작되었는데 온갖 고문과 박해 속에서 예수 그리스도의 십자가를 기억하며 깊은 체험을 한 후 평양장로회신학교로 진학하였다. 1936년 3월에 목사 안수를 받고 숭실중학교 교목으로 부임하였다. 그후 1945년 10월에 동평양교회에 부임하여 시무 중에 있었다.

"김 목사님, 우리 산정현교회는 아시다시피 주기철 목사님께서 신사참배를 반대하시다가 결국 순교하신 순교의 제단이 아닙니까? 그런데 저희가 교만하여 마귀의 시험에 빠져 지난 1년 동안 음부의 깊은 데를 헤매었습니다. 이제 오셔서 황폐해진 산정현 제단을 재건해 주시기 바랍니다."

"예, 장로님! 저도 동평양교회를 위임한 지 얼마 되지 않았기 때문에 지금으로선 무어라고 답을 할 수는 없습니다. 기도하면서 기다려

보겠습니다."

 김 목사는 평소 산정현교회가 분규로 인해 하나님의 영광을 가리는 것이 안타까워 눈물로 기도했었다. 동평양교회 예배시간에도 성도들에게 산정현교회의 사태에 대해 기도요청을 하기도 했다.
 그런데 이제 그 교회에서 청빙을 받고 보니, 이것이 하나님의 뜻이라 생각하여 1948년 2월에 산정현교회에 부임하게 된다.
 김철훈 목사는 성가대 뒤편에 조그마한 기도실을 만들어 놓고 밤새도록 기도하며 새벽기도회부터 불을 붙이기 시작하였다. 더불어 동평양교회의 신실한 성도들에게 일일이 편지를 써서 산정현 제단을 위해 중보기도를 요청하며 무너진 명성을 되찾기 위해 안간힘을 썼다.
 그러나 부임한 지 4개월도 안 된 어느 날, 김 목사가 조용히 사라진다. 김철훈 목사의 소식을 알기 위해 백방으로 뛴 유계준 장로는 김 목사가 정치보위부원들에게 납치되었다는 것을 알아냈다.
 숭실전문학교 시절부터 일제와의 투쟁으로 옥고를 치르고, 목사 안수를 받은 후에도 많은 옥살이를 한 김철훈 목사를 공산정권도 가만 두지 않은 것이다. 이렇게 납치되어 행방불명된 김철훈 목사는 공산당에 의해 처형됨으로 마침내 순교의 피를 뿌림으로 의의 면류관을 받아 쓰셨다.
 유계준 장로의 가슴은 찢어지는 듯했다. 주기철 목사님을 그렇게 보내고 교회는 분탕 싸움으로 조각이 나고, 새로 모셔온 목사님과 함께 부흥의 불을 지피려 할 때 또 이런 일이 일어났기 때문이다.
 유계준 장로는 주 목사님 때와 같이 김철훈 목사의 가정에 매달 사례비를 지급했다.

그해 말, 공동의회에서 지송암 임시목사가 김철훈 목사의 사례비를 빼고 예산서를 올렸다. 유 장로가 가만히 있을 리 없었다.

"산정현교회의 담임목사는 김철훈 목사님인데, 왜 사례비를 빼십니까?"

산정현교회의 사택에 그의 가족이 있는 동안은 담임목사님으로 모셔야 한다는 것이 그의 지론이었다. 이 일은 유계준 장로 본인이 공산당에 의해 납치된 1950년까지 2년 동안 계속 이어졌다.

한편 1948년 2월 11일, 양재연 집사의 목장으로 예배처소를 옮긴 산정현교회는 심을철 전도사를 강사로 연속 두 주간 부흥회를 열어 큰 은혜를 체험했다.

그 후 평양 상구리에 대지를 구입하고 예배처소를 옮겼고, 이기선 목사가 부임하여 섬기면서 교회는 날로 부흥하게 되었다.

1948년 8월 14일에는 양재연, 장기려 집사의 장로 장립식이 있었다. 1949년 5월에 독노회를 조직하였고, 혁신에 관한 3개 항과 5개 항의 복구 내용을 천명하였다. 그러자 공산당의 박해도 극에 달했다. 방계성과 교회 지도자들이 차례로 투옥되었다. 이어서 이기선, 김은신 등이 신앙의 순결을 지키다가 주님의 신부로 순교의 면류관을 받았다.

일제의 신사참배 강요에도 무릎 꿇지 않고 신앙의 절개를 지켰던 산정현교회는, 다시 공산정권에 맞서 순결한 그리스도의 신부가 되어 순교의 길로 나아갔다.

이 땅에서 끝까지 주님의 순결한 신부로 남은 교회.
새 예루살렘을 향해 묵묵히 걸어간 하나님의 사람들.
다시 가장 아름다운 주님의 교회로 서기를 소망하며….

마지막 담임목사 순교자 정일선

유계준 장로는 1949년 10월에 김철훈 목사의 후임으로 정일선 목사를 청빙하는 일을 감당하였다.

정일선 목사는 유계준 장로와 함께 산정현교회와 마지막 운명을 같이한 분으로 민족주의자요, 신사참배 반대 때문에 교회에서 쫓겨난 고매한 인격의 소유자였다.

정일선 목사

그는 1891년 7월 22일, 황해도 신천에서 출생했다. 숭실중학교를 거쳐 숭실전문학교, 평양신학교를 졸업한 후 안악읍교회를 시무하면서 신사참배를 반대하다가 수난을 당했다.

어려서 부친을 잃고 홀어머니 밑에서 공부는 엄두도 못 내던 차에, 어머니의 병세가 악화되어 사경을 헤매자 통곡하며 마을을 헤맸다.

그때 한 노인이 "이런 때는 손가락을 잘라 흐르는 피를 먹이면 혹 살아나는 법이 있는데…" 하는 말을 듣고 손가락을 잘라 흐르는 피를 어머니의 입에 넣어드렸다. 그러자 얼마 후 기적처럼 어머니가 자리를 털고 일어나셨다. 이는 하나님의 종으로 삼으시기 위한 특별한 하나님의 은혜였다. 그 기쁨, 그 감동이란 말로 다할 수 없었다.

소년 정일선은 낮에는 일하고 밤에는 서당에 다니며 학문을 익히다가 27세가 되어서야 숭실중학교에 입학한 만학도였다.

이어서 숭실전문학교, 평양신학교까지 진학하여 학업을 마쳤을 때는 40세였다. 평양노회에서 목사안수를 받은 후 평양 서문밖교회 당회장으로 부임했다. 몇 년 후 안악교회로 부임해 반석 위에 올려 놓고 16년간 봉직했다.

하지만 1940년 신사참배 반대운동으로 교회에서 쫓겨나, 산간에 초가삼간을 마련하고 성경공부와 기도로 신앙의 절개를 지키며 은둔생활을 하다가 투옥되었고, 8·15 해방으로 출옥 후 재령 동부교회로 부임했다.

해방과 함께 황해노회 제65회 노회가 열렸다. 당시 총대들의 입장과 생각은 모두 제각각이었다. 신사참배를 한 목사, 옥고를 치른 목사, 교회를 괴롭히던 목사, 피신해서 은둔한 목사 등이 모이다 보니 한없이 무거웠다.

누가 무슨 말을 할 수 있으리요…. 이때 정일선 목사의 진면목이 드러난 유명한 일화가 있다.

하얀 모시 두루마기를 입은 정일선 목사가 백발을 흩날리며 "회장!" 하고 자리에서 일어나더니 노회원들을 향해 입을 열었다.

"먼저 죄송하여 사과의 말씀부터 올립니다. 이 불초한 종, 환난의 날에 산중에서 평안히 지냈지만, 교회를 지키느라 그동안 얼마나 수고가 많으셨습니까?"

정일선 목사의 눈에 눈물이 맺히자 한바탕 울음바다가 되었다. 통회자복하며 회개운동이 일어난 것이다.

"서로 사랑합시다. 아무도 그 누구를 정죄하지 맙시다. 예수님도 가룟 유다를 정죄하지 않은 것을 본받아 회개하는 영혼을 사랑합시다."

한 분의 고귀한 결단이 회개와 함께 서로 용납하며 사랑으로 뭉치고 화합하는 노회가 되게 했다. 평양 산정현교회로 자리를 옮긴 후에 그는 북한교회의 지도자가 되었다.

정일선 목사는 조선기독교도련맹을 사탄으로 보고 "사탄에 굴복하면 지옥에 가니 진리를 사수하라"고 외쳤다. 산정현교회의 정일선 목사와 유계준 장로는 조선기독교도련맹 가입을 끝까지 거부하고,

신앙의 순결성을 유지하며 공산당에 맞섰다.

이 당시 조선기독교도련맹은 일제의 주구로 친일행각을 했던 인물들이 주류를 이루었다. 부위원장 김응순은 1942년 총회장으로 신사참배는 물론 귀금속헌납운동까지 주도했던 인물이다. 서기 조택수도 친일 부역자였다. 결국 산정현교회는 1950년 5월에 교회를 공산당에게 빼앗기고 유계준 장로의 집으로 옮겼다.

1940년 교회가 폐쇄된 후 다시 공산당의 핍박으로 혹독한 시련을 견디다가, 마침내 찬란한 순교의 면류관을 쓰는 교회가 되었다.

정일선 목사는 1950년 6·25가 터지고 공산당에게 체포되어 평양 감옥으로 끌려가 방화로 별세하였다. 이분이 바로 평양 산정현교회의 마지막 담임목사님으로 유계준 장로와 함께 순교의 자리로 나아간 정일선 목사이다.

이 눈에 아무 증거 아니 뵈어도

1950년 4월, 산정현교회 앞으로 정치보위부에서 소환장이 날아왔다. 교회 대표가 인장을 가지고 출두하라는 것이었다. 유계준 장로가 출두했다. 이미 평양에 있는 다른 교회의 장로들이 많이 와 있었다. 이때 보위부 고위 간부가 해괴망측한 말을 꺼냈다.

"교회당은 모두 일제로부터 물려받은 적산가옥(자기 나라의 영토나 점령지 안에 있는 적국의 재산, 또는 적국인 소유의 재산)이니만큼 늦은 감이 없지 않으나 이제 우리 당국이 인수를 하겠소. 여기 모인 분들은 이 서류에 동의한다는 도장을 찍으시오."

말도 안 되는 소리였지만, 서슬 퍼런 보위부 간부의 말에 누구 하나 항의하지 못했다. 그들 중 거의 절반은 도장을 찍거나 교회에 가서 의논하겠다며 자리를 떠났다.

남은 사람은 유계준 장로뿐이었다.

"적산이라니! 일제가 물려줬다니! 우리 교인들이 정성과 사랑으로 주님께 기꺼이 드린 헌금으로 건축한 예배당을 일제가 줬다고? 우리 산정현교회는 일제의 소유가 된 적이 없소. 신사참배도 하지 않았고, 창씨개명도 하지 않는 채 해방을 맞았는데, 어떻게 적산이 될 수 있단 말이오. 난 절대로 이 서류에 도장 못 찍소. 그렇게들 알고 계시오."

유계준 장로는 다부진 체격에서 우러나오는 당당한 목소리로 할 말을 다 털어 놓고 정치보위부를 나왔다.

몇 주일 후, 5월 31일 예배당에서 쿵쿵하는 소리가 들렸다.

군인들이 교회 안으로 짐을 나르고 있었다. 북조선공산당이 순교 신앙의 본산이자 민족주의의 거점인 산정현교회를 강제로 빼앗았다.

6·25 사변을 앞두고 교회를 징발하여 군용으로 쓰려고 적산이니 뭐니 수작을 부려 빼앗으려 한 것이었다. 저들은 공산당 시책에 반대하거나 협조하지 않고 비판하는 사람들을 여지없이 잡아 가두었다. 여기저기서 행방불명된 사람들의 소문이 들렸다.

교계에서도 유명한 목사들이 많이 잡혀 갔다. 산정현교회 정일선 목사, 유계준 장로와 백인숙 전도사도 6·25 바로 직전에 체포되었다. 이처럼 산정현교회와 성도들은 가도 가도 끝이 없는 고난의 길, 십자가의 길을 걸어야만 했다.

1950년 6월 23일, 유계준 장로는 평소 친분이 두터웠던 안치호 장로(안창호의 형)의 부인이 별세하였다는 소식에 평양에서 20km 떨어진 대보산으로 문상예배를 갔다. 정일선 목사와 연금봉 사모, 백인숙 전도사와 집사 다섯과 함께였다.

문상을 마치고 돌아오는 길에 연 사모에게 위로의 말을 건넸다.

"김철훈 목사님이 살아 계셔야 하는데요…."

상가를 다녀오는 길이 행방불명된 김 목사의 상황과 맞물려 유계준 장로의 마음은 착잡했다.

이튿날 아침, 어제의 먼지도 털고 주일을 준비하려고 목욕탕으로 갔다가 이발소에 갔다. 그런데 이발을 마치고 나오는 유 장로를 여러 명의 건장한 보위부위원들이 둘러싸는 것이었다.

"웬 놈들이냐!"

젊었을 때부터 힘이 세기로 유명한 유 장로는 보위부원의 손을 뿌리쳤지만, 좁은 공간에서 여러 명이 덤벼들어 결국 묶이고 말았다.

'이제 때가 왔구나…. 나에게도 하나님의 때가 왔구나…. 해방 후 많은 주의 종들이 감쪽같이 없어진 것이 다 이놈들의 소행이었구나.'

떼이지 않는 걸음을 걸으면서도 이대로 가서는 안 되겠다는 생각에 방법을 찾았다. 마침 아는 집 근처를 지나게 되었다.

"이봐요, 젊은이들! 내가 지금 소피가 급해서 더 이상 걸을 수가 없구려. 볼 일 좀 보고 오게 해주오."

"안 되오, 영감."

"아니, 그럼 바지에 그냥 싸란 말이오?"

허락을 받아 들어간 유 장로는 변소에서 용변을 보는 척하며 그 집 사람에게 자기 소식을 전해 달라고 부탁했다.

"내가 지금 보위부에 잡혀 가니 연락을 좀 해주시오."

이것이 평양에서 남긴 그의 마지막 말이고 행적이었다.

그날 밤, 산정현교회 백인숙 전도사와 장수은 전도사도 잡혀갔고, 그 이후 소식을 알 수 없게 되었다.

다음 날, 북한방송은 남한군이 이북으로 쳐들어왔다며 전쟁의 소식을 알렸다.

질곡의 역사, 한과 눈물의 우리 역사 속에 하나님께서 개입하셨다. 하나님께서는 이 민족에게, 그리고 유계준 장로에게 은혜를 베풀어주셨다. 힘없는 나라의 백성으로 태어나 일제의 수탈과 만행도 이겨낸 유계준 장로는 가족들에게 한 마디 말도 남기지 못하고 사라져 갔다. 그것도 동족에 의해서….

화려했던 명성과 영광이 떠난 산정현교회의 예배당에 혼자 남아 그가 흘렸을 눈물을 생각해 본다.

"나는 조만식 장로와 이곳에서 할 일이 있으니 먼저 내려가 있으라. 그리고 혹시 내가 못 내려간다 해도 괜찮다. 나중에 천국에서 만나자."

가족들을 남한으로 내려 보내면서 곧 따라간다고 했지만, 그는 평양을 떠날 생각이 없었다.

예수를 만나 삶이 변한 곳.
살림집을 내어 주어 세웠던 미림교회.
조선교회의 마지막 보루요, 소망이었던 산정현교회.
사랑과 정성으로 돌보았던 학교들.
공산당의 압제에 고통당하는 북한동포들.
하나님의 은혜로 주신 자녀들의 흔적이 있는 곳.
그래서 평양을 떠나지 못한 것일까?
그가 그곳에 남아서 하고 싶었던 일은 무엇이었을까?
기도와 눈물로 일구고 지켜낸 교회와 신앙,
하나님 한 분만 두려워했기에 그 어떤 것도 두려워하지 않았던 믿음,

하나님의 말씀 속에 들어 있는 수많은 약속들을 믿었기에 홀로 남아 있을 수 있었으며, 8명이나 되는 자녀들의 등을 남쪽으로 떠밀었을 것이다.

공산당에게 끌려갈 때 그에 눈에 들어왔을 자식들의 얼굴, 그리고 산정현교회….

예수님 때문에 흘린 그의 눈물과 피가 흘러 고여 있을 예배당, 그립고 그리운 고향 땅….

하나님께서는 계준의 믿음대로 약속을 지키셨다.

신실하신 하나님은 계준의 헌신을 기억하셨고, 그의 자녀들을 돌아보셨다. 유계준 장로가 세상을 떠나는 날까지 붙잡았던 말씀은 요한복음 12장 24절이다.

"내가 진실로 진실로 너희에게 이르노니 한 알의 밀이 땅에 떨어져 죽지 아니하면 한 알 그대로 있고 죽으면 많은 열매를 맺느니라."

순교는 교회의 씨라 했던가? 유계준 장로의 삶은 떨어져 죽은 '밀알의 삶'이었다.

하나님을 사랑하는 자에게 주시는 은혜가 어떤 것인지, 이어지는 자녀들의 삶을 통해서 명확히 보게 된다.

그의 기도와 꿈대로 하나님께서는 유계준 장로의 8남매에게 자유의 땅에서 놀라운 은혜를 베푸셨다.

1남 기원(피득)은 하버드대학교 의학박사로 국립의료원장을 지냈다. 부인 최은엽 씨와 사이에 5남 2녀를 두었는데, 장남 정철(서울대 공대 졸업)은 김수자(이화여대 졸업)와 결혼하였다. 차남 정훈(고려대 대학원 졸업)은 김경희(덕성여대 졸업)와 결혼했다. 3남 정욱(한양대 공대 졸업)은

이영자(이재곤 전 서울대 공대 교수의 딸)와 결혼했다. 4남 정남(인하대 공대 졸업)은 나숙영(이화여대 졸업)과 결혼했다. 5남 정식(인하대 공대 졸업)씨는 양성욱(숙명여대 졸업)과 결혼했다. 장녀 정희(이화여대 졸업)는 이윤석(고려대 졸업) 씨, 차녀 정혜(이화여대 졸업) 씨는 이한빈 전 부총리 겸 경제기획원장관(하버드대 경영대학원 졸업)과 결혼했다.

2남 기형은 의학박사로 부산대학교 의과대학 교수로 봉직했다. 부인 김화선(공주사대 졸업)과 사이에 2남 4녀를 두었다. 장남 정호(부산대 의대·서울대 대학원 졸업, 신경내과전문의, 스웨디시병원 심장내과)는 양연수(숙명여대 졸업)와 결혼했다. 차남 정칠(부산대 졸업, 현 경희대학교 교수)은 케임브리지대 생물학 박사이다. 장녀 정간(이화여대 졸업)은 조봉윤(서울대 약대 졸업, 세븐스타케미컬 대표)과 결혼했다. 차녀 정극은 임대지(연세대 졸업, 청와대 민원비서관)와 결혼했다. 3녀 정실(부산대 의대 재활의학과)은 김동백(부산대 의대 소아과, 목사)과 결혼한 부부 의사다. 4녀 정해(한양대 졸업)는 유충걸(서울대 법대 졸업, 대우상무·요하네스버그 지사장)과 결혼했다.

3남 기선은 의학박사로 부산 유기선의원 원장으로 헌신했다. 부인 박화선(일본 동지사대 졸업)과 사이에 2남 2녀를 두었다. 장남 정걸(고려대 의대 졸업, 흉곽외과전문의, 미 오하이오 주에서 개업)은 최순자(이화여대 졸업)와 결혼하였다. 차남 정근(서울대 법대 졸업, Lincoln University 경영대학원, 동원자원개발 사장)은 이주배(이화여대 졸업, 이연 동원탄좌 회장의 딸)씨와 결혼했다. 맏딸 정은(이화여대, 미 캘리포니아대 졸업, 고려대 문학박사, 아주대 교수)은 윤승영(서울대 법대 졸업, 서울고법원장)과 결혼했다. 차녀 정순(이화여대 졸업, LA퓨리턴주립대 교육학박사)은 강형욱(서울대 의대 졸업, 정형외과전문의, 오하이오주립대 의과대학 교수, T·머시병원 정형외과 과장, OMNI 정형외과그룹 회장, 서울나우병원 원장)과 결혼했다.

4남 기천은 하버드대학교, 예일대학교 법학박사로 서울대학교 총장으로 후진을 양성하였다. 부인 헬린 실빙 박사와 결혼하였으나 자녀는 없다.

5남 기진은 미국 시카고 Edgwater Hospital 외과의사로 봉직했다. 부인 고란경(동경여자의대 졸업, 서울여대 창립자 고황경의 동생)과 결혼하여 딸 정애(이화여대, 시카고대 졸업)를 두었다.

6남 기묵은 미국 캘리포니아 의과대학 내과학 교수로 봉직했다. 미국인 부인과의 사이에 딸 정미(UCLA의대 졸업, 할리우드병원 소아과 의사)가 있다.

장녀 기옥은 동경여자의대를 졸업하고, 서울 누가의원장으로 봉직했다. 남편 차조웅(고려대 졸업, 일성냉동 부사장)과 사이에 아들 차한(서울대 의대 졸업, 가천의대 교수)과 딸 차송이(서울여대 졸업, 서울여대 교수)를 두었다.

차녀 기숙은 동경공립약대를 졸업하고, 뉴욕 생화학연구소에 근무하였다. 미국인 플리처(오스트리아 빈 의대 졸업)와 사이에 아들 미로(미프린스턴대 교수)를 두었다.

하나님께서는 유계준 장로의 자손 대에 의료계, 법조계, 교육계, 경제계, 정치계 등 각계각층에 이루 헤아릴 수 없을 정도로 많은 인재를 허락하셔서 가문을 번성케 해주셨다.

많은 이들이 미국의 신앙 명문가로 조나난 에드워즈의 가문을 꼽는다. 마찬가지로 한국의 신앙 명문가를 꼽는다면 주저 없이 유계준 가문을 들 수 있다.

이 모든 것이 오직 신실하신 하나님의 일하심이다.

사랑하는 자에게 천 대까지 베풀어 주시는 하나님의 은혜가 참으로 놀라울 따름이다.

"그런즉 너는 알라 오직 네 하나님 여호와는 하나님이시요 신실하신 하나님이시라 그를 사랑하고 그의 계명을 지키는 자에게는 천대까지 그 언약을 이행하시며 인애를 베푸시되 그를 미워하는 자에게는 당장에 보응하여 멸하시나니 여호와는 자기를 미워하는 자에게 지체하지 아니하시고 당장에 그에게 보응하시느니라"(신 7:9–10).

아! 하나님의 은혜로

인헌 유기원

어린 시절

유기원 국립의료원장

1985년, 기원은 평소 가깝게 지내던 친구들과 강릉여행을 하게 되었다.

여행 중 갑자기 몸에 이상을 느낀 기원은 본인이 몸담고 있었던 국립의료원에 입원하게 되었는데, 사람들이 가장 꺼리고 두려워하는 병인 암 진단을 받게 된다.

수술 후, 투병생활을 하면서 지나온 자신의 삶을 돌아보았다.

태어난 곳은 평양, 지금 있는 곳은 서울, 몰래 태극기를 만들어 흔들며 외쳤던 대한독립 만세!
에비슨 선생님과의 만남,
개썰매 왕진,
국제스파이 25호,
아버지가 계시지 않는 낯선 땅 남한에서 보냈던 피난 시절….
이곳 서울에 오기까지 거쳤던 많은 병원들, 공부하러 떠났던 일본과 미국.

기원은 지난 세월 동안 자신이 살아온 시간 속에 함께하셨던 하나님의 은혜와 돌보심에 대해 특별한 은총이라 고백한다.

나라 안팎의 상황은 어둡고 우울하고 암울한 일들로 가득했지만 기원의 유년 시절은 행복했다. 겨레의 스승, 고당 조만식 선생님을 만나 따뜻한 사랑과 엄격한 가르침을 받았다. 그는 어머니를 졸라 만든 무명옷과 수목 두루마기를 항상 입고 다녔다.

숭덕학교 고등과에 다닐 때에도 무명으로 교복을 입고 다닌 것은, 고당 선생님을 존경하여 선생님처럼 되고 싶었기 때문이었다.

고당은 언제나 짧은 무명 두루마기에 단추를 단 상의와, 바짓가랑이의 폭을 줄여 활동하기에 편리하도록 만든 하의를 입으셨다. 여름에는 흰 두루마기, 봄, 가을과 겨울에는 검정색 두루마기 차림이셨다.

그의 어투 또한 한결같은 복장처럼 늘 고른 어조와 부드러운 음성이셨다. 고당은 재미있는 동화를 아주 쉽게 들려주시며 우리가 조선 사람임을 일깨워 주셨다.

고당 조만식 장로

"너희들은 일본 사람이 아니고 조선 사람이야. 지금은 나라를 빼앗겼지만 언젠가는 반드시 찾고야 말 것이다. 그러기 위해서 우리는 정직하게 살아야 해. 시간을 아껴서 배워야 하고 알아야 한다. 알아야 힘이 생기고 힘을 길러야 뭉칠 수 있는 거란다. 그리고 거짓말하지 말고 다른 사람을 사랑하면 마침내 우리는 독립을 얻게 될 것이다. 사람을 사랑하고 우리나라를 사랑해야 한다. 옳은 사람이 되어야 한다. 그러려면 예수를 믿어야 한다."

이런 이야기들을 노래처럼 만들어 산정현교회 주일학교 어린이들에게 늘 들려주었다. 또한 인내와 성실의 마음으로 무장된 하나님 사랑, 이웃 사랑, 나라 사랑의 길을 가르쳤다.

"곡식은 심은 대로 거두고 활은 쏜 방향으로 날아가는 법이다. 우리는 다 하나님의 자녀요, 그의 백성이다. 한 나라 정신, 한 나라 사랑을 목표로 삼천리 금수강산의 일꾼으로 응답해야 한다. 민족의 구원을 이루기 위해서는 우리 민족이 하나로 뭉치도록 기도해야 한다."

이런 가르침을 강조하며 '삼천리반도 금수강산' 찬송을 자주 부르게 하셨다.

그의 이런 민족사랑은 일본 유학 시절부터 남달랐다고 한다. 당시 장로교와 감리교로 나뉘어 따로 예배드리던 기독교 신자들을 설득하여 장·감 연합인 도쿄 한인교회의 설립을 이끌었다.

또 유학생 친목회가 출신 지방별로 나뉘어 따로 놀자 '고향을 묻지 말자'며 하나 됨을 주장하였다고 한다. 이런 유학 시절의 생각들이 평양 산정현교회 주일학교 아이들에게까지 이어진 것이다. 그의 관심과 생각은 언제나 '민족의 하나 됨'이었다.

"세월이 다 그렇고, 환경이 다 그렇고, 남들이 다 그렇다고 할지라도 너희들은 세상 따라가면 안 되는 것이다. 남들이 열 번, 백 번 그렇고, 환경이 천 가지, 만 가지 그렇다고 해도 너희들은 그래서는 안 된다. 왜냐하면 너희들은 예수 믿는 사람이기 때문이다. 예수 믿는 사람은 달라야 한다. 그러니 가치 있는 생활을 해야 한다. 하나님께서 우리를 세상의 소금과 빛으로 부르셨기 때문이다."

명료했고 한결 같았던 고당 선생님은 말과 행동의 일치를 삶으로 보여준 스승이었다.

고당 선생이 3·1 운동으로 감옥 생활을 할 때의 일이다. 짠밥이라고, 어린아이 주먹만 한 수수싸라기가 섞인 밥을 주었는데, 그마저도 반으로 나누어 곁에 있는 젊은 사람에게 주고 나머지를 드셨다고 한다.

오산학교 교장으로 있었을 때에는 아침 기상과 함께하는 체조도 늘 학생들과 같이 하시고, 운동장 청소나 난로 피우기, 장작 패기, 눈 쓸기 등 학교의 모든 활동을 학생들과 함께, 때로는 먼저 행하는 본을 보이신 분이었다. 이런 스승을 만나 삶과 신앙의 가르침을 받앉으니 어찌 행복하지 않을 수 있었을까?

고당 선생은 우리 조선이 이렇게 못살게 된 원인은 자기 것을 사랑하지 않고 어떤 일에든지 자각이 상실되었기 때문이라고 하셨다. 또 이웃과 조국에 대한 사랑 없이 독립을 위한 운동을 하는 것은 아무런 의미를 찾을 수 없다고 하셨다. 나라 사랑은 형식이 아닌 생활로 받아들여져야 한다고 강조하신 것이다.

물산장려운동 시에 고당 선생이 직접 만드신 '물산장려가'는 당시 평양 사회에서 민요에 가까울 정도로 친근하고 인기가 높았다.

> 산에서 금이 나고 바다에 고기
> 들에서 쌀이 나고 목화도 난다
> 먹고 남고 입고 남고 쓰고도 남을
> 물건을 낳아 주는 삼천리강산

고당은 조국의 먼 장래를 염두에 두고 청년들이 실력을 쌓고 신앙으로 다져지기를 바라셨다. 그리하여 예수 그리스도를 따르는 삶, 이 땅에 정의가 실현되는 하나님 나라를 이룩하려는 목적으로 평양 YMCA 운동을 일으켰고, 이를 통해 기독교 정신을 민족부흥운동에 이식시키고자 했다.

"애국애족을 하다 보면 나는 언제 죽을지 모르지만 내가 죽은 뒤에 너희가 내 비석을 세우려거든 거기에 비문을 쓰지 말아라. 그 대신 큰 눈을 두 개 그려다오. 그러면 저승에 가서라도 한 눈으로 일본이 망하는 것을 보고, 다른 한 눈으로는 조국의 자주독립을 지켜볼 것이다."

이런 고당의 하나님 사랑, 나라 사랑의 한결 같은 가르침과 삶은 유계준 장로의 장남 기원을 비롯한 여러 자녀들의 유년 시절에 선한 영향력으로 남아 그들의 인생길에 좌표가 되었다.

3·1 운동 당시 기원은 숭덕학교 졸업반이었다. 평양의 민족지도자들은 왜경의 경계를 피하기 위해 장로교 계통은 장대현교회 옆 숭덕학교에서, 감리교 계통은 남산현교회에서, 그리고 천도교는 평양교구에서 독립시위운동을 준비했다.

2월 28일, 기원은 산정현교회 주일학교 김예진 선생의 집에서 밤을 새우며 몇 명의 학생들과 함께 태극기를 만들었다.

김예진 선생의 부인 한도신 여사는 다른 방에서 대형 태극기를 만들었다. 그때 김 선생의 집은 정미소를 운영하셨는데, 정미소와 살림집 사이에 중대문이 있고, 방이 여러 개 있는 큰 집이었다. 밖에서 보이는 정미소 뒤로 있는 살림집은 무슨 일이 있는지 쉽게 알 수 없는 구조였기에 안심하고 태극기를 만들 수 있었다.

1919년 3월 1일, 학교에 등교하자마자 선생님들께서 태극기를 나누어 주셨다. 숨기고 있다가 신호를 하면 꺼내어 사용하라고 하셨다.

고종황제 봉도식을 거행한다고 강당에 모인 학생들은 강연이 끝나자 가슴에 품고 있던 태극기를 꺼내 흔들며 거리로 뛰쳐나왔다. 12시에 있었던 고종황제 봉도식은 순식간에 독립선언식으로 돌변했다.

3·1운동

3·1 운동은 민족의 자주와 독립을 회복하려는 민족운동이었다. 산정현교회 강규찬 목사가 독립선언의 뜻을 선포했고, 정일선(서문밖교회 전도사, 후에 산정현교회 담임목사)이 독립선언서를 낭독하였다.

그에 맞추어 숭덕학교 전교생, 숭실전문학교 학생들과 수천 명의 군중들은 저마다의 태극기를 흔들며 '조선독립만세'를 불렀다.

천지가 흔들리는 것과 같은 함성과 쏟아져 나오는 군중들로 평양 시내는 순식간에 시위장이 되었다. 김예진 선생이 흔드는 대형 태극기 뒤를 따라가며 목이 터져라 '조선독립만세'를 외쳤던 기원은, 그간의 한과 설움을 쏟아내며 간절한 마음으로 독립을 외쳤다. 당황한 일본 경찰들은 소방대를 동원하여 물벼락을 퍼부으며 시위대를 저지했지만, 시위대가 꿈쩍도 하지 않자 공포탄을 쏘았다.

그러나 시위대들의 함성은 더욱 높아졌으며, 기세가 더욱 세졌다. 그러자 일본 군대가 총을 쏘기 시작하였다. 총소리를 듣게 된 기원은 근처 인력거 밑에 숨어 있다가 자정이 다 되어서야 집으로 돌아왔다.

독립시위운동이 3월 5일까지 이어지면서 주모자들뿐만 아니라 학생들까지 검거한다는 소식이 전해지자, 아버지 유계준 장로는 평양에서 30리 떨어진 외가로 아들을 피신시켰다.

그런데 그곳에서도 만세시위가 일어나자 왜경들은 더욱 무자비하고 악랄하게 시위대를 해산시키며 집집마다 뒤지기 시작했다.

외가에 숨어 있는 것이 불안해지자 기원은 평소 아버지와 친분이 있던 현 장로님 댁으로 은신처를 옮겼다. 약이 바짝 오른 왜경들은 학생처럼 보이는 남자들을 모두 잡아가기 시작했다. 왜경들은 현 장로님 집에도 들이닥쳤다. 집을 뒤지다가 기원을 발견하고는 잡아가려 했다. 긴박한 상황에서 현 장로님의 누님 되시는 분이 치마폭으로 기원을 감싸 안았다. 내 동생이라고, 이 아이는 만세 시위와 상관

없는 아이라고 강하게 항의했다.

왜경은 어쩔 수 없어서 그 길로 돌아갔다. 그 당시 현 장로님의 누님은 처녀였다. 처녀의 몸으로 숭덕학교 보통과 남학생을 치마로 감추며 보호해 주었던 것이다.

하나님께서 친히 준비하신 사람들을 통해 지키시고 보호하신 것이 분명하다.

산정현교회 주일학교 교사였던 김예진 선생은 후에 일본 도청폭파 사건을 주도, 실행한다. 이 일로 위험해지자 평양을 떠나 상해로 망명하여 김구의 광복운동에 가담한다.

1925년, 재입국하다가 체포되어 대전형무소에서 2년 옥고를 치루고, 평양형무소로 이감되어 복역 중 건강이 악화되어 가출옥으로 출감하였다. 후에 평양신학교를 나와 목사가 되었고, 해방 후 월남하여 서울 후암동에 후암교회를 설립했다.

그러나 6·25 동란 중 북한군에 의해 피랍되어 총살로 별세했다. 그의 나이 52세였다. 김예진 선생은 비록 짧은 생애를 살다 갔지만, 삶으로 하나님 사랑, 나라 사랑을 증명하였다.

평양형무소

평양형무소에서 가출옥한 김예진 선생을 만난 계준의 3남 유기선은, 앙상하게 마르고 쇠약해진 몸이었지만 광채가 나던 그의 눈동자를 잊을 수 없다고 전한다.

1962년 3월 1일, 정부에서는 건국공로훈장을 수여했다. 그는 천국에서 정부의 훈장과는 비교할 수 없는 의의 면류관과 상급을 주님으로부터 받았을 것이다.

고당 조만식, 김예진 선생 외에도 숭덕학교의 조명식 선생 등 하나님께서 보내주신 믿음의 스승들로부터 귀한 가르침을 배울 수 있었던 것은 하나님의 크신 은총이라고 기원은 고백한다.

에비슨 선생님

고종은 미국의 의료 선교사인 알렌의 건의를 받아들여 1885년 4월 10일, 재동에 왕립병원인 광혜원을 개원하였으나 이는 곧 제중원으로 개칭되었다.

광혜원은 우정국 사건 당시 명성왕후의 친척 민영익의 자상을 치료한 것이 계기가 되었다. 제중원은 조선정부의 관리가 파견된 국립병원으로 의료봉사와 의학교육을 실시한 우리나라 최초의 근대식 병원이다.

개원한 지 13일 후인 4월 23일에 제중원이라는 이름으로 바뀐다. 환자가

제중원(현 헌법재판소 경내)

 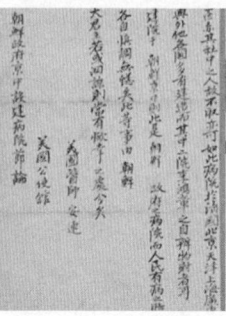 

알렌이 고종에게 서양식 병원건립을 건의한 문서 원문/번역. 하사받은 옷

계속 늘어남에 남부동현(현, 을지로 1가)으로 1887년 이전하게 되었다.

한편 알렌이 미 공사관 총영사 대리의 일을 하게 됨에 따라 미 북장로교 선교본부에서는 토론토 의과대학의 젊은 교수 에비슨을 한국으로 파송한다.

1893년 7월 16일에 입국한 에비슨은 언더우드 선교사의 영향을 받아 한국에 오게 되었다. 그는 1894년 제중원의 운영을 놓고 조선정부와 협상을 한 끝에 이관을 받아 사립선교기관으로 재편했다. 따라서 제중원은 세브란스병원의 시초가 되고 원년 기점으로 삼고 있다.

그 후 1904년 제중원을 새로 짓고 기증자의 이름을 따서 '세브란스'로 개칭하고 병원장에 취임하였다.

에비슨 선교사

에비슨은 1913년부터 세브란스 의학전문학교 교장으로 봉직하다가 1916년부터 1934년까지 연희전문학교 교장까지 겸직하였다.

나중에 두 학교, 즉 '연세' 통합에도 노력하게 된다. 33세의 나이로 먼 나라 조선 땅에 온 에비슨은 76세에 떠날 때까지 동방의 작은 나라 조선을 위하여 젊음과 열정을 바쳤다.

그는 조선과 조선의 젊은이들을 아끼고 사랑하는 마음으로 신의학을 이 땅에 심고 가꾸었다. 모두가 인정하는 한국 의학교육의 개척자라고 할 수 있다.

1928년 3월, 졸업식에서 에비슨 교장 선생님의 동상 제막식이 제자들에 의해 진행되었다. 동상 건립에 대해 동창회에 보낸 그의 감사장 내용은 다음과 같다.

"회고하건대 과거 35년간을 조선 청년을 위하여 시작한 나의 필생의 사업은 나의 혼열을 불금하던 바이며, 현재 우리 학교 졸업생이 전 반도에 반포되어 제군의 분담 진행하는 사업은 즉 나의 사업에 대한 보수라고 생각됩니다. 나는 매일 기도하기를, 우리 학교 졸업생 제군의 사업 왕성으로 인하여 차 반도 인민의 생명을 구원하며, 고통을 경감케 함이 많으시기를 앙망하오며, 일층 더 나아가 질병의 치료에서 예방으로 대중에게 봉사하심이 많기를 바라나이다. 나의 더욱 큰 소원의 하나는 다름이 아니라 제군도 기위 점지하시는 바이지만, 우리 세브란스 의학전문학교 졸업생의 처지로서 「의사」가 되어야 하실 뿐 아니라, 제군의 학업과 생명이 영원의 생명 되는 하나님의 지식을 전파하는 데 큰 부조가 되기를 앙망하는 바이외다."

세계지도에 잘 보이지도 않는 작은 나라에 청춘과 열정을 바친 에비슨 교장 선생님! 그의 기도와 소원에는 하나님께서 주신 소명과 조선에 대한 사랑으로 가득했다.

그러나 이 동상은 제2차 세계대전의 발발과 동시에 일제의 탄압 정책과 무기제조를 위한 철제류 공납 요구로 1943년에 철거, 일제의 무기 생산을 위해 강탈당했다.

1935년 11월 14일, 귀국길에 오르기 전 남긴 송별회 답사에서도 에비슨은 쉼 없는 전진을 말하였다.
"세상에는 정지 상태로 있는 것은 없으며, 전진하지 않으면 퇴보하는 것입니다. 과거에 얽매이지 말고 전진의 디딤돌로 생각하여, 혹 실패하더라도 더욱 노력하여 전진의 발판으로 삼으십시오. 공부하고 실험하며, 연구하며 실현하고, 학습하며 응용하십시오. 현실에 만족하지 말고 끊임없이 전진하십시오."

조선 땅을 떠나는 에비슨은 76세의 청년이었다. 그는 조선에서 활약하던 35년 동안 늘 청년이었다. 젊은 시절, 그의 열정은 그를 잠시도 그냥 두지 않았다.

서울에 온 지 6년이 지난 1899년, 그는 미국으로 가서 만국 선교사회에 참석한다. 그곳에서 한국에서의 선교사업을 보고하고, 근대식 병원의 필요성과 의학교육의 중요성을 역설하였다. 그 자리에는 오하이오 주 클리블랜드 시의 실업가요 자선가인 세브란스 씨가 있었는데, 에비슨의 보고를 듣고 감동하여 1만 5천 달러를 기부한다. 여기에 선교본부에서 1만 달러를 제공하여, 그 기금으로 1902년 남대문 밖 복숭아골(도동)에 대지를 마련하여 병원을 신축하게 되었다.

1904년 준공식을 거행하게 되었으며, 기부자인 세브란스를 기려 제중원을 세브란스병원, 세브란스의학교로 개칭하였다. 세브란스의학교는 1909년에 정부의 정식 인가를 받았다. 그러나 1915년 일제의 사학 탄압용 교육개정으로 많은 어려움을 당하였다. 각고의 노력 끝에 이를 극복하고, 1917년 전문학교로 승격되었다.

1913년 세브란스 씨가 작고한 후에도 그의 자녀들의 한국 사랑은 이어져 1939년까지 기부가 계속되었는데, 그것으로 병실을 건축하여 더 많은 환자를 수용할 수 있게 되었다. 병원은 나날이 발전해 갔다.

1927년 3월부터는 신입생을 20명에서 40명으로 증원하여 모집하게 되었다. 각 분야의 실력 있는 교수진을 모셨다. 임상 실습뿐 아니라 기초의학 부문에서도 철저한 교육이 이루어졌다. 이처럼 든든한 내실이 갖춰져 있을 때 기원이 입학을 하게 된다.

세브란스

세브란스 채플 이야기

세브란스의전 시절 매일 아침, 수업을 시작하기 전인 아침 9시부터 10시까지 전교생이 대강당에 모여 교수님들과 함께 예배를 드렸다. 교수님들이 순번에 따라 예배를 인도하였다. 국내외 저명한 종교 지도자나 명사들을 초빙하기도 하였고, 우리나라를 방문하는 세계적인 학자나 명사들을 모시기도 하였다.

아침 예배시간은 세브란스의 가장 중요한 교과목이라고 생각하여 결석하는 학생이 거의 없었다고 한다. 암울한 현실 속에서 학생들과 교수님들이 한 자리에 모여 한마음으로 드렸던 예배가 얼마나 간절하고 뜨거웠을까?

학창 시절 드렸던 채플에 대해 기원은 그가 남긴 회고록에서 이렇게 고백한다.

"이 예배시간을 통해 우리들은 현실을 바로 보고, 다가오는 미래를 내다보는 안목을 가지게 되었다. 주시는 말씀으로 새로운 감격과 새 힘을 얻을 수 있었다. 또 자주성과 자존심을 되찾으려는 우리들에게 서로 믿고 의지할 수 있는 민족애에 눈을 뜨게 했다. 사랑과 정의의 실현을 위해 현실을 개혁하고, 역사를 창조해 나아가려는 의지를 북돋아 주었다. 그리고 가난하고 상처받은 겨레의 마음과 육신을 함께 어루만지며 봉사와 사랑의 삶을 살도록 가르쳤다. 사람을 섬김으로 하나님을 섬기고, 사람을 사랑함으로 하나님을 사랑하는 세브란스의 전통을 계승하고 발전시켜 나가도록 했다.

모든 것을 일본에게 수탈당하고 어둠 속에서 장래에 대한 희망을 잃고, 기아와 병고에서 허덕이는 동포 구호에 헌신하겠다는 불타는 정열과 순수한 마음을 소유하게 했다. 구국일념으로 애국심을 고취하고 분발할 것을 가르쳤던 것이다.

60년이 지난 지금까지도 생생하게 기억하는 것은, 중국 남경 금릉신학대학을 졸업하고 귀국해서 활약 중이던 김산 씨가 채플시간에 강사로 등단하여 중국 국민당의 창시자요, 중화민국의 국부로 숭앙을 받고 있는 손문을 소개했던 것이다.

의사인 손문 선생은 환자를 볼 때마다 환자의 가슴에 댄 청진기를 통해서 병의 원인을 진찰하고 인술을 베풀어 불쌍한 동포의 고통을 덜어 주었고, 그가 더 중요하게 생각한 것은 현재의 중국이 처해 있는 국내외적인 당면 문제를 소상히 알려 주는 것이었다.

장차 나라를 위해 일어나야 할 때에는 분연히 일어나는 개병정신을 불어넣어 줌으로써 마침내 국민혁명에, 그리고 구국운동에 너나없이 국민 모두가 참여할 수 있게 했다고 설파하며, 우리들로 하여금 단순히 환자를 치료해 주는 의사가 되는 것보다 구국의 의사가 되도록 했다. 동포의 가슴 가슴마다 애국심을 불어넣고 나라에 대한 책임감, 내 민족에 대한 의무감을 심어줘야 하겠다는 결심을 마음속에 간직하게 했다."

배움의 전당에서 전문적인 지식뿐만 아니라, 진정한 섬김과 나라 사랑의 길도 배울 수 있었음은 감사하고 또 감사할 일이었다. 이것은 조국과 민족을 사랑하고 조국 광복을 위해 애국애족하는 선생님들이 있었던 사립학교만을 고집했던 부친의 혜안 덕분이기도 했다.

아버지 유계준 장로는 아이들이 어렸을 때부터 관립학교는 일본의 순사나 친일분자의 자식들이 다니는 학교라고 하여 8남매 모두를 신앙과 민족의식을 함양하는 사립학교에만 다니게 했다. 기원에게 그것은 참으로 감사할 일이었다.

지금은 그때처럼 교수님들과 전체 학생이 매일 아침 예배를 드리는 모습은 어렵겠지만 사람을 섬김으로 하나님을 섬기고, 사람을 사랑함으로 하나님을 사랑하는 전통이라도 놓치지 않기를 바라는 마음이 생전 기원의 소망이었다. 하나님께 받은 은혜를 잊은 백성들에겐 더 이상 소망이 없기 때문이다.

사랑의 빚, 복음의 빚을 진 우리 민족이 받은 은혜를 기억하여 또 다른 민족에게 복음과 사랑, 섬김을 전한다면 하나님께서는 우리에게 또 다른 기회와 은혜를 주실 것이다.

주머니에서 잘려진 손목이…

1928년 3월의 어느 일요일, 전문학교 정구대회 최종 결승전이 경성운동장 정구장에서 열렸다. 결승에서 맞붙은 대학은 세브란스의

전과 경성대학 예과였다. 일요일이었지만 세브란스 개교 이래 운동으로 결승까지 오른 게 처음인지라 전교생이 응원을 나왔다.

세브란스의 전위는 1학년 강필구, 후위는 2학년 오신건이었다. 이 두 사람은 각각 휘문고와 보성고에서 대표선수로 있었던 우수선수였다.

학생들은 열심히 응원을 했고, 이들의 눈부신 활약으로 우승컵을 쥐게 되었다. 운동장은 곧 기쁨의 함성과 환호로 가득하게 되었다.

승리의 기쁨을 만끽하며 서로 얼싸 안으며 뛰는 순간 기원의 코트 주머니에서 신문지 하나가 툭 떨어졌다. 운동장의 먼지 속으로 떨어진 신문지 뭉치를 펼치는 순간…아뿔싸! 응원단들은 순간 얼음이 되었다. 신문지에 싸여 있던 건 놀랍게도 사람의 잘려진 손목이었다.

3월 중순은 학년말 고사 기간이었다. 해부학실습은 해부학의 학점을 좌우하는 매우 중요한 일이었는데 그 최종 시험을 앞두고 있던 때였다. 그러다 보니 일요일이었지만 거의 대부분의 학생들이 오전에 등교하여 시체 해부를 점검하고 연습하다가 오후에 응원을 갔던 것이다.

그런데 기원과 같은 조의 원용덕이 자신이 맡았던 우측 상지를 연습하려고 손을 대지 않은 채 두었는데 응원하러 나가야 하는 시간이 된 것이다. 갑작스럽게 우측 상지의 처리가 불가능했던 용덕은 우측 손목 전부를 도려내어 신문지에 쌌다. 그것을 자기 코트 주머니에 넣는다는 것이

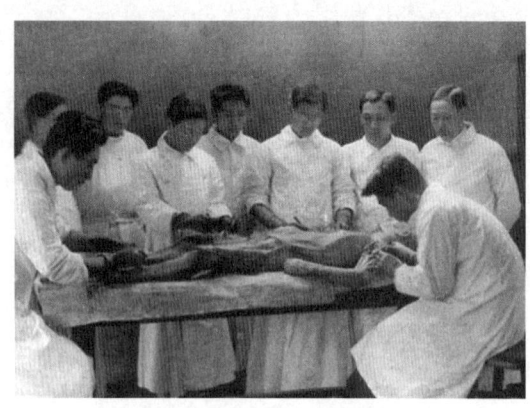

세브란스의전 해부학 실습

나란히 걸려 있던 기원의 옷 주머니에 넣고 만 것이다. 이것을 알 까닭이 없는 기원….

세브란스의전 역사상 운동 부문에서 우승한 게 처음인지라 응원 나온 모든 학우들은 기뻐 뛰었고, 기원도 그 속에서 함께 좋아하며 뛰는데, 주머니에 무언가 묵직한 것이 느껴지는 것이 아닌가! 손을 넣어 빼려는데 그 신문지 덩이가 툭! 그대로 떨어진 것이었다.

무엇인지 궁금해서 펼쳐 보았는데 그것은 잘린 손목이었다. 깜짝 놀란 기원과 용덕은 손목을 얼른 신문지에 싸고 황급히 자리를 빠져 나왔다. 아무데나 함부로 버리면 안 되는 것이었다. 해부학실습에 사용한 카데바(cadaver, 해부용 시체)는 외부로의 유출이 엄격하게 금지된 것이었기 때문이다.

승리의 기쁨으로 열광했던 응원단이 순식간에 잘려진 손목의 공포로 심장이 멎을 뻔했던 것이다. 기원은 본의 아니게 이 촌극을 연출한 주인공이 되었다.

후에 이 일로 상당한 어려움을 겪었으나 즐거웠던 비명으로 간주, 다시는 이런 일을 벌이지 않겠다는 다짐을 각서로 남기고 넘어가는 것으로 했다. 시간이 지나면 그 소란했던 날들도 학창 시절의 잊지 못할 추억으로 남는가 보다.

예수 그리스도의 심장을 가진 이방나라 젊은이들의 소명에 대한 순종과 헌신으로 이 땅에 복음과 교육의 씨앗이 뿌려졌다. 그 이후 수많은 열매들이 생겨났다. 그 열매를 먹으며 조선의 젊은이들은 또 다른 곳에서 한 알의 밀알이 되어 갔다.

세브란스의전에서 의학교육과 하나님 사랑, 나라 사랑에 대해 더욱 단단하게 교육받은 기원도 아버지처럼 옥토에 뿌려진 밀알이 되고 싶었다.

이렇게 하나님의 말씀에 순종하는 많은 하나님의 사람들로 인해 하나님의 창조와 역사는 이어져 가는 것이다.

너 근심 걱정 말아라

1940년 7월, 기원이 평양기독병원 내과과장으로 있을 때의 일이다.

미국 북장로교 선교부 선천지부 책임자인 호프만(Hopeman) 목사로부터 의외의 제안을 받았다. 그의 관할 내에 있는 미동병원을 인수하는 게 어떻겠느냐는 것이었다.

미동병원은 1901년 북장로회 선교부에서 설립한 평북에서는 제일가는 현대식 의료기관이었다. 당시로서는 드문 격리병동도 따로 마련되어 있던 종합병원이었다.

이 병원의 설립자 겸 초대원장은 샤록스 박사였는데, 병원을 개설하자마자 발생한 콜레라 때문에 광범위한 지역을 순회하며 진료활동을 하기도 하였다.

1904년부터 1905년에 걸친 러일전쟁 중에는 부상당한 병사들이 이 병원에서 치료를 받기도 하였다. 그런데 규모나 시설, 의료 수준면에서 그 어디에도 비할 데 없는 이 병원에 갑자기 문제가 생긴 것이다.

1938년, 전국 예수교장로회 총회 산하 노회 중

선천 미동병원

에서 가장 먼저 신사참배를 가결한 평북노회 노회장 김진수 목사 등과 신사참배를 거부하는 미국 북장로교 선교부 사이에 마찰이 잦았는데, 그 충돌이 점점 더 거칠어졌다. 급기야 미동병원 원장 최의손(W. H. Chisolm)에게 폭력까지 행사하는 바람에 병원의 정상운영이 어려워졌다. 어쩔 수 없이 병원은 임시 휴업을 하게 되었다.

그 후 선교회 본부의 의결로 미동병원의 운영권을 한국인에게 이관하기로 결의하고 마땅한 사람을 찾던 중 평양기독병원 앤더슨 원장으로부터 유기원 내과과장을 소개 받게 된 것이다.

부친 유계준 장로가 신사참배 반대의 마지막 보루인 산정현교회의 장로이며, 슬하의 자녀 중 의사가 6명이 있을 뿐만 아니라 병원을 인수할 만한 재력도 있으니 적임자라고 생각한 것이다. 평소 모든 자녀를 의료인으로 교육하여 자녀들로 이루어진 종합병원을 운영하여 동포에게 이웃 사랑을 실천하고, 가난한 사람들에게 인술로 봉사하며 복음을 전하는 것이 꿈이었던 아버지는 흔쾌히 허락하셨다.

기원은 아버지와 의사인 동생 둘과 선천에 가서 병원을 둘러보고 합의문과 계약서에 서명하고 정식으로 계약을 한 후 평양으로 돌아왔다.

그러던 어느 날, 선교부 책임자인 호프만 목사가 찾아왔다. 그리고 난처한 표정으로 이야기를 했다. 병원의 운영자가 바뀐다는 소문을 들은 평북노회에서 선천선교부에 항의하고 폭력행사도 불사할 태도라는 것이었다. 그래서 선교회 소속 미국 목사와 병원장, 간호원장 등 9세대 가족들이 불안에 떨고 있어 계약한 대로 병원을 인계할 수 없다는 것이었다.

고심 끝에 3개월간의 휴업계를 내고 10월에 개원을 하기로 했다. 대외적으로는 선교부 측에서 경영하는 것으로 했다. 물론 실질적 운영권은 유기원 과장에게 있는 것으로 합의를 보았다. 그러면서 상황이 바뀌는 대로 다시 타협점을 찾기로 하였다. 일련의 쉽지 않은 과정들을 지나 병원은 정상의 모습으로 돌아오게 되었고 많은 환자들이 진료를 받기 위해 모여들었다. 그런데 새로운 어려움이 다가왔다.

일제 말기에 접어들면서 일제의 기독교 탄압이 날로 심해지기 시작했고, 선교부가 운영하는 미동병원에도 압력이 심해져 병원 운영이 점차 어려워지게 되었다. 더욱 마음 아픈 일은 일제의 탄압 중심에 평북노회장인 김일선이 있었다.

그는 철산의 화탄교회를 시무하며 각 교회에 사경회 강사로 다니기도 했는데, 기독교를 믿기 전에는 조선인 헌병보조원으로 많은 독립운동가들을 괴롭힌 인물이기도 했다.

3·1 운동 당시에는 33인 중의 한 사람인 정주 이명룡 장로의 집을 일본 헌병과 동행해 수사를 하기도 하였다. 일제는 이런 과거를 이용, 그를 회유하여 그가 노회장으로 있는 평북노회가 제일 먼저 신사참배를 가결하도록 하였다. 그리고 신사참배를 반대하는 미국 북장로교 선교부가 운영하는 미동병원을 평북노회에 넘겨주도록 갖은 횡포와 압력을 가했던 것이다. 일제는 그렇다 치고 동족의 이런 행동은 뼈에 사무치는 아픔과 분노 그 자체였다.

신사참배를 반대하는 미국 북장로교 선교부가 운영하는 미동병원을 빼앗으려는 일제의 음모와 탄압은 갈수록 심해졌다. 더불어 유기원 원장에 대한 음해도 더욱더 커져 갔다.

"미동병원의 실제 운영자다."
"신사참배 반대자로 널리 알려진 유계준 장로의 아들이다."
"창씨개명도 하지 않은 비국민, 불령선인(不逞鮮人)이다."
"친미파다."

왜경의 앞잡이가 된 평북노회 친일파 목사들의 괴롭힘은 극에 달했다. 특히 고등계 출신의 나카가키 서장의 유기원 원장에 대한 태도는 최악이었다. 언제나 기원을 눈엣가시처럼 대했고 잡아먹을 듯이 으르렁거렸다. 기원에겐 참으로 어려운 시간이 아닐 수 없었다.

그런데 이즈음, 나카가키 서장의 17세 딸이 고열로 앓게 되었다. 신의주 의관을 불러 치료를 받았으나 1주일이 지나도록 나아질 기미가 보이지 않았다.

이때 선천경찰서 검도사범과 신성중학교 검도사범을 겸하고 있던 지바 씨가 문병을 갔다. 그가 보기에도 온몸이 불덩이인 게 심상치 않아 보이자, 자연스럽게 신성중학교 교의인 유기원 원장을 떠올렸다.

"지금 선천에는 평양의 내과 제1인자로 이름난 사람이 있어요. 미동병원의 유기원 원장이라고…. 그분에게 아이를 데려가 보시죠."

평소 불독이라는 별명을 가진 나카가키 서장은 불같이 화를 냈다.

"지금 무슨 소리를 하는 거요!"

그때 그의 아내가 나섰다.

"지금 아이가 다 죽게 생겼는데 그게 무슨 말씀이십니까? 그렇게 용한 선생님이 계시다면 어디라도 가야지요. 지바 선생님, 그분이 어디 계시다고요? 이쪽으로 모실 수 있을까요?"

지바 선생은 즉시 유기원에게 왕진을 부탁했다. 기원은 지체하지 않고 관사로 향했다. 평소 나카가키 서장의 태도와 그간의 횡포를 생각하면 치가 떨리지만 의사로서 아픈 환자를 그냥 둘 순 없었던 것이다. 또 이 상황은 하나님께서 주신 기회일 수 있다는 생각을 했다.

청진기를 통해 들리는 나카가키 딸의 소리만으로도 바로 진단을 내릴 수 있었다. 초기 증상이 신우염과 비슷한 대엽성 폐렴이 분명했다. 여자들에게는 신우염이 흔했기에 일본인 의사는 신우염으로 알고 치료를 했던 것이다.

대엽성 폐렴은 일반적으로 심장만 튼튼하면 9일 동안 고열이 나다가 열이 떨어지면서 저절로 낫는 병이었다. 이미 발병한 지 7일이 지났으므로 자신이 생긴 유기원은 당장 서장의 딸을 특실에 입원시켰다. 딸은 입원하자마자 차도를 보였다. 이틀이 지나자 완전히 회복되었다.

딸을 잃는 줄 알았던 서장 부부는 뛸 듯이 좋아하며 유기원 원장에게 크게 고마워했다. 딸을 살려준 은인이라며 허리를 굽실거리며 인사를 하더니 입원비를 계산하려는 것이었다. 기원은 극구 사양했다.

며칠 후, 이번엔 서장의 아들이 아프다는 연락이 왔다. 누이와 함께 생활했기에 누이의 병이 전염된 것이 분명해 보였다. 심장은 튼튼했지만, 아직 어려서 저항력이 약하기 때문에 10일간 입원 치료해야 한다고 하자, 서장은 예전에 기원에게 대했던 날카로운 눈빛과 으르렁거림은 온데간데없이 말했다.

"암요, 그래야지요. 원장님께서 있으라고 하실 때까지 병원에 있어야지요. 이제는 원장님만 믿습니다. 제 아들을 잘 부탁드립니다."

아들을 끔찍이 아끼고 사랑하는 나카가키 서장은 퇴근 후 병원에 와서 아들의 병실을 지키며 함께 자고 다음 날 출근하는 일을 10일 동안이나 했다. 그렇다 보니 자연스럽게 유기원 원장과 만나 이야기를 나누게 되었다. 기원은 일부러 그를 친절하게 대해 주었다. 그렇게 10일을 매일 만나니 예전부터 친숙했던 사이처럼 되었다.

서장은 기원에게 선물도 보내며 여러 가지로 편의를 봐 주기도 했다. 악을 선으로 갚자 불독 나카가키 서장도 변하게 된 것이다. 뿐만 아니라 적극적으로 기원의 편이 되어 주기도 했다.

평북노회를 중심으로 친일파인 중추원 참의 여러 목사들이 기원을 음해하며 모함했다. 그러자 나카가키가 나섰다.

"훌륭한 의사 선생님께 왜 그러시오? 이제 그만들 하시죠!"

그들의 주장을 받아들이지 않고 기원을 보호했다.
하나님의 도우심과 기원의 지혜로 상황이 역전된 것이다.

개썰매 드라이브 왕진

태평양전쟁이 있던 1943년 1월 무렵, 평북 삭주군 신안면이란 먼 곳에서 왕진요청이 왔다. 폐결핵 환자로 오랫동안 치료를 받던 환자인데, 눈이 너무 많이 와서 병원에 올 수 없다는 것이었다. 기원은 날도 춥고 너무 먼 거리라 망설였지만 환자를 생각해서 가기로 했다.

약속한 토요일 아침 일찍 경의선으로 정주까지 가서 만포선으로 바꾸어 타고 삭주 땅 신안에 내리니 말과 마부를 대동한 안내자가 기다리고 있었다.

'말 타고 가는 왕진이라….'

1월 중순에 부는 눈보라와 혹한에 머리가 깨질 지경이었다. 매섭게 부는 바람 때문에 앞으로 나아가기가 무척이나 어려웠다.

"얼마를 더 가야 합니까?"

"조금만 더 가면 됩니다."

마부는 기원을 안심시켰다.

그러나 가도 가도 마을이 보이지 않았다.

짜증이 난 기원은 '이렇게 춥고 먼 길인 줄 알았더라면 처음부터 오지 말았어야 했는데, 왜 가겠다고 나서서 이 고생이람' 하고 속으로 불만을 늘어놓았다. 그런데 이 불만이 점점 불안으로 바뀌어 갔다. 마치 끝이 없는 눈 속 나라 터널 같아 보였다. 계속 불안한 마음이 이어질 때쯤, 드디어 한적한 마을에 도착했다.

이제 다 왔구나 싶어 말에서 내려 산채로 들어갔다. 따뜻한 보리차가 준비되어 있었다. 차로 몸을 녹이고 있는데, 마부가 환자가 있는 곳으로 인도할 생각은 안하고 어디론가 슬며시 나가는 것이었다. 그러더니 조금 후에 나타났다.

'이건 또 무슨 그림인가!'

승냥이처럼 생긴 개 여섯 마리를 끌고 오는 것이었다.

"여기부터는 말이 갈 수 없는 고갯길이라 개가 끄는 썰매를 타고 가야 합니다."

마부는 두툼한 이불로 기원을 덮어 주었다. 그리고 내달렸다.

러시아 영화에나 나오는 장면인 줄 알았는데, 기원이 그 주인공이 되어 달리게 된 것이다.

개 여섯 마리가 끄는 힘은 실로 대단했다. 마부의 채찍소리에 맞춰 달리는 속도감과 리듬감, 그리고 좌우에 펼쳐진 그림 같은 설경에 왕진을 가고 있다는 사실조차 잊었다.

'우리나라에 이런 곳이 다 있었다니…'

영화의 배경 같다는 생각에 그동안 쌓였던 불만이 싹 사라졌다. 얼얼해진 얼굴로 마침내 도착한 곳은 사면이 언덕으로 둘러싸인 아늑한 화전마을이었다. 일행을 반갑게 맞은 가족들은 먼 곳까지 와주어서 고맙다는 인사를 연거푸 하며 저녁식사 준비에 바빴다.

환자의 상태를 먼저 확인하고 싶었던 기원은 환자를 꼼꼼히 살펴본 후, 가지고 온 약을 주며 여러 가지 당부를 했다. 당시만 해도 폐결핵에 대한 특효약이 없었기 때문에 공기 좋은 곳에서의 충분한 영양섭취가 치료에 큰 도움이 되었다.

"겨울이니 실내 공기를 자주 환기시키고 건조하지 않게 관리하는 것을 잊지 마세요."

이 말을 당부하고 되돌아서려는데 집 주인이 그를 붙잡았다.

"날도 저물고 첩첩산중이라 지금 가시면 큰일 납니다."

잠시 후, 저녁상을 내왔다. 기원의 왕진을 매우 감사하게 여기며 극진히 대접하려는 정성이 가득 담긴 식탁이었다.

말 타고, 개썰매 타고 왕진 간 의사가 몇이나 될까? 선천에 있는 동안 개썰매 왕진은 기원에게 주신 하나님의 멋진 드라이브 선물이었다.

이후 미동병원은 날로 발전해 갔다. 선천의 주민과 유지들에게 신뢰와 후원을 받았을 뿐만 아니라, 일본인 거류민들에게까지도 좋은 이미지로 각인되어 더욱 번창하게 되었다.

미국인 간호사들이 쓰던 기숙사를 입원실로 개조하여 침대 수만도 80개에 달하는 평북에서 제일가는 병원이 되었다.

평북 신의주에는 도립의원이 있었지만, 의료진 대부분이 일본인이었고 관립이었기 때문에 민간인에게는 도립병원보다는 미동병원이 인기가 더 많았다. 더구나 선천은 평양 다음으로 기독교인들이 많은 곳이어서 미동병원의 존재는 절대적이었다. 그러다 보니 환자 수도 도립병원에 비할 수 없이 많았다.

나카가키 서장이 흥남으로 전근가면서 신임서장 나카이케에게 인계를 잘해 주었다. 기원에 관한 부분도 마찬가지였다. 그때문에 신임 서장도 기원에게 많은 편의를 봐주었다.

그 무렵, 미동병원을 탈취하려는 한 무리의 동포들이 있었다. 그들은 선천 관청을 상대로 교섭했지만, 자기네 뜻대로 안 된다는 것을 알게 되었다. 그러자 평안북도 경찰부장에게 손을 썼다. 선천경찰서장으로부터 만나자는 연락이 왔다.

평북경찰부에서 여러 번 문의가 와서 그동안은 좋게 이야기를 했는데, 이번에는 기원이 직접 출두하라는 지시가 왔다는 것이다. 더 이상 본인이 손을 쓸 수 없게 되었다며 경찰서에 출석하라는 것이었다.

다음 날, 다시 경찰서로 갔다. 경찰부장은 제출된 탄원서를 기원에게 직접 보여주었다. 이런 내용이었다.

"친미파요, 신사참배 거부자의 아들인 유기원은 미동병원의 운영자로 부적합한 사람이므로 병원 운영에서 손을 떼도록 해야 합니다…."

탄원인 대표 중추원 참의 홍치업,
평북노회장 김진수, 장규명….

홍치업은 의사 출신으로 당시 선천 중추원 참의 중 한 사람이었고, 김진수, 장규명은 신사참배에 앞장섰던 일본의 주구였다. 동족의 피를 빨아 먹으려는 자들의 노골적 야심은 그칠 줄 몰랐다. 하지만 그들의 바람과 달리 도 경찰부장으로부터 아무런 징계도 받지 않고 돌아와 병원 일에 전념하는 기원을 본 이들은, 이번엔 조선총독부 고이소 총독에게 탄원서를 넣었다.

총독부 재무국에서 호출장이 날아왔다. 기원은 총독부 적산관리과로, 재무국장실로 다니며 일처리를 하는데 놀랍게도 가는 곳마다 준비된 하나님의 사람들이 기다리고 있었다. 경무대로 들어가 고이소 총독을 만났다. 총독은 이미 탄원서가 음해임을 알고 있었다. 용산에 있던 조선군 사령부의 누군가가 총독에게 이미 사실대로 말했던 것이다.

자기 친지들이 전하는 바에 의하면, 유기원 원장은 병원을 잘 운영하고 있는데 병원을 탈취하려는 자들이 이렇게 탄원서를 넣었다는 것이다.

고이소 총독은 앞으로도 병원 운영을 더 잘하시라는 답을 하는 것으로 마무리해 주었다.

어떻게든 기원에게서 병원을 빼앗으려는 사람들의 악한 계획들은 하나님의 보호하심 앞에서는 아무 소용도 없는 것이었다.

일제 말, 미국인이 경영하던 기관 중 특히 병원의 책임자들은 헌병대나 경찰서에 끌려가서 많은 고초를 겪다가 형무소에서 생을 마감하는 일들이 많았다. 그런데 신기하게도 기원은 오히려 보호를 받았다. 이것은 사람이 하는 일이 아니었던 것이다.

악인들이 그렇게 날뛰었지만 하나님의 자녀인 기원은 당면한 여러 가지 문제를 평안 중에 처리할 수 있었다. 하나님의 도우심이었고 은혜였다. 이것은 가난한 동족들의 질병을 치유하고 복음을 전하려는 기원을 하나님께서 기뻐하신 것이며, 교회와 민족을 사랑한 부친에 대한 하나님의 호의였던 것이다.

후에 미동병원을 적십자병원으로 개편한다는 일제의 통보를 받았다. 병원을 운영한 지 6년이 지난 때였다. 그동안 병원을 운영하기 위해 투자한 부분과 운영비를 변상받기로 하고 적십자병원에 인계하기로 했다.

1945년 5월 1일부터 미동병원은 일본 적십자사 조선지부 선천 적십자병원으로 개편되었다. 기원은 원장으로 계속 근무하게 되었다. 그것도 잠시, 3개월 후인 8월 15일, 일본이 굴복하고 해방이 되었지만 선천에 결성된 공산당은 가장 먼저 유기원을 구속하고 가산 전부를 몰수하였다.

일제의 모진 압박들을 견디고 이겨낸 병원을 공산당에게 모두 빼앗긴 것이다. 그러나 그들이 기원에게서 결코 빼앗을 수 없었던 더 많은 것들이 있었다.

공산당은 돈과 집, 병원을 빼앗았지만 하나님을 사랑하는 마음, 하나님의 변치 않는 약속을 믿는 믿음은 빼앗지 못했다.

국제 스파이 25호

8·15 광복으로 억압과 학대에서 벗어난 기쁨은 그 무엇으로도 표현하기 어려울 정도의 감격이요, 민족 전체의 기쁨이었다.

계급과 지역, 빈부의 차를 넘어 모든 사람들이 서로 얼싸 안고 춤을 추었다. 온 천지가 기쁨으로 가득할 때 나라 안팎에서는 뜻있는 인사들이 새나라 건설에 발 벗고 나섰다. 선천도 예외는 아니었다.

재야의 백영엽 목사를 위원장으로 한 치안위원회가 조직되어 혼란기의 어려움을 슬기롭게 이겨 나가고 있었다.

기원은 백 목사의 부탁으로 위생 및 후생의 책임을 맡아 바쁘게 지내면서 미동병원도 운영하고 있었다. 그때 소련군 주둔사령관 싸아스키의 부인이 지병으로 고생하다가 기원에게 치료를 받고 건강하게 된 일이 있었다. 덕분에 기원은 싸아스키 사령관의 호의로 별 탈 없이 지낼 수 있었다.

그 당시 조선일보 지국과 대판매일신문의 선천 지방 배포 책임을 맡고 있던 계하영의 사촌 동생 계추영이 조선공산당 선천지부를 결성하는 데 주동적인 역할을 했다. 그러던 중 원래 가지고 있던 폐결핵이 악화되면서 미동병원에 입원하게 되었다.

기원은 계하영과의 친분을 생각하여 그를 무료로 입원시켜 주어 치료를 받게 하였다. 그러나 그의 의도는 다른 곳에 있었다. 입원해 있는 동안에 눈이 맞은 간호사 하득순과 모의하여 병원을 탈취할 궁리를 한 것이다.

기원은 이런 사실을 까맣게 몰랐다. 1946년, 기원은 38선 이남의 정황도 알아볼 겸 서울에서 열린 3·1절 행사에 참석하였다. 그 사이 이들은 기원을 국제 스파이로 몰았다. 그리고 선천에 도착하면 즉시 체포하도록 준비했다. 다행히 선천역장의 도움으로 도착 즉시 잡히지는 않고 집 근처에 숨어 있게 되었다.

거기서 친한 친구인 계하영과 김상혁(광림교회 김선도, 금란교회 김홍도, 임마누엘교회 김국도, 김건도 목사의 아버지)을 만난다. 도대체 무슨 일이냐고 묻자 그들은 그렇게 심각한 상황은 아니라고 했다.

그러나 다음 날, 병원 출근길에 잠복하고 있던 보안서원들에게 잡혀 강제 연행된다. 기원이 수감된 다음 날 김상혁도 잡혀 들어왔다. 일제 말기에 읍사무소에 근무하였다는 이유 때문이었다.

매일 밤, 한두 시에 김상혁을 불러내어 갖은 고문을 하다가 네 시나 되어 감방으로 돌려보냈다. 거의 죽은 사람이 다 되어 돌아왔다. 그런 친구의 참혹한 모습은 차마 눈 뜨고 볼 수 없는 지경이었다.

읍사무소에 근무하였다는 이유로 사람을 이 지경으로 만들어 놓는 저들의 악행으로 보아 국제 스파이가 된 기원이 당하게 될 일은 불 보듯 뻔하였다.

"유기원 - 국제스파이 25호로 중국 북경에서 전쟁 중에 활약했던 국제 스파이 24호 유태경의 의형제로서 유태경과 같은 악질 간첩활동을 하였음."

저들이 기원에게 덮어씌운 죄명이다. 며칠 후, 새벽 1시에 취조실로 끌려간 기원은 취조하던 보안서원의 얼굴에 잉크병을 던지며 소리쳤다.

"이 개만도 못한 놈들아! 나의 동상은 못 세워줄망정 나에게 이런 모함과 음해를 자행하다니! 사람의 가죽을 쓰고는 못할 일이다. 뭐, 내가 국제 스파이 25호라고? 북경에서 간첩질을 했다고? 너희들 마음대로 해라. 니들 마음대로 소설을 쓰란 말이다."

큰 소리를 지르며 분노를 쏟는 기원을 건장한 젊은이들이 달려와 감방으로 몰아넣었다. 분을 삭이지 못하고 씩씩거리고 있는 기원에게 평소 안면이 있는 보안서원이 살짝 다가와 간곡히 부탁하는 목소리로 속삭였다.

"원장님, 이렇게 하시면 안 됩니다. 상황만 더 나쁘게 만들 뿐입니다. 제발 이러지 마세요. 다음에 취조 받으실 땐, 모든 것을 뉘우치고 있으니 용서해 달라고 하셔야 합니다. 그렇게 반항하시면 여기서 나가기가 점점 더 어려워집니다."

이렇게 답답하고 억울할 때가 있을까! 기원은 먹지도, 자지도 않고 깊은 생각에 잠겼다. 밤이 깊었는데, 보안서원이 다가와 내일 신의주로 압송될 것 같다는 소식을 전해 주었다.

날이 밝자, 짐을 꾸려 나오라고 했다. 예상대로 신의주로 가는가 보다 하며 따라가고 있는데 그들이 기원을 데리고 간 곳은 고등계 주임 방이었다.

"선생님, 그동안 고생 많으셨습니다. 중앙에서 연락이 와서 석방하는 것이니 그렇게 아시고 어서 집으로 돌아가세요."

옆에 앉아 있던 검사가 말했다.

"제기랄, 언제는 잡아 가두라고 하고, 이젠 놓아주라니 이게 뭐야. 이래 가지고 무슨 일을 할 수 있겠어?"

"여보시요! 형사 양반, 국제 스파이를 이렇게 싱겁게 그냥 보내줘도 되겠소? 어서 다시 가두시라. 왜? 24호도 데리고 올까?"

호기를 부리며 가는데 캬피탄 싸아스키 사령관의 통역관이 나타나 기원의 손을 잡으며 말했다.

"선생님께서 이곳에 계신 것을 오늘에야 알았습니다. 고생 많으셨습니다. 어서 집에 가셔서 목욕하시고 옷 갈아입으신 다음에 사령관 관저의 초대 만찬에 참석하시랍니다."

이 모습을 지켜본 수사관들의 얼굴은 더욱 일그러졌다. 집에 돌아와 보니 병원은 군에 벌써 접수되었고, 기원의 사유재산도 압류된 상황이었다.

싸아스키 사령관을 만난 자리에서 불법으로 점령된 병원과 재산을 돌려달라고 요청했다. 그는 조금만 기다려 보자고 했으나, 그의 아내는 달랐다. 자신의 일처럼 나서서 기원을 도와주라고 남편을 재촉하였다.

그러던 어느 날, 사령관이 병원으로 찾아왔다. 병원은 국책상 개인에게 내어줄 수 없고 국가가 관리하는 것이 공산당의 정책이니, 병원을 포기하고 국가시책에 순응함이 좋겠다고 하는 것이었다.

사령관의 태도가 전과 같지 않음을 안 기원은 더 이상 선천에 머무를 수 없을 것으로 판단했다.

최용건

기원이 국제 스파이 누명을 쓰고 보안서에 수감되었던 것을 석방시켜 준 사람은 북조선 임시인민위원회 보안국장 최용건이었다.

그는 오산학교 출신으로 조만식 선생의 제자였는데, 고당 선생이 매우 아꼈다고 한다. 그는 기원의 부친 유계준 장로와도 안면이 있었다.

최용건은 1900년 6월 21일 평안북도 태천에서 태어나 태천소학교를 거쳐 1921년 평안북도 정주 오산중학교에 입학하였다. 오산중학교는 이승훈이 설립하였고 당시 교장은 조만식이었으며 김억 등이 교사였다. 동급생으로는 함석헌, 한경직 등이 있다.

고당 선생은 그를 각별히 아꼈지만 훗날 정적이 되고 말았으니 이것이 사람의 일이리라. 그는 오산중학교를 중퇴하고 중국으로 건너가 1925년 운남군관학교를 졸업하고, 이후 황보군관학교 교관을 지냈다.

1927년 중국 광둥에서 일어난 공산주의 폭동에 가담했고, 1936년에서 1939년 사이에 동북항일연군 제7군단장과 제2로군 참모장 등을 지냈다.

1945년 해방과 함께 귀국하여 스승인 조만식의 조선민주당에 가입하였고, 고당 선생의 감금 후에는 실질적으로 조선노동당을 이끌었으나 꼭두각시 정당이 되고 말았다.

그 후 6·25 전쟁이 발발하자 서울 방위사령관직을 맡았다. 하지만 박명림에 의하면, 한국전쟁을 반대한 몇 안 되는 북한 정치인이었다고 전해지기도 한다. 그는 김일성이 공산정권을 수립한 후 수많은 숙청과정에서도 살아남은 껄끄러운 존재였다.

하나님께서는 이렇게 준비해 두신 사람들을 통해서 어려울 때마다 피할 길을 내어주셨다.

"사람이 감당할 시험밖에는 너희가 당한 것이 없나니 오직 하나님은 미쁘사 너희가 감당하지 못할 시험 당함을 허락하지 아니하시고 시험 당할 즈음에 또한 피할 길을 내사 너희로 능히 감당하게 하시느니라"(고전 10:13).

38선을 넘다

보안국장 최용건을 만난 기원은 그간의 사실을 자세히 말했다. 병원이 접수된 일, 사유재산을 강탈당한 경위, 국제 스파이로 몰려 불법감금당한 일 등…. 그리고 최소한의 재산만이라고 찾도록 주선해 달라고 부탁했다. 최용건은 지금 당장은 어려우니 너무 억울하게 생각하지 말라고 했다. 대신에 평안북도 보안부장인 최지민에게 소개장과 선처를 당부하는 서신을 써주었다. 자기하고는 친한 사이라 모든 일을 알아서 잘 처리하여 줄 것이라고 했다.

사무실을 나온 기원은 그 길로 신의주행 기차를 탔다. 곧바로 최지민 보안부장을 찾아갔으나 부재중이었다. 조선의용군을 인수하기 위해 만주로 갔다는 것이었다. 수일 내로는 돌아오기 어렵다고 했다. 인사를 하고 사무실에서 나왔다.

그런데 낯익은 어떤 청년이 기원을 쫓아오더니 말했다. 자기는 선천 출신인데 기원을 잘 안다고 했다. 오늘 아침 선천 보안서장이 유기원의 재검속령을 받아 가지고 선천으로 갔으니 선천에 내리지 말고 곧바로 평양으로 가라고 알려 주는 것이었다.

평양으로 돌아온 기원은 그간의 일들을 자세히 아버지께 말씀드렸다. 이야기를 다 들은 아버지는 한참을 침묵하시더니 입을 여셨다.

"가족들은 내가 돌볼 것이니 너는 지체 말고 이 길로 서울로 가거라. 뒷일은 내가 알아서 처리할 터이니 염려 말아라. 네가 서울에 잘 도착하였다는 소식이 전해지면 동생들도 보낼 것이니 이곳 일은 괘념치 말도록 하여라. 너는 대가족의 장자이니 매사에 신중하고 나를 대신해서 동생들을 잘 보살피거라. 모든 일에 아버지 대신 바른 길로 인도해 주기 바란다."

그리고 당시로서는 아주 큰 돈인 현금 5만 원을 주셨다. 기원의 어머니는 그 돈을 마치 솜을 넣는 것처럼 내복 안에 바느질하여 입혀 주셨고, 아버지는 그 위에 털내복을 입혀 주셨다.

다음 날 아침 일찍, 기원은 왕진 가방 하나만 들고 집을 나섰다. 그 길이 아버지와 마지막이 될 줄은 꿈에도 몰랐다. 그리운 고향산천과의 이별인 줄도 몰랐고, 아버지의 목소리를 듣는 것도, 그 손길을 느끼는 것도 마지막이 될 줄 몰랐던 것이다.

당시 인민위원회 보건국 국장은 조선민주당 당원으로 의사였던 윤기령 박사였다. 윤기령 박사는 존재하지도 않는 보민과장이라는 직함을 기원에게 만들어 주었다. 기원은 그곳에서 출장증명서까지 얻어 해주행 기차를 타게 되었다.

검문을 피하기 위해 기차여행 중 병약해 보이는 옆사람에게 사정 이야기를 한 후, 해주에 있는 결핵요양원에 함께 가는 것으로 부탁을 하였다. 세 차례나 검문을 받았으나 짐이라곤 왕진 가방이 전부인 걸 확인하고는 다행히 무사 통과시켜 주었다.

해주에 도착한 기원은 평양기독병원 시절에 서무과장으로 있던 진세성이란 사람이 황해도청에 근무한다는 소식을 들은 적이 있어 혹시나 하며 도움을 구하려고 찾아갔다. 뜻밖에도 그는 농림부장이라는 높은 자리에 있었다.

반가움에 서로 얼싸 안고 인사를 나누고 그의 집에서 푸짐한 저녁 식사까지 대접을 받게 되었다. 부드럽고 따뜻한 분위기에서 주저 없이 현재의 사정을 이야기하고 이남으로 피신해야 함을 이야기했더니, 그가 갑자기 돌변하는 것이 아닌가!

"너 이 자식, 아직도 그 부르조아 근성을 버리지 못했구먼! 몇 달 있으면 서울은 점령되고 말 텐데, 지금 서울로 갔다가 그때 잡히면 어떻게 되는지 알간? 영락없이 사형이야! 사형!"

이제까지의 호의는 사라지고 사납게 다그쳤다. 이성을 잃은 것 같이 덤벼드는 것이었다. 기원은 아차 했다. 그가 와세다대학 재학 시절 좌익 서클에 관여한 과거가 문제되어 병원을 떠났다는 사실을…. 그가 만주에 숨어 살던 동안 진짜 공산주의자가 되었다는 사실을 놓친 것이다.

흥분한 진세성에게 인민위원회 보민과장이라는 직함의 출장증명서를 보여주며, 방송에서 들었던 알지도 못하는 미국 선교사의 이름까지 대며, 그가 현재 미 군정청 고문으로 활약하고 있는데, 서울에 가면 더 좋은 일자리를 얻을 수 있을 것 같은 생각이 들어 무심코 한 이야기라고 둘러댔다. 등에서는 식은땀이 흘렀다. 그건 비단 아버지가 입혀 주신 털내복 때문이 아니었다. 그와 이야기를 하면서 과거를 잊고 그저 반가운 마음에 신중하지 못했던 것을 후회했다.

그러나 이미 엎질러진 물이었다. 그 상황을 지나갈 수 있는 지혜를 구했다. 자신을 쳐부수어야 하는 부르조아로 보는 그에게 무슨 말을 해야 하나…. 출장업무가 끝나면 평양으로 돌아가서 맡은 일에 최선을 다할 것이니 염려 말라고, 후일에 다시 만나자고 하고는 겨우 그 자리를 빠져 나왔다. 휘청거리지 않고 걸으려고 애를 썼다. 다리에 힘이 풀렸기 때문이었다.

여관으로 갔다. 해주에서 만난 여관 주인은 기원을 처음엔 경계했다. 그러나 기원이 과거의 이야기와 현재 서울로 가려 한다는 이야기를 솔직히 털어놓으니 그제야 마음을 열었다.

기원을 도와주겠다며 38선 통과는 안전이 확실한 방법으로 해결해 주겠다고 했다. 마치 오래전부터 알고 지내던 친구인 것처럼 대해 주는 것이 아닌가? 또 있는 동안 객실은 위험하다며 안채의 건넌방을 내어 주는 것이었다. 그는 만일에 대비해 자신의 가족들에게 기원을 자신의 매부라고 하자고 일러 주었다. 혹시 있을 검문에 대비해 환자처럼 있기로 약속을 했다.

진세성의 집에서 받은 충격이 가라앉지 않은 상태에서 이런 여관 주인의 말은 반갑기는 했지만 잘 믿기지는 않았다. 여관 주인의 호의로 배를 구할 때까지 1주일 동안 안채의 건넌방에 묵었다.

1946년 4월 22일 해질 무렵, 여관 주인이 어디선가 선주를 데리고 왔다. 선주가 안내하는 대로 따라가면 2일 후에 서울에 도착할 수 있을 거란 이야기를 했다. 그간의 협조와 도움에 감사 인사를 하고 여관 주인과 헤어졌다.

선주를 따라간 곳은 선지포라는 어촌 마을이었다. 만조 시간 0시에 맞춰 배에 올랐다. 배는 옹진반도를 오른쪽으로 끼고 멀리 용당포의 희미한 불빛을 보며 항해를 계속했다. 이따금씩 들려오는 총소리에 마음을 졸이며 숨을 죽였다. 불안 속에서도 서울을 향한 그의 시선은 멈출 수 없었다. 뚫어져라 앞을 보며 뒤를 돌아보며 밤새 간절히 기도했다.

"하나님, 무사히 38선을 넘을 수 있도록 도와주세요."

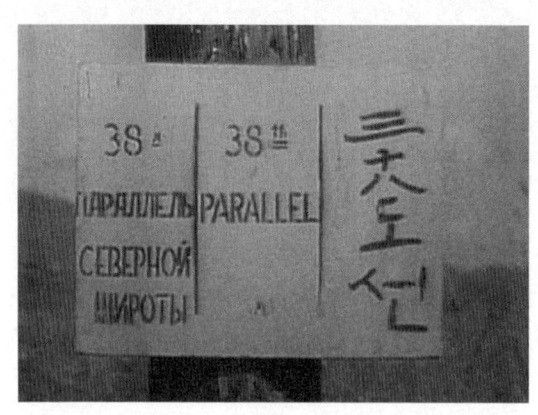

38선

어둠이 걷히지 않은 새벽 4시경 기원이 탄 배는 소래포라는 남한 땅에 닿았다.

아들을 보내 놓고 잠시도 쉬지 않고 기도했을 아버지의 기도를 하나님께서 들으셨음이 분명했다.

기원은 그의 회고록에

서 당시의 일을 이렇게 고백한다.

"46년이라는 긴 세월이 흘렀지만, 지금도 38선을 넘을 때의 조마조마하며 가슴 졸이던 일과 남한 땅에 이르렀을 때의 안도감, 터져 나오는 감격을 영영 잊을 수가 없다."

여순사건 의료 지원

여순사건은 1948년 대한민국 정부수립과정에서 제주 4·3 사건의 진압명령을 거부한 국방경비대 제14연대 소속의 일부 군인들을 중심으로 일어난 민족사의 비극적인 사건이다.

1948년 4월 3일, 제주에서 무장봉기가 일어났다. 2년 전인 1946년, 여름에 돌았던 콜레라로 인해 300~400명이 죽은데다 흉년까지 겹쳐 민심이 바닥인 상태였던지라 남로당의 교란이 잘 먹혀들었다.

해방 후 미 군정청 초기에 결사의 자유를 보장한다고 공산당을 합법화시킨 것이 크고 작은 지하조직까지 뿌리내리게 하는 빌미가 되었다.

1947년, 3·1절 기념식에서 기마경관의 말발굽에 어린아이가 치이는 일이 벌어졌다. 이를 본 시위 군중들은 기마경관에게 돌을 던지고 야유를 보내며 경찰서까지 쫓아갔다. 그런데 이것을 경찰서 습격으로 오인하여 시위대에게 발포해 6명이 사망하고 6명이 중상을 입는 사건이 일어났다.

남로당은 들끓는 민심을 이용하여 조직적으로 반경활동을 전개했다. 1948년 2월과 3월에는 5·10 총선거를 방해하려는 좌익계의 폭동으로 전국이 소란했는데, 특히 제주도에서는 더욱 격렬하였다.

제주 4·3 사건은 남한에서의 단독정부 수립을 위한 5·10 총선거

여순사건의 아픔

를 저지하고 공산국가를 세우기 위해 1948년 4월 3일 새벽 2시, 남로당 김달삼 등 350여 명이 무장을 하고 경찰지서 12곳을 급습하면서 시작되었다.

이어서 1948년 10월 19일, 중위 김○○와 상사 지○○를 비롯한 일련의 남로당 계열 장교들과 제주 4·3 사건 진압 명령에 반대한 군부대가 주동하여 1~2천여 명의 군인이 1949년 10월 19일 전라남도 여수에서 봉기했다.

이를 진압하는 과정에서 좌·우익 세력으로부터 전라남도 동부지역의 많은 민간인이 희생당한 비극적인 사건이 여순사건이다. 반란군에 의해 경찰 74명, 우익 인사 16명을 포함한 약 150여 명의 민간인이 학살됐고, 정부 진압군경이 사건을 진압하는 과정에서 최소 439명의 민간인이 학살된 슬프고 아픈 우리의 역사이다.

1948년 8월 15일, 대한민국 정부가 수립되었고, 같은 해 9월 5일에 국군이 창설되었다. 국군의 보건건강관리, 방역, 질병예방과 진료업무를 위해 1947년 12월에 민간인 의사를 모집하여 제1기 군의관 후보생 14명을 입교시키고, 제1육군 병원을 창설하였다.

그러나 아직은 출발단계라 진료를 하기 어려운 상태인데 제주 4·3 사건이 일어났고, 그 진압이 계속되는 중에 여순사건까지 발생했던 것이다.

정부에서는 군·경찰 합동진압작전 중에 발생한 많은 전상자들을 긴급 구호하고, 치료를 전담할 의료진을 모으는 게 시급했다.

윤치영 내무장관은 적십자 산하에 있는 서울적십자병원에 대하여 긴급 의료진을 구성하고 출동하라는 특명을 내렸다.

적십자병원

병원에서는 긴급 과장회의가 소집되었다. 그러나 혼란이 극심하고 생명이 위험한 상태에서 누구를 선출해야 할지 팽팽한 긴장감만 흐를 뿐이었다.

그 순간 내과과장이었던 유기원이 자원하였다. 그는 의사로서 생명을 구하는 본연의 임무에 충실하고자 했다. 우선 자신과 같은 과장급들이 먼저 1진이 되어서 내려가면 나머지 2진, 3진의 구성이 쉬울 것이라 생각했던 것이다.

기원의 생각대로였다. 과장급 20명과 수석 간호사 40명으로 의료진을 구성하고, 필요한 의료장비들을 갖추어 준비를 마쳤다.

다음 날, 서울역에서 출정식을 마치고 임시열차를 이용해 여수로 출발했다.

의료진 60명과 언론인들이 임시열차 1량에 타고, 나머지 10량의 열차에는 전투경찰 6백 명이 탔다. 밤새도록 달린 기차는 새벽에야 광주에 도착했다.

제7관구 경찰청장이 여수, 순천은 아직 교전중이니 광주에 야전병원을 개설하고, 후송되는 전상자들을 치료하는 게 좋을 것이라 설명하면서 광주 시내로 들어가자고 했다.

그런데 국방부를 대표하여 의료진 일행에 합류하였던 정모 소령이 반대했다. 그는 국방부에서 차출한 트럭에 모두 나누어 타고 바로 순천으로 가자고 했다.

일행들이 당황하여 어리둥절하고 있는 동안 정모 소령은 간호부대 일부를 트럭에 태워 출발시켜 버렸다. 할 수 없이 나머지 일행도 경찰 측의 호의를 사양하고, 정 소령이 지시하는 대로 안내하는 트럭에 나누어 타고 순천역 앞 어느 여관에 짐을 풀었다.

정 소령은 일행들에게 좋은 음식과 안주, 술을 대접하며 장거리 여행의 여독을 풀게 했다. 그런 다음 내일의 준비를 위하여 국군 지휘대 본부로 간다며 떠났다. 나머지 일행은 이튿날 출정할 것을 대비해 모두 일찍 잠자리에 들었다.

모두가 곤하게 잠들어 있는 새벽, 반란군인지 국군인지 확인할 수 없는 소대 병력 가량의 군인들이 일행이 머물고 있는 여관을 포위했다.

총검을 휘두르며 큰 소리로 모두 여관 밖으로 나오라고 했다. 기원은 불길한 예감이 들었지만, 그동안 겪었던 숱한 위기와 어려움들을 떠올리며 침착함을 잃지 않았다. 당당하게 옷을 찾아 입고, 짐 보따리를 정리하고, 모자와 외투까지 차려 입고 나왔다. 그 무리의 지휘관인 것 같아 보이는 군인이 다가와 총 개머리판으로 기원의 머리를 두들기며 말했다.

"이 자식이 돌았나? 곧 죽을 놈이 왜 이 모양이야! 외투에 모자까지 챙길 정신이 어디 있어?"

"이보시오, 내가 당장 죽더라도 내 한 몸은 가꾸고 나가야 할 것이 아니요?"

짐을 걸머지고 그들을 따라가니 여관 밖 뜰에 일행 모두가 옷도 제대로 입지 못하고 잠자던 채로 나와 있었다. 심지어 어떤 사람은 반나체의 모습으로 끌려 나와 앉은 채로 손을 머리에 얹고 있었다.

"그 양반의 짐을 모두 뺏고 꿇어 앉혀! 손을 머리 위에 얹게 해!"

그들은 미리 대기시켜 놓은 군용 트럭에 의료진 모두를 태우고 어디론가 달려갔다. 옆에 타고 있던 이비인후과 과장은 옷도 제대로 입지 못하고 끌려 나와서인지 추위에 덜덜 떨고 있었다. 불안한 눈빛으로 그가 물었다.

"유 과장님, 도대체 우리들을 어디로 끌고 가는 걸까요?"

기원 역시 알 길이 없었다.

"만일 이 자들이 반란군이라면 우리를 데려갈 곳이 지리산밖에 더 있겠어요?"

트럭은 화약 내음 가득한 공기를 뚫고 어둠 속을 달렸다. 한참을 달리면서 기원은 이곳이 어젯밤 지났던 시가 같다는 생각이 들었다. 멀리 국군토벌대의 간판이 보이더니 사령부 문으로 들어간 트럭이 곧 정차했다. 모두를 창고 같은 건물로 몰아넣고 밖에서 출입문을 잠그는 동안 기원은 생각했다.

'이들이 반란군이라면 국군사령부를 점령한 것이고, 아니라면 여기는 국군사령부인 게 틀림없구나.'

그런 생각은 기원을 출입구 쪽으로 바짝 당겨 앉게 했다.

요란한 소리가 들렸다.

"사령관 각하 오십니다."

"받들어 총!"

'뭐, 각하라고? 그러면 이들은 반란군이 아니구나!'

기원은 출입문을 지키고 있는 사병에게 말을 걸었다.

"방금 오신 분이 원용덕 준장님이신가요?"

사병은 놀란 목소리로 "우리 원 장군님을 아십니까?"라고 했다. 마음이 놓였다.

"알다 뿐이겠소? 나는 그와 대학 동기이고, 그를 돕기 위해 서울에서 의료진과 함께 온 서울적십자병원 내과과장 유기원이란 사람이니, 장군님께 연락을 해주시오."

조금 있다가 중위인 장교가 왔다. 기원에게 틀림없는 적십자병원 내과과장이냐며 몇 차례 확인을 했다.

틀림없으니 원 장군을 만나게 해달라고 요청했다.

집무실에서 기원을 만난 원 장군은 몹시 반가워하면서도 놀라운 얼굴로 물었다.

"아니, 이게 어찌 된 일이냐?"

기원은 그간의 일들을 다 설명했다.

생사를 약속할 수 없는 이 위험한 전투 지역에 목숨 걸고 적십자병원의 의료진들이 오게 되었는데, 이런 어처구니없는 수모와 멸시, 비인간적인 처사를 당했다고 했다.

옆에서 설명을 듣던 중위의 얼굴은 붉으락푸르락 했다. 그는 어쩔 줄 몰라 하며 몇 번이고 기원에게 사과했다. 잘못된 정보에 의해 저질러진 실수라며 용서를 구했다.

이때 팬티 바람에 포승줄에 묶인 군인 하나가 들어왔다. 그 사람이었다. 광주역에 내렸을 때, 순천으로 바로 가야 한다고 간호부대를 트럭에 먼저 태웠던 정 소령이었다.

조사관의 조사 결과 그는 엄청나게 많은 화폐를 가지고 있었다. 이를 이상하게 여겨 국방부에 조회를 하니 정씨 성을 가진 소령은 2명뿐인데, 그 둘 모두가 현장에서 근무 중이어서 출장을 갈 일이 없다는 것이었다. 더구나 전투 지역 출장 시에 정복 차림의 고급장교는 있을 수 없다는 것이었다. 알고 보니 국군장교의 옷을 입고 장교 행세를 했던 첩자였다.

원 장군은 지금까지 군의 부당한 처사에 대해 사과에 사과를 거듭했다. 부하들에게 의료진들을 다시 여관에 모셔다 드리고 불편이 없도록 모든 편의를 봐주도록 지시했다.

여관으로 돌아온 일행은 악몽 같았던 지난밤의 일을 뒤로하고 잠시 휴식을 취한 후 군에서 보내 준 차편으로 여수로 갔다. 쉴 틈도 없이 일을 시작했다.

일제 강점기에 큰 요정이었던 만월대를 개수하여 야전 병원의 문을 열고 여수 시내에서 개업 중인 의사들과 함께 부상자들을 치료했다. 이 야전 병원은 여수 시내가 한눈에 내려다보이는 경관이 아름다운 곳에 있었다.

그러나 풍광 좋은 곳에서 내려다본 여수의 모습은 그렇게 아름답지가 않았다. 나이 어린 여학생들이 치마폭에 수류탄이나 무기를 감추어 접선지대까지 나르는 것이 보였다. 일부 시민들이 반란군의 편이 되어 부역하는 모습도 보였고, "인민공화국 만세, 김일성 원수 만세"를 외치는 어린 여학생도 보였다.

같은 말, 같은 문화, 같은 땅에서 사는 한 겨레, 한 핏줄이 서로 총을 겨누며 골이 깊어져서 더 이상 같은 곳에 머무를 수 없을 정도로 분열과 갈등이 깊어졌다. 참으로 무섭고 슬픈 일이 아닐 수 없었다.

아! 6·25 전쟁의 비극

1950년 6월 25일, 이날은 기원 부부의 은혼식이 있던 날이었다. 일가친척들과 함께 축하연을 시작할 무렵 확성기의 요란한 안내 가두

아! 6.25

방송이 들렸다.

"괴뢰군이 전면 침공하였으니 휴가 중이거나 외출 나온 군관계자 및 정부 요직의 공무원은 즉각 원대 복귀하라."

민족의 아픔, 6백만 동포의 죽음, 1천만의 이산가족을 만들어 놓은 6·25 동족상잔의 비극이 이렇게 시작되었다. 두 조각 난 나라는 사상의 노예가 되어 서로를 적이라고 하며 총부리를 겨누었다. 이 전쟁의 참상을 맥아더 장군은 1951년 미의회 청문회에서 이렇게 고백했다.

"평생을 전쟁 속에서 보낸 본인과 같은 군인에게조차 이러한 비참함은 처음이어서, 무수한 시체를 보았을 때 구토하고 말았다."

당시는 육군병원이 수적으로도 부족하고 수용능력도 한참이나 모자랄 때여서 적십자병원의 역할이 컸다. 긴급 과장회의가 열렸다. 입원 중이던 환자들은 다른 병원으로 옮기고 전쟁 부상자만 받기로 하고, 과장들은 숙직 당번제로 근무하기로 하였다. 25일 저녁부터 전쟁 부상자들이 한두 명씩 들어오기 시작하더니 한밤중이 되자 그야말로 밀려들기 시작했다.

27일 저녁에는 비까지 내려서 비와 피가 범벅이 된 부상자들로 병상은 만원이 되었다. 시간이 지날수록 온몸이 피투성이가 된 부상병들이 짐짝 취급을 받으며 병원 복도와 병실의 바닥까지 꽉 차게 되었다.

의료진들은 밀려드는 부상자들의 옷을 벗기랴, 중상자들을 수술실로 옮겨 수술하랴 정신이 없는 상태였다. 그 와중에 북한군 탱크가 병원이 있는 큰 길 앞에 나타났다.

서대문형무소 쪽으로 가고 있는 탱크 대열을 본 전쟁 부상자들은 가지고 있던 장총으로 총격을 가했다. 탱크부대에서도 응전했다. 병원 정문을 두고 일대 교전이 벌어진 것이다.

인민군 탱크 앞에서 장총으로 무장한, 그것도 부상당한 군인들이 상대가 될 리 만무했다. 그 때문이었을까?

이 모습을 본 적십자 간호학교 사감으로 있던 이북 출신의 열렬한 기독교 신자 김○○ 여사가 정문으로 뛰쳐나가 "대한민국 만세"를 외쳤다. 북한군은 김 여사를 붙잡아 즉시 처형을 했다.

6·25 전쟁을 겪어 보지 않은 지금 세대에게는, 전쟁이니 탱크니 즉각 처형이니 하는 이런 말들이 낯설게 느껴지고 남의 이야기처럼 들리겠지만, 이 비극은 우리가 딛고 있는 이 땅, 아름다운 금수강산에서 실제로 벌어진 일이다.

우리 삶의 대부분의 일들이 시간이 흐르면서 잊히고 기억에서 멀어지는 게 인지상정이지만, 우리가 결코 잊어서는 안 되는 일이 있다면, 바로 이 민족이 겪었던 전쟁의 쓰라린 상처와 아픔과 교훈일 것이다.

공산당의 횡포를 직접 체험했던 기원은 수배령을 피해 월남한 처지이므로 적십자병원에 머무르는 것이 위험하다고 판단해 병원의 뒷담을 넘었다.

가족들이 있는 흑석동으로 가려고 했지만, 한강

한강 인도교 폭파

인도교가 끊어져서 갈 수가 없었다. 어쩔 수 없이 친구 집으로, 병원 동료의 집으로 숨어 다니며 피신했다.

폭격이 시작되면 지하실로 몸을 피하고, 좀 한적해지면 답답한 마음에 산에 올라가 있기도 했다.

그러던 중 더 이상은 안 되겠다 싶어 다시 병원으로 가보았다. 그 사이에 원장이 새로 부임을 했는데, 그 사람은 인민군 대좌였다. 병원으로 오는 게 아니었다 싶었던 차에 누군가가 그의 소매를 잡아끄는 것이 아닌가?

간호학교 2학년 재학 중인 이상자 학생이었다. 그녀는 기원을 지하실로 데리고 갔다.

"여기에 어떻게 오셨어요? 며칠 전부터 입원실에서 현역 중좌가 과장님 오기만을 기다리던데 이를 어쩌면 좋습니까?"

기원을 몹시 걱정하는 듯했다. 그녀는 기원의 안경과 웃옷을 벗기고 소독복과 소독 모자, 마스크를 씌워주며 자신이 외출증을 만들어 올 테니 지하실에 꼼짝 말고 있으라고 했다.

그녀가 다시 돌아올 때까지 기원은 쥐 죽은 듯이 숨어 있었다. 문이 열리는 소리가 날 때마다 자신을 잡으러 오는 군인인 줄 알고 공포 속에 놀라고 떨었다.

두렵고 지루한 시간이 지나고 그녀가 외출증을 가지고 왔다. 이상자 학생의 침착하고 지혜로운 기지로 무사히 적십자병원을 빠져나왔다.

어떻게 해서든지 빨리 서울을 빠져나가야 했다. 급히 시내를 빠져나오는데 공작대원이 알아보고 말했다.

"유기원 원장이 아니시오?"

심장이 쿵 떨어지는 것 같았지만 이내 침착하게 대답했다.

"잘못 보셨쉐다."

걸음을 재촉했다. 그가 계속 따라오는 것이 느껴졌다. 안 되겠다 싶어 골목을 돌아서서는 전력을 다해 뛰었다. 다행히 공작대원은 더 이상 따라오지 못했다.

그 후 며칠을 더 서울에 숨어 지내다가 8월 5일에야 서빙고나루를 건너 언주면으로 갔다. 예전에 기원에게 신세를 진 일이 있던 분이 그곳에 살고 있었다.

그 집에 몸을 의탁한 후 머슴과 함께 지냈다. 집주인은 전주 이씨 가문의 부농으로, 농사일밖에 모르는 전형적인 농부였다.

어느 날, 이 집의 장손인 16세의 아들이 복통을 일으키며 고통스러워했다. 기원은 아무런 의료기나 진찰도구 없이 맨 손으로 아이의 상태를 이곳저곳 살폈다. 아이는 명치 부분에서 심한 압통을 느꼈고 물만 마셔도 토했다. 급성위염이었다.

약도 주사기도 없으니 의학적 진료는 불가능했다. 민간요법이라도 써야 하는 어쩔 수 없는 상황이었다.

기원은 집주인에게 파마자 기름을 가져오게 하여 아이에게 30그램 정도를 먹였다. 그리고 온 동네를 수소문해서 양귀비꽃을 구해오도록 했다. 다행히도 어렵지 않게 구해왔다. 그것을 끓여 식힌 물을 조금씩 먹이고, 상복부는 더운 물로 찜질을 하게 했다. 효과가 나타났다. 아이가 토하고 설사를 하는 것이었다.

조금 지나자 아이의 상태가 좋아지고 아이는 곧 잠이 들었다. 기원은 양귀비에 내포되어 있는 알칼로이드 양이 얼마인지 알 수가 없었기에 아이의 맥박을 계속 체크하며 상태를 지켜보았다. 아이는 한숨 잘 자고 나더니 상태가 완전히 회복되었다.

아이의 아버지를 비롯한 모든 가족들이 기뻐하며 기원에게 연신 고맙다는 인사를 건넸다. 그러나 도울 수 있어서 고마운 쪽은 오히려 기원이었다.

집 주인 이씨의 도움으로 이웃 동네인 시흥군 신동면 멍드리에 조용한 별채를 하나 빌릴 수 있게 되었다. 기원은 가족 모두를 멍드리로 이주시켰다. 그러나 자신은 가족과 함께 있는 것이 더 위험할 것 같아 이씨 집에 계속 머물렀다.

그 동네엔 박씨라는 젊은 한의사가 있었다. 기원의 좋은 말동무였다. 기원은 낮에는 집에 있지 않고 우면산 피신처에서 이 한의사와 함께 지냈다. 함께 아침마다 날아오는 비행기를 보는 것이 그 둘의 낙이었다.

북한군이 시민들을 이용해 전선으로 수송할 휘발유 드럼, 탄약 등 전쟁 물자를 옮겨 놓으면, 어떻게 알았는지 다음 날 아침이면 어김없이 유엔군 비행기가 날아와 곡예를 하며 폭격을 했다. 멀리 마포 강가에서부터 광나루에 이르는 한강 가와 시내 곳곳의 인민군 시설이나 전쟁 물자가 있는 곳이면 하루에도 몇 차례씩 날아와 공격하며 폭격을 가했다. 그 모습을 보며 기원은 희망에 부풀었다.

'이제 얼마 안 있으면 우리 국군이 돌아오겠구나!'

'어쩌다가 폭격하는 비행기를 기다리는 것이 낙이 되었을까…. 그들도 누군가의 아버지이고 가족일 텐데…. 북쪽에 있는 나의 고향, 아름다운 대동강, 을밀대, 목단대, 능라도…. 그리운 곳을 떠나왔는데, 남쪽의 땅도 이렇게 망가지고 있구나.'

이런 생각이 들자 기원의 입에서는 안타까움의 탄식이 절로 나왔다. 그러나 그 탄식은 곧 간절한 기도로 바뀌었다.

'하나님 아버지! 이 민족을 불쌍히 여겨 주시옵소서. 하나님을 모르고 살아온 이 민족에게 복음을 주시고 하나님의 자녀 삼아 주셨는데, 그 믿음의 뿌리가 굳게 내려지기도 전에 이런 어려움을 겪고 있습니다. 하나님을 대적하는 공산당이 무너지게 하시고, 이 땅이

회복되어 하나님을 잘 섬기는 나라가 될 수 있도록 우리를 긍휼히 여겨 주시옵소서.'

9월 15일, 기원이 숨어 있던 우면산정에서 멀리 바라본 인천 쪽에 요란한 굉음과 함께 대낮 같은 섬광이 계속되는 것이 보였다.
드디어 국군이 반격해 오는구나 싶어 가족들에게 내려가 본 것을 설명하고 더욱 몸조심하라고 당부했다.
산으로 다시 올라가려는데 누군가가 기원을 급히 찾아왔다.
가족들이 살고 있는 멍드리 집주인 박 노인의 조카인 이용성 군이었다. 국군과 유엔군이 인천으로 상륙하여 군자면을 통과, 서울로 진격하고 있으며, 내일 중에는 이곳까지 도착할 것이 분명하니 하루만 더 몸조심하라는 것이었다.
당시 이용성 군은 면사무소에 근무하다가 인민군에 체포되어 부역을 하고 있었는데 본심은 그게 아니라고 박 노인이 알려 주었다. 실제로도 그가 기원의 신변을 보호해 주었다.
후에 기원이 북한 공작원에게 붙잡혀 송파 인민군 보위대에 끌려갈 때에도, 이용성 군이 기원을 행렬에서 빼내어주고 비밀정보까지 알려주었다. 기원이 위험에 처해 있을 때마다 도움을 주었던 것이다.

위험에 처할 때마다 기원에게 강렬하게 떠오르는 단어가 있었다.
"아버지…."
목이 메어 소리 내어 부를 수도 없는 아버지….
가던 걸음도 멈추게 하는 그리운 이름 아버지….
살아 계시는 동안 나라와 민족을 위해, 남으로 먼저 내려 보낸 자녀들을 위해 얼마나 기도하셨을까!
산정현교회 마룻바닥에 엎드리어 자녀들을 위한 눈물을 얼마나 흘리셨을까!

　전쟁의 난리 속에서 피할 길을 주시고 도움의 손길을 만나게 하심은, 아버지의 기도에 응답하신 하나님의 도움이요 보호하심이었음을 온몸으로 느낄 수 있었다.

　서울이 수복되어 명수대 집으로 돌아올 때, 기원은 이용성 군도 함께 데리고 왔다. 보증을 서고 경찰부대에 편입시켜 주었다.

　인천에 상륙한 국군과 유엔군은 9월 18일 김포비행장을 탈환한 다음 한강을 건너 서울공략작전을 전개했다. 시가전을 벌이던 북한군은 퇴로가 완전히 봉쇄될 것을 두려워하여 서울을 포기하고 의정부 쪽으로 퇴각했다.

　27일 새벽, 국군 제7연대와 해병대 용사들은 중앙청으로 돌입, 태극기를 게양하였으며, 9월 28일 정오, 감격의 수도 탈환식이 거행되었다.

서울탈환

　북한군은 서울에서 후퇴하게 되자, 급히 병원 직원들을 소집하여 병원의 의료기구 일체를 운반하도록 했다. 북으로 가져가기 위함이었다.

　의료기구 운반 트럭들이 청량리 옛 경성제국대학 예과 운동장에 이르렀을 때에, 북한군은 적십자병원의 장인환 약국장에게 비협조적이라며 따발총을 쏘았다. 장 국장은 좌측 상박부에서 견갑골상부 및 쇄골에 이르기까지 6발의 총탄을 맞고 쓰러졌다.

　북한군은 죽었는지를 확인하기 위해 구둣발로 장 국장의 목덜미를 눌렀다.

붉은 피가 입에서 흘러나오는 것을 보고는 죽은 줄 알고 발로 차 버렸다. 이 모습을 보고 겁에 질려 있는 병원 직원들에게 의료기구들을 청량리역에 미리 대기시켜 놓은 기차에 싣게 했다. 그리고 북으로 도주했다.

서울적십자병원의 직원 절반 이상이 북으로 끌려갔다. 그중에는 끌려가는 도중에 사살된 직원도 있었고, 공습 때를 이용해 운 좋게 도망쳐 나온 직원도 있었다. 사살된 줄 알았던 장 국장은 의식을 찾은 후 죽을힘을 다해 근처 병원으로 기어 들어갔다.

그는 신분을 밝히고 구조를 요청했다. 병원의 모든 의료진들이 장 국장의 피습 상처를 깨끗이 씻기고 응급처치를 했다. 장 국장을 간단한 부목과 붕대로 감싼 후 큰 병원으로 이송해서 수술을 받게 하였다.

기원은 돌아온 병원에서 좌측 견갑부위에 깁스를 한 장인환 약국장을 만났다. 전쟁통에 헤어져 있다가 살아서 다시 만난 직원들의 감격은 말로 다 표현하기 힘든 것이었다. 그러나 이렇게 다시 만난 직원들은 3분의 1도 되지 않았다.

북한 공산당은 모두가 동등하고 모두가 평등하게 잘 사는 나라를 만든다는 감언이설로 국민들을 현혹하지만, 그들에게는 법도 원칙도 아무것도 없다. 그것을 바로 알아야 한다.

일제도 치가 떨리게 잔인하고 악랄하지만, 그에 못지않은 것이 공산당인 것이다. 6·25 전쟁 발발 후 공산당이 서울을 강점한 3개월 동안 많은 일들이 있었다. 저들은 공산당의 조직을 부활시켰고, 동시에 인민재판이라는 이름으로 수많은 사람들을 처단했다. 북한과 같은 토지개혁과 농업현물세제를 강요했다.

의용군을 강제 징집하여 가혹한 전투에 남한의 젊은이들을 몰아넣었다. 그들이 내세운 '해방' 정책과는 정반대의 악행들뿐이었다.

저들의 점령정책은 인민재판이라는 피비린내 나는 숙청을 통한 공포정치였고, 직업동맹, 농민동맹, 민주청년동맹, 여성동맹 등 여러 전위 단체들을 조직해 전쟁수행을 위해 이용만 했을 뿐이다.

또한 저들은 유엔군의 항공기 폭격 속에서도 도로 복구 및 수리, 군수품과 식량의 수송을 위하여 사람들을 밤새 철야동원 하고 젊은 청년, 심지어 소년들까지 의용군이라는 이름으로 강제로 잡아갔다.

각 직장 단위로 소속 직원들을 한 자리에 모이게 한 다음, 그 길로 트럭에 태워 어디론가 데려간 것이다. 이렇게 영문도 모른 채 전장으로 끌려간 젊은이들이 셀 수도 없을 만큼 많다.

직장인이 아니라고 그대로 둘 리가 없었다. 집집마다 찾아다니면서 잡아가고, 그것도 부족해 길거리에 지나가는 젊은이들까지 마구잡이로 끌어다가 의용군으로 보냈다.

농업현물세제라고 해서 벼 이삭을 세고 조 이삭을 세게 한 다음 그 낱알 수까지 헤아려서 가져갔으며, 뜰 안 감나무의 감의 수, 대추나무의 개수, 앞마당의 배추 포기, 무까지 헤아려 확인하고 가져갔다.

법도 원칙도 없이 "이 자는 반동이요" 하면 바로 그 길로 끌려가는 세상이 그들이 다스리는 평등이었던 것이다.

당시에 경향신문 기자로 6·25 전쟁 첫날부터 전선에 참여했던 전 대한언론인회 이혜복 회장은 그때의 참상과 실상을 다음과 같이 증언했다.

"정확히 1950년 6월 30일 오전, 허름한 노동자의 차림으로 변장을 하고 정세를 알아보기 위해 창경원 앞을 지날 때, 서울대학 병원 앞에서 눈 뜨고 볼 수 없는 광경과 마주쳤다. 전상을 입고 병상에서 치료 받던 국군 장병들이 붕대를 감은 채 무참히 끌려나와 병원 앞마당과 뒤 언덕에 즐비하게 숨져 넘어진 광경, 밤새 창경원 쪽에서 콩 볶듯 들려오던 총소리가 '부상당한 국군을 즉결 처치하는 총소리였다'는 소문을 확인하면서 몸서리가 쳐졌다.

당분간 '국군이 한강을 다시 건너오기 힘들 것 같다'는 판단을 안고 집으로 돌아오던 그날 오후, 명륜동 성균관 대학 앞 광장에서 이른바 '인민재판' 현장과 마주쳤다. 눈을 부라리는 지역 공산분자들의 눈초리를 피할 수 없어 다른 행인들과 마찬가지로 군중 속에 끼어 설 수밖에 없었고, 일사천리로 진행되는 인민재판을 방청해야만 했다.

노천에 책상 하나를 놓고 소위 '재판장', '검사'라는 남로당원들이 늘어 앉아 여관업을 했다는 반동분자를 인민재판에 붙인 것이다. 6·25 전 '남로당을 박해했다'는 몇 마디로 기소 내용과 논고가 끝나고 '사형 구형'이 있자, 재판장은 둘러선 군중에게 가부를 물었다. 군중 틈에 끼어 섰던 남로당원이 '그런 악질은 사형에 처해야 옳소!' 하고 소리치자 구석구석에서 '옳소! 옳소!' 동조하는 소리와 박수가 터졌다. 일반 행인들도 정신 나간 사람마냥 공포에 질려 박수치는 시늉을 했고, 이어 재판장은 옆에 섰던 청년에게 '당장 처형하라'고 명령했다. 겁에 질려 얼굴빛이 해쓱해진 청년이 손에 든 카빈총을 쓰다듬으면서 주저하고 있을 때, '무엇하느냐?'고 재판장이 소리치자, 그 청년은 반동으로 몰린 40대 장년을 몰아 세워 광장 옆 소나무 앞에 세웠고, 이어 방아쇠를 당겼다. 한마디 변명도 듣지 않고 불과 몇 분 만에 사람을 즉결 처분하는 이 재판 과정, 그것은 '복수' 이외에 아무런 뜻도 담겨 있지 않았다.

'내가 종군 기자라는 것이 드러나면 나도 저 꼴이 되겠지' 생각하니 온몸이 오싹해졌고, 그날로 나는 거처를 옮겨 다시 시골에서 3개월 숨어 살았다. 국군 9사단 19연대 수색대가 피난처인 양평 지역에 들어오기 며칠 전, 북괴군은 그 지역 남로당원들을 앞

세워 우익인사(대한청년단 간부, 좀 형편이 낫게 살던 사람들, 국군 출전 용사의 가족, 지식인 등)들을 모조리 잡아 가뒀다가 후퇴 무렵, 남한강 모래밭에 세워 총살한 다음 석유 불에 태웠다.

그런데 이 지역 좌익들에게는 후퇴 사실을 감쪽같이 숨기고 야반도주해 버렸다. 미처 도망가지 못한 '인민위원회' 추종자들은 피해를 입은 지역 주민들에게 잡혀 죽거나 체포되었다. 부려먹을 만큼 부려먹고, 헌신짝처럼 팽개친 속셈은 무엇인가? 그 후에 일어날 동족간의 갈등, 대립, 분열을 이용하자는 속셈임이 분명했다."

이것이 공산당의 실체이다. 쑥대밭이 된 삶의 터전을 떠난 주민들은 남으로 남으로 피난을 떠났다.

가는 길 곁에 아들딸이 죽어도, 부모가 죽어 가도, 피붙이들이 뿔뿔이 흩어져도 슬퍼할 겨를도 없이 생명을 걸고 남쪽으로 내려간 피난민들의 고통은 상상을 초월했다.

사선을 넘어 피난길에 오른 이들의 마음에는 씻을 수 없는 상처, 회복되지 못할 것 같은 아픔들이 있다.

남한은 헤어진 가족, 기약할 수 없는 이별의 한을 안은 비극의 주인공들로 가득 찬 땅이 되었다.

2차 대전 때 역전의 용장이었던 리지웨이(M. B. Ridgway) 장군은 전선을 시찰하고 남으로 내려가는 피난민들의 참상을 목격한 후 이렇게 말했다.

"이것은 아시아의 오랜 역사 중에서 최대의 비극이다. 이 비극의 애처로움에 비한다면 다른 것은 모두 대단찮아 보인다."

전쟁의 비극을 수없이 체험한 리지웨이 장군도 피난민의 비극을 감당하기 어려웠던 것이다. 전쟁으로 나라 전체가 초토화된 이후, 이 땅에는 눈부신 발전과 자유, 평화가 찾아왔다. 우리 모두가 누리고 있는 풍요로움을 무어라고, 어떻게 설명할 수 있을까!

이것은 하나님의 은혜요, 이 민족을 불쌍히 여겨주신 하나님의 긍휼하심 때문이라고 할 수밖에 없다. 이제 하나님의 은혜가 이 땅을 떠나지 않도록, 다시는 이런 아픔과 고난이 찾아오지 않도록 하나님 앞에 겸손히 무릎 꿇고 손을 모아본다.

기원의 아버지 유계준 장로가 그랬던 것처럼….

6·25참상

장성병원 이야기

양질의 무연탄층이 풍부하게 매장되어 있어 일찍부터 개발된 국내 최대의 탄광인 장성탄전은, 각지의 노동자들이 몰려들면서 동해안의 상업중심지를 이루었다. 오늘날 태백시가 된 장성탄전 지대는 6·25 전쟁으로 광업소와 부속병원이 모두 파괴되었다.

전후 복구를 위해서는 정부의 긴박한 석탄수급이 필요했고, 따라서 광업소와 병원이 우선적으로 복구되어야 했다.

병원복구의 책임이 기원에게 주어졌다. 기원은 병원복구에 필요한 자재와 재정적인 문제, 그리고 의료요원의 구성 및 그 보수에 이르기까지 대한석탄공사와 협의했다. 무너진 건물을 긴급 보수하여 외래진찰실로 사용했으며, 가건물로 입원실을 건축하는 등 병원복구에 힘을 기울였다.

기원과 모든 의료진들의 노력으로 병원은 점점 제 모습을 찾아갔다. 광업소 직원들과 그 가족, 멀리 동해안 주민들의 유일한 종합병원으로 나날이 발전해가며 병원 운영이 원활하게 진행되어 가고 있을 때, 적십자병원에서 돌아오라는 연락이 왔다.

1953년 7월 27일, 휴전협정이 체결되어 전쟁이 끝났기 때문이었다. 적십자병원 말고도 다른 종합병원에서도 계속 연락이 왔다. 하지만 모든 제안을 거절하고 장성병원에 남기로 했다. 낮은 곳, 어려운 사람들을 돌아보라는 아버지의 가르침 때문이었다.

- 경천애인(敬天愛人): 사람은 하늘이 냈으니 하늘의 뜻대로, 하나님의 뜻대로 살아야 한다.
- 절대 정직하라.
- 약속은 반드시 지켜라.
- 정함이 없는 재물에 소망을 두지 말라.
- 세상은 의, 사랑, 정직과 약속을 지키는 시험장이다. 그러므로 어떤 상황에서도 의와 사랑, 정직과 약속은 지켜져야 한다.
- 가난하고 힘없는 동족을 위해 마음과 정성을 쏟는 일에 게을리하지 말라.

더 이상 이곳에 계시지 않는 아버지….

함께 있을 때 하셨던 말씀이 아버지가 계시지 않았을 때 더 깊은 울림이 되어 선택의 순간마다 자신을 이끄셨음을 기원은 느끼게 되었다.

자녀 모두가 한 병원에서 나라와 민족을 위해 봉사하는 꿈을 꾸셨던 아버지를 생각하며, 비록 다른 형제들과 함께하는 병원은 아니었지만 아버지의 뜻을 생각하며 장성에 남았다.

뿐만 아니라 이북과 지리산에 근거지를 두었던 빨치산과의 통로 역할을 하던 태백산맥에 장성지구가 있어, 밤낮 가리지 않고 밀려드는 부상자들이 있었기에 도저히 병원을 떠날 수가 없었다.

1950년대 장성광업소

병원복구사업이 빠르게 진행되고 우수한 의료요원도 확보되어 이상적이며 모범적인 병원으로 운영될 즈음, 석탄공사 본사에서는 산하 각 병원을 관리하는 행정기구를 일원화하는 시책으로 후생부를 신설하고, 초대 후생부장에 최영태 박사를 임명했다.

최 박사는 기원의 세브란스의전 1년 선배이나 나이는 한 살 아래여서 재학 시절에도 동기생처럼 가깝게 지내던 사이였다. 그는 취임하자마자 곧 장성병원으로 기원을 찾아왔다. 병원을 둘러보고 부족했던 의료장비를 보충하는 데 열심을 내었다. 본사로부터 적지 않은 의료장비가 일방적으로 발송되자 기원은 너무 고마웠다. 수술방과 간호사실이 장비들로 채워졌다.

그런데 이상한 일이 생겼다. 처음에는 양질의 의료장비들이 오더니 횟수가 늘어남에 따라 신품이 아닌 재생품이나 불량품이 들어오는 것이었다. 처음 몇 번은 잘못 온 것이려니 했었는데 갈수록 상황은 더 심각해졌다.

외과 계통의 의사들과 간호사들의 항의가 빗발쳤다. 그도 그럴 것이 병원에서는 도저히 사용할 수 없는 수준의 장비였기 때문이었다.

기원은 불량품들은 모두 반송하고 새로 들어오는 의료기구들을 철저히 검사한 후, 사용자들이 만족하는 품목 외에는 모두 본사로 반송케 하였다.

이 일로 최 부장과의 우정에 틈이 생기기 시작했다. 공교롭게도 하필 이때 석탄공사 본사에 근무하던 김○○ 이사가 폐결핵에 걸려 신병치료를 겸하여 장성지구와 영월광업소 관리이사로 오게 되었다. 당시 폐결핵 특효제였던 Strepto mycin 주사를 매일 맞았는데, 그 일을 이상자 간호사가 맡아서 했다.

얼마 후, 김 이사는 공기 좋은 산에 있는 절로 요양을 가게 되었는데, 이상자 간호사를 함께 보내 달라고 요구했다. 기원은 거절했다. 환자는 누구나 병원에 내원하여 치료를 받는 것이지 개인이 원한다고 해서 어디든 간호사를 동반할 수는 없다는 것이 이유였다.

며칠 후, 최 후생부장으로부터 김 이사의 부탁을 들어주라는 명령에 가까운 요청이 왔다.

기원은 그럴 수 없었다. 이상자 간호사는 서울이 인민군에게 점령당했을 때, 인민군 장교에게 체포당할 위기에 있는 기원을 놀라운 기지로 구해준 은인인데다, 적십자병원에 있다가 기원을 돕겠다고 강원도 벽지의 광산촌까지 와서 봉사하는 뜻이 참되고 모범적인 간호사였다.

기원은 그동안 이 간호사가 산간벽지에서 1년 넘도록 봉사했으니, 이제 부모님이 계신 곳으로 가게 하는 것이 도리라고 생각했다. 그래서 사표를 쓰게 하고 귀향시켰다. 그리고 병원 이외의 장소에서는 일체의 진료 또는 간호행위를 금하고, 위반 시에는 엄벌하겠다는 명령을 내렸다.

장성병원에 마음과 정성을 들이고도 완전한 복구에 이르지 못한 것이 못내 아쉬웠지만, 기원은 자신의 할 일이 여기까지라고 생각했다. 그리고 자신을 돕고자 강원도 벽지까지 따라와 뜻을 같이하고 마음을 모았던 의료진과 직원들을 위해, 그리고 그들을 위한 복지시설 마련을 위해 퇴직금 1천 7백만 원을 내놓고 장성병원을 떠났다.

장성에 내려온 지 3년 4개월만인 1955년 5월의 일이었다.

미국 유학

아쉬운 마음이 컸던 장성병원과의 이별은 또 다른 출발점이 되었다. 어려서부터 그려왔던 유학의 꿈을 49세가 되어서야 이루게 된 것이다.

동생들을 잘 챙기라는 아버지의 간곡한 부탁이 있었던 8남매 대가족의 맏이로서 쉽지 않은 결정이었지만, 하나님께서는 예비하신 길로 기원을 인도해 주셨다.

바로 미국 뉴욕 시 동부 퀸스보로 시립중앙의료원이었다. 그곳은 일반부와 결핵부가 별도로 분리되어 있었는데, 기원은 결핵부 레지던트 4년 과정 중 1년생으로 입학 허가를 받았다.

레지던트들의 생활은 만만치 않았다. 주말을 제외하고는 매일 오전 9시에 출근하여 각자 맡은 20명 내외의 환자들에 대한 진찰과 임상검사를 하고, 오후 1시부터 5시까지는 각자 연구실이나 도서실에서 학업과 연구를 했다.

미국에 온 처음 6개월 동안에는 자유롭지 않은 언어로 몸과 마음의 고생이 많았다. 특히 한 달에 한 번이나 두 번 정도 당직을 서야 할 때에는 더욱 그랬다.

환자 대부분이 만성흉곽질환자이고, 모든 병동 전체의 환자를 책임져야 했기 때문에 레지던트 1년 차, 그것도 입과 귀가 완전하게 열리지 않은 외국인 레지던트 1년차에게는 전화벨 자체가 공포였다. 피하고 싶은 당직, 외면하고 싶은 전화벨 소리였다.

기원 자신의 부족한 영어 실력 탓도 있었지만, 간호사들의 악센트(accent)나 슬랭(slang)이 섞인 전화통화 내용을 정확히 알아들을 수 없었기 때문이었다.

전화로 그들이 뭐라 뭐라 이야기를 하면, 기원은 우선 "그리로 갈게"(I will be there)라고 말하고 전화를 끊었다. 그 다음에는 숙소에서 병동까지 10분 정도 걸리는 거리를 전속력으로 질주했다. 그리고 숨쉴 겨를도 없이 1층부터 확인에 들어갔다.

"날 찾았니?"(Did you call me?)

기원을 찾았던 병동이 아래층이면 다행이지만, 10층이었을 경우엔 '날 찾았니?'를 10번이나 한 후에야 기원에게 전화를 한 간호사를 만날 수 있었다.

그러면 간호사들은 친절하게 반기며, 전화로 지시(order)해도 되는 것을 왜 직접 여기까지 왔느냐고 미안해했다.

"네가 하는 말을 알아들을 수가 없어 왔노라."

저들의 친절하고 부드러운 미소 앞에서 기원은 차마 이렇게 말할 수 없었다.

"이왕이면 환자를 직접 보는 게 낫지 않겠냐."

이것이 기원이 턱까지 차오르는 숨을 가다듬으며 하는 대답이었다. 당시는 폐결핵 환자가 대부분이어서 기침 후에 약간의 각혈만 해도 의사를 찾는 경우가 많았다.

이럴 땐 그냥 Vitamin K를 주사하면 되지만, 의사의 지시 없이는 함부로 주사할 수 없는 것이 규정이었기 때문에 기원의 지시를 받기 위해 전화를 했던 것이다.

야간 숙직 간호사들은 대부분 50세가 넘은 노련한 간호사들이었기 때문에 기원이 전화로 지시해도 충분했다. 그러나 아직 완전하게 열리지 않는 귀로 인해 직접 찾아가는 친절한 의사가 된 것이다. 이런 고생은 6개월이 지나자 자연스럽게 해결되었다.

이렇게 발로 뛰었던 레지던트 과정을 무사히 마친 기원은 졸업과 동시에 신청한 보스턴시립병원에 수련의로 뽑히게 되었다.

이 병원은 미국에서 가장 역사가 오래된 하버드대학교 의과대학 부속병원이어서 수준 높은 연구를 통해 새로운 지식과 경험을 쌓을 수 있었다. 기원에게는 최고의 기회였던 것이다.

매주 목요일마다 메사추세츠종합병원(Massachusetts General Hospital) 임상강의실에서 개최되는 협의회(conference)에 참석하여 세계 각국에서 초대되어 오는 석학들의 강의도 들을 수 있었다.

하나님께서 주신 학업의 기회, 더불어 좋은 선생님들을 만날 수 있는 이런 모든 기회는 선하신 하나님께서 인도하신 은혜의 시간들이었다.

수련의 시절 담당 교수인 하버드대 커렌(Dr. Curren) 교수는 엄격하기로 소문이 나 있는 분이었다. 조금의 실수와 타협도 허락되지 않는 호랑이 같은 분이었다. 놀라운 것은 그의 한국 사랑이었다.

환자에 관하여는 그렇게 엄격하신 분이 한국에 대해 물을 땐 매우 부드러웠다. 한국에 대한 그의 많은 관심에서 나온 친절 같았다.

"지금 너의 나라 상황은 괜찮으냐?"

4·19 혁명이 일어난 지 얼마 되지 않았을 때였기에 나온 질문이었다.

"너의 나라엔 대학이 몇 개 있느냐?"

"한국의 인구는 얼마며, 국토의 면적은 어느 정도냐?"

이런 다양한 질문 앞에서 기원이 명확한 대답을 하기란 쉽지 않았다. 부끄러움을 느끼기도 했다. 그런 기원을 혼내기는커녕 그는 오히려 격려하기까지 했다.

"네 나라, 대한민국은 앞으로 유망하다. 너 같은 학생들이 남의 나라에 와서 고생하며 학업을 이어가는데, 미국의 학생들은 고등학교 졸업 후 결혼할 생각만 하니 미국의 장래가 걱정된다."

기원은 커렌 교수를 통해 의학에 관한 지식뿐만 아니라 환자를 대하는 태도, 의사로서의 자세를 배울 수 있었으며 국제적 문제에도 새로운 시각을 갖게 되었다.

1년 동안의 수련기간을 마치고 1960년 8월, 그는 드디어 한국으로 돌아오게 되었다. 기원이 유학을 떠났을 때 두 딸들은 이미 출가를 했고, 아들 다섯은 아직 학업 중이었다.

그래서일까? 두고 온 자녀들에게 부끄럽지 않은 아버지가 되기 위해 더 노력하고 더 애썼다. 이역만리 타향에서 외로움을 이기며 학업에 최선을 다한 시간들이었다.

아버지 유계준 장로가 그러했던 것처럼….

국립의료원 낙성식

미국 유학을 마치고 돌아온 기원은 1961년 국립의료원 부원장으로, 국립정신병원 초대원장으로 재직하게 된다.

1965년부터 1966년 12월 국립의료원을 정년퇴임 때까지 원장으로 있으면서 당시 스칸디나비아 3국 정부와 국제연합한국재건단(UNKRA)의 협의로 세워진 국립의료원을 점차 독립적인 병원으로 세워 가는 데 많은 노력을 기했다.

그런가 하면 국립의료원 부설 간호학교 교장으로 인간애와 생명의 존엄성을 중시하는 간호사들을 양성하여 전문지식과 이론을 겸비하도록 했다. 1962년 28명의 1회 졸업생을 배출하여 전원 국립의료원에 배치하였다.

스칸디나비아 의료진을 줄이고 한국의 의료인들에게 책임을 이전시키는 것과, 대전병원을 스칸디나비아 스타일의 병원이 아니라 순수한 한국 지방병원으로 세우기 위해, 대부분의 의료진을 국립의료원에서 훈련받은 한국 의료진들로 배치했다.

공주결핵병원의 복구를 위해서도 한국의 의료진으로 구성하였고, 소록도 나병원에 있는 음성 나환자에 대한 정형외과적 치료와 소아병원에 대한 의료지원도 했다.

한편, 국립의료원에서 5년 동안 전문의 교육을 마친 25명의 전문의를 최초로 배출하여 전국의 병원과 군병원에 배치했다. 이 또한 다른 나라의 의료 원조를 받았던 것에서 점차 벗어나는 데 일조하였다.

기원이 국립의료원에 있었던 6년의 시간들은 한 사람의 의료인으로서, 한 나라의 국민으로서 주어진 자리에서 열과 성의를 다한 시간들이었다.

매란국죽(梅蘭菊竹)

국립의료원을 정년퇴임한 기원은 1976년 11월, 의료 사각지대인 강원도 정선군 사북읍 태백지구의 유일한 종합병원인 동원보건원 초대원장으로 부임했다.

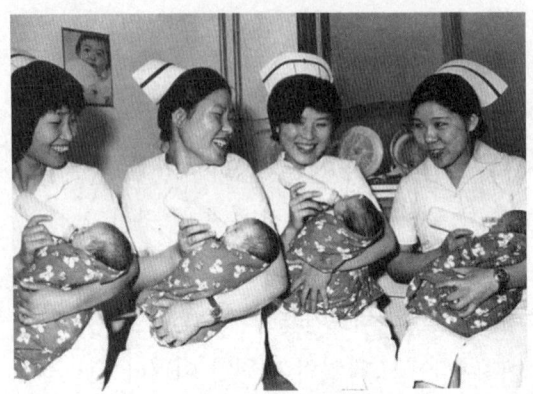

일매, 일란, 일국, 일죽

그리고 이듬해, 1977년 여름의 일이었다. 병원운영위원회의를 막 시작하려고 할 때, 정선 군수에게 긴급한 전화가 걸려왔다. 전화를 받은 군수의 표정이 심각해 보였다. 뭔가 이상한 분위기를 감지한 기원이 물었다.

구절리 우체국 집배원인 최병규 씨의 아내가 쌍태아를 분만 중 세 아이는 분만하였는데, 네 번째 아이를 분만하다가 기절했다는 것이다.

기원은 병원으로 바로 오도록 조치를 했다. 모든 장비를 갖추고 기다렸다. 1시간 후 산모와 아이들이 이송되었다. 마침 병원에는 김정완 산부인과 과장이 대기하고 있어서, 네 번째 아이까지 무사히 분만을 하고 인큐베이터에 넣었다.

산모도 곧 회복되었다. 이 아이들이 우리나라 최초의 일란성 네쌍둥이이다. 처음 있는 일이라 특종기사로 전국에 보도되었다. 각처에서 돕겠다는 문의가 쇄도했다.

병원에서는 산모와 태아를 무료로 입원, 치료해 주었다. 뿐만 아니라 당시 동원탄좌개발주식회사 이연 회장과 의논하여 병원 부근에 토지를 분양하여 주택을 건설, 기증해서 네쌍둥이와 그 부모가 생활하기에 불편이 없도록 배려해 주었다.

아이들의 이름까지 지어주었다. 일란성 딸들임을 감안해 일매, 일난, 일국, 일죽이라고 했다. 백일잔치, 돌잔치도 열어주어 쌍둥이들이 건강하게 자라는 것을 축하해 주었다.

매, 란, 국, 죽이 전 국민의 관심과 사랑을 받아서였을까? 네 아이들은 모두 건강하게 잘 자랐다.

막내 최일죽은 2002년 여군 부사관으로 임관, 자이툰 부대에 지원했다가 민사심리담당관으로 임무를 무사히 마치고 귀국했다. 아르빌에서 그녀는 자신이 맡은 기본임무 외에도 태권도 사범, 동요교사, 주부교실 등 1인 다역을 소화해 냈다.

귀국 인터뷰에서 그는 이런 고백을 했다.

"어려서부터 유명세를 탄 덕에 주위에서 많은 관심과 사랑을 받았습니다. 이곳에서 제가 받은 사랑을 대한민국이란 이름으로 주민들에게 나눠줄 수 있어 행복했습니다."

사랑으로 자란 아이들이 받은 사랑을 다른 나라 사람에게 전하고 나누는 아름다운 선순환, 이런 아름다운 순환의 모습들이 오래오래 이 땅 가운데에 있으면 좋겠다는 생각을 해본다.

사랑의 씨앗을 심는 손길에, 그것을 자라게 하시고 열매를 거두게 하시는 하나님의 은혜가 모아지고 더해지면 지금보다 더 나은 옥토가 되지 않을까?

기원을 낳고 기쁨에 겨워하시며 피득(베드로의 한문 이름: '얻음을 입었다', '주어서 얻었다'는 뜻. 곧 주님이 주신 아들로 하나님의 나라에 반석과 같은 사람이 되라는 뜻)이란 이름을 지었을 때 아버지 유계준의 마음이 그러했으리라.

하나님이 주신 생명으로 이 나라, 동포의 생명을 돌보는 일에 자신이 조금이나마 도움을 줄 수 있었음에 기원은 감사했다.

기원의 지나온 날들 중, 하나님이 함께 계시지 않았던 적이 있었을까? 기원은 의사가 된 후 기회가 주어지는 대로 의사로서의 헌신과 봉사를 아끼지 않았고 최선을 다했다. 정말 그의 삶은 의사로서 후회 없는 삶이었고, 한 인간으로서도 모든 것을 아낌없이 내어주는 그리스도인의 본이 되는 삶이었다.

그는 말년에 이르러 진정한 부활신앙을 가지고 살았다. 그의 부활신앙은 현세적 과제들과 난제들로부터 도망치는 것이 아니었다. 이 세상살이를 그리스도처럼 온전히 맛보며 살아냄으로 십자가에서 죽으시고 부활하신 분께서 그와 함께하신다는 것, 그는 그리스도와 함께 십자가에서 죽고 부활하는 것을 깨닫고 경험하며 살았다. 그리스도께서 그의 삶 한복판에 계셔서 그를 붙잡고 계셨다.

살아 계신 하나님께서 인생의 시작부터 끝까지 그와 함께 사셨고 동행하셨다. 하나님께서 자기를 믿는 모든 자에게 그렇게 하시듯이….

밤새 만든 태극기를 품고 있다가 흔들며 목이 터져라 외쳤던 대한독립만세, 일제의 강점기가 끝나고 찾아온 해방의 기쁨, 그러나 다시 시작된 동족상잔의 비극 6·25 전쟁….

전쟁이 끝난 후 혼란과 대립 속에서 일궈 낸 오늘의 발전을 목도할 수 있음은 전적인 하나님의 은혜와 돌보심이었다.

그리고 아들에게 내복을 입혀주시고 등을 떠밀어 남으로 내려보낸 후 산정현교회 마룻바닥에 엎드려 눈물로 기도하신 아버지의 희생과 헌신 때문이리라.

어찌 잊으리오.

어찌 감사하지 않을 수 있으랴!

하나님의 선하신 인도하심 속에 순종하며 묵묵히 삶의 여정을 걸어간 기원은, 1993년 7월 16일 하나님의 부르심을 받았다(1963년 제32153호 대통령 표창, 1967년 제34617호 대통령 표창 및 기장).

너 근심 걱정 말아라

고암 유기선

적벽부 파동

기선이 중학교에 다닐 때의 일이다. 일본인 선생 모리구찌에게 국어와 한문을 배우고 있었다.

중국의 명문장으로 당송 팔대가 중에서도 가장 으뜸으로 꼽힌다는 소동파(蘇軾)의 '적벽부'를 배우고 있었다.

어느 달 밝은 가을 밤, 적벽에서 뱃놀이를 하다가 지난날, 삼국시대의 조조와 주유의 적벽대전을 생각하며 지었다는 그 유명한 '적벽부'이다.

소동파는 두 달이 지난 어느 초겨울에 다시 적벽을 찾았다가 지난번과는 다른 기분으로 다른 한 편의 '적벽부'를 지었다.

소동파가 두 편의 적벽부를 짓자 후세 사람들은 가을 것을 전적벽부, 겨울 것을 후적벽부라고 부른다고 모리구찌 선생님에게 배웠다.

모리구찌 선생은 적벽부는 명문 중의 명문이므로 두 편 모두 암기하라고 했다. 학기말 시험에 출제하겠다는 것이다.

평소 소동파를 이태백, 두보와 같은 훌륭한 시인으로 생각한 기선은 친구들과 함께 대동강을 바라보며, 마치 그곳이 적벽인 것처럼 신이 나서 암기하였다.

"壬戌之秋 七月旣望 蘇子與客 泛舟遊於赤壁之下.
淸風徐來 水波不興.
擧酒屬客 誦明月之詩 歌窈窕之章.
少焉, 月出於東山之上 徘徊於斗牛之間.
白露橫江 水光接天 縱一葦之所如 凌萬頃之茫然.
浩浩乎 如憑虛御風 而不知其所止…."

"임술년 가을 7월 열엿새 날에 나 소동파는

찾아온 손과 배를 띄워 적벽(赤壁) 아래서 노니는데,
맑은 바람은 살랑이고, 물결은 잔잔하더라.
자! 이 술 한 잔 받으시게.
그대는 시경 陳風장의 달 밝은 시를 읊조리고,
나는 시경의 관저장 사랑의 노래 부르리니,
이윽고, 동산에 달이 솟아 북두견우 간에 서성일제,
하이얀 물안개는 강에 비끼고, 물빛은 하늘에 닿았더라.
한 잎 갈대 같은 배를 가는 대로 맡겨 두어,
일만 이랑의 아득한 창파를 헤치니,
넓고도 넓구나. 허공에 의지하여 바람을 탄듯하여
그칠 데를 알 수 없네."

이 모습을 한참 동안이나 지켜보시던 아버지 유계준이 다가와 물었다.
"일본 사람들은 시와 시조를 무어라고 부르더냐?"
"예, 시를 하이쿠라고 하고, 시조는 와카라고 합니다."
"그렇다면 너희들은 이등박문의 와카나 하이쿠를 격찬하며 암기할 듯한데 이등이라는 놈의 와카나 하이쿠도 잘 알겠구나. 어디 한 번 지껄여 보아라."
"…"
기선과 친구들은 신이 나서 암기할 때와는 다르게 아무런 말도 할 수 없었다.
"우리 조선을 일본에 합병시킨 원흉이 이등박문이라는 놈이요, 그야말로 우리 민족의 원수인데…안중근 의사의 애국총탄이 그의 가슴을 겨냥했다는 사실쯤은 너희도 알고 있을 터인데…"
아버지의 말씀이 무슨 뜻인지 알 길이 없어 서로 얼굴만 멀뚱멀뚱 쳐다보고 있었다.

"소동파의 '적벽부'를 가르치는 선생이 누구냐?"

"모리구찌라는 선생입니다."

"음, 일본인 선생이로구나. 그러니까 소동파를 훌륭한 사람으로 너희에게 가르쳤겠고, 시험에 낸다고 주입식으로 외우게 한 것이구나."

아버지는 한참이나 말없이 계시다가 차분히 말씀을 이어가셨다.

"우리나라 사람 중, 글줄이나 읽었다고 자부하는 사람들 중에 '임술지추 칠월기망'(壬戌之秋 七月旣望)이란 문구를 모르는 이가 없을 정도로 이 '적벽부'의 저자 소동파는 잘 알려진 사람이다."

"자기가 지식인이라고 아는 척 좀 하는 사람들 중에 소동파를 존경하고 좋아하는 사람도 있겠지만, 이 소동파와 우리 민족의 관계를 바로 알아야 한다."

"일찍이 고려에서 국서를 보낼 때에 송나라 연호를 쓰지 않았다고 눈을 부릅뜨고 호통을 치며 우리나라의 국서를 물리친 자가 소동파였다. 또 고려를 오랑캐라고 부르고 금수와 같다고 하며, 귀중한 서적은 보내지 말라고 하던 자도 소동파 바로 그 자였다. 그가 너희들이 그토록 극찬하며 암기하는 시의 저자 소동파란 말이다. 우리 민족에게 냉대와 멸시, 능욕밖에 준 것이 없는 소동파이건만 우리 민족은 무슨 까닭에 동파밖에 없는 듯이 동파의 글만 읽는 줄 모르겠단 말이다. 너희들이라도 바로 알아야 한다."

"우리 중에 우리 민족을 욕하고 능욕하던 소동파의 글을 부채에 적고 병풍에 붙이며 좋아라 하는 얼빠진 인간들이 있단 말이다. 우리 민족을 우습게 여겨 침 뱉고 욕하고 온갖 멸시를 다했던 자를 오히려 존경하고 사모하고, 또 그의 글을 애독하며 부끄러운 줄 모르는 한심한 사람들이 있다. 그러니 아직 젊은 너희가 역사를 올바로 배우고 익혀서 바로 알고 바로 가르쳐야 하지 않겠느냐?"

고려에 대한 소동파(蘇軾)의 인식은 그가 송나라 조정에 올린 7편의 주의문(奏議文)을 통해서 알 수 있다.

그는 고려에 서적 수출금지를 요구하고, 송나라 신종이 제정했던 긴밀하고도 밀접한 외교관계에 반대했다. 고려에 대한 소동파의 태도는 정치, 군사, 외교상 매우 국수주의적이고 편파적이었다.

아버지는 역사적 사실을 통해서 일본인 교사의 의도를 깨우쳐준 것이다.

기선과 친구들은 얼굴이 붉어졌다. 몸 둘 바를 몰랐다.

그제야 아버지가 이등박문의 와카를 지껄여 보라고 하신 뜻을 알 것 같았다.

이것이다. 기선의 몸과 머리, 가슴속에 깊게 각인된 아버지의 가르침은 민족의 자긍심이었다. 우리의 것이 소중하고, 우리 민족이 소중하다는 것이었다. 올바르게 가르쳐야 하고 올바르게 배워야 함을 몸소 깨우쳐주신 것이다.

아버지의 그런 성향은 하나님을 믿고 따르는 데에도 한결같으셨다. 하나님만이 우리의 유일한 구주가 되시기에 신사참배도, 창씨개명도 아버지에게는 통할 수 없는 일이었다.

하나님 아버지를 모시고 사는 사람들은 나라를 사랑하는 일에도 앞장서는 모범을 보여야 한다는 게 아버지의 철학이었다. 그래서 그 위험한 독립신문 배포도 꾸준히 하신 것이다.

김예진 선생을 피신시킨 것도, 은밀하게 독립자금을 보낸 것도, 숭인학교의 이사장으로 헌신한 것도 모두 같은 맥락이었다.

하나님 사랑, 이웃 사랑, 나라 사랑….

그런 아버지를 가장 많이 빼닮은 아들이 셋째 유기선이다.

큰 만남 - 도산 안창호

도산 안창호 선생

1936년 여름 어느 날이었다. 기선의 발걸음은 나는 듯하고 심장은 쿵쾅쿵쾅 방망이질을 해댔다. 도대체 무슨 영문일까?

기선의 발걸음은 삼각정에 있는 중앙호텔로 향하고 있었다.

주변에는 무슨 영문인지 일본경찰들이 깔려 있었다. 잠시 후 걸음을 멈추고 숨을 가다듬었다.

똑똑 문을 두드렸다. 호텔 주인 김병찬 씨가 나와서 물었다.

"학생인데 선생님을 뵈어도 괜찮겠습니까?"

"어쩌면 곤경에 처할 수도 있는데…."

"예, 괜찮습니다. 저에게 무슨 일이 일어나도 선생님을 꼭 뵈어야 합니다."

감시하고 있는 형사 따위는 눈에 들어오지도 않았다.

문이 열리자 빙그레 웃는 얼굴로 서 계신 분이 보였다. 고매한 인격과 어딘지 모를 위엄이 넘치는 분, 기선의 손을 잡아주시며 "내가 여기 있는 것을 어떻게 알았니?" 하고 사랑하는 제자를 대하시듯 다정다감하게 말씀하시는 분, 그분은 기선이 꿈속에서나 그려보던 도산 안창호 선생님이셨다.

도산 선생은 나라 잃은 수많은 젊은이들에게 희망의 등대요, 용기의 원천이었다.

기선은 청소년 시절에 삶의 길잡이로 충무공 이순신 장군과 도산 안창호 선생을 흠모하여 발자취를 더듬으며 지표로 삼은 터였다.

아버지 유계준 장로는 도산 선생의 형인 안치호 장로와 우의가 매우 두터워서 자녀들의 혼사를 논의할 정도였다.

기선은 아버지의 함자를 말씀드리며, 안치호 장로님을 어렸을 때부터 가까이 모시고 있어서 잘 알고 있었다고 말씀드렸다. 그러자 도산 선생님은 더욱 반가워하시며 지금 세브란스병원에 가는 길이니 함께 가자고 말씀하셨다.

이미 선생님을 감시하는 일경들이 따라 붙었지만 개의치 않고 함께 걸으며 말씀을 듣게 되었다. 진료실에 도착해서 그는 도산 선생의 면모를 알 수 있는 놀라운 경험을 하게 되었다.

도산 선생은 진료실 문을 닫아 달라고 부탁하셨다. 기선은 자기 귀를 의심했다. 이처럼 삼복더위에 문을 전부 닫으라니 잘못 들은 것은 아닐까? 귀를 의심하지 않을 수 없었다. 문을 모두 닫자 진료실은 찜통이 되고 말았다.

문이 모두 닫힌 것을 확인한 도산 선생은 "으흐윽! 으흐윽!" 하고 트림을 길게 내뿜으셨다.

그리고 문을 닫은 이유를 말씀하셨다.

"옆방이 미국인 의사의 방이야. 내가 감옥에서 얻은 위장병 때문에 트림이 자주 나오는데, 트림은 게으름의 표현이라 외국인에게 단점을 보이기 싫어서 문을 닫은 것일세. 혹시 옆방에 들리지 않았겠지?"

'아하! 이것이 도산 선생의 정신이구나!'

도산 선생은 기선에게 말씀하셨다.

"낙망은 청년의 죽음이요, 청년이 죽으면 민족이 죽는다."

어떠한 역경에서도 낙망하지 말고 용기와 희망을 가지라고 타이르셨다.

이 사건은 비록 짧은 시간에 일어났지만 기선은 큰 충격과 가르침을 얻었다.

그 후로 기선은 도산 선생의 가르침을 언행의 지침으로 삼았다.

피 끓는 청년

전화벨 소리가 요란하게 울렸다.
"기선군인가? 나 오 장로야."
"예, 장로님! 웬일이십니까?"
"지금 곧 우리 집으로 오게, 지금 바로…."
"예, 장로님! 무슨 급한 일이라도 있습니까?"
"응, 와 보면 알 걸세."

오윤선 장로

오윤선(1878-1950) 장로는 평남 대동군 고평면에서 출생하여 한학에 능통했으며, 숭인, 숭덕, 숭현학교 운영에 큰 기여를 했다. 그는 철저한 민족주의자로 빼앗긴 나라의 국권회복은 인재양성에 있다고 생각하여 육영사업에 매진하였다.

1922년에 장로로 장립을 받고 물산장려운동, 백선행기념관사업, 인정도서관사업, 평남건국준비조직에 이르기까지 사회사업과 교육사업에 앞장섰으며, 1945년 해방을 맞으면서 조만식과 함께 정치일선에 뛰어들었다.

8월 17일, 조만식을 위원장으로 조선건국준비위원회가 결성되었을 때, 모임 장소는 오윤선 장로의 집이었다. 오윤선 장로는 산정현교회의 장로로 신실한 하나님의 종이었다. 광복 직후 조만식 장로와 함께 평안남도건국준비위원회를 구성하고 위원장은 조만식 장로, 부위원장은 오윤선 장로가 맡았다. 그 후 1945년 11월 3일 조선민주당을 창당한 후 반탁운동을 전개하였다. 오윤선 장로는 공산당에 체포되어 순교하셨다는 점에는 의심의 여지가 없지만 마지막 순교의 정황을 증언할 수 있는 자료가 확인되지 않아서 미제로 남겨 둔다.

기선이 오윤선 장로님 댁으로 달려가니, 오 장로는 문 밖에서 서성이며 기다리고 있었다. 그를 보자 반가워하며 으슥한 방으로 데리고 갔다.

그리고 김동원 장로가 주 목사님 사표를 받으러 왔던 이야기를 아직도 가라앉지 않은 흥분된 어조로 전해 주었다.

"유(계준) 장로와 김(동원) 장로 사이에 싸움이라고 해서 아들 된 유 군을 부른 게 아니라는 걸 먼저 분명히 알아 두었으면 좋겠네. 우리 교회에 시험이 들어오니까, 청년회 회장이 청년으로서 할 일이 무엇인지를 생각해 보라는 뜻에서 부른 것일세. 나와 조(만식) 장로는 학교 일을 위시해서 여러 가지 일을 협력해야 하는 게 있어 하고 싶은 말을 못하였네만, 자네 아버지는 김 장로를 쳐부숴 버리려고 일어나기까지 했기 때문에, 김 장로가 모욕과 망신을 당하고 나가 버렸지. 어쨌든 잘했어. 통쾌해."

오윤선 장로로부터 이야기를 전해들은 기선은 피가 거꾸로 솟는 것 같았다. 자신도 모르게 주먹을 쥐고 부르르 떨고 있었다.

"장로님, 김 장로는 성령세례보다 주먹세례부터 먼저 받아야 되겠습니다. 어디로 가면 김 장로를 만날 수 있을까요?"

"내 알아보고 전화로 알려주지."

몇 시간 뒤, 아버지가 부르셨다.

"기선아, 김 장로를 찾아서 얼마나 두들겨 줄 생각이냐? 그런 철없는 행동은 금물이다. 내가 그자를 다루는 방법과 네가 그자에게 주먹세례 주는 것은 근본적으로 다르단 뜻이다."

"주 목사님 사표 문제로 내가 김 장로와 다투었는데, 그 아들이 김 장로를 인사불성으로 만들어 놓았다는 소문이 나게 되면 내 인격은 뭐가 되며, 너는 위아래도 없고 교양 없는 사람이 되어 아버지 편만 들다가 혈기를 부린 것밖에는 되지 않는다. 이건 하나님의 영광을 가리는 것은 물론, 문제의 본질을 흐리게 할 뿐이다. 너는 모르는 일로 해야 한다. 오 장로는 이런 사소한 것을 네게 말했단 말이냐. 쯧쯧쯧."

왜경은 주 목사를 평양에서 쫓아내려고 갖은 방법을 썼다. 김동원 장로를 이용해 사표를 받아내려다가 실패하자 의성농우회사건에 주 목사가 관련된 것같이 조작하여 의성경찰서로 압송했다.

농우회는 1930년대 평양장로회신학교 학생들이 자기의 고향에서 농촌계몽을 하기 위해 만든 농촌연구회였다. 농우회를 중심으로 야학을 열었고, 농사개량 등 다양한 활동을 펼쳤다.

의성농우회사건은, 1938년 6월 농우회를 통해 청년운동을 하고 있던 유재기 목사를 비롯하여 반일사상을 가졌다고 의심되는 교회지도자들을, 조선의 독립을 도모한다고 체포한 사건이다.

주 목사는 유치장에서 7개월 동안 갖은 고문과 시달림을 받았으나 아무 관련 없음이 드러났다.

그 후 대구경찰서로 보내지고, 산정현교회로 주 목사를 인계해 갈 교회대표를 보내라는 연락이 왔다.

1940년 2월 첫 주일 아침 6시, 주위는 아직 컴컴하고 어두웠다. 새벽 미명의 찬 공기를 가르고 그 속에서 알아볼 수 없을 정도로 야위신 주 목사님과 목사님을 부축한 유계준 장로가 평양역에 나타났다.

일제강점기 평양역

기다리고 있던 많은 성도들에게 손을 흔들며 나오시는 모습을 보자 누가 시작했는지 모르게 찬송이 시작되었다. 어두웠던 평양역이 주님의 임재와 영광으로 밝아 오는 것이 느껴졌다.

"내 주는 강한 성이요 방패와 병기 되시니
큰 환란에서 우리를 구하여 내시리로다
옛 원수 마귀는 이때도 힘을 써 모략과 권세로
무기를 삼으니 천하에 누가 당하랴."

우리 주님께서 강한 성과 방패가 되어 주셔서 그 끔찍한 고문의 고통에서 목사님을 지키신 것에 성도들은 감사하지 않을 수 없었던 것이다.

환호의 기쁨과 감격의 눈물로 범벅이 된 성도들의 손을 일일이 잡아주며 나오시는 주 목사님의 모습은 개선장군 같았다. 세상에서 호령하는 장군과는 아주 다른 모습이었지만….

이것이 목사님께서 세 번째 구속되었다가 석방되어 교회로 돌아오는 길이었는데, 이 모습을 지켜보는 왜경들의 분노의 눈길을 보면서 기선은 곧 4차 구속이 있을 거라 짐작할 수 있었다.

기선은 일경의 눈을 피해 주 목사님을 따로 모시고 그간의 일들을 자세히 말씀드렸다. 주 목사님은 기선의 손을 힘있게 잡으며 말했다.

"유 선생, 나는 김동원 장로와 면회했던 적이 없습니다. 장국 한 그릇과 사과 몇 알이라니 놀라지 않을 수 없습니다. 장국 한 그릇이 그립고 사과 몇 알에 애착이 간다면 내가 이 가시밭길을 갈 수 있겠습니까?"

"김 장로님이 아마 시험에 들기 시작하신 모양입니다. 우리가 더욱 기도해야지요. 이 모든 것은 고등경찰의 간교일 겁니다. 나는 그동안 있었던 일들에 대해 도무지 모르는 것으로 대할 테니, 유 선생은 특별히 청년들이 이런 허무맹랑한 이야기를 알지 못하도록 노력해 주세요. 청년들이 알게 되면 김 장로에 대한 분노가 폭발할 것이고, 그렇게 되면 완전히 사탄의 시험에 빠지게 됩니다. 경찰 당국이 내 사표를 받기 위해 강요했을 것으로 짐작이 됩니다."

기선은 김 장로의 흉계를 파악하고는 머리털이 꼿꼿이 서는 것을 느꼈다.

'그때 주먹을 날려 정신 바짝 들게 패주었어야 하는 건데….'

김동원 장로는, 주 목사가 석방되지 못할 것으로 짐작하고 연출했던 위장 드라마가 3차 석방으로 백일하에 들통 날 것을 두려워하여, 자기 부인 박 집사를 시켜 주 목사 부인을 비롯한 여 집사들을 자기 집으로 초대했다. 그간의 일들을 무마하기 위함이었다.

주 목사님의 부인 오 집사가 유계준 장로에게 찾아와 그 초대에 응해야 하는지에 대해 물었다.

"그 추잡한 행동으로 보면 괘씸하지만 모른 척하고 참석하는 것이 좋을 것 같은데요."

"저도 장로님의 생각과 같습니다. 사탄의 노예가 되지 않도록 기도하며 힘써 노력하겠습니다. 그럼 여 집사님들과 다녀오겠습니다."

성도들은 겉으로 내색하지 않고 지혜롭게 대처했지만, 그 후로 김 장로 가정은 양심의 가책을 느꼈는지 교회 출석을 하지 않았다.

김 장로는 1940년 8월 21일 경성복심법원(현, 서울고등법원)에서 수양동우회 사건으로 징역 3년을 언도받아 체형에 처해졌으나, 1941년 11월 17일 경성고등법원(서울대법원)에서 수양동우회 사건에 연루된 전원을 무죄 판결함으로 석방되었다.

그는 105인 사건에도 연루되었고, 초기 애국계몽운동 및 독립운동에 관여한 것도 사실이었다. 하지만 수양동우회 사건 이후로 변절하여 창씨개명을 할 때에도 솔선수범하여 '가네오까 히가시모토'로 창씨개명을 했고, 학도지원병 모집에도 솔선수범하여 각 가정을 가가호호 방문하여 전쟁에 나가도록 권유했다.

1948년, 대한민국정부 수립에 관여하여 제헌의원에 당선되었고 국회부의장으로 활동하였다.

유계준 장로는 "인물의 인격을 평할 때는 그의 무덤 앞에서 논평하라"고 말했다.

김동원 장로의 무덤 앞에서 무엇이라고 그의 인물됨을 평가할 수 있을까?

그는 애국계몽가, 교육가, 사업가, 정치인 등 다양한 얼굴로 비쳐진다. 처음에는 민족주의자로 신민회, YMCA, 수양동우회 등 독립운동에 투신했으나 친일로 변절하여 산정현교회의 역사 속에 오점을 남긴 인물이다.

내 목사야! 니 어디 가노…

1940년 4월 23일, 신앙이 돈독하고 의지가 강했던, 그래서 경찰 당국의 감언이설이나 협박에도 굴하지 않았던 초로의 사찰 오선영 집사님의 두드림이 다급했다.

"장로님! 어서 교회로 가십시다. 지금 고등계 형사 6명이 목사님을 연행하겠다고 사택으로 왔습니다."

가보니 형사들이 교회 뜰에서 주 목사를 에워싸고 있었다. 그 틈을 비집고 유계준 장로와 기선이 들어갔다. 그리고 주 목사님을 감쌌다.

무슨 일이냐고 묻자 마에다 형사부장은 상부의 지시라며 무작정 끌고 가려고 했다. 주 목사님은 집에 노모가 계시니 잠시 인사드리고 가겠다고 하는 중이었다.

유계준 장로는 형사들에게 목사님의 말씀이 지당하시다며 목사님을 방으로 인도하였다. 형사들은 빨리 나오라고 재촉했다. 방으로 들어온 주 목사는 노모(조재선, 당시 79세)에게 공손히 절을 하셨다.

"어머니! 우리 하나님 앞에 같이 기도드립시다."

주 목사, 오정모 집사, 노모, 유계준 장로, 유기선, 이렇게 다섯 사람이 무릎을 꿇고 머리를 숙였다.

기선은 그의 회고록 《황혼의 명상》에서 이렇게 고백하고 있다.

"이때의 주 목사님의 심정은 겟세마네 동산에서 십자가를 지시기 전 피와 땀을 흘리시며 기도하시던 주님의 심정과 비슷하였으리라고 생각된다. 늙으신 어머니와 몸이 약한 아내며 어린 아들들과의 마지막 작별로 생각되셨고, 네 번째 구속이니 이것이 마지막 구속이 될 것을 영감을 통하여 느꼈음인지, 그날의 주 목사님의 기도는 나의 생애에 전무후무한 은혜의 기도요, 폐부와 골수를 쪼개는 감명 깊은 기도였다.

육친의 정을 초월하여 진리를 수호하고, 하나님의 영광이 세상의 권력 앞에 가려지지 않고 무릎을 꿇지 않도록, 자기 몸으로 막고 화살을 가슴으로 받고자 하는 주 목사님의 성스럽고 용감한 자세는 나에게 큰 감명이 아닐 수 없다.

바울 사도는 삼층천에 올라간 것 같다고 하였거니와, 그날의 나는 내가 하늘에 떠 있는지 땅 위에 있는지 분간할 수 없으리만큼 삼층천에서 기도하고 있는 기분이었다. '아멘' 소리와 함께 머리를 든 우리는 경찰이 불쌍한 벌레같이 보였고 장차 멸망할 일본 제국주의가 오히려 가련하게 보일 뿐이었다."

"어머니, 안녕히 계십시오."
"여보, 어머니와 어린 것들을 부탁합니다. 당신 몸도 잘 돌보고."
"유 장로님, 교회를 부탁합니다."
"유 선생, 청년들을 잘 보살펴주세요. 부탁합니다."
문을 나선 주 목사님이 형사들을 향해 말했다.
"자, 갑시다."
형사들은 바로 주 목사님을 에워싸고 산정재 언덕을 내려갔다. 마치 겟세마네 동산에서 로마 병정들과 바리새인의 하속들에게 끌려가시던 예수님의 모습과 비슷했다.

허리가 구부러진 백발의 노모가 맨발로 따라 나오시며 소리쳤다.
"내 목사야! 니 어디 가노, 나를 두고 어디 가노…."
눈물로 따라 나오는 어머니를 일본 형사들은 인정사정없이 밀쳤다. 노모는 그대로 돌짝밭 언덕에 쓰러졌다.
이것이 기선이 이 땅에서 본 주기철 목사의 마지막 생전 모습이었다.

우리 목사님, 승리하셨습니다

1944년 4월 21일, 목사님이 잡혀가신 후 4년의 세월이 흘렀다. 주 목사님의 부인 오정모 집사가 유계준 장로를 찾아왔다.

"장로님, 방금 목사님을 면회하고 오는 길인데요. 목사님께서 하나님께 가실 시간이 가까워 오는 것 같습니다. 오늘은 혼자 걸어 나오지 못하고 교도관들에게 부축 받아 겨우 나오시더군요. 저에게 시어머니와 어린 자녀들을 부탁하셨고요, 장로님들에게 산정현교회를 믿음의 반석 위에 굳건히 설 수 있도록 부탁드려 달라고 하시고는 들어가셨습니다. 저는 오늘 철야기도를 할 생각이에요."

이 말씀을 들은 유계준 장로는 침통한 표정을 금할 수 없었다.

"우리 교회가 놈들의 손에 의해 폐쇄당하지만 않았어도 오늘밤 온 교우들이 함께 모여 합심기도를 드렸으면 좋으련만…. 정말 안타깝습니다. 이 사실을 아는 가정만이라도 철야기도를 하도록 합시다."

기선의 가정은 그날 철야기도에 들어갔다.

주기철 목사와 오정모 사모

이튿날인 22일 토요일 낮에 오 집사님이 또 오셨다.

"장로님, 우리 목사님이 승리하셨습니다. 제가 어젯밤 기도를 하는데, 이상한 느낌이 들어 오늘 아침 일찍 형무소로 가서 면회신청을 했습니다. 원칙상 어제 면회하였기 때문에 오늘은 면회가 안 되기에 의복을 차입하는 것처럼 준비하여 갔는데, 저들이 어쩔 줄 몰라 하며 과장들과 의논을 하는 거예요. 이상한 분위기인 것 같아 제가 웃으면서 일본말로 '우리 목사님 돌아가셨지요?'라고 하니, 그들의 긴장하였던 얼굴이 풀어지며 사실 어젯밤 9시에 돌아가셨기에 이 의복 차입을 받을 수가 없고, 부인께 말씀드리자니 충격 받을 것 같아서 망설이고 있었다는 겁니다. 제가 시체를 인수하겠다고 하니 형무소 규칙상 24시간 후에 오라고 하기에 24시간 후면 주일이니 오늘 인수하겠다고 나오지 않는 웃음을 지으며 이야기를 하니, 오늘 오후 6시 이후에 북문 앞으로 오라고 하여서 그러겠다고 하고 지금 오는 길입니다."

아버지 옆에 서서 이야기를 듣던 기선은 몸이 점점 굳어지는 것을 느꼈다.

몸은 굳어지는데 몸속에서 뜨거운 무엇인가가 솟구쳐 오르고, 목구멍은 더 뜨거워지고 메이는데 의도하지 않은 눈물은 끊임없이 흘러내렸다.

'남편이 죽었다는데 어찌 웃으며 그것을 확인할 수 있는가! 교도소에서 고통만 당하다가 맞은 죽음을 어떻게 승리했다고 할 수 있는가!'

"우리 목사님, 승리하셨습니다! 우리 목사님이 승리하셨습니다!"

하염없이 눈물을 흘리며 고백하는 오 집사의 얼굴엔 억울함도, 분함도, 원통함도 보이지 않았다.

흐르는 눈물 속에 환하게 웃는 그녀의 모습은 세상에서 얻을 수 없는 기쁨과 평안을 간직한 진정한 승리자의 모습이었다.

아버지는 기선에게 오 집사님을 모시고 형무소 북문에 가서 목사님 시신을 인수하여 강제로 이사시킨 평양경찰서 고등계 형사네 집 웃간방(윗방의 사투리)으로 오라고 하셨다. 그리고 아버지는 사후 대책을 의논하러 오 장로님 댁으로 가셨다.

기선은 인부 한 사람과 손수레를 가지고 형무소 북문에서 기다렸다. 어둠이 대지에 깔려 조용히 내리고 있을 때 일본말로 "주기철 시체를 인수하시오" 하는 소리가 들려왔다.

조그만 쪽문이 열렸다. 당시 일본인들이 사용하던 무시로(거적)로 싸고 새끼줄로 둘둘 감은 관이었다.

인부와 마주 들어 정중하게 모셨다. 인부는 수레 앞에서 끌고 기선은 뒤에서 밀며 상수리 평양고등보통학교 정문 앞에 있는 평양경찰서 고등계 형사네 집 뜰까지 운구하였다.

주 목사님의 관은 밀감상자 나무로 어리가리하게 주워 모아 만든 엉터리 관이었다. 속에는 짚북데기가 깔려 있었다.

목사님은 그 짚북데기 위에 하얀 바지저고리를 입고 누워 계셨다.

피골이 상접한 하얀 얼굴에 콧수염과 턱수염…. 겟세마네에서 기도하시던 예수님의 모습 같아 보였다.

기선이 목사님의 얼굴을 하염없이 바라보고 있을 때 노모가 맨발로 뛰어 나오셨다. 관 속에 누워 있는 아들의 콧등을 잡고 흔들며 통곡하셨다.

"내 목사야, 내 목사야, 니 어찌 이래 됐노! 누가 우리 아들을 여기 눕혀 놓았노! 내 아들아, 아들아!"

오장육부가 녹아 나오는 울음이었다.

온 교인들도 더 이상은 참지 못하고 봇물 터지듯 눈물을 터뜨렸다.

기선도 창자가 끊어지는 아픔을 느꼈다. 참을 수 없이 북받치는 슬픔과 심장의 피가 역류하는 것 같은 분노가 함께 어우러져 땅을 치며 통곡을 했다.

고등계 주임은 장례식을 엄금한다는 통보를 보내왔다. 조용히, 아주 조용히 공동묘지에 매장하라고 했다. 만일 이를 어기고 장례식을 거행한다면 사회자를 비롯하여 장례에 관련된 모두를 구속하겠다고 했다.

그러나 산정현의 삼총사인 유계준, 오윤선, 조만식 장로는 그깟 통보에 꿈쩍도 하지 않았다.

주기철 목사 장례식

사회는 유계준 장로가 맡았다. 당회원은 소감투와 베두루마기로 상복을 입었다.

권사와 여 집사들은 베수건과 베치마를 입었다. 남 집사들은 소감투와 베완장으로 통일하도록 했다. 상복 문제는 이렇게 결정지었다.

장례식은 평양고등보통학교 정문 앞 대로에서 성대하게 거행하기로 했다. 신자, 불신자를 막론하고 이 소식을 들은 사람들로 평양고보 앞 대로는 인산인해를 이루었다.

일본 경찰도 사람들을 해산시키지 못하였다. 위협만 하고 있었다. 믿지 않는 사람들까지 주 목사님의 장례에 참석하였다. 일본의 강압에 굴종하지 않은 작은 몸집, 믿음의 거인을 본 것이다.

힘없는 나라, 아무런 저항도 없이 죽어 간 목사의 장례를 지켜 본 왜경들은 무슨 생각을 했을까?

하나님만 섬기기 위해 신사참배를 하지 않은 목사가 자신들에 의해서 처참히 죽어 간 것을 보고 뉘우치기는 했을까?

장례식장에 모인 수많은 인파들을 보면서 저들은 또 무슨 생각을 했을까?

주기철 목사님은 시신으로도 하나님께 영광을 돌렸다. 장례식이 끝난 후 사회자였던 유계준 장로가 평양경찰서에 연행되어 취조를 당한 것은 불문가지의 일이었다.

기선은 주기철 목사의 기록 중 바로 잡고 싶은 부분이 있다고 했다. 왜냐하면 주 목사님은 한 시대의 역사적 인물이 되었고, 역사는 객관성이 있어야 하기 때문이다.
한 인물의 위대성을 강조한 나머지 진실이 아닌 허구로 위장되었을 때 일시적 효과를 노릴 수는 있으나, 진실이 아닐 때 그 인물을 도리어 욕되게 하며 역사적 가치조차 없게 만드는 일이 되기 때문이다. 바로 잡아야 할 기록은 세 가지다.
첫째는, 주 목사님의 독살설이고, 둘째는 조만식 장로님과의 일화, 셋째는 오정모 사모에 관한 예화다.

기선은 자신의 회고록에서 이렇게 이야기하였다.

"주 목사님에 관한 전기나 일화, 또는 영화 등으로 말할 수 없는 노고를 아끼지 않은 문필인들과 예술인들에게 경의와 감사를 드리는 바이다. 그러나 그분들이 소재를 수집하고 다른 사람의 말을 듣는 과정에서 사실과 거리가 먼 소재와 말을 들을 수 있는 개연성이 있기 때문에 본의 아닌 오류가 생기게 마련이다.
나는 주기철 목사께서 1936년 7월 1일 산정현교회로 부임해 오신 후, 1944년 4월 21일 순교하신 날까지 7년 9개월 동안 누구보다 주 목사님을 지척에서 모셨고, 조석으로 상면할 정도로 공·사적으로 관계를 가졌으므로 대소사를 막론하고 전기에 수록될 만한 일이나 영화에 방영될 만한 사실은 정확히 알고 있다고 자부한다. 사소한 것은 말할 것 없고 큰 사실 중에 나타난 오류만은 반드시 시정되어지기를 바라는 바이다."

독살설에 대하여

어느 날, 병원 진찰실로 여러 분의 훌륭하신 목사님, 장로님들이 나를 찾아와 이런 말씀을 하셨다.

"주기철 목사님이 형무소에 계실 때 일본인이 목사님의 신열을 해열시켜 준다는 구실로 살인 주사를 놓아서 살해해 버렸다고 하는데, 이것이 사실이면 우리 노회에서 일본정부에 정식으로 항의하려고 합니다. 유 장로님은 평양에 계실 때 산정현교회 청년회 회장으로 계셨고, 주 목사님 시신을 직접 받아 오신 분이라는 말을 들었기에, 장로님께 최후로 확인 받고 노회적으로 가결지어 정식 항의하려고 합니다."

나는 그분들이 내방하신 뜻을 알았다.

"독살하였다는 증거가 있습니까? 국제간의 항의는 객관적인 사실과 과학적인 증거가 있어야 합니다. 아니면 오히려 국제적으로 망신을 당합니다. 명확한 증거가 있으면 국제적으로 크게 취급해 봄이 좋겠지요."

그랬더니 확증을 보여주겠다며 어떤 여사께서 쓰신 책 중 주 목사님에 관한 부분을 보여주었다. 그 글에는 이렇게 쓰여 있었다.

"주 목사님은 나에게 큰 도움이 되었고, 나도 그에게 적지 않은 위로가 되었다. 일 년 동안 한 모든 이야기를 책으로 써도 한 권이 될 것 같다. 그런데 그가 몸에 열이 나셨을 때 의무과장을 출장 보내고, 일본인 조수를 시켰는지 조수 자신이 스스로 그러한 발악을 했는지 정확히 알 순 없지만, 살인 주사를 놓아서 목사님의 열을 낮게 해드린다는 구실로 살해해 버렸을 때 나는 몹시 울었다(이하 생략)."

내방하신 분들에게 내가 말했다.

"활자화한 글이라는 것이 얼마나 큰 영향력을 가지고 있는지에 대해 놀라지 않을 수 없습니다. 이 책의 저자에게 직접 문의하셔서 과학적 증거가 있는지 알아보시지요. 나의 견해는 주 목사님은 한 방울의 피가 마를 때까지, 마지막 에너지가 소진될 때까지 투쟁하시다가 기진맥진하신 끝에 자연사하신 것으로 생각합니다."

나는 다음과 같은 이유로 목사님의 죽음이 자연사로 본다고 결론짓는다.

1. 일본 고등경찰은 국내외적으로 영향을 미칠 만한 사상범이나 종교범을 독살하지 않는다.

일본경찰은 원칙적으로 옥사 시키지 않고 자연사한 것같이 보이기 위해 병보석 형식으로 출감시켜 사망케 하는 것이 그들의 정책이었고, 옥사 시킬 경우에는 공연히 잔인하고 혹독한 식민정책이라고 국내외적으로 지탄을 받기 때문에 이 방법을 피하였다.

실례로 도산 선생께서 간경화증으로 복수가 차서 거의 회생할 가망이 없게 되자, 당시 경성제대 병원(현, 서울대 부속병원)에 입원 가료시켜 적극적으로 치료에 협력하는 것처럼 위장하였던 일과, 최봉석 목사께서 거의 회생 불능 상태에 계실 때 평양 연합기독병원에 입원시킨 것 등은 그네들의 사상범에 대한 취급 방법을 보여주는 좋은 예라고 생각된다.

2. 의학적으로 독살된 시체에는 독반이 나타난다.

주 목사님의 입관예배를 드리기 전에 시신을 약물로 깨끗하게 씻기고 좋은 수의로 갈아입혀 드렸는데, 이 일은 오정모 집사가 주로 하셨고 내가 조수로 도와드렸다. 그때 목사님의 시신은 아무런 독반이 없이 깨끗했고 하얀 피부로 극도의 영양실조 상태에 있었다.

3. 모리 검사장의 증언이 있다.

해방이 되자, 나는 청년들과 함께 주 목사님 문제에 가장 주도적인 지휘를 했던 모리 검사장과 평양경찰서 고등계 주임 시미즈가와 유타로오를 잡으러 다녔다. 모리는 얼마나 교활하고 잔인하게 사상범을 다루었던지 그의 별명이 오니겐지(악귀와 같은 검사)라고 불렸다. 그자에게 걸린 사상범들은 거의 죽어 나갔다. 이자를 체포하러 관사를 샅샅이 뒤졌지만 찾을 길이 없어 애를 먹다가 마지막으로 뒤진 방공호 속에서 물에 빠진 생쥐 꼴을 한 그를 발견하고 잡아냈다.

그동안의 울분을 무수한 구타로 약간 풀고 나서 주 목사님의 죽음에 관해서 자세히 심문했다. 그는 손을 싹싹 빌면서 모든 것을 사실대로 말할 테니 고문만 하지 말아 달라고 애원했다. 좋다고 하고 "목사님을 너희가 어떻게 죽였느냐? 바로 말하지 않으면 모리 너는 내 손에 죽는다"고 으름장을 놓았더니 말하기를, "우리 고등검찰이나 경찰은 사상범을 옥사시키는 졸렬한 방법은 절대로 쓰지 않는 것이 철칙처럼 되어 있어서 죽어야 될 자도 자연사 형식을 취하게 하기 위하여 병보석으로 나가서 죽게 하는 방법을 써왔는데, 주기철 씨는 뜻밖에 옥사하였으므로 당시 책임자를 문책하였을 정도였다"라고 증언했다.

또 시미즈가와 유타로오라는 평양경찰서 고등계 주임을 잡은 후 주 목사님의 최후에 대해 신랄하게 심문한 결과 그 대답이 모리 검사장의 대답과 동일하였다. 나라가 망하고 자기의 생명이 백척간두에 섰을 때의 인간은 사실대로 실토한다고 생각한다. 그래서 모리와 시미즈가와의 말은 참고할 여지가 있다고 생각되었다.

4. 정치적으로 볼 때 주 목사님을 살해할 아무 이유가 없다는 것이다.

주 목사님은 일본 제국주의를 타도하고 한국의 독립을 위해 활약하던 독립운동가로 구속된 게 아니라, 신앙의 절개를 끝까지 지키겠다는 신앙의 사람이었다. 구속된 까닭도 신사참배를 하지 않겠다는 신앙의 문제인데, 이는 1938년 9월 10일에 주 목사님이 소속되어 있던 장로교 총회에서 가결지음으로 고등경찰의 정치적 목적은 이미 6년 전에 달성된 셈이다. 남은 문제는 주 목사님이 산정현교회 목사직은 사면하지 않고 자신은 일사각오로 신앙의 절개를 지키겠다는 것뿐이다.

신사참배를 거부한 목사를 석방시킬 수 없어서 구속해 둔 것이지 그 밖의 다른 이유는 없다.

5. 4월 21일 오전에 면회를 갔을 때에 이미 극도의 쇠약한 모습으로 혼자의 힘으로는 걷지 못하는 상황이었다.

본인도 이를 알고 하나님 곁으로 갈 시간이 다가온 것 같다고 최후의 말씀까지 하셨는데 무엇 때문에 독살을 하겠는가?

이상의 여러 가지 점들을 미루어 보아 나는 독살설에 수긍할 수가 없고 자연사로 결론짓는다고 말씀드렸더니, 내방하셨던 목사님과 장로님들도 동감이라고 하시며 돌아가셨다.

조만식 장로님과의 일화에 대하여

1980년, 나는 미국에 있었다.

그런데 그곳에서 발간하는 한국신문 미주판을 보고 적지 않은 충격을 받았다. 장○○라는 목사님의 이름과 사진이 게재되어 있었고, '목사의 권위'라는 제목 하에 장문의 글이 실려 있었다.

그 글을 다 옮길 필요는 없고 내가 충격 받은 대목만 옮겨 보려고 한다.

〈1980년 6월 17일 모 신문 게재〉

(전략) 순교하신 주기철 목사님과 그 교회 조만식 장로님의 사이에 있었던 일이다. 주일날 예배 시간에 목사님이 강단에서 열심히 설교를 했다. 그런데 뒤늦게 조만식 장로님이 허둥지둥 설교 중에 교회당으로 들어와 자리를 찾아 앞으로 조심스럽게 나오는데, 느닷없이 설교하시던 목사님이 강단에서 소리치셨다.

"조 장로, 거기 그 자리에 서 계시오. 예배 중에 늦게 와서 어디라고 앞으로 나오려는 거요!"

세상에 얼마나 무안했을까?

그러나 조 장로는 예배가 끝나기까지 목사님의 명령이 떨어진 바로 그 자리에 장승처럼 서 있었다. 교인들이 민망해 죽을 지경이었다.

"저 점잖으신 어른이 무슨 망신이야. 목사님도 너무하셔!"

설교가 끝났다.

주 목사님은 나지막한 음성으로 말씀하셨다.

"조 장로, 회중 앞에 나와 사과하시오."

조 장로는 앞으로 나갔다.

헌금상 앞에 서서 눈물자국이 난 얼굴로 입을 열었다.

"나는 오늘 세 가지를 회개합니다.

첫째, 하나님께 예배하는데 늦어진 죄를 회개합니다.

둘째, 나 때문에 잠시나마 예배 분위기가 흐려진 것을 회개합니다.

셋째, 나로 인해 하나님의 사자 목사님의 마음을 아프게 해 드린 죄를 회개합니다."
그러면서 흐느꼈다고 한다.
얼마나 경건하고 위대한 신앙인가? 이러한 장로가 있는 교회에 부흥이 없을 수 없고, 이러한 장로가 있는 교회에 목사의 권위가 서지 않을 수 없다.
주 목사님이 순교하실 수 있었던 용기와 결단에 이러한 것이 뒷받침이 되었을 것이라고 나는 생각해 본다.
목사의 권위! 어찌 조 장로로서도 변명이 없었겠는가? 실은 교회에 오는 도중, 노상에서 그가 돕지 않으면 안 될 불가피한 일이 발생했다고 한다. 그런데도 목사의 권위를 세우기 위해서 그는 일체의 변명을 하지 않았다고 한다. 순종이 있을 뿐이었다.
세상에 별 사람이 없다. 목사는 교인이 만든다. 훌륭한 교인이 있어 그 교회 목사가 훌륭해지는 거다(이하 후략)."

나는 이 기사를 듣고 친지에게 물어 보았다.
이런 예화가 미국에 있는 한인교회에서 통하고 있는가를….
친지의 말은, 그 밖에도 주 목사와 그 부인 또는 장로들을 중심으로 한 예화들을 적지 않게 설교 중에 듣게 된다고 했다.
나는 긴 한숨을 내쉬지 않을 수 없었고, 기회가 있으면 이런 예화를 바로 고쳐야 되겠다는 의무감을 느꼈다.
먼저 나는 신문에 실린 목사님의 사진을 보았다.
매우 젊은 목사였다. 그가 40년 전, 평양에서 주기철 목사님을 직접 뵈었을 것 같지는 않았다. 그렇다면 그도 어느 책이나 뜬소문으로 듣고 이 예화를 사실인 것처럼 말하였을 거라 생각한다.
이야기의 내용도 고의나 악의에서 나온 것이 아니고, 주 목사는 훌륭한 목사이기 때문에 훌륭하신 조만식 장로라도 늦으면 기립 예배를 드리도록 망신을 주고, 교회 앞에 사과까지 시켰으니 목사의 권위가 당당하다는 뜻과, 조 장로는 변명할 수 있었음에도 참고 순종함으로 목사의 권위를 세웠다는 줄거리를 봐서 어디까지나 선의에서 출발했다고 이해할 수 있다.

그러하기에 장○○ 목사를 비판하려는 생각은 추호도 없다. 다만 이런 이야기는 인간 주기철 목사라는 분과 민족의 지도자인 조만식 장로라는 분이 어떤 인물이라는 것을 도무지 모르는 사람들이 빚어낸 과오임을 알리고 싶은 것뿐이다.

'주기철 목사, 주기철 목사' 하고 우리가 존경하고 사랑하는 것은 신사참배를 거부하여 순교하였기 때문이다. 그러나 신사참배를 거부하고 순교하신 분이 주 목사 한 사람만이 아닐진대 주 목사에게 특별한 존경과 찬사가 있게 된 이유는, 인간 주기철의 인격과 품위가 성자에 가까운 생애로 일관해 왔고, 신앙심만 돈독한 것이 아니라 인간관계에 있어서 지켜야 할 예의범절 일체가 지도자로서 손색이 없는 인격자였기 때문이다.

주 목사는 신앙을 인생의 근본으로 삼고 예의를 행동의 원칙으로 삼았던 분이다. 예의범절이 누구보다 바르고 분명했다.

자기의 스승을 교인 앞에 세워 인격적 모욕을 줌으로 자기만이 하나님을 누구보다도 더 사랑하는 듯이 과시하고, 그것으로 만족과 쾌감을 느끼는 따위의 소인배가 아니다.

산정현교회 장로님들은 거의 다 60세가 넘으신 분들이었고, 주 목사는 40대의 젊은 목사였다. 60세가 넘은 장로님들이 간혹 늦게 오시는 때도 있었으나, 주 목사님은 스스로 깨닫도록 인도하셨으며 장로님들을 형님과 같이 존경하며 모시었다.

자연히 장로님들도 40대의 젊은 목사이지만, 인격과 품위에 호락호락 다룰 수 없는 성자다운 기풍이 있음으로 존경과 절대 지지를 한 것이다.

주 목사는 목사이기 전에 한 인간으로서 완전에 가까운 수양이 갖추어진 인격자였다고 봄이 적당한 관찰이라고 하겠다. 더욱이 조만식 장로와의 관계는 특별했다.

조만식 장로가 평북 정주 오산학교 교장으로 계실 때 주 목사는 학생으로 있었다. 그곳에서 설립자인 남강 이승훈 선생의 사상과 조만식 선생의 인격을 본받으며 공부했기에, 누구보다도 조만식 장로를 존경했다.

주 목사가 마산 문창교회에서 시무하고 있을 때 평양산정현교회로 부임하도록 초청한 분도 조만식 장로였다. 마산에서 이토록 멀리 떨어진 평양까지 올 수 있었던 것은 조만식 장로를 아버지처럼 믿고 지도 받을 수 있었기 때문이었다. 이렇게 두 분의 관계는 단순히 목사와 장로의 관계가 아니라 인격과 존경으로 얽혀진 관계였다.

예화에 따르면 조 장로님이 예배시간에 늦어 허둥지둥 교회당으로 들어오는 것으로 기술되었는데, 이는 조만식이라는 인물에 대해 몰라서 하는 말이다.

그는 한국의 칸트 같은 분이셨다. 칸트가 쾨니스베르그의 딘호프 공원에서 산책하는 시간이 너무도 정확하여 동네 사람들이 칸트가 지나갈 때에 시계를 맞추었다는 일화가 있다.

조만식 장로는 시간관념이 철저하기로 유명하신 지도자이다. 우리 민족의 결점을 스스로의 몸가짐으로 시정하여 바로 이끌어 보려고 솔선수범해 나가신 그런 분이다.

조 장로님은 언제나 예배시간 5분 전에 동편 문 바로 앞 모퉁이에 정좌하여 앉아 계시곤 하였는데, 이를 본 청년들은 너무도 정확한 장로님을 보고 칸트 장로님이라고 부르곤 하였다.

우리가, 우리 민족의 지도자라고 숭앙하는 까닭은 보통 사람들과 다른 점이 있고 일생을 통하여 사생활과 공생활의 발자취가 모범적인 생애였기 때문이다. 그런 그를 우리는 존경했고, 일본인도 그의 영향력을 알았기에 탄압한 것이었다.

오정모 사모에 관한 예화

기선은 오정모 사모의 불타는 신앙과 불굴의 의지를 과찬한 나머지 거짓 예화를 사실인 것처럼 말하는 것을 바로잡고 싶다고 했다.

주 목사님이 구속되었다가 석방되어 집으로 돌아왔을 때, 뜻밖의 석방이요 귀가이니만큼 오정모 사모님이 문을 열어주지 않고 고생하고 나오는 주 목사님을 밖에 세워 둔 채 "당신, 승리요? 굴복이요? 바로 대답하지 않으면 문을 열어주지 않을 것이오" 하고 문을 열어주지 않았으니 얼마나 훌륭한 신앙인가? 주 목사님이 굴복하지 않았다고 문 열어 달라고 애원하니 문을 열어주었다.

이 예화를 보면, 주 목사님이 엄처시하에서 쩔쩔매며 살아가는 사람 같고, 오정모 사모는 남편에 대한 존경심이 없는 냉정하고 차디찬 여자로 보인다. 물론 하나님을 남편보다 더 사랑했기에 굴복하고 나온 남편은 하나님의 영광을 가린 남편이므로 문을 열어주지 않았다는 의미이다.

그러나 하나님의 뜻대로 사는 가정이라면, 고생하고 나오는 남편을 반갑게 맞이한 후 따뜻하게 위로하고, 그 후에 승리냐 굴복이냐를 묻는 것이 정상일 것이다. 그러므로 기선은 이 예화가 사실이 아님을 증명하려고 했다.

주 목사님이 구속되었다가 석방된 것이 세 차례 있었다.

1938년 2월 8일 산정현교회 헌당식 날 구속되었다가 27일 만에 석방될 때, 평양경찰서에서 오윤선 장로 댁으로 주 목사님의 신병을 인수하러 오라는 연락이 왔다.

이때 오정모 사모, 유계준 장로, 오선영 사찰을 비롯하여 여 집사 몇 분이 평양경찰서에 가서 맞이하여 모시고 왔다. 따라서 문을 열어달라고 했다는 이야기나, 승리했느냐, 굴복했느냐를 물었다는 이야기는 사실이 아니다.

두 번째 구속은 그 해 9월, 장로교 총회를 서문밖교회에서 회집할 때 신사참배안을 가결시키기 위한 예비 검속으로 8월에 구속되었다. 그 후 신사참배안이 가결되자 석방시키면서 오윤선 장로 댁으로 전화연락이 왔다.

이때도 오정모 사모, 유계준 장로, 그리고 교인 몇 분이 경찰서에서 인수도장을 찍고 나왔기 때문에 문을 열어주지 않을 기회가 없었다.

세 번째 구속은 1939년 7월 의성농우회 사건에 연루되어 의성경찰서로 압송되었다가 1940년 2월 첫 주에 석방되었다. 이때는 유계준 장로가 의성에서부터 모시고 동행하였고, 온 성도가 '내 주는 강한 성이요' 찬송을 부르며 환영하였기에 문을 열어주지 않을 기회가 없었다.

그리고 1940년 4월 23일 구속되었다가 순교하시는 날까지 형무소에 계셨기에 문을 열어주지 않았다는 것은 엉터리 예화에 불과하다. 물론 이 예화들이 악의에서 조작된 것이 아니라 믿음을 강조하고, 주 목사님의 위인 됨을 높이는 뜻에서 지어진 것이라고 보인다.

이 글을 보면, 주기철 목사의 독살설과 조만식 장로와의 일화, 오정모 사모에 대한 후세 사람들의 잘못된 인식을 바로 잡으려는 기선의 노력이 얼마나 간절한지 짐작하기에 충분하다. 그는 "주 목사님에 관하여 사실대로 쓰기를 원하는 분이 있다면 내가 영혼의 요단강을 건너기 전에 문의하면 언제든지 협력해 드리겠다"고 말했다.

"내 사랑하는 자들아 너희가 친히 원수를 갚지 말고 하나님의 진노하심에 맡기라 기록되었으되 원수 갚는 것이 내게 있으니 내가 갚으리라고 주께서 말씀하시니라"(롬 12:19).

겟세마네 동산에서 만난 하얀 소복의 여인

기선의 독서량은 대단했다.
플루타크 영웅전, 세계문학전집, 삼국지, 수호전 등 수많은 책을 통해 속사람을 키워 나갔다.
일제 치하에서의 온갖 부당함에 대한 분노와 환난의 시대에서 느끼는 외로움을, 책에서 얻은 교훈과 예술적 아름다움으로 스스로를 위로하면서 이겨 나가곤 했다. 특별히 하나님의 말씀과 예수님의 발자취는 그의 인생을 이끌어 가는 데 없어서는 안 되는 가장 큰 동아줄이 되었다.

내 벗이 몇이나 하니 수석(水石)과 송죽((松竹)이라
동산에 달 오르니 긔 더욱 반갑고야
두어라 이 다섯밖에 또 더하여 무엇하리

유명한 고산 윤선도의 오우가(五友歌)의 첫 수이다.
기선은 이 시를 즐겨 읊었다. "권력이 짓누르고 가난이 스며들어 친구가 떠나가도 수(水)·석(石)·송(松)·죽(竹)·월(月) 이 다섯만은 항상 변치 않고 벗할 수 있으니 무엇이 필요하겠는가!"라고 했던 윤선도를 생각하며….
자신에게는 이 다섯을 지으신 하나님이 계시니 두려울 것이 없다고 생각하며 자주 찾아가던 곳이 있었다.

남산 관폐대사 조선신궁

1935년 초 가을, 일본은 조선인의 신사참배를 위하여 1,141개의 크고 작은 신사를 세웠다. 남산에는 신사 중에서도 가장 격이 높은 관폐대사의 조선신궁이 있었다. 부근은 성역화되어 울창한 송림으로 빽빽이 에워싸여 있었다. 그 뒤로 돌아가면 고요만이 머무르는 곳이 있었는데, 그곳에는 외로이 서 있는 큰 바위가 하나 있었다.
기선은 이 바위를 중심으로 주변을 겟세마네 동산이라고 이름 지었다. 왜 겟세마네 동산이라 이름 지었느냐면 예수님 때문이었다.

십자가를 앞두고 번민 중에 피땀 흘리며 기도하시던 예수님의 모습은 늘 기선에게 은혜와 큰 힘이 되었기 때문이다. 기선은 심각한 문제에 부딪힐 때마다, 이곳을 찾아 예수님처럼 무릎을 꿇곤 했다. 자기 안에 계신 성령님을 만나는 곳이라 여겼다.

가을이 찾아오는 어느 날 밤, 겟세마네 동산을 찾은 기선은 조용히 주님께 기도했다.
집으로 돌아가려고 하는데, 저만치 옆에 하얀 소복을 입은 여인이 고개를 숙이고 있는 것이 아닌가!
깜짝 놀랐다. 이곳은 평소에도 인적이 매우 드문 곳이었고, 게다가 쉽게 찾기도 힘든 곳이었기 때문이다.
유흥가의 여인들이 남자들을 유인하기 위해 밤에 남산에 나타나 아양을 떤다는 소문을 들었던 터라 그 여인을 경계할 수밖에 없었다.
조심조심 다가갔다. 인기척을 느끼고도 여인은 움직이지 않았다. 이상한 생각이 든 기선이 물었다.
"어떠한 분이시기에 이 캄캄한 밤에 이런 곳에 와 계십니까?"
답이 없었다. 잠시 시간을 두고 다시 정중하게 물었다. 역시 답이 없었다. 그냥 갈까도 생각했지만 도저히 그냥 지나칠 수가 없었다. 뭔가 사연이 있는 듯 보였다.
사각모를 벗고 정중하게 허리를 굽혀 다시 물으니 마침내 가녀린 목소리로 여인이 대답을 했다.
"저는 놀러 갈 곳이 있어서 시간을 기다리고 있어요."
"어디로 놀러 가십니까?"
답이 없었다. 시간이 얼마나 흘렀을까?
"더는 묻지 말아 주세요. 노량진 쪽으로 가려고 시간을 기다리고 있습니다. 지금 몇 시쯤 되었나요?"

대답을 들은 기선은 성령님께서 자신에게 뭔가를 알려 주셨음을 깨달았다. 이 여인이 무엇을 하려는지 금방 알 수 있었다.

"아, 노량진 쪽으로 왜 가려는지 알 것 같습니다. 그러시면 안 됩니다. 한 번밖에 없는 인생을 이렇게 끝내려 하시다니요. 제게 말씀해 보세요. 지금은 공부하는 학생에 지나지 않지만 가는 길에 동무가 될 수 있을는지도 모르니 말씀해 주세요."

여인은 한참을 망설였다.

"선생님, 저는 작년 여름에 한강에 투신했었어요. 죽는 것도 내 뜻대로 되지 않아 깨어 보니 종로경찰서 사범계 형사실이더군요. 종로경찰서에 가서 김순옥 자살미수사건을 알아보시면 잘 아시게 될 겁니다."

어깨를 들썩이며 우는 여인을 겨우 겨우 달랬다. 그녀의 집까지 데려다 주겠다고 했다.

"이 늦은 밤 시간에 사각모를 쓴 학생과 신여성이 본정거리(충무로)를 지나게 되면 일본 경찰이 우리를 불량한 학생으로 오인할 수 있으니, 먼저 가시면 제가 뒤를 따라가겠습니다. 괜히 시빗거리가 되지 않게 당당하게 걸어갑시다."

가는 길에 기선은 속으로 계속 기도를 했다.

'주님, 저는 아무 능력이 없습니다. 그러나 주 안에 있는 자에게는 능치 못함이 없다고 하셨으니, 이 여인의 눈물을 거두어 주시고 죽음의 막다른 골목에서 돌아서서 하나님의 자녀로 새로운 삶을 살 수 있도록 도와주시옵소서.'

순옥의 뒤를 따라가던 기선은 바짓단 아래로 힘없이 흘러내리는 그녀의 양말을 보았다.

'도대체 얼마를 굶은 것이기에 저토록 야위었을까?'

한참을 걸어 그녀의 집에 도착했다. 그녀의 집을 들여다본 기선은 놀라지 않을 수 없었다. 좁은 방에 찬장 하나만 덩그러니 놓여 있었기 때문이다. 이곳에서 생활했던 흔적이 보이지 않았다. 늦은 시간이었지만 궁금했다. 그녀에게 무슨 사정이 있었는지….

"제가 살아온 이야기를 어찌 이 밤중에 다 말씀 드릴 수 있겠습니까?"

그녀의 초라하고 야윈 모습이나 살림살이 하나 없는 방을 보니 대략 짐작은 되었지만 그래도 궁금해서 물었다.

그녀는 힘없는 소리로 이야기를 이어갔다.

"살림살이가 하나도 없는 것은 밀린 집세 때문입니다. 주인이 이부자리며 그릇이며, 숟가락까지 모두 가져갔습니다. 제가 할 수 있는 일이라곤 죽는 것밖에 없어서…. 지금 입고 있는 옷은 결혼할 때 입었던 옷인데…결혼할 때 모습 그대로 죽으려고 입고 나갔습니다. 웨딩드레스가 수의가 되게 하려고…."

꿈 많고 시를 좋아했던 순옥은 대구 방직공장에서 숙련공이 될 때까지 성실하게 일했던 소녀였다고 한다.

가난을 이기고 일어서기 위해 열심히 일했고, 악착같이 저축을 했다. 거친 일도 마다하지 않고 돈을 모았다고 한다. 그녀의 손을 보니 그녀의 말이 틀림없었다. 마디마디 매듭이 지어졌고 칼로 베인 상처 투성이에다가 손등은 느티나무 껍질처럼 거칠어져 있었다.

그녀는 인간 이하의 생활이었지만 조금씩 모이는 돈을 보며 보람을 느꼈다.

순옥에게 모아 놓은 돈이 많다는 게 알려지자 남자들이 모이기 시작했다. 그중에 홍재현이라는 사람이 있었다. 아주 잘생긴 청년이었다.

그는 시를 좋아하는 순옥에게 달콤하고 감미로운 시를 읊어주며 사랑을 고백했다. 혼자 돈을 모으는 것보다 둘이 모으면 더더욱 많아진다며 결혼을 하자고 했다. 그래야 생활도 안정되고 더 행복한 생활을 할 수 있다고 청혼을 한 것이다.

그 남자의 말만 믿고 결혼을 한 순옥에게 꿈꾸었던 행복한 날들은 오래 가지 않았다. 그 남자는 도무지 일을 하지 않았다. 게다가 날마다 술에 절어 살았다.

임신한 순옥을 두고는 외박하는 날이 잦아지더니, 영화관과 카페에 드나들면서 집에 있는 물건들을 가지고 나가는 것이었다. 외국 속담에 "가난이 문으로 들어오면 사랑은 창으로 도망간다"고 하였던가!

물건을 들고 나가는 남편을 붙잡으니 손찌검까지 하는 것이었다. 남편은 점점 폭군이 되어갔다. 스위트 홈을 그리며 시작한 결혼생활은 서서히 지옥으로 변해가고 있었다.

아이를 출산할 때도 남편은 곁에 있지 않았다. 고통 속에 분만한 순옥은 산모로서의 조리는커녕 며칠 동안 굶어 지내기 일쑤였다. 동네 여인들이 순옥에게 들려주는 이야기는 더 기가 막혔다.

애기 아빠가 동네 카페 종업원과 놀아났는데, 그 여자는 일본 여자라는 것, 그리고 그 여자는 곧 만주로 간다고 카페를 그만두었다는 것이다. 순옥의 남편이 그 여자와 함께 만주로 가는 건 아닌지 알아보라는 것 등이었다.

만주는 만주사변 이후 일본 세력이 판을 치던 때라 일본 여자들이 활동하기엔 알맞은 때였다.

며칠 뒤, 오랜만에 남편 홍재현이 들어왔다. 그런데 느닷없이 가방을 싸는 것이었다. 그러더니 어린 딸을 안았다.

"나는 이제 만주로 떠나는데 너는 너의 길을 가라. 이 아이는 내 아이이니 내가 데려간다."

그는 문을 발로 차고 나갔다. 순옥은 성난 맹수같이 달려들었다.
"이 금수만도 못한 놈아. 아무 죄 없는 어린 것을 되놈(중국인을 낮잡아 부르는 명칭)들한테 팔아먹고 왜놈 계집과 잘살아 보겠다고 이러는 거냐! 너는 하늘이 무섭지도 않느냐!"

우는 아이를 빼앗고 통곡을 했다. 놀란 이웃들이 몰려오자 남편은 가방을 들고 나가 버렸다. 이것이 순옥이 본 남편의 마지막 모습이었다.

아이는 지켰지만 앞으로 살 길이 막막했다. 돌아갈 친정도, 친구도 없는 처지였다. 무어라도 해보려고 노력했지만 어린아이를 데리고 할 수 있는 일은 없었다. 급기야 순옥은 극단적인 생각을 했다. 이웃에게 아이를 잠시 봐달라고 하고 한강에 뛰어들려고 했던 것이다.

여기까지 말한 후, 순옥은 계속 눈물만 흘렸다.

자초지종을 모두 듣게 된 기선은 이렇게 말했다.

"부족하지만 제가 돕겠습니다. 분명 하나님도 도우실 것입니다. 오늘은 너무 늦었으니 내일 수업을 마치고 오후에 다시 오겠습니다."

다음 날, 기선은 약속대로 다시 그녀를 찾았다. 아버지에게서 약속은 반드시 지키라고 누누이 배웠기 때문이다. 학비에서 얼마간의 돈을 떼어 밀린 집세를 내고 맡겨 놓았던 아이도 데려오기로 했다.

평소 알고 지내던 일본인 소오다 옹이 운영하는 겸창(가마구라)이라는 고아원이 있었는데, 그곳에 아이를 맡기기로 했다.

소오다 옹은 기독교인으로 하나님의 인도하심을 따라 사회사업을 하는 분이었다. 그런데 한 가지 문제가 있었다. 그곳은 고아들만 받아주는 곳인데, 순옥의 아이는 고아가 아니지 않는가?

어려서부터 기선은 아버지로부터 절대 정직하라고 배웠다. 고당 선생님과 도산 안창호 선생님께 배운 중요한 가르침도 거짓말을 하지 말라는 것인데, 그것이 마음에 걸렸다.

거짓이 없는 성실한 사람이 되어야 독립을 쟁취할 수 있다고 하신 말씀은 기선의 마음에서 떠나지 않은 교훈이었기 때문에, 순옥에게도 자신의 이런 마음을 전했다.

오늘 기도로 준비를 하고 내일 사실대로 말씀드릴 생각이라고 했다. 앞으로 살아갈 날들이 쉽지 않을 것이나, 언제 어디에서라도 하나님이 함께 계실 것이니 염려하지 말라는 위로도 함께 해주었다.

다음 날, 소오다 원장에게 사실 그대로를 이야기하며 부탁했다.
"아이의 엄마는 기술자인데 대구에 가면 일을 할 수 있을 것입니다. 엄마가 있지만 받아 주시고 한 달에 한 번씩, 멀찍이 아이를 보고 갈 수 있도록 배려해 주십시오."

역시 주님께서는 순옥에게 선한 사마리아인이 되고 싶었던 기선의 기도를 들어주셨다. 허락을 받은 것이다.

아이는 이곳에 맡기기로 하고 대구로 떠나야 하는 순옥에게 찬송가를 가르쳐 주었다.

우리가 살아가는 날 동안 사람이기 때문에 낙심하고 실망할 때도 있으니, 그럴 때마다 찬송으로 이겨내라고 찬송을 가르쳐 주었다.

"멀리 멀리 갔더니 처량하고 곤하며
슬프고 또 외로와 정처 없이 다니니
예수 예수 내 주여 지금 내게 오셔서
떠나가지 마시고 길이 함께하소서."

순옥은 처음에는 더듬더듬했다. 그러나 어릴 때 다니던 주일학교에서 불렀던 기억이 난다며 곧 잘 따라 불렀다.

순옥은 매월 첫째 주, 가마구라 보육원으로 가서 먼발치에서 아이를 보고 가는 일들을 계속했다.

"선생님, 저는 세상에 다시 태어났어요. 한강으로 가려고 하던 김순옥은 죽은 지 이미 오래되었어요. 지금의 저는 부활한 김순옥입니다. 선생님께서 가르쳐 준 찬송가를 매일 부르고 있습니다. 선생님의 말씀대로 목적 있는 삶, 보람 있는 삶, 참 행복이 무엇인지, 어디에 있는지 이제 잘 알아요.

감사합니다. 하나님께 감사하고 있어요. 죽음의 문턱에서 선생님을 만나 이렇게 새롭게 살고 있으니까요.

생명을 다시 얻었으니, 이전과 같이 살지 않을 겁니다. 남편을 미워하지도 않을 거구요, 세상에 불만도 갖지 않을 겁니다. 더 열심히 일해서 아이도 데려갈 거예요. 선생님께서도 건강하시고 오래오래 행복하시길 바랍니다."

순옥은 기선의 기도처인 겟세마네 동산에서 처음 보았을 때와는 완전히 다른 사람이 되었다. 힘 있는 발걸음으로 대구로 떠나는 순옥의 뒷모습을 바라보자니 흐뭇한 미소가 번졌다. 아마 주님께서도 같은 미소를 짓고 계실 거라 믿는다.

기선은 순옥에게 선한 사마리아 사람이었다. 이 일은 한 영혼을 구원하는 것이 얼마나 소중한 것인가를 깨닫게 했으며, 아무런 대가 없이 주님처럼 이웃 사랑을 몸소 실천했던 소중한 기억으로 남아 있다.

"네 생각에는 이 세 사람 중에 누가 강도 만난 자의 이웃이 되겠느냐 이르되 자비를 베푼 자니이다 예수께서 이르시되 가서 너도 이와 같이 하라 하시니라"(눅 10:36-37).

사형수 카레이스키 유기선

"반동분자들의 반동적 언사에 현혹되지 말고 붉은 군대에게 아낌없이 모두 바치자! 모두 바치자! 붉은 군대 우라!(만세) 우라!"

1945년 8월 15일, 마음껏 울어 보지도 못하고 뛰어 보지도 못했던 이 땅의 백성들은 35년 동안 맺혔던 한과 설움들을 태극기에 담아 흔들며 거리로 뛰쳐나와 기쁨과 감격의 눈물과 환희를 맞았다.

소련군 평양 입성

그러나 이 감격도 잠시, 소련군이 8월 22~23일경 평양에 진주하며 그 본색을 드러냈다. 평양에 주둔한 소련군은 야만인과 다를 바가 없었다. 마치 문명을 전혀 접해 보지 않은 사람들 같았다. 강도, 강간, 도둑질을 비롯한 모든 만행들을 야밤도 아닌 백주에 서슴지 않았다. 그들 대부분이 문맹이었다.

그들의 만행으로 평양은 이름 그대로 평화스러운 땅이 되지 못하고 순식간에 불안과 공포, 초조로 생지옥이 되었다.

공산당들의 앞잡이가 된 적위대는 붉은 군대에게 모두 바쳐야 된다며 말도 안 되는 구호들을 외치고 다녔다. 미친 사람들 같았다.

기선은 하나님을 믿고 따르는 기독청년으로서 암담한 현실의 문제를 주님께 가져가 밤을 지새우며 간구했다. 이때 기선의 마음을 두드리는 말씀이 있었다.

"너는 벙어리와 버림받은 자의 권리를 찾아 주기 위해 너의 입을 열어라. 너는 입을 열어 정의로운 판단을 내리며 불행한 자와 궁핍한 자의 권리를 옹호해 주어라"(잠 31:8-9).

기선은 하나님께서 자신에게 주신 말씀이라고 믿고 연단에 섰다. 입을 열어 붉은 무리들의 불의함을 규탄했다. 우리가 해야 할 일이 무엇인지를 젊은 청년들에게 외쳤다.

스파르타와 아테네 연합군이 전력의 열세에도 불구하고, 조국을 위하여 생명을 바친 젊은이들 때문에 페르시아의 대군을 격퇴한 이야기를 인용하며, 오늘의 현실이 그때와 다를 바 없음을 외쳤다.

레오니다스가 이끄는 스파르타의 군대는 테르모필레 계곡에서 페르시아 군대를 저지하려 했지만 엄청난 페르시아 군대를 도저히 막아낼 수 없었다. 페르시아의 백만 대군 앞에 그들은 겨우 삼백 명뿐이었다. 그러나 포기하지 않았다.

그들은 적을 이길 수는 없었지만 그들의 진격을 저지함으로 그리스 연합군의 전열을 가다듬을 수 있는 시간을 벌 수 있을 거라 여겼다. 그들은 전멸했지만, 계획대로 테르모필레 계곡을 사수함으로 아군의 퇴각을 도왔다(영화 '300'이 보여주는 내용이 바로 이 전쟁이다).

후세의 시인 시모니데스가 레오니다스 부대의 장렬한 최후를 추도하여 테르모필레 계곡에 세운 비석에는 이런 글이 적혀 있다.

"지나가는 나그네여 스파르타 사람들에게 전해다오.
우리는 명령을 지켜 여기에 쓰러졌노라고."

오늘 우리가 레오니다스와 그의 군대 300명이 되어 이 땅을 지켜야 한다고 연설을 하고 내려오자 많은 청년들이 박수를 치며 기선과 뜻을 같이하겠다고 나섰다.

그들 중에는 학도병, 징병, 지원병 등의 명목으로 강제로 일본군에 끌려갔다가 구사일생으로 돌아온 청년들이 많았다. 이렇게 기선과 생사를 같이하기로 한 열렬한 청년들은, 지방 조직까지 합하면 약 만 명가량이었다. 이들은 도처에서 만행을 저지르는 소련군을 저지했다. 그 과정에서 유혈충돌이 일어나곤 했는데, 피해를 입는 것은 거의 맨손이었던 기선 쪽이었다.

무기를 가진 그들과는 상대가 되지 않았다. 그러나 그런 피해를 입어도 굴하지 않는 젊은이들 때문에 그들의 만행은 점점 조심스러워졌다.

기선에게는 날마다 협박장이 날아왔다.

"인민은 반동의 괴수인 너의 행동을 주시하고 있다. 너의 운명은 시시각각으로 최후가 가까워져 옴을 인식하라."

붉은 잉크로 총살하는 광경을 그린 만화도 덧붙였다.

1945년 10월 8일, 아직 해가 뜨기 전 기선은 간부 27명과 오늘의 일과를 의논하고 있었다. 그때 한 청년이 뛰어들어왔다.

"선생님! 큰일 났습니다. 지금 소련군 장교들이 적위대 수백 명을 이끌고 이곳으로 오고 있습니다. 아마 선생님을 체포하려는 것 같습니다. 어서 피하셔야겠습니다."

기선은 예상하고 있던 날이 왔음을 직감했다. 선택을 해야 했다. 피해야 할지, 이곳에서 정면으로 그들을 맞아야 할시….

"나는 예수님을 따르는 청년이다."

마음이 차분해졌다. 주님처럼 해야겠다는 생각을 하고 예수님 흉내라도 내보기로 마음먹었다. 순간 '와자작' 하는 소리와 함께 문이 부서졌다.

"카레이스키 유기선!(고려인 유기선) 카레이스키 유기선!"

권총을 높이 든 소련군 장교가 찢어지는 듯한 목소리로 기선을 찾는 것이었다.

"너희가 누구를 찾느냐? 내가 유기선이다."

평양형무소

기선은 예수님처럼 말하고 싶었다. 왜냐하면 이것이 마지막이 될 수도 있다는 생각도 있었고, 뜻을 같이한 청년들에게 죽음을 두려워하지 않는 예수 믿는 사람의 믿음을 보여주고 싶은 마음도 있었기 때문이다. 이왕에 잡힐 것, 당당하고 싶은 마음에서 더 큰소리를 쳤다.

그 길로 기선을 포함한 27명은 평양형무소에 수감되었다.

형무소는 V자형으로 된 복도 우측부터 1사, 2사, 3사 이렇게 번호가 붙여져 간수가 V자 기점에 서서 감방 전체를 감시할 수 있도록 되어 있었다.

기선이 수감된 방은 1사 29호실이었다.

심리학에 '감각 차단 테스트'라는 것이 있다.

피실험자를 캄캄한 방에 넣고 외부로부터 어떠한 소리도 들리지 않게 밀폐하여 고독의 절정에 이르게 하면 결국에 망상, 환청, 환각에 사로잡히게 되고 이것들을 진짜 소리처럼 느끼게 되어 정상 범위를 벗어난 행동을 하게 된다는 것이다.

소련군은 이를 노리고 기선을 독방에 넣었다.

인민의 반동이라는 죄명을 씌워서….

기선은 공산당 기관을 두루 일주하며 그들에게 심문을 받았다. 여기저기 끌려 다니는 동안 몸과 마음은 지쳐 갔지만, 그때마다 주시는 말씀으로 힘을 얻었다.

"몸은 죽여도 영혼은 능히 죽이지 못하는 자들을 두려워하지 말고 오직 몸과 영혼을 능히 지옥에 멸하실 수 있는 이를 두려워하라"(마 10:28).

오랜 시간 동안 신랄한 질문이 오고 갔지만 모두 형식에 지나지 않는 위장이었다. 논리도 형식도 없는 획일적인 공산당 재판이 정치보위부, 시당부, 도당부 등 이름만 다른 곳에서 계속되었다. 가는 곳마다 유기선은 인민의 반동이요, 붉은 군대를 대적하는 두목이란 죄명으로 사형을 선고한다는 말만 되풀이했다.

그러던 중 소련군 장교로 공산당 간부인 것처럼 보이는 자의 심문을 받게 되었다. 그가 《자본론》을 읽어 보았느냐고 물었다. 기선은 도산 안창호 선생님이 생각나서 빙그레 웃었다.

"너, 자본주의적 웃음을 감히 어디에서 웃는 거야!"

그가 얼굴을 붉히며 소리를 질렀다. 그들에게는 자본주의 웃음이 있고 공산주의 웃음이 따로 있는가 보다. 이때다 싶은 기선은 칼 마르크스의 어린 시절부터 이야기를 해나갔다.

그의 성장과정, 그가 다녔던 학교, 가정환경 등에 대해 막힘없이 이야기를 했다. 그가 쓴 논문이 〈데모크리토

자본론

스와 에피쿠로스의 비교 연구)인 것으로 보아, 그는 그리스 인문주의에 깊은 연구를 쌓은 것 같다고 하며, 시간을 더 허락해 준다면 유물사관, 계급투쟁설, 잉여가치설에 대해 공산당 간부들과 심도 있는 토론도 하고 싶다고 하였다.

종교는 아편이라고, 아무 생각도 없이 예수 천당이나 믿는 얼빠진 인간들이라고 선전하는 그들에게 제대로 보여주고 싶었다.

너희들이 잘못 알고 있는 것이라고, 예수님을 믿는 사람들은 삶과 죽음에 한계를 두지 않고 살아가는 것이라고….

기선은 부족한 자신을 통해서 예수님을 증거하고 싶은 마음뿐이었다.

장시간 기선의 이야기를 다 들은 장교가 말했다.

"동무는 반동의 괴수 자격이 있소. 동무는 위대한 사회주의 혁명 현 단계에서 크나큰 걸림돌이 되겠소. 인민은 인민의 적을 용서하지 않을 거요!"

기선이 치고 나갔다.

"공산당 간부 여러분들은 이태리의 저명한 형법학자 체사레 베카리아의 《범죄와 형벌》이라는 책과 존 하워드의 《영국의 감옥 상태》라는 책을 읽어 보셨소?"

대답이 없었다. 기선이 노린 것이 바로 그것이었다.

《범죄와 형벌》이라는 책은 형법의 개정과 죄수의 처우 개선에 대해 역설한 책이고, 《영국의 감옥 상태》란 책은 범법자에게도 인간 대우를 하기 위하여 형무소 개량을 적극 촉구한 책이다.

안 읽었을 때에는 그들의 무식이 폭로되는 것이고, 읽었을 때에는 그 내용을 통해 현재

체사레 베카리아

붉은 군대들이 행하는 만행을 비꼬아 보려는 속셈이었다.
 그 장교는 붉어진 얼굴로 그냥 들어도 거친 소련 말을 더 거칠게 내뱉으며 뭐라 뭐라 하더니 사상범을 제외한 잡범들이 있는 방으로 기선을 돌려보냈다.

> "사람들을 삼가라 그들이 너희를 공회에 넘겨주겠고 그들의 회당에서 채찍질하리라 또 너희가 나로 말미암아 총독들과 임금들 앞에 끌려가리니 이는 그들과 이방인들에게 증거가 되게 하려 하심이라 너희를 넘겨줄 때에 어떻게 또는 무엇을 말할까 염려하지 말라 그때에 너희에게 할 말을 주시리니 말하는 이는 너희가 아니라 너희 속에서 말씀하시는 이 곧 너희 아버지의 성령이시니라"(마 10:17-20).

인생의 본과생

 그 방은 독방에 있을 때와는 아주 다른 분위기였다. 여러 사람들이 있다 보니 세상 돌아가는 소식도 듣게 되고 그들이 살았던 또 다른 세계의 이야기들도 듣게 되었다.
 유기선 자신도 여기저기 끌려 다니며 밑바닥까지 체험해 보게 되니, 학교 다닐 때와는 또 다른 묘미도 느끼게 되는 것이 마치 인생의 본과생이 된 기분이었다.

 그 방에 왕초가 있었다. 그는 일제 강점기부터 소매치기로 시작하여 강도까지 흉악한 범죄를 저질렀기에 해방이 되어서도 출감하지 못하고 계속 복역하고 있었다. 같은 방 사람들이 그를 왕초라고 부르는 이유도 그것이었다. 수감된 지 가장 오래되었다는 것이다. 그런데 왕초 치고는 젊은 30대였다.
  일찍 범죄의 길에 들어섰기 때문인지 말도 행동도 매우 거칠었다. 감방의 그 누구도 그에게 불평을 말하거나 명령에 불복종하는 사람이 없었다.
  감방의 질서를 책임지는 왕초의 권한은 막강한 것이어서, 한편으론 장기수가 되어 보고 싶은 충동이 누구에게나 생길만 했다.

  그런데 그에게 문제가 있었다. 오랜 시간 동안 콩밥을 먹었기 때문에 온몸에 콩독이 잔뜩 올라 있었다. 종기에서 흐르는 피고름 때문에 나는 냄새가 여간 고약한 게 아니었다. 함께 있는 사람들은 왕초가 무서워서도 그랬겠지만, 그보다 그 냄새가 더 지독했기에 다가가기가 어려웠을 것이다.
  기선은 이 왕초를 사랑하고 싶은 마음이 들었다. 그래서 다들 멀리하는 왕초 바로 옆자리에서 잠을 잤다. 기선에게 들어오는 사식은 왕초에게 주고 왕초에게 나오는 콩이 들어간 관식(교도소나 유치장 등에 갇혀 있는 사람에게 관청에서 주는 음식)을 먹었다.
  처음 몇 주일간은 고맙다는 말도 하지 않고 당연하게 기선의 사식을 먹었다. 어디서 좀 놀다 온 부잣집 도련님이 자비를 베푸는 흉내를 내보려고 사식을 양보하는 척한다고 생각했던 모양이다. 그러나 시간이 지나도 변함없는 기선의 태도와 기도로 시작하는 아침 모습, 질서 있고 한결같은 감방생활을 보더니 점차 마음을 열기 시작했다.
  그러더니 기선에게 자신의 이야기를 쏟아냈다.
  어린 시절 소매치기 하던 때, 일본 사람의 큰 창고를 털어 벼락부자가 되었다가 주색잡기로 모두 탕진한 다음 다시 강도의 길로 들어서게 되었고 전과 7범에 이르기까지의 이야기를 장황하게 설명했다.
  자기가 별 7개를 다는 동안 참 사랑을 진심으로 베푸는 사람을 두 명 보았다고 했다.
"한 사람은 일제가 신사참배하라고 강요하는 것을 하지 않겠다고 끝까지 거부했다는 주기철 목사라는 분이고, 또 한 분은 지금 내 옆에 앉아 맨날 무슨 생각을 하는지 눈감고 명상하시는 유기선 선생이야."
"주 목사라는 분이 이 방에 계셨는데, 내가 추운 겨울에 작업장에 나가서 일하고 저녁에 떨며 들어오면, 내가 나가 있는 동안 내 내복에 우글거리는 보리쌀 만한 이를 하나하나 다 잡아 놓으신 거야. 정말 감동이었지. 이가 없는 깨끗한 내복을 입혀 주시며 예수 믿으라고 권하시고 이 더러운 손을 잡고 기도해 주셨지. 내가 일곱 번 감방을 드나들면서 그런 사람은 처음 봤어."
"또 이 사람, 그 좋은 사식을 내 콩밥이랑 바꾸어 먹는 사람 말이야. 머리가 어떻게 된 거 아니야? 내가 맡아도 지독한 피고름 냄새를 마다 않고 내 옆에서 잔단 말이지. 지금이 얼마나 추워. 옆에 누군가와 붙어 자면 덜 춥거든. 하여튼 이런 사람들이 감방에는 왜 들어왔는지 모르겠지만, 덕분에 난 이 없는 내복을 입었고 맛있는 사식도 먹네그려."

눈을 감고 이야기를 듣고 있던 기선은 흐르는 눈물을 멈출 수 없었다.
'이곳이 주 목사님이 계셨던 방이라니! 이 열악한 곳에서도 사랑을 실천하시며 주님을 전하셨구나.'
하나님께서 주 목사님이 모진 고문을 당하셨을 때에도 함께하셨던 것처럼 지금 기선에게도, 이 왕초에게도 함께하심을 느꼈다.
감방에 있는 동안 해가 바뀌었다.
소한, 대한 전후의 평양 기온은 영하 18도를 오르내리는 강추위였다. 눈보라 치는 삭풍은 살을 베는 것 같았다. 감방의 철창에도 성에가 두껍게 끼어 밤이면 서로 부둥켜안아도 잠이 오지 않을 정도로 추위가 매서웠다.

잠이 오지 않을 때마다 기선은 벤 포드 감옥에서 기도했던 존 번연을 생각하며 버텼다.

"나의 글이나 설교에 12년 동안이나 투옥되어 추방, 사형을 위협받을 만한 건덕지가 있거든 보이라. 전능하신 하나님이 나의 방패시요, 도움 되시니 내 이마에 이끼가 낄 때까지 가두어 두어도 나의 소신과 원칙은 굽힐 수 없다."

번연의 이런 의연함은 기선에게 큰 힘이 되었다. 기선이 가장 크게 위로를 받은 것은 번연의 '옥중 명상의 노래'(1665년)였다.

"원수들이 비록 내 겉사람을 철장 안에 가두어 두나
그리스도의 신앙으로 내가 능히 저 별들보다 높이 오르리라.
저희 차꼬가 내 정신을 길들이지 못하고
하나님을 나에게서 멀리하지 못하며
내 믿음과 소망을 저희가 깨뜨리지 못하리니
그들의 차꼬를 초월하리라."

당시 아내 화선은 20대의 젊은 여성이었다. 더구나 막내를 출산한 지 얼마 되지 않아서 몸이 성하지 못했다. 그런데 날마다 날이 저물어 땅거미가 내릴 때까지 감옥문 밖에 와서 기도하며 서 있었다.

그러자 잔악무도한 간수들까지도 마음이 움직였는지 모두가 잠들고 찬바람만 철창에 부딪혀 삐걱댈 때면 조용히 찾아와 "오늘도 사모님이 온종일 감옥문 밖에 서 계시다 가셨어요" 하고 전해 주곤 했다. 하지만 철창문 밖의 행복(?)도 잠깐이었다.

어느 날 사랑하는 남편이 더 이상 만날 수 없는 어디론가로 소문도, 소리도 없이 사라지고 말았다.

비둘기장 속의 사형수

가시밭길의 옥중생활이 이어지던 어느 겨울 밤, 모든 죄수들이 추위를 견뎌 보려고 살품(옷과 가슴 사이의 빈틈)을 만들어 잠이 들었을 때, 무거운 감방 문이 열리더니 레닌모를 쓴 공산당원이 들어섰다.

"유기선! 나오시오. 오늘 밤 석방이오. 모든 영치물을 가지고 중앙으로 따라 나오시오."

잠에서 깨어난 동료 죄수들은 "선생님, 축하합니다. 선생님 같은 분이야 벌써 석방되었어야 했지요. 축하드립니다. 저희들도 나가게 되면 꼭 찾아뵙겠습니다. 안녕히 가세요"라고 인사를 했다.

짐을 싸서 나가려는데 왕초가 수줍게 기선의 옷자락을 잡았다.

"감사했습니다, 선생님! 저에게 베푸신 은혜는 잊지 않겠습니다. 처음엔 잘난 척한다고 오해했었는데, 선생님의 진심을 늦게 알았네요. 이곳에서 나가게 되면 정신 차리고 지난날처럼 살지 않겠습니다. 손 깨끗이 털고 사람 구실하며 살겠습니다. 건강하십시오."

정이라는 게 무언지 인생 본과생 동창들과의 갑작스런 이별은 아쉽기만 했다. 당원을 따라 어두운 중앙의 복도까지 왔다.

"상부의 명령이다. 오늘 밤은 집으로 가서 그립던 부모처자들을 반가이 만나 평안히 쉴 것이니, 감방에서 입던 옷과 영치물은 이곳에 두고 처음 구속되었을 때 입었던 옷으로 갈아입고 출소하라는 명령이다."

이때까지는 몰랐다. 이들의 말 그대로를 믿었다.

'나를 구속해 놓고 고생도 시키고 철저한 뒷조사도 해보았지만 범법 사항이 없으니 놓아주나 보다. 백주에 석방시키면 소문이 날 것이니 야밤에 평상복 차림으로 놓아주나 보다. 아무리 공산당이라

해도 죄 없는 사람을 이렇게 오랜 시간 동안 잡아 가둘 수는 없겠지. 이들도 우리 동포니까 더러운 죄수복을 입고 보내면 당의 체면이 서지 않으니 들어올 때의 옷을 돌려주는구나.'

레닌모를 쓴 사람이 하라는 대로 하고 따라 나섰다.
어둠 속에서 개털 코트를 입은 소련 군인 여섯 명이 나오더니 기선을 검은 지프차에 태우고 어디론가 출발했다. 차 안을 검은 커튼으로 막아서 밖이 전혀 보이지 않았다. 어디로 가는지 알려 주지도 않고 달렸다.
'이들이 우리 집을 알 리가 없는데…어디로 가는 거지?'
그제야 생각이 났다.
레닌이 10월 혁명을 이룩한 후 소위 반동분자들을 숙청할 때 지금처럼 검은 차에 태워서 어디론가 간 뒤 즉결 처형을 했다는 것이….
여태껏 기선은 반동의 괴수로 지칭되었고 서류마다 '사형'이라고 쓰여 있었다.
'집으로 가는 길이 아니구나.'
공산당의 생리와 본 모습을 잠시 잊고 순진하게 믿었던 자신이 원망스러웠다. 이런 악당들의 본체를 파헤쳐서 동포들에게 전하지 못하고 처형장으로 끌려가는 자신이 미웠다. 이렇게 마지막이라고 생각하니 분노가 치밀어 올랐다. 찬송을 불렀다.

"내 주의 보혈은 정하고 정하다 내 죄를 정케 하신 주 날 오라 하신다
내가 주께로 지금 가오니 골고다의 보혈로 날 씻어 줍소서."

한 시간 반가량 달린 지프차가 멈추었다. 내리라고 한 뒤 등 뒤에 총을 들이대며 밀었다.

"앞으로 가!"

앞을 분간할 수 없는 허허벌판에 눈까지 쌓여 걷기가 어려웠다. 얇은 옷으로 파고드는 찬바람은 정신을 몽롱하게 만들 정도였다. 그들이 밀어 넣은 곳은 공중전화 박스 같은 칸막이 방이었다. 몸을 굽히고 겨우 들어가니 밖에서 문을 잠갔다.

아무것도 보이지 않았다. 손을 더듬었다. 작은 공간에 마치 옷장처럼 나무 작대기가 가로로 걸쳐져 있었다. 일어설 수 없을 만큼 낮은 천장, 누울 수도 없는 좁은 공간, 옆으로 기대려니 얼음장 같은 찬 나무 벽에 팔이 얼어 마비가 왔다.

너무도 어두웠다. 자연 암실의 고문이었다.

개구멍 같은 곳으로 검은 빵 두 조각과 찬 감자 스프가 식사의 전부인 이곳에서 얼마를 있었는지도 알 수 없었다. 밤과 낮이 바뀌는지를 모르기 때문에 잠을 잘 수도 없었다.

극심한 영양실조로 하루에도 몇 번씩 쏟아지는 코피는 처음엔 콧물인 줄 알았다. 손으로 닦아 보니 콧물이 아닌 짙은 점액이었다.

암실 문을 두드리며 고함을 질렀다. 문을 열어주었다.

"이 자식들아! 물이나 좀 다오."

피로 범벅이 된 기선의 얼굴을 보고는 물을 찾는 거라 생각했는지 "물이, 물이!" 하며 물을 갖다 주었다.

기선이 물을 마시고 코피를 멈추어 보려고 온갖 방법을 시도하려 하자, 자기 목이 달아난다며 손으로 목을 자르는 시늉을 하면서 문을 닫았다.

머리털이 귀를 덮고 목까지 덮을 만큼 자랐다. 손톱도 자랄 대로 자라 찢겨 버릴 지경이 되었다. 콧수염은 산신령처럼 자라 입을 가렸고, 턱수염은 가슴까지 내려왔다. 빵 조각이라도 먹으려면 콧수염을 쳐들어야만 했다. 닦지 못한 치아는 동물의 이빨처럼 되어 있었다.

몇 주일이나 지났을까? 복도에서 전화벨이 울렸다.
잠시 후 소련인 교도관이 다가오는 소리가 들렸다. 기선에게 나오라더니 어느 방으로 데리고 갔다. 그리고 또 전화로 지시를 받더니 그 옆방으로 데리고 갔다.
문을 열고 들어가니 한복을 입은 점잖은 할아버지가 앉아 있다가 기선을 보고 일어났다.
"유기선 선생이시지요?"
근래에 들어보지 못한 아주 따뜻한 음성이었다.
"그렇습니다."
한복을 입은 할아버지가 교도관을 쳐다보자 교도관은 방에서 나갔다.
"편히 앉으세요."
그는 겸손하고도 차분한 목소리로 말문을 열었다.
"나는 청진에서 고기 잡는 어부입니다. 어려서부터 소련과 만주의 국경을 넘나들며 장사도 하고 어부생활도 오랫동안 했기 때문에 중국말, 소련말을 잘했습니다. 청진 앞바다에서 고기를 잡고 있는데, 소련군이 청진에 들어오면서 일본 사람들을 모두 체포하고는 점령해 버렸어요. 소련말 할 줄 아는 사람이 필요하니까 나를 잡아서 자기네 군에서 일하자고 하더군요. 지금은 전시이니 복종하지 않으면 생명의 위협을 받으니까 하는 수 없이 한다고 했습니다. 본의 아니게 이렇게 종군한 셈이 되었습니다. 내가 일본말, 소련말을 잘하니까 특별히 대우하여 소련군 검찰총장 통역으로 채용했고 성실하게 일했더니 이젠 제법 신임도 얻었습니다."
"선생님이 지금 계신 곳은 비둘기장이라고 부르는 곳인데, 소련군이 임시로 급조한 감방으로 사형을 집행하기 전에 잠시 가두는 곳입니다. 일본군 고급 장성들만 구속되어 있지요. 어젯밤에도 일본 대판이라고 하는 고급 장성을 사형집행 했는데…. 제가 통역이라 못 볼 꼴 많이 보았습니다. 밤중에만 사형을 집행하는데, 벌판에 끌고 나가 굶주린 셰퍼드 여러 마리를 풀어 놓으면 무섭게 달려들지요. 얼굴이며 허벅다리며 닥치는 대로 물어뜯습니다. 유혈이 낭자하고…. 일본 놈이라지만 인간으로 차마 볼 수 없을 정도입니다. 그러다 의식을 잃고 쓰러지면 케페우(K.G.B) 장교가 권총을 이마에 대고 쏘니까…."

듣는 것만으로도 섬뜩하고 무서운 이야기였다. 이 영감은 왜 이 이야기를 하는 걸까? 들으면서 기선은 더욱 정신을 바짝 차리려 눈에 힘을 주었다.

"오늘 밤에 집행될 사람이 누구인가 명단을 보니 유기선이라고 적혀 있어 깜짝 놀랐습니다. 왜 우리 동포가 이곳에 있는 건가, 무슨 큰 죄를 저질렀나, 안타까운 마음에 기소내용을 꼼꼼히 살펴보았습니다. 제가 관여할 부분이 아니지만, 상관에게 부탁해서 좀 더 알아보고 싶다고 간청을 드렸더니, 조선공산당 각 기관에서 취조한 기록들을 모두 보여주더군요. 대략 읽어 보니 아주 흉악한 내용들이었습니다. 그래서 직접 면담을 통해 알아보려고 특별면회를 신청한 것입니다. 그러나 이렇게 직접 뵈니 기소 내용과는 아주 다른 분임을 느낄 수 있었습니다. 선량한 얼굴에 눈동자도 밝고 빛이 나는 것이 이런 악형을 받아서는 안 될 분이라는 생각이 들어 말씀드리는 것입니다. 어찌 될지 모르지만 혹여라도 말할 기회가 생기게 되면, 이 땅에서 마지막이 될지도 모르니 잘 생각해서 말씀하시라고 알려드리러 온 것입니다."

기선은 늙은 통역관을 통하여 지금 머물고 있는 곳이 비둘기장이라고 부르는 암실인 것과, 오늘 밤 자정 즈음에 사형이 집행될 것이라는 걸 알게 되었다.

기선은 자기 같은 사람에게 뜨거운 동포애를 보여주어 면회를 해준 것에 대해 감사의 마음을 전했다. 그리고 소련군의 만행에 대해 자신의 소신을 피력하려고 하는데 시간이 다 되었다며 교도관이 데리고 나가는 것이 아닌가?

다시 비둘기장으로 밀어 넣음을 당한 기선은 잠시 머리가 하얗게 되는 것을 느꼈다. 어떤 말이라도, 원망이나 혹은 유언이라도 남겨야 할 것 같은데 생각이 나지 않았다. 시간이 얼마 남지 않았는데, 이렇게 우두커니 있을 수는 없다는 생각에 무릎을 꿇었다.

예수님 생각이 났다.

철없던 때, 겟세마네 동산에서 십자가를 앞두고 이 잔을 내게서 옮겨 달라고 기도하시던 예수님이 좀 비겁한 것 같다는 생각이 들어 실망한 적이 있었다.

하나님의 독생자로서 대속의 대업을 완수하시려고 하늘 보좌를 버리고 오셨으면 사나이답게 담대해야지, 생명에 대해 미련과 애착이 많으신가 보다 하고….

그러나 오늘 밤 자신이 당할 일을 생각하며 고개를 숙이고 무릎을 꿇으니 주님의 심정을 충분히 실감하고도 남음이 있었다.

"오…주님…. 사랑하는 주님! 저는 오늘 밤 죽음의 문 앞에 서게 되었습니다. 주님은 33년 동안 이 땅에 계셨는데, 저는 주님보다 1년 더 살았으니 이것으로 족합니다. 제가 세상에 미련이나 애착을 두지 않도록 굳건한 믿음을 주옵소서. 집에는 늙은 부모님이 계시고, 아직 30세가 되지 않은 젊은 아내와 어린 것 넷이 있습니다. 막내는 출생하자마자 제가 구속되었기에 일평생 아버지를 보지도 못하고 불러보지도 못하고 자랄 텐데, 그것을 생각하니 마음이 아픕니다."

"주님, 제가 살아서 가정을 지키고 어린 것들을 양육하는 것보다, 주님께서 저희 가정을 친히 보호하시고 양육해 주시면 더 안전하고 더 훌륭한 인재들로 자랄 것으로 믿습니다. 제 부모님과 가정을 지켜주시고 축복해 주시옵소서. 또 제게는 뜻을 같이하기로 한 동지들 만 명이 있습니다. 제가 이렇게 죽어 가도 저들이 낙망하지 않도록 붙들어 주시고, 더욱 조국과 민족을 사랑하는 젊은이들이 되게 하여 주옵소서. 일제의 잔악한 악정에 시달릴 대로 시달린 우리 민족이 적색제국주의의 침략을 받고 있사오니, 우리 민족을 긍휼히 여겨주시고 불쌍히 여겨주셔서, 이 시련에서 승리할 수 있도록 도와주시옵소서. 셰퍼드가 달려들어 제 허벅다리를 뜯을 때 다니엘에게 주셨던 용기와 의연함을 제게도 주시고, 케페우가 제 이마에 권총을 쏠 때에도 스데반에게 주셨던 평안함으로 웃는 얼굴을 허락해 주시옵소서."

기도는 샘물같이 쏟아져 나왔다. 추운 겨울이었지만 땀이 흘러내렸다. 몸에서 뜨거운 것이 올라왔다.

주님께 나라와 민족, 부모님과 가족을 맡긴다는 기도를 드리고 있었지만, 공산당들을 타도하지 못하고 그들의 손에 죽는 것이 억울해 온몸이 타는 것 같았다.

삼손이 "한 번만 나로 강하게 하사 블레셋 사람이 나의 두 눈을 뺀 원수를 단번에 갚게 하옵소서" 하며 다곤 신전의 기둥을 안았던 것처럼 내게도 그런 힘을 달라고 하고 싶었다.

'삼손과 같이 저들과 함께 죽어 장렬한 최후를 맞는다면 얼마나 좋을까!'

안타까워하고 있는데 세미한 음성이 들렸다.

"한 알의 밀이 땅에 떨어져 죽지 아니하면 한 알 그대로 있고 죽으면 많은 열매를 맺느니라 자기의 생명을 사랑하는 자는 잃어버릴 것이요 이 세상에서 자기 생명을 미워하는 자는 영생하도록 보전하리라" (요 12:24-25).

'아, 주님의 응답이로구나!'
"주님, 잘못했습니다. 어리석은 사람의 생각만 앞섰습니다. 내 손으로 공산당을 타도하고 싶은 마음이지만, 하나님의 뜻은 또 다른 곳에 있는 것임을 믿습니다. 어찌 하나님의 깊고 오묘하신 뜻을 알 수 있겠습니까? 주님, 아버지의 뜻대로 행하시길 원합니다. 저는 주께서 이끄시는 대로 가겠습니다. 예수님처럼 한 알의 밀알이 되는 것은 축복입니다."

기선은 어디선가 밀려오는 침착함과 평화에 몸을 맡겼다.
이내 들려오는 전화벨 소리….
소련군 교도관은 한참 동안이나 누군가와 대화를 했다.
"카레이스키 유기선! 카레이스키 유기선!"
때가 가까이 왔음을 직감했다. 비둘기장을 열고 나오라고 했다.
추운 암실에 오래 있었던 탓인지 다리에 힘이 없어 일어서지질 않았다. 마지막 자세가 이렇게 구겨지면 안 된다 싶어 무릎에 힘을 주었다. 하지만 소용이 없었다.
문을 열고 소련군이 기선을 질질 끌고 갔다. 이곳의 사형수들은 사람 취급을 받지 못한다. 사람이 아니라 그냥 짐짝인 것이다.
유난히 밝은 별들만이 기선이 이 땅에서 보낸 마지막 모습을 기억할 것 같아 끌려가면서 하늘을 바라보았다. 발목까지 푹푹 잠기는 눈길을 등 뒤에서 미는 총부리에 밀려 걷고 있었다. 셰퍼드가 달려들어도, 총부리가 이마에 닿아도 아버지가 늘 하시던 말씀을 잊지 않겠다고 생각하며 애를 썼다.

"사내 대장부는 늘 당당해야 하는 기야."

한참을 걸어도 기다리던 셰퍼드는 나타나지 않았다. 가늘게 새어 나오는 불빛 사이로 집이 보였다. 문을 열고 들어가니 아까 만났던 늙은 통역관 영감님과 거구의 소련 장성이 붉은 테이블에 앉아 있었다.

"이분은 소련군 검찰총장 푸로그로르 이사엡이라고 하는 분인데, 조선공산당에서 보내온 각종 서류에 모두 사형을 선고하고 있어 직접 심문해 보고 최종결정을 하시려고 오셨습니다. 인간으로서 이 땅에서 하는 마지막 기회일 것이니 후회 없이 하여 주시기를 바랍니다."

기선이 바라본 푸로그로르 이사엡이라는 자는 이태리 파시스트 정권의 독재자 무솔리니가 아닌가 싶을 정도로 그와 생김새가 비슷했다. 가슴에는 훈장을, 허리에는 쌍권총을 차고 있었다. 눈은 마치 독수리의 눈초리에서 금속성의 광채가 나는 것같이 매서웠다.

통역관이 무어라고 하니 소련군 장성이 대답을 하고 다시 통역관은 "다다다"라고 했다. 고개를 끄덕이며 "다다"라고 하는 걸 봐서 '다다'는 영어의 'yes'에 해당하는 말인 것 같았다.

소련군 장성이 쌍권총을 꺼내더니 기선이 보는 앞에서 실탄을 장전하고 위엄 있게 걸어와 기선의 양쪽 귀에 대고 소련말로 우렁차게 지껄였다.

통역관이 이 말을 통역했다.

"당신은 지금부터 내가 심문하는 말에 거짓말로 대답할 때에는 이 권총으로 바로 총살시켜도 이의가 없겠는가?"

"나는 거짓을 가장 싫어하고 가장 미워하는 하나님의 청년입니다. 나의 삶에 대한 문제는 이미 결정지은 지 오래되었으니 살겠다고 구차하게 거짓말하는 따위의 청년은 아니라고 전해주시오."

눈을 부릅뜬 장성의 말이 이어졌다.

통역관 영감도 나지막한 음성으로 기선에게 통역했다.

"이 앉은키만 한 방대한 조서가 조선공산당에서 조사한 당신에 관한 반동행위요. 당신은 어째서 공산주의를 반대하며 반동의 괴수가 되었소?"

조금 전에 만난 통역관 영감님이 잘 생각해서 말하라고 알려준 이유를 알 것 같았다. 대부분의 소련군 장교들은 문맹들이었는데 이 자는 그렇지 않은 것 같았다.

'어차피 죽을 것인데, 무얼 망설이겠는가?'

기선은 공산주의에 관한 자신의 소신을 이야기해야겠다고 생각했다. 그들이 경전과 같이 여기는, 인류 문제를 해결하고 해방시켜 준다고 믿는 소위 '공산당 선언'부터 이야기하기 시작했다.

공산당선언

"1848년 2월 24일, 카를 마르크스와 프리드리히 엥겔스가 합작한 것을 공산주의 동맹에 의해 런던에서 발표된 이 선언의 첫 머리와 마지막 결론을 보면 다음과 같은 말이 있다…"로 시작하여 십자군 전쟁 등 큰 전쟁들은 계급투쟁으로 일어난 게 아니라는 것과, 엥겔스의 저서 《가족, 사유재산 및 국가의 기원》에서 나타난 국가의 본질에 관한 것을 이야기했다.

1917년 8월에 쓴 레닌의 저명한 책 《국가와 혁명》 제1장에 나온 이야기도 했다.

마르크스가 구상한 유토피아에 대해서도, 공산주의가 바라는 이

상세계에 대해서도 말했다.

　인류의 문제는 공산주의로 해결 지을 수 없는 것으로, 성경에서 제시된 복음의 말씀으로만 해결할 수 있다고 하며, 조선청년의 충심에서 우러나오는 마지막 소신의 말을 이성적으로 받아들여 주기를 바란다는 것으로 말을 마쳤다.

　꿈쩍하지 않고 통역관의 이야기를 전해들은 장성은 무거운 입을 떼었다.

　"당신이 반동의 괴수 노릇을 한 까닭을 알았소. 공산주의에 대해서도 연구가 많았고 노력한 흔적도 인정하오. 그런데 어찌해서 공산주의자가 되지 않았소? 아마 좋은 공산지도자를 아직 만나지 못한 모양인데…. 당신에게 관심이 있으니 내가 다시 이 조서들을 조사해 보겠소. 오늘은 일단 돌아가시오."

　통역관은 눈을 찡긋 웃으며 기선에게 고개를 끄덕였다. 소련군 장성은 교도관에게 뭔가를 지시하고는 나가 버렸다.

　푹푹 빠지는 눈길을 걸어 비둘기장으로 돌아오는 길에 기선의 입에서 찬송이 나왔다. 일부러 부르려 한 게 아니었는데 그냥 나오는 것이었다.

　　"주 안에 있는 나에게 딴 근심 있으랴
　　십자가 밑에 나아가 내 짐을 풀었네
　　주님을 찬송하면서 할렐루야 할렐루야
　　내 앞 길 멀고 험해도 나 주님만 따라가리."

　알 수 없는 힘이 솟구쳤다. 푹푹 빠지는 눈길을 걸어 돌아온 비둘기장은 영하 20도의 냉동실과 같았지만, 자신도 모르게 흘러나오는 뜨거운 기도와 찬송이 온몸을 휘감아 전혀 춥지 않았다.

감옥에 갇힌 채 찬송과 기도로 감옥문을 열었던 바울과 실라처럼 오히려 평안이 임하고 기쁨이 흘러넘쳤다.

인간 이하의 삶이었지만 믿음이 무엇인지, 소망과 사랑이 무엇인지, 범사에 감사해야 함의 교훈이 무엇인지를 뼛속 깊이 새기는 시간들이었다.

인생의 마지막 순간을 언제 맞이할지 알 수 없는 비둘기장에서의 생활은 캄캄함 그 자체였다. 하지만 기선에게 부어주시는 주님의 은혜는 날마다 새로웠다.

소련군 검찰총장을 만나고 온 지 시간이 얼마나 흘렀을까?
전화 벨소리가 울렸다.
잠시 후에 부르는 소리가 들렸다.
"카레이스키 유기선! 카레이스키 유기선!"
기선에 대한 어떤 결정이 내려졌음을 짐작할 수 있었다. 발걸음 소리가 가까워지고 문을 여는 소리가 들리더니 교도관이 나오라고 했다.
"주님, 이제 저는 어디로 가는 것일까요? 이 길이 주님께서 걸어가신 골고다 언덕길이라면 주여! 저의 연약함을 붙들어 주옵소서. 마지막 순간까지 저를 도우소서…."
레닌모를 쓴 사람 3명이 기선을 마구 밀어 넣은 것은 지프차였다. 대동교 다리를 건너는데 일행의 우두머리 같아 보이는 자가 물었다.
"동무는 최용건 장군을 잘 압니까?"
"모르오. 최용건은 또 누구고, 여기는 도대체 어디란 말이오."
기선은 일제 강점기에 판검사로 있었던 사람 몇이 수감된 정치보위부 유치장에 다시 갇혔다. 그들은 기선을 알아보며 죽은 줄로 알았는데, 이렇게 살아 있었다며 반갑게 손을 잡았다.

그곳에 있는 동안 야생동물 같았던 기선의 머리는 박박 밀렸고, 황금색의 치아는 원래의 색으로 돌아왔다. 그들이 사람처럼 만들어 준 것이다.

얼마를 지나 다시 차에 태우더니 어디론가를 향했다. 대동교 오른쪽의 큰 건물이었다. 화려하게 장식된 방으로 데리고 들어갔다.

조금 후에 거구의 몸집인 한 남자가 당당한 걸음으로 들어오더니 손을 내밀었다.

"나, 최용건이요. 유 동지, 미안합니다."

얼떨결에 악수를 하긴 했지만 이게 무슨 조화인가 싶었다.

셰퍼드가 달려들 거라더니 돌려보내질 않나, 삭발을 시키지 않나, 처음 보는 자신에게 동지라니…동지는 무슨 동지….

그의 말이 이어졌다.

"나는 오산학교 출신이오. 나도 나의 스승인 조만식 선생님을 유 동지처럼 존경합니다. 내가 어제 모스크바에서 돌아왔어요. 돌아와 보니 유 선생 같은 훌륭하신 분이 공산당 풋내기 애들 때문에 말할 수 없는 고생을 하고 있다는 소식을 들었어요. 그래서 당장 치스카코푸 사령관에게 이야기를 하여 유 동지를 오늘 석방하기로 했습니다. 내가 있었다면 이런 고생은 하지 않았을 텐데, 이거 미안하게 되었습니다. 오늘 댁으로 돌아가서 며칠 푹 쉬시고 몸이 좀 회복되면 우리 김일성 장군과 셋이 만나서 공산당을 바로 재건합시다."

최용건과 김일성

바로 그가 비둘기장 속의 사형수 카레이스키 유기선을 구하는 데 결정적인 역할을 하였으니 하나님의 은혜와 섭리는 참으로 놀랍다.

"오랜 수감생활 때문에 잘 걷지 못하는 걸로 알고 있습니다. 내 차로 댁에까지 모셔다 드리겠습니다. 자! 지난날의 고생은 모두 잊어버리세요. 혁명가들은 그런 것에 마음을 두지 않는 법입니다. 하하하!"

호탕하게 웃는 최용건의 웃음소리가 기선에게는 유쾌하게 들리지 않았다. 공산당의 수법을 익히 알기 때문이다. 추켜올려 세우다가 180도 변하여 잡아 가두는 그들의 행동을 알기에 기선은 반대로 이야기했다.

"최 장군의 호의는 감사합니다. 그러나 나는 집으로 가지 않을 것이오. 여기는 무장한 적위대가 나를 주야로 지키고 있기 때문에 도둑이나 강도가 들어올 걱정도 없고 입에 맞지는 않지만 끼니도 해결해 주는데 이렇게 좋은 곳이 어디 또 있겠습니까? 집에 가 봤자 며칠 후면 또 잡혀올 것을…. 들락날락할 것 없이 여기에 그냥 있겠소. 최 장군은 공연한 염려 마시고 나를 정치보위부로 다시 돌려 보내주시오."

공산당과의 대응방법은 언제나 반대로 해야만 한다는 것을 수감생활을 통해 기선은 배웠다. 그렇지 않으면 그들이 파놓은 함정에 빠질 수밖에 없기 때문이다. 기선은 이곳에서 나가려면 버텨야겠다고 생각했다.

최용건은 계속 호의적으로 집으로 가라고 했다.

두 시간쯤이나 지났을까? 최용건이 맏형님(유기원)과 같이 들어오는 것이었다.

"최 장군의 호의를 네가 계속 거부한다고 들었는데 지금 정신이 있는 거냐, 없는 거냐! 늙으신 부모님이 네 걱정으로 잠을 이루지 못하시고 계시는데, 이렇게 버티면 어쩌자는 것이냐. 부모님을 뵙고 다시 들어와도 되니, 일단 나가자."

형님의 제안에 마지못해 끌려나오다시피 집으로 돌아왔다.

자신의 차를 타고 가라는 최용건의 호의를 정중히 거절하고 집으로 돌아오는 길에 그간의 일들이 필름처럼 지나갔다.

수없이 만났던 죽음의 순간들, 냉동고와 같았던 비둘기장에서 자신을 지키셨던 강력한 손길, 아무 말도, 아무 생각도 할 수 없었던 때 흘러나온 찬송들…. 주 안에 있는 하나님의 백성들을 보호하시고 지키시는 주님의 손길이 분명했다. 그 분명한 손길을 의지했기에 도저히 걸을 수 없을 것 같았던 걸음을 걸을 수 있었다.

집에 돌아와 자신의 석방 이유를 알 수 있는 소식을 들었다. 미·소 공동위원회의 미국 대표 브라운 소장이 평양을 방문한 것이 기선의 석방을 가능케 했다는 것이다.

서울에서는 공산당을 하나의 정당으로 인정하고 모든 편의를 보아주고 있는데, 소련군정 하에서는 민주주의 인사들을 투옥, 고문 등 갖은 박해와 탄압하는 것을 미국이 안 것이다. 사실인지 여부를 확인하기 위해 미국 대표가 평양에 왔고, 그 사실을 확인하고는 소련에 엄중 항의한 것이다.

소련군정은 일시적으로 모든 정치범을 석방하고 친절과 호의를 베푼 것이었다. 브라운 소장이 평양을 떠나면 석방된 자

2차 미소공동위원회

들을 다시 구속하여 없애야 할 자는 처형한다는 것이었다.

이를 안 가족들과 뜻을 같이 했던 동지들은 석방된 기선에게 피할 것을 권했다. 그러나 38선을 넘기에는 몸이 너무 쇠약해졌다. 할 수 없이 해주에 있는 결핵요양원에 가기로 했다.

집을 떠나는 날, 아버지의 두루마기를 입은 기선은 이른 새벽에 대동문 나룻배 언덕에서 쪽배를 타고 대동강을 건너 백사장에 섰다.

멀리 대동공원 높은 언덕에서 모자를 벗어 손을 흔드시는 아버지가 보

평양 대동문 선착장

였다. 아버지는 기선의 모습이 보이지 않을 때까지 손을 흔드셨다. 그때는 몰랐다. 그것이 아버지와의 마지막이 될 줄을….

그 상황만 지나고 나면 다시 뵐 줄 알았다.

멀어져 가는 아버지의 모자….

아버지의 손….

대동강 바람이 얼굴에 스친다.

그 후로 어느 길을 지날 때 물 냄새 가득한 바람이 얼굴을 스치면 아버지가 흔드시던 모자가 떠올랐다.

그리운 이름, 아버지…. 아버지의 두루마기, 아버지의 체취…. 천국에서 다시 뵈면 그리운 그 손을 다시 만질 수 있겠지.

기선은 동료들의 도움으로 해주를 경유하여 주새미몰이란 동네에서 장동원의 안내로 38선을 넘게 되었다. 자유의 땅, 청단(8·15 해방 당

시 38선을 중심으로 남과 북으로 나뉨)까지 걸어오면서 찬송을 불렀다.

"주 예수의 구원의 은혜로다 참 기쁘고 즐겁구나
그 은혜를 영원히 누리겠네 곧 평안히 쉬리로다."

며칠 후 월남한 동료들의 말에 의하면 기선이 집을 떠난 지 3일 후에 정치보위부에서 재구속차 기선의 집을 급습했다고 한다. 집을 뒤져도 기선이 없자 대신 아내를 연행하여 괴롭혔다고 한다.
이 일로 기선은 하나님의 시간에 대해 생각하게 되었다.
다 알 수 없는 하나님의 계획과 뜻, 사람의 생각과 시간과는 너무도 다른 하나님의 시간, 이해할 수 없고 알 수도 없지만 언제나 하나님의 생각과 시간은 정확하고 틀림이 없다.
신실하신 하나님은 곳곳에 하나님의 사람들을 준비해 두시고 피할 길을 주시며 이겨낼 힘과 용기를 주신다. 위로부터 주시는 때에 맞는 적절한 말씀과 찬송은 사람의 머리로서는 불가능한 것이다.
기선을 구하시기 위해 미·소 공동위원회를 그 시간에 열게 하셨고, 브라운 소장을 평양에 보내신 것이리라.
하나님은 당신의 백성을 구하시기 위해 공산당 간부도 사용하시고, 38선을 넘을 수 있도록 동료들도 보내 주셨다.
우리 하나님은 그런 분이시다. 바다 한복판에 고속도로를 내시며 마른 하늘에서 만나를 내리시는 분이고, 광야에 길을 만드시며, 반석에서 물이 솟게 하시는 분이다. 앞에도 뒤에도 길이 없다면 하늘로 길을 여시는 분이 우리 하나님인 것이다. 그 하나님을 온몸으로 깨닫게 되며 만나게 된 것이다.
기선은 38선을 넘으며 그 사실을 새삼 깨달았다. 지난 시간들의 수많은 체험을 통해 하나님께서 자신과 함께하신다는 것을 깊이 깨달아 알게 되었다.

하나님이 함께하셔서 그 이후 남한에서의 모든 삶도 가능했던 것임을 고백한다.

"나의 하나님이 이미 그의 천사를 보내어 사자들의 입을 봉하셨으므로 사자들이 나를 상해하지 못하였사오니 이는 나의 무죄함이 그 앞에 명백함이오며 또 왕이여 나는 왕에게도 해를 끼치지 아니하였나이다 하니라"(단 6:22).

신혼초야에 울려 퍼진 애국가

학창 시절, 기선은 인류 역사에 떠올랐다 사라진 수많은 사람들의 발자취가 궁금하여 많은 전기를 읽었다.

그중에서도 어떤 목적이나 보람 있는 삶을 위해 결혼하지 않고 독신으로 있으면서 일생을 뜻있게 장식한 분들의 전기를 관심 있게 읽으며 감동을 받았다. 네덜란드의 철학자 스피노자, 영국의 물리학자 아이작 뉴턴, 독일의 철학자 임마누엘 칸트, 프랑스 문학의 최고봉이라 인정하는 모파상….

특히 43세의 길지 않은 일생을 보낸 모파상이 작가로서 인정을 받았을 때 했던 말을 마음에 두고 살았다.

"재능이란 별 것이 아니다. 긴 인내일 따름이다. 끝없이 탐구하라."

어둡고 어려운 시대를 살아가는 자신과 같은 청년에게 하는 격려사라고 여겼다. 그런 재능과 집념의 소유자인 모파상이 문학을 위하여 결혼하지 않고 "아, 어둡다"라는 말을 남기고 세상을 떠나자 자신도 꿈을 이루려면 학업에 충실해야 한다고 생각하여 점차 독신생활의 매력에 빠지게 된 것이다.

지금은 그렇지 않지만 당시에는 20세를 전후하여 결혼하는 것이 일반적이었다. 남자는 25세, 여자는 20세가 넘으면 노총각, 노처녀로 불렸다.

이미 혼기를 놓친 기선을 어느 날 아버지가 부르셨다.
"너를 가장 잘 아는 사람은 이 아버지라 생각한다. 요즘 네가 어떤 생각을 하고 지내는지도 잘 안다. 네가 꿈꾸고 있는 독신생활이라는 것은 자타가 인정하는 잘난 사람들이 뜻 있는 삶을 살아가기 위해 결혼이라는 굴레를 초월해서 사는 것인데…. 아버지가 너를 아무리 살펴보고 검토해 보아도 잘난 데가 없구나. 사람은 자고로 자기 자신을 잘 알아야 하는데, 너는 그 중요한 것을 놓치고 있는 것 같아 아버지가 말해주는 거다.

너같이 평범한 사람은 아내를 만나 내조자의 도움을 받으며 삶의 목적을 향해 나아가야 한다. 돕는 배필을 만나 서로 부족함을 채우며 세워가는 것이 하나님의 뜻이라고 아버지는 생각한다. 그러니 아버지 말을 들어라."

기선은 아버지의 말씀이 "너는 누가 봐도 평범한 사람이니 잘난 척하지 말고 평범하게 살아라"고 하시는 것처럼 생각되어 기가 죽었다.

"지금 내가 소개하는 이 처자는 일본 경도의 동지사대를 금년 봄에 졸업하고, 며칠 있으면 평양을 지나 평북의 고향으로 갈 것이다. 숭의여고 박기열 선생이 소개하는데 신앙도, 애국심도 투철한 재원이라고 하시더라. 평양을 지날 때 만날 기회를 줄 것이니 잘 만나 보도록 하여라. 주기철 목사님께서 소개해 주시는 처자들을 네가 독신으로 살 거라며 모두 마다하지만 않았어도 이렇게 나서지는 않았을 것이 아니냐?"

아버지의 말씀을 다 듣고 진지하게 대답을 했다.

"아버지의 말씀대로 저는 부족한 사람입니다. 부족해서 제 몸 하나도 올바른 방향으로 이끌 수 있을까 하는 의문이 듭니다. 제 자신도 올바로 세우지 못하는데 남의 집 귀한 딸까지 불행하게 만들 수는 없습니다. 사람은 누구나 자기 잘난 맛에 산다는데, 저도 제 꿈을 한번 이루어 보고 싶습니다. 아버지, 그래서 독신으로 인생의 경주를 달려 볼까 합니다. 주 목사님께도 제 뜻을 그렇게 말씀드린 겁니다."

"오늘 이야기는 여기서 그만하고 박 선생님을 만나 보거라."

기선의 말이 끝나기도 전에 아버지는 나가버리셨다.

당시 박기열 선생님은 숭의여고에서 가정 과목을 가르치고 계셨고, 산정현교회 청년면려회에서 부회장으로 계셨기에 청년회 회장인 기선과는 교회일로 자주 만나는 사이였다.

주일 예배 후 기선을 찾아온 박 선생님은 아버지가 말씀하신 처자에 대해 소개를 했다.

"유 선생님의 생각은 평소 잘 알고 있었어요. 그러나 이 학생은 제가 숭의여고에서 5년간 가르쳤고, 일본 동지사대도 제 후배가 되지요. 그래서 이 학생의 근 10년간의 일들을 잘 알고 있어요. 또 유 선생님과 청년회 일을 함께하며 선생님을 도울 수 있는 사람으론 이 학생이 제격이다 싶어 제가 나서게 되었습니다.

한 예로 일본에서 공부하는 조선의 유학생 중에는 기모노를 입은 학생들이 많은데 이 학생은 기모노를 입거나 게다를 신지 않았습니다. 또 정오를 알리는 사이렌이 울릴 때마다 조국과 민족을 위해 기도한 학생입니다. 더구나 일본에서 재일 거류민이 사는 가난한 동네인 후시미라는 곳이 있는데, 이곳의 교회에 가서 조선 학생들에게 신앙과 민족의식을 꾸준하게 교육시키는 일을 해온 것을 보면 유 선생님과 생각이 잘 맞지 않겠나 싶습니다.
유 선생님과 한 가정을 이루면 아주 아름다운 가정을 이루실 것 같아요. 두 분의 만남은 하나님께 영광을 돌리는 일이지, 영광을 가리는 일이 아니라고 확신합니다."

기선은 그 처자가 일본에서 공부하면서도 기모노를 입지 않았다는 말에 귀가 솔깃했다.
한 번 만나 보면 허영에 들떠 있는 여느 일본 유학생과는 다른 점을 분명히 발견할 수 있을 거란 박 선생님의 당당한 태도에 더욱 신뢰가 갔다.
박 선생님께는 서로 기도해 보자고 말씀드리고 자리에서 일어났다.
주일 오후에 그 처자를 만난 가족들은 모두 마음에 들어 했다. 큰형님은 둘만이 이야기를 나눌 수 있도록 집에 조용한 곳을 마련해 주었다. 그러나 결혼에 대한 생각이 없었던 기선은 결혼 상대를 만난다는 것이 여간 쑥스럽고 부자연스러운 게 아니었다.
중요한 문제를 만났을 때에 항상 기도하는 습관이 있었던 기선은 다소곳이 앉아 있는 처자에게 말했다.
"우리, 대화를 시작하기 전에 기도합시다. 하나님 아버지! 나라를 잃어버린 식민지 백성으로 젊은 시절을 보내고 있는 우리 두 사람에게 주께서 함께하셔서 저희의 나아가야 할 길과 할 일이 무엇인지 올바로 알려 주옵소서. 예수님의 이름으로 기도하옵나이다. 아멘."
그 처자도 수줍은 목소리로 "아멘" 하였다.
어색하고 멋쩍은 대화는 몇 분 만에 끝나고 처자는 돌아갔다.

몇 주가 지나고 아버지께서 어떤 봉투 하나를 보여주셨다. 양쪽 부모들이 동의하는 것으로 혼담이 오갔으니, 당사자인 기선이 동의

하는 대로 약혼증서에 날인하여 보내겠다고 하셨다.

기선은 아버지께 그러시라고 하며 한 가지 조건을 붙였다.

"제가 하는 결혼이니 제 뜻대로 할 수 있게 해주신다면 결혼하겠습니다. 그러나 양가 부모님의 생각이 중심이 되고, 저는 그저 따라야만 하는 결혼이라면 저는 독신으로 지내겠습니다."

"도대체 네 생각은 무엇이냐? 네 뜻대로 하겠다는 말이 무슨 뜻이냐?"

"보시면 알게 될 것입니다. 지금 당장 말씀드릴 수는 없습니다. 죄송합니다."

"네가 무슨 생각을 하는지 알 수 없지만 하여간 네가 하는 결혼이니 신랑, 신부 될 사람의 의견을 존중하도록 하마. 다만 올바른 생각을 갖고 성실하게만 행하거라. 이 약혼증서는 신부 집으로 보내겠다."

이것이 약혼의 전부였다.

며칠 후 아버지는 신부 집에서 답이 왔다고 하시며, 기선이 생각하는 결혼식이 무엇인지를 물으셨다. 그는 기다렸다는 듯이 아버지께 자신의 결혼식에 대해 말씀드렸다.

1. 종래의 혼인풍속에 따른 허례와 낭비들, 일체를 배제할 것
    - 예장 보내는 일과 과중한 혼수 금지
2. 청첩장 발송 및 배부를 일체 폐지할 것
3. 결혼식 날, 신랑 신부 승용차 일체 거부
    - 모든 행사에 걸어서 갈 것(허례이고 낭비이기 때문임)
4. 축하금 일체 사절
    - 남의 도움 없이 주체성 있게 출발하기 위함임
5. 결혼식 날짜는 1938년 9월 29일 오후 5시
    - 9월 29일은 기선의 생일. 오후 5시인 이유는 평양기독병원 내과 과장으로 계시는 큰형님이 4시까지는 환자들을 돌봐

야 하므로
6. 신혼여행은 없음
 – 나라 없는 식민 백성이 무슨 신혼여행

  기선의 설명을 들은 아버지는 노발대발하셨다. 홀아비, 과부도 이런 혼례는 하지 않는 법인데 딸을 일본 유학까지 보내 고등교육을 받게 한 장인의 마음은 생각해 보았느냐며 이런 철부지 생각은 걷어치우라고 하셨다.
  기선은 화가 나신 아버지를 침착하게 설득했다. 그리고 결혼 당사자인 신부가 동의하면 허락해 주실 거냐고 물은 뒤 바로 신부 될 처자에게 편지를 보냈다.

  부모의 배경과 물질의 힘을 빌려 호화롭게 결혼식을 하는 것은 옳지 못하다. 새롭게 시작하는 인생의 출발부터 다른 사람에게 피해를 줄 수는 없지 않겠느냐.
  지금 당장은 섭섭하겠지만 시간이 흐르면 어른들도 이해해 주실 거다. 자주, 자립정신으로 출발하고 싶은 것뿐이지 고의로 괴짜 인간처럼 별 생각 없이 행동하는 것이 아니다.
  또 하나님께서 주신 튼튼한 다리로 씩씩하게 걸어 들어가고 싶은 마음에 자동차를 이용하지 말자는 것이다.
  꽃자동차에 신랑과 신부가 타고 뒤따르는 후행 차량까지 모란봉과 을밀대를 비롯하여 평양의 명승지를 돌고 신혼여행을 떠나는 것은 과시밖에 안 되는 것이다.

  마음을 다해 편지를 썼고 곧 장문의 답장이 왔다.
  결혼식 전후에 관한 모든 절차에 대해서는 기선의 의견에 적극

찬성이지만 부모님의 반대가 너무도 맹렬하셔서 입장이 난처하다는 내용이었다.

귀하게 기른 딸을 시집보내는데 이렇게 엉터리로 할 수는 없지 않느냐…. 사회적 체면도 있는데 남들이 다 하는 혼례의 전통을 따라야 하지 않느냐….

이 정도도 예측하지 못했을 리 없는 기선은 인생의 새 출발부터 보조가 맞지 않으면 어떻게 하겠느냐며, 최선을 다하고도 허락을 받지 못하면 파혼하고 각자의 길을 가는 것으로 하자고 했다. 결국 기선의 뜻대로 하기로 했다.

산정현교회 송창근 목사님을 주례로 모셨다. 그런데 결혼식 당일, 오후 5시가 다 되어 가는데 장인어른도 처가 식구도 심지어는 신부도 오지 않는 것이었다. 예배당 안에도 하객이 없었다. 썰렁했다.

그도 그럴 것이 청첩장을 돌리지 않아서 교인들이 잘 모르고 있었다. 시작하려고 했던 시간보다 30여 분이나 늦게 시작하는 당시의 일반적인 관념도 한 몫 했다.

알고 보니 먼 길 온 신부가 피곤하여 여관방에서 잠시 쉰다는 것이 그만 잠이 들어버린 것이다. 깨어 보니 4시 50분, 정신없이 교회로 뛰어왔다. 그런 신부를 보고도 기선은 놀라지 않았다.

주례 목사님께 신부와 처갓집의 가족들이 오지 않더라도 본인은 5시 정각에 신랑 입장을 하겠다고 말씀을 드렸다.

송 목사님이 기선을 설득하기 시작했다.

"신부가 먼 데서 오느라 피곤하여 쉬다가 그랬다는데, 아무리 자네 뜻대로 하는 결혼이라지만 신부 화장을 할 수 있는 시간은 있어야 하지 않겠나? 10분 늦춰 식을 시작하겠네."

기선은 뜻을 굽히지 않았다.

"나의 일생에서 가장 중요한 새 출발을 에누리한 시간으로 출발할 수는 없습니다. 5시 정각이 되면 시작해 주십시오. 저 혼자라도 들어갈 것입니다. 목사님께서 신랑, 신부를 위하여 하나님께 기도해 주시면 그것으로 충분합니다. 신부 화장을 할 시간이나 시간관념이 없는 어른들을 기다릴 수는 없습니다."

교회의 시계가 5번이 울렸다. 기선이 씩씩하게 입장을 했다. 이어 신부도 입장했다. 화장기 없는 평상시의 얼굴로….

하객이라곤 조만식 선생님을 비롯한 당회원 몇 분과 번하이셀(Dr. Bernheisel) 선교사님 내외분 외 몇 분이 전부였다.

교회당 안은 텅텅 비어 있었다.

그럼에도 불구하고 송 목사님은 자연스럽고 유쾌하게 결혼식을 이끌어 가셨다.

"이 결혼식의 주인공인 신랑, 신부는 특별한 신랑, 신부라서 웨딩마치에 따라 입장하는 것도 없고 축가나 축사도 없을 것입니다. 그러니 하객 여러분께서는 축도가 끝나면 나오셔서 신랑, 신부를 만나 보시고 축하해 주시기 바랍니다."

하객 중에 손을 높이 들고 나오시는 분이 계셨다.

"안녕하십니까? 조만식이올시다. 그동안 내가 결혼식 축사를 부탁 받고 여러 결혼식에 참석해 수많은 결혼식을 봐왔지만 오늘과 같은 특별하고 훌륭한 결혼식은 처음 봅니다. 그런데 식순에 축사가 없다고 하니 이렇게 자청해서 나왔습니다. 양해해 주시기 바랍니다. 저는 우리 겨레의 관혼상제에 대해서 고칠 점이 아주 많다는 것을 강연할 기회가 있을 때마다 외쳐 왔지만, 결혼식 전후에 관한 일체의 모범은 신랑 유기선 군과 신부 박화선 양이 보여주었기 때문에 모든 젊은 남녀들은 이 모범대로 실천에 옮겨 주시기를 바라는 마음입니다."

이렇게 시작된 축사는 신랑, 신부와 하객들에게 축복의 말씀으로 끝을 맺었다.

식이 끝날 무렵이 되어서야 참석한 장인어른과 친척들로 예배당은 가득 찼다. 신부 측 가족과 친척들 중에는 기선의 간략한 결혼식에 대해 섭섭해하기도 했지만, 두 사람의 새 출발을 마음 모아 축하해 주었다.

식이 끝나고 두 사람은 걸어서 집으로 돌아왔다.
신혼 첫날 밤, 기선이 신부에게 말했다.
"우리 일생의 내용은 위로는 하나님을 모시고, 아래로 내 조국을 사랑하면서 살아갈 것이니, 하나님께 기도드리고 그 다음에는 애국가를 부릅시다."
"하나님 아버지, 감사합니다. 부족한 제게 가정을 이룰 수 있게 해주시고 하나님이 예비하신 신부를 주셔서 감사합니다. 이제 새롭게 출발한 저희들이 하나님을 사랑하고 나라와 민족을 사랑하는 모범적인 가정이 될 수 있도록 인도하여 주옵소서. 예수님의 이름으로 기도하옵나이다. 아멘."

"동해물과 백두산이 마르고 닳도록
하나님이 보우하사 우리나라 만세
무궁화 삼천리 화려 강산
대한 사람 대한으로 길이 보존하세
남산 위에 저 소나무…
가을하늘…
이 기상과 이 맘으로…."

기선이 경건하게 먼저 시작한 애국가는 1절에서 2절, 3절, 4절까지 이어졌다. 놀라운 건 신부의 모습이었다. 애국가를 4절까지 틀리지 않고 끝까지 따라 부르는 게 아닌가!
　더구나 이때는 일제 강점기로 애국가를 부르면 구속되었던 때다. 신혼초야에 부른 애국가…. 이는 유계준 장로와 그 자녀들의 나라 사랑의 단면을 잘 보여준다.
　맏형 유기원은 숭덕학교 다닐 때 일어났던 3·1 운동을 위해 밤새 태극기를 만들었고, 그것을 품에 감추고 있다가 거리에 나가 흔들며 조선독립만세를 외쳤고, 동생 유기선은 신혼초야에 애국가를 4절까지 새 신부와 함께 부른 것이다.

　월드컵 응원을 위해 거리에서 부르는 애국가와 일제 강점기에 몰래 불렀던 애국가는 분명 다를 것이다. 하나님이 보호하시는 나라, 남의 나라 사람이 아닌 대한사람이 보존하는 나라이고 싶은 마음을 가득 담아 불렀을 것이다.
　하나님께 드리는 경건한 기도와 애국가로 새롭게 출발한 가정, 유기선의 결혼생활은 이렇게 시작되었다.

아버지를 찾아서, 다시 평양에

　소련군정 아래에 있다가 잠시 석방되었던 기선은 그 길로 월남하였고, 뒤를 이어 가족들도 차례로 월남하였다.
　어머니까지 오셨는데 아버지만 오시지 않은 이유에 대해 형제들에게 물었더니 어머니가 이렇게 말씀하셨다.
　"너의 아버지가 지금 월남하지 않으면 길이 막힐 테니 아들 따라

어서 월남하라고 독촉이 심했다. 같이 가자고 권하니 '나는 가족들이 무사히 38선을 넘었다는 소식이 오면, 그때 가서도 혼자 얼마든지 월남할 수 있으니 염려 말고 아들 따라서 빨리 내려가라'고 하셨단다."

그날 새벽, 집을 나서면서 어머니는 아버지의 태도가 이상하다는 것을 느끼셨다고 한다. 마치 마지막 작별인사를 하는 것 같았다는 것이다.

"나는 조만식 장로와 할 일이 있어 평양에 있게 될지도 모르니 천국에서 만납시다."

기선의 아버지 유계준 장로는 목숨처럼 소중한 산정현교회를 지켜야 하고, 북한 동포와 나라도 지켜야겠다는 소명감 때문에 월남하실 생각이 없으셨던 것 같다.

식구들이 무사히 38선을 넘었다는 소식을 인편을 통해 듣고는 공산당과의 투쟁에 더욱 적극적으로 나섰다고 한다.

공산당들은 교회 건물이 크고 웅장하니 군에서 사용하겠다고 강요했고, 유 장로는 피 흘려 지킨 교회이므로 군용으로 절대 사용할 수 없으니 그리 알라고 하셨다고 한다.

교회를 피로 사수하겠다는 뜻을 공산당에게 알리고, 평양 서문통 하수구리 주택에서 혼자 기거하셨다고 한다. 공산당이 이를 가만둘 리 없었다.

1950년 6월 24일, 오후에 이발소에서 나오는 길에 기선의 아버지 유계준 장로는 정치보위부에 끌려가 구속되었다.

다음 날 6·25의 비극이 터지고 아름다운 삼천리 금수강산이 암흑의 지옥으로 변하게 되었다. 서울은 9·28 수복이 될 때까지 3개월 동안 적의 치하에 있었다.

다시 되찾은 서울, 그때 기선은 부산에 있었는데 서울이 수복되

평양 탈환

었다는 소식을 듣고 평남 지사 김병연과 함께 서울로 올라왔다.

그리고 10월 1일, 맥아더 장군의 북진명령으로 국군과 UN군이 평양을 향해 총진군 중이라는 기쁜 소식을 듣게 되었다. 아버지를 만날 수 있다는 생각에 들떠 있을 때, 평남지사실로 평소 잘 알고 지냈던 공군 장교가 왔다. 기선을 보더니 팔을 잡고는 조용한 곳으로 데리고 갔다.

"평양에 계시는 유계준 장로님의 신상에 무슨 일이 생긴 것 같으니 평양으로 가실 준비를 하세요. 우리 공군이 내일 평양 비행장에 진주하게 되는데, 문관 자격으로 동행할 수 있으니 군복을 입으시고 내일 나오세요."

그날 밤, 아버지 생각에 잠을 이룰 수가 없었다.

이튿날, 4년 만에 다시 밟게 된 평양 땅은 예전의 그 평양이 아니었다. 폭격으로 어디가 어디인지 알 수가 없었고, 보이는 것은 황량한 벌판과 폐허뿐이었다.

그 가운데 홀로 높이 우뚝 서 있는 산정현교회가 보였다.

멀리서 교회를 바라보는 순간부터 목이 메어왔다. 요동치는 가슴으로 예배당으로 뛰어 들어가니 성도들이 감사기도를 드리고 있었다. 서로 얼싸안고 반가움의 인사를 나눈 뒤, 아버지의 소식을 물었다. 그러자 갑자기 깊은 한숨과 함께 숙연해졌다.

아무도 말을 꺼내지 못했다. 직감적으로 알 수 있었다. 아버지가 무사하지 못하다는 것을…. 그들의 한숨과 침묵은 큰 울음으로 변했다.

정치보위부로 끌려가신 후 어디로 가셨는지 아무도 알 수가 없다고 했다. 다만 대동강 변 모래사장에서 교계 인사들을 대량으로 학살했다는 소문을 듣고는 혹시라도 시신을 찾으려고 애를 썼지만 못 찾았다는 것이다. 언제 어디서, 어떻게 돌아가셨는지 알 수가 없다고 했다.

기선은 그 길로 대동강 변으로 달려갔다. 모래알 하나하나 모두 들춰내고 싶은 마음이었다. 아버지가 혼자 지내셨던 하수구리 251번지로 갔다.

아버지의 안경과 사진, 그 밑에 펼쳐져 있는 성경만 덩그러니 주인을 잃은 채 놓여 있었다.

창자가 끊어지는 것 같았다. 온 방 가득 아버지의 숨결이 차 있는 것 같았다. 이곳에 홀로 계시며 나라와 민족, 교회와 월남한 가족들을 위해 얼마나 기도하셨을까를 생각하니 숨이 쉬어지지 않았다.

아버지의 사진 앞에 엎드렸다. 한동안 눈물도 나오지 않았다. 분하고 억울한 생각에 이 원수를 어떻게 갚을 것인가만 생각했다. 아버지의 사진 앞에서 한참을 목놓아 울었다.

민족의 아픔 때문에 눈물이 났고, 억울함 때문에 분노가 솟구쳤다. 그러다가 이것도 하나님의 뜻일지 모른다는 생각이 들었다. 원통하고 분하지만 원수 갚는 것도, 전쟁도 하나님의 손에 있다는 생각이 들었다.

너무나 안타깝고 슬프지만 아버지의 영혼을 하나님께서 기쁘게 받으셨을 거란 확신이 들자 분노의 울음은 곧 찬송으로 바뀌었다.

"우리 다시 만날 때까지 하나님이 함께 계셔
훈계로써 인도하며 도와주시기를 바라네
다시 만날 때 다시 만날 때 예수 앞에 만날 때
다시 만날 때 다시 만날 때 그때까지 계심 바라네."

아버지를 먼저 보내시고 홀로 남은 어머니의 삶은 고단하고 외로웠다.

월남한 땅에서 자식들을 기르시며 뒷바라지 하시느라 눈물 마를 날이 없으셨을 것이다.

전쟁에, 가난에…. 모두가 어려웠던 시절, 기도와 성경 읽는 것을 유일한 낙으로 삼으시던 어머니는 1975년에 접어들면서 급격히 쇠약해지기 시작하셨다.

자녀들 중에 유난히 효심이 깊어 함께 지내던 넷째 아들 기천이 서울대학교 총장직을 그만두고 타의에 의해 한국을 떠나게 된 것이 어머니 마음에 깊은 상처가 되었던 것이다.

미국에 있는 3남 1녀를 보지 못하심을 한스러워하시며 속히 주님께 가고 싶다고 하시던 어머니는 1975년 11월 27일 하나님의 부르심을 받아 오래전 헤어졌던 남편 곁으로 가셨다.

다음 해 추석, 비록 시신을 찾지는 못했지만 아버지와 어머니의 합장묘를 성분해 가족묘지에 안장했다.

시간이 조금 더 흐른 뒤에 우리 모두가 천국에서 다시 만나겠지만, 그래도 부모님과의 이별은 언제나 슬프고 가슴 아픈 일인 것이다.

기선은 어거스틴이 그의 어머니 모니카를 하늘나라에 보내고 슬픔을 가눌 수 없어 조용히 누워 암송했던 시를 같은 심정이 되어 나직이 읊조렸다.

중앙은 어머니, 맨 왼쪽 형 유기원, 오른쪽 유기선

당신은 모든 만물을 지으신 주
높은 보좌에 계신 통치자
빛으로 날을 치장하시고
밤에는 부드러운 잠결을 주셔서
우리의 피곤한 신경을 쉬게 하고
무거운 마음을 가벼웁게 하시고
또 슬픔을 없이해 주시나이다.
- 감독 암브로시우스의 시

 죽음의 문제를 해결할 수 없는 우리를 위해 인간의 몸으로 오신 예수님, 예수 그리스도 그분께 소망이 있기에 비록 고단한 이 땅의 삶이지만 기쁘게 살아갈 수 있는 것이 아니겠는가.

피난살이와 어머니

 피난, 피난길, 피난살이….
 겪어보지 않은 사람은 도저히 가늠할 수 없는 가시밭길.
 나라 전체가 사막이 되고 국민 전체가 거지가 되어가는 것.
 피난살이의 서러움이 없는 사람은 없었을 것이다. 그러나 기선의 모습은 가난할 때에나, 경제적으로 여유가 있었을 때에나 한결같았다.
 주기철 목사님과 그의 유가족들을 헌신적으로 보살피셨던 아버지 유계준 장로의 모습을 어려서부터 보고 자라나서일까? 하나님 사랑, 이웃 사랑, 나라 사랑과 근검절약이 몸에 배어 있었다. 게다가 소련군정하에서 겪었던 고초와 고난의 시간들이 그를 더욱 단단하게 하였다.

피난길

호의호식이라는 말을 아예 몰랐으며 허례허식은 그에게 당치도 않은 일이었다. 그런 그의 생활은 유별나게 검소했던 결혼식을 시작으로 생을 마감할 때까지 변함이 없었다.

수십 년간 운영했던 병원에서도 남이 무어라고 하든지 구형 형광등 1개로 최소한의 조명을 했고, 한여름에도 에어컨이나 선풍기를 찾아볼 수 없었다. 찜통더위에도 부채 하나면 충분했다.

대기 환자들을 위해 선풍기라도 놓자고 설득해도 소용없었다. 겨울에도 그 흔한 난로 하나 없는 병원이 '유기선 의원'이었다. 휴지를 쓰는 일은 거의 없었거니와 한 번 쓴 휴지를 버리는 일도 없었다. 몇 번이고 더 쓴 다음에야 버릴 정도로 절약하였다.

어느 식사시간에 아내가 너무 어두워서 불을 켜자고 말했다.
"코 밑의 구멍으로 들어가기만 하면 되는 것이니까 불은 안 켜도 된다."

이 정도로 검소한 생활을 한 기선이지만 그렇다고 그렇게 아끼기만 한 것은 아니었다. 어려운 일을 당한 사람, 억울하게 옥살이를 하는 사람들을 남모르게 도왔으며 형편이 어려운 환자들은 무상으로 돌보았다.

응급실이 흔하지 않았던 시절, 밤 11시가 넘어 걸려오는 왕진 요청도 마다하지 않고 달려갔다. 예수님께서 말씀하신 대로 선한 이웃

이 되어 그 자리를 묵묵히 지켰다.

그런가 하면 자기 자신에게는 말할 수 없이 엄격했다. 조금의 흐트러짐도 없이 스스로를 단련시켰다.

평양에 있을 때에는 모란봉에 올라가 자신을 단련했고, 월남하여 부산에 안착한 후에는 매일 새벽 용두산에 올랐다. 그는 모든 면에서 철저했다. 자신에게 그러했던 것처럼 자녀들에게도 철저함을 요구했다.

"기도하고 노력하자."

이런 가훈만 봐도 충분히 짐작할 수 있다. 자식들이 보기에 때론 도저히 도달할 수 없는 의지와 집념, 이상을 가진 아버지가 멀게 느껴질 때도 있었지만 그것 또한 사랑의 다른 표현이었음을 나중에 알게 된다.

어려서부터 봐온 아버지의 생활, 독립운동, 교회를 사랑하는 마음이 그대로 기선에게 전달되었다. 형무소에서 주기철 목사님의 시신을 받아 리어카로 끌고 왔을 때 그는 청년회장이었다. 그 시절뿐만 아니라 그는 평생 동안 청년이었다.

패기와 열정으로 늘 당당하고 꼿꼿했다. 옳다고 생각한 일에는 체면이나 위신은 아랑곳하지 않고 다른 사람의 눈치나 비난도 마다하지 않았다. 이런 부분은 오해를 불러일으킬 때도 있었지만, 그것조차 그에게는 별 문제가 되지 않았다. 의로움을 안고 걷는 길에 쏟아지는 화살들은 결코 그를 넘어뜨리지 못했다.

기선은 사회문제에도 무관심하지 않았다. 그는 하나님의 공의를 몸소 실천한 사람이었다. 바로 밑의 동생 유기천 교수가 타의에 의해 한국을 떠나는 것을 보며 끓어오르는 분을 참기 힘들었으나 홀로 계신 어머니를 생각할 때 함부로 나설 수도 없는 상황이었다. 하지만 그는 행동하는 지식인이었다.

혼란의 때, 그의 병원 앞은 시위 학생들과 대치하는 경찰들로 늘 붐비었다. 시위대가 던진 화염병으로 병원의 옆면이 불에 크게 탄 적도 있었으나 그는 문제 삼지 않았다.

자신이 평양에서 청년운동을 했을 뿐만 아니라 아버지 유계준 장로가 공산당에게 처형이 되고, 동생이 박정희 정권에 의해 망명 아닌 망명을 떠난 것을 본 그는 나라의 상황을 늘 예의주시하며 하나님의 공의를 먼저 생각했다.

그 때문일까? 기선의 병원에는 민주화운동을 하는 목사님들이 자주 오고 갔다. 이것을 경찰들이 그냥 둘 리 없었다. 그들은 병원에 상주해 있으면서 그를 늘 감시하였다. 하루라도 경찰들이 오지 않으면 병원의 직원들이 궁금해서 안부를 물었을 정도였다고 하니….

1972년 10월, 박정희 정권은 장기집권을 위하여 대통령 특별선언을 발표하면서 비상계엄을 선포하였다. 유신체제가 시작되었고, 국민의 기본권과 인권이 억압되는 상황이 지속되었다.

기선은 1974년 5월 24일 심응섭 목사, 송기인 신부, 우창웅 장로, 최성묵 YMCA 총무 등과 함께 부산인권선교협의회 창립에 참여하였다.

이는 당시 부산에서 최초로 결성된 민주단체였으며, 부산인권선교협의회의 모임 장소로 보수동에 있는 자신의 병원을 제공하였다. 또한 씨알의 모임 장소로도 제공되었는데, 2011년 유기선 내과가 있었던 자리에 책방 골목 문화

부산인권선교협의회 요람.
유기선 의원

관이 조성되었다.

이처럼 기선이 민주화운동에 직·간접적으로 참여하였고, 음으로 양으로 돌보았음은 자명한 일이다.

봉사활동에 더욱 열심이었던 것은 아내 박화선 권사였다.

일제 강점기, 일본 유학을 다녀온 그녀는 간소한 결혼식의 제안에도 동의하며 신혼초야에 애국가를 부르자는 남편의 말에 4절까지 따라 부를 정도로 애국심을 지닌 신여성이었다. 화선은 매우 현숙하고 지혜로운 여인이었다.

신혼 초기에 신사참배 반대 문제로 고등계 형사들이 주기철 목사님 사택을 수색하고, 이어서 기선의 집을 급습했다. 그때 불온서적으로 딱지가 붙은 금서들이 적지 않게 나와서 기선을 연행하려는 상황이 벌어졌다. 그러자 화선이 달려들었다. 어디서 그런 용기가 나왔는지….

"그 책은 내가 일본에서 공부할 때 사서 읽다가 결혼할 때 가져왔는데 잡아가려면 나를 잡아가시오. 남편은 그런 책이 있는 줄도 몰랐으니 나를 잡아가시오."

유기선 박사학위 취득, 어머니와 함께

고등계 형사들은 아닐 줄 알면서도 할 수 없이 물러날 수밖에 없었다. 기선은 그때 형사들에게 달려드는 아내의 모습을 바라보며 무한한 사랑을 느꼈다.

기선은 남달리 하나님께 감사하는 몇 가지가 있는데 그중의 하나가 화선과의 결혼을 축복해주신 하나님의 은총이라고 고백한다.

그는 "젊은 시절에는 마음의 연인이었고, 장년 시절에는 나그네 길에 좋은 반려자가 되었고, 노년 시절에는 보모로서 책임을 다해주니 감사하다. 내가 다시 태어나도 이 길을 걸을 것이고, 결혼을 한다 해도 당신과 할 것이고, 자식을 둔다 해도 지금의 자녀를 둘 것이다"라고 고백했다.

박화선 권사가 살면서 가장 기뻤던 날이 세 번 있었다고 한다.

1. 8·15 해방
2. 6·25 전쟁이 끝났을 때
3. 처음으로 세간을 났을 때

그가 얼마나 나라를 사랑했는지를 짐작하게 해주는 내용이다.

박 권사는 남편이 먼저 월남을 하고 나중에 아이들을 데리고 38선을 넘어온 후에도 남편과 떨어져 지낼 때가 많았다.

남편 기선이 새로 건설되는 나라의 기틀을 다지는 일로 눈코 뜰 새 없이 바빴기 때문이었다.

피난 시절, 부산에서의 고생은 말로 다 표현할 수가 없을 정도였다. 그 열악한 환경에서 그녀가 붙잡고 놓지 않았던 것은 하나님의 은혜였다.

가난과 아픔 속에서도 자녀들을 지켜야 했던 박화선 권사는 미군 부대에서 나오는 담요를 물들여 자식들에게 옷을 지어 입혔고, 수확하고 버려진 고구마 줄기를 다듬어 반찬을 만들어 먹여야 했다. 푸른곰팡이가 핀 빵을 말려 털어내고 먹일 때 어미의 마음은 무너졌지만 그때는 그마저도 감사한 것이었다.

고향을 떠나 부모 형제 없는 낯선 곳에서의 삶, 그것만으로도 벅

찬데 병마가 그녀를 흔들었다. 평소 위경련이 심해 자주 응급실에 갔다. 게다가 담석 수술, 유방암 수술로 심신이 늘 쇠약한 상태였다.

어느 날 교회로 주방 봉사를 가던 중 건널목에서 교통사고를 당해 어깨

자녀들과 함께

수술을 하게 되었다. 이 과정에서 뼈가 잘못 맞추어져 그 후에 어깨가 비뚤어진 채로 지내야 하는 어려움도 겪었다. 그 와중에도 사고를 낸 승용차 기사의 딱한 사정을 듣고 아무런 보상도 요구하지 않았고 오히려 그를 염려했다.

어려웠던 그 시절에도 믿음을 잃지 않고 기도하며 가정을 더욱 단단하게 다지며 세워 나갔다. 공부하는 자녀들이 있는 서울과 남편의 병원이 있는 부산을 오가며 흘렸던 눈물의 기도와 간구로 2남 2녀는 잘 자랐다. 하나님의 은혜가 아닐 수 없다.

엄마의 손길이 필요할 때, 예민한 사춘기 시절에도 – 학교 갔다 돌아와도 엄마가 안 계신 빈 집이었지만 – 자녀들은 삐뚤어지지 않고 신앙의 길에서 떠나지 않았다.

서울에 다니러 올 때면 새벽기도를 빠지지 않았고, 그때마다 막내딸 정순을 데리고 갔다. 후에 정순은 어머니가 그러하셨던 것처럼 그녀도 그의 자녀들에게 기도와 헌신의 삶을 가르쳤다.

기선의 병원이 자리를 잡아 생활이 안정되면서 박화선 권사는 주

님의 양들을 섬기는 일에 헌신했다.

'백합회'라는 봉사단체를 만들어 예수님의 사랑을 실천했다. 여전도회 전국연합회의 부회장으로 활발한 활동을 하기도 하였다. 하나님의 은혜를 감당하기 위해 힘에 부치도록 애를 썼다. 이런 일들을 감당할 만큼의 건강상태는 아니었다. 그래도 쓰러지지 않고 말씀과 은혜를 붙잡았다.

새벽마다 산에 올라가 주님께 매달렸다. 그녀의 간구에 좋으신 하나님께서는 긍휼을 베푸셨고, 마침내 병마에서 놓임을 받게 해주셨다. 그 은혜가 놀라와 그녀는 일평생 동안 봉사와 헌신에서 손을 떼지 않았다.

부산 영도의 어느 시설에는 1년에 일곱 번, 꼭 고기를 사서 보냈다.

설날, 추석, 어린이날, 부활절, 추수감사절, 성탄절, 그리고 8월 15일….

유계준 장로의 며느리답고, 유기선 장로의 아내다운 발상이었다. 또 집에서 함께 생활하였던 식솔이 수술을 하게 되었을 때에도 보호자가 되어 병실을 떠나지 않으며 자리를 지켰다.

그녀의 손길이 미쳤던 곳을 일일이 다 기록할 수는 없지만 주님은 정확히 아실 것이다.

가정과 교회를 위해 모든 것을 바쳤던 그녀를 차남 정근은 이렇게 추억한다.

항상 저를 쳐다보시던 따스한 눈빛을 잊을 수가 없습니다.
저를 많이 사랑하셨던 어머니.
그러나 기대에 항상 못 미쳤던 못난 자식.
그런 자식을 안타깝게 여기시며 끝까지 포기하지 않으시던 따스한 연민의 마음.

자식을 위해서라면 자기의 몸이라도 미련 없이 불사를 수 있었던 뜨거운 사랑.

이 모든 것을 담은 어머니의 눈빛은 초저녁 별빛 같고 풀잎에 맺힌 이슬의 반짝임 같았습니다.

이제 육체는 떠나가고 없지만, 아직도 남아 있는, 그리고 제가 이 땅에 사는 날까지 가슴에 영원히 남아 있을 어머니의 눈빛은 저를 지키는 버팀목이며, 외로울 때 위로해 주는 언어이며, 앞으로 나아가는 인생길에 이정표가 될 것입니다.

이런 어머니를 저에게 허락하신 하나님께 진심으로 감사드립니다. 우리 어머니가 저의 어머니가 되게 하신 한 가지 일만으로도 저는 하나님께 갚을 수 없는 은혜를 받은 자입니다.

하나님, 참 감사드립니다.

사랑하는 후예들에게

인생의 황혼길에서 기선은 아버지로서 사랑하는 후예들에게 몇 가지 교훈을 남긴다.

漢昭烈 將終 勅後主曰
勿以善小而不爲 勿以惡小而不爲

중년의 유기선

한(漢)나라의 소열황제가 세상을 떠날 때 후주(그의 아들)에게 조칙을 내려 말하기를, "착한 일이 작다고 하여 이를 하지 않아서는 안 되며, 악한 일이 작다고 하여 이를 행해서는 안 된다"라고 했다.

이 글은 명심보감 계선편의 글로 한(漢)나라 소열왕 유비가 그의 아들 유선에게 한 유언이다. 일국의 제왕은 백성들의 생살여탈권이 있는 만큼 권선징악을 하되 "아무리 작은 선이라도 빠뜨리지 말 것이며, 아무리 작은 악이라도 행해서는 안 된다"라고 하였다.

이 유언은 소열왕의 모든 후손에게 남긴 글로 강릉 유씨인 기선은 먼저 후예들에게 이를 교훈하였다.

그는 "우리가 한국인으로 태어났다는 것을 알자. 그리고 민족공동체의 일원인 것도 잊지 말자. 옛날 다니엘을 본받아 조국을 향한 창가에서 간절한 마음으로 기도하는 후예들이 되자"라고 당부했다.

이어서 학창 시절, 일제치하에서 식민사관을 교육받았던 것을 상기하며 "환경이 아무리 어렵고 굶주려도 풀을 뜯어먹지 않는 맹호의 기개와 날개쳐 솟아오르는 독수리의 기상이 있어야 한다"라고 했다.

기선은 롱펠로의 '인생찬가'와 '화살과 노래'를 애송하며 좋아했다.

"슬픈 어조로 내게 말하지 말라.
인생은 한낱 헛된 꿈이라고…."
　　　　　　　　　　　　　　　- 롱펠로의 '인생찬가' 중에서

인생을 지극히 사랑했던 롱펠로가 인생은 한낱 헛된 꿈이라고 말하지 말라고 꾸짖었듯이 이를 조선청년에게 주는 책망으로 받았다고 했다.

"나는 허공을 향해 화살을 쏘았으나
화살은 땅에 떨어져 간 곳이 없었다.

빠르게 날아가는 화살의 자취
누가 그 빠름을 따라갈 수 있었으랴.

나는 허공을 향해 노래를 불렀으나
노래는 땅에 떨어져 간 곳이 없었다.

누가 날카롭고도 밝은 눈이 있어
날아가는 그 노래 따라갈 수 있었으랴.

세월이 흐른 뒤 고향의 뒷동산 참나무 밑둥에
그 화살 부러지지 않은 채 꽂혀 있었고
나의 노래 처음부터 마지막 구절까지
친구의 가슴속에 숨어 있었다."

- 롱펠로의 '화살과 노래' 전문

 화살이 허공으로 날아가 없어지고, 노래가 허공으로 메아리쳐 사라지는 것 같지만 먼 훗날 보다 뜻있게 찾을 수 있듯이, 인생의 노력도 무의미하게 허공으로 날아가거나 하늘 저쪽으로 사라져버리는 것이 결코 아니다. 먼 훗날 우리의 땀과 피의 정성 어린 결정체가 되어 반드시 보람 있는 결과를 낳을 것이기에 인생을 허비하지 말라고 경계한다.
 세상에는 참과 거짓, 선과 악, 정의와 불의, 긍정해야 할 일과 부정해야 할 일이 있다.
 내 사랑하는 후예들은 거짓과 불의와 악과 부정해야 할 일에는 언제나 '아니오'라고 용기 있게 외칠 줄 아는 자들이 되어주기 바란다고 했다. 아울러 성실한 인간으로서 단일회적인 삶을 뜻있고 보람 있는 삶으로 엮어가기를 부탁했다.

카이저(황제, Kaiser) 수염의 대장부

카이저 수염은 독일의 마지막 황제인 카이저 빌헬름 2세의 수염 스타일을 말한다. 수염의 끝이 위로 올라가서 권위와 위엄을 보여주는 수염이라 할 수 있다.

일찍이 카이저처럼 콧수염을 기르고 새벽이면 모란봉에 뛰어 올라가 두 팔을 높이 치켜들고 세상을 향해 큰 소리를 내질렀던 그는, 산정현교회의 청년부장으로 손색이 없었다. 그러나 안타깝게도 다 토해내지 못한 민족의 한과 신앙의 용트림은 시대의 참혹함에 못내 다 피워낼 수 없었다.

그는 아버지의 말씀을 따라 서울에서 약학을 공부하고, 평양에 내려와 아버지가 차려주신 약국(반도제약사)을 경영했다. 약국에서 나오는 수입으로 아버지는 자식들의 학비와 유학을 위한 경비에 사용했다. 그러다 보니 매일 저녁이면 아버지와 사랑방에서 약국 운영은 물론이며 집안일 그리고 교회와 나랏일까지 이야기를 나누곤 했다.

자식들 가운데 제일 많은 시간을 아버지와 함께했고, 따라서 아버지의 영향을 가장 많이 받았다고 할 수 있다. 그래서 집안에서는 "왕땅"이라는 별명으로 불리기도 했다.

그 당시 산정현교회 성가대 대장은 남다른 인기를 누리는 의학도였다. 그를 질투(?)한 나머지 약국을 운영하며 남는 시간 틈틈이 의학 공부를 하여 당당히 의사자격시험에 합격한다.

그런데 이렇게 취득한 의사 자격으로 한국동란 이후의 삶을 의사로서 봉사하며 살게 될 것이라고는 꿈에도 생각하지 못했다. 이는 하나님께서 사랑하는 자들을 위해 예비하시는 그분의 경이로운 섭리가 아니면 무엇일까?

아버지로부터 늘 들어오던 "남자는 큰일을 하며 살아야 한다"는 말씀이 항상 마음에 남아, 40세가 넘은 나이에 노학도로서 서울법과대학에 다시 입학을 했다.

혼란한 나라를 바로잡기 위해서는 정치를 해야 하는데 의사가 정치한다는 것은 어울리지 않는 일이었다. 어렵사리 법대를 졸업하였으나 하나님께서는 그에게 정치의 길을 열어 주지 않으셨다.

전쟁 후의 혼란한 사회 속에 불의와 부패가 만연하고 폭력과 음모가 팽배한 상황에서 정의가 세워질 자리는 없었을 것이다. 하나님께서 우리 아버지가 되심은 이렇듯 모든 것을 준비해 주시되 또한 우리의 안전과 평안을 위해 세심하게 간섭하시며 지켜주신다.

평양에서의 탈출, 한국동란의 참혹함과 혼란 속에서 역사하신 하나님의 손길을 어찌 다 말로 하며 글로 기록할 수 있을까! 우리를 사랑하시는 하나님 아버지께 영원히 감사와 찬송을 드리지 않을 수 없다.

유기선, 그는 가훈을 이렇게 새겼다.

"기도하고 노력하여 순교의 피를 빛내 보자."

"여호와여 사람이 무엇이기에 주께서 그를 알아주시며 인생이 무엇이기에 그를 생각하시나이까 사람은 헛것 같고 그의 날은 지나가는 그림자 같으니이다"(시 144:3-4).

주는 나를 기르시는 목자요

월송 유기천

달빛 아래 소나무(月松)

아버지 유계준 장로의 사업이 한창 번창할 때 태어난 기천은 어려서부터 몸집은 작았지만 영특하고 의사표현이 분명하였다.

기천이 나온 숭덕소학교, 숭실중학교는 일제의 악랄한 신사참배 강요가 있을 때, 탄압에 굴복하지 않고 스스로 문을 닫았던 학교였다. 그런 학교를 다닌 기천에게 민족의식이 자연스럽게 자라나는 건 당연한 일이었다.

월송(月松)은 기천의 아호다.

시인 모윤숙이 자신의 아호 영월(嶺月)에 맞춰서 지은 것이다. '달빛 아래 소나무처럼 단아하면서도 절개를 지키는 선비로 살아가라'는 뜻이 담겼다. 기천의 삶은 월송, 바로 그 자체였다.

숭실중학교 1학년 때인 1929년에 광주학생항일운동이 일어났다. 광주 시내에서 조일 중학생 간에 일어난 충돌이 서울을 거쳐 전국으로 확산된 항일운동이다.

평양에서 가장 강력한 투쟁을 한 숭실중학교 학생 400명은 조회가 끝나자 만세를 불렀다. 독립만세를 부르는 학생들을 제지하려는 일경

숭실중학교

과 학생들의 충돌로 다수의 용감한 학생들이 체포되었다. 나머지 학생들은 학교 강당에 감금되어 애국가만 부르고 있었다.

그때 강당 풍금 뒤에 숨어서 하염없이 눈물을 흘리고 있던 선생님을 보게 되었다. 그 선생님은 이두해 선생님이셨다.

기천에게는 잊을 수 없는 충격이었다.

나라를 사랑하고 제자들을 사랑하는 마음으로 학생들을 가르치신 선생님의 모습은 어린 기천의 뇌리에 깊이 각인되었다.

기천의 애국심은 아버지, 형들에 이어 이런 선생님들을 통해 어려서부터 배우고 익힌 것이라 할 수 있다.

1933년 3월에 평양 숭실중학교를 졸업한 기천은 경성제국대에 입학하기 위해서 서울로 왔다.

필기시험까지 마친 기천은 구술시험을 보게 되었다. 교수들은 기천이 숭실중학교에서 성경과목을 이수한 것을 보고 물었다.

"성경은 어떤 책인가?"

기천은 아무런 답도 하지 않았다. 평소에 말을 잘하고 총명하기로 유명한 기천이 입시에서 묻는 교수님의 질문에 답을 하지 않은 것이다. 더 이상한 일은 그 다음이었다.

의아한 표정을 짓던 기천은 그 길로 시험장을 나와 집으로 가버렸다. 경성제국대학의 교수라는 사람이 묻는 질문이 질문답지 않아서였다고 한다. '성경'이 어떤 책이냐고 묻는 질문이 기천에게는 성경에 대해 야유하는 것으로 들렸기 때문이다. 설령 정말 성경에 대해 몰라서 묻는 질문이었다고 하더라도, 성경도 모르는 교수가 가르치는 대학에서 무얼 배우겠느냐는 것이 기천의 생각이었다.

이런 이유로 기천은 경성제대와 일찌감치 결별하고 곧장 일본으로 유학을 간다.

히메지고등학교 시절

히메지고등학교에 입학한 후 기천을 가장 괴롭힌 것은 운동부의 강요에 가까웠던 가입 권유였다.

대동강에서 익힌 수영 실력이 소문나서 수영부 선배들이 가입을 권했다. 이 권유는 가입하지 않으면 뒤가 좋지 않을 거란 협박에 가까운 것으로 이어졌다. 이를 피해 기천은 유도부에 들어갔다.

유도부는 연습을 많이 하기로 유명했는데 겨울에는 '강게이고'(추운 곳에서 하는 운동 연습)를 특히 강조했다.

키가 작은 기천은 상대를 들어 메치는 기술이 뛰어나 빠른 시간에 유단자가 되었다. 이런저런 상까지 받는 실력에 다다랐다. 그러나 위장병이 심해지고 공부에 더욱 집중하면서 유도부 연습에 빠지게 되는 일이 많아졌다.

어느 날, 주장이 전원을 집합시켰다. 기천을 불러내더니 기합을 주려고 했다.

"왜 연습에 자주 빠지는가?"

그것이 이유였다. 모든 유도부원과 선배들이 있는 상황에서 기천은 기가 죽기는커녕 당당하게 이야기를 했다.

"내가 이 학교에 온 것은 공부를 하러 온 것이지 유도를 하러 온 것이 아니다. 심신단련을 위해 들어온 것인데 공부에 지장을 주는 연습은 할 수가 없다. 만일 선배께서 그래도 유도 연습을 해야 한다고 하면 당장 탈퇴할 것이다."

그 순간 유도부 주장과 선배들은 얼음이 되었다. 한참 후에야 주장이 말했다.

"네 말이 옳다. 공부에 지장을 주지 않는 선에서 연습하도록!"

자신이 부당하다고 생각하는 일에는 굽힘없이 대항했던 기천의 기질을 잘 보여준다. 이런 기질은 후일에 학자로서 대단한 업적을 이뤄 내기도 했지만 때론 적을 만들고 충돌하는 어려움을 당하게도 했다.

당시 일본의 고등학교는 독일의 김나지움과 영국의 옥스퍼드와 캠브리지를 모방한 종합적인 인재양성 학교로서 이름은 고등학교였지만 대학의 교양학부에 가까웠다. 선생을 교수라고 불렀으며 교수는 가운을 입고 강의를 했다. 종전 후에 대부분 대학교로 편입된 것은 그리 놀라운 일이 아니었다.

히메지고등학교도 후에 고베대학 교양학부에 편입이 되었는데 1992년 고베대학 창립 100주년 기념행사에 초청장을 보내오기도 했다.

기천의 제자 최종고 교수(서울법대 교수)는 선생님의 흔적을 찾아 일본 히메지고등학교의 옛 자료를 찾아보고 싶어 고베대학을 찾아갔다.

그는 고베대학 '100년사 자료관'의 관장이 찾아준 자료를 보고 놀라지 않을 수 없었다고 한다. 귀한 자료들을 그렇게 쉽게 구할 수 있었다는 것에 놀라움을 지나 충격을 받았다고 했다.

한국에서도 구할 수 없는 기천의 호적등본을 고스란히 볼 수 있었다. 재정보증서의 직업란에는 아버지 유계준이 직접 쓴 글씨로 '상업'이라고 적혀 있었다.

기천의 고교 시절 사진도, 3년 동안의 성적표도 볼 수 있었다.

1학년 때 1등, 2학년 때 2등, 3학년 때 1등이라고 적힌 것을 보고는 스승인 기천의 노력과 애씀이 느껴져 눈물이 핑 돌았다고 한다 《자유와 정의의 지성 유기천》, 39쪽).

식민지의 학생이 말도 글도 다른 남의 나라에 와서 이런 성적을 받았다는 것, 이는 단순히 그가 천재였기 때문이었을까?

하나님께서 위로부터 오는 지혜를 주시지 않았다면 불가능했을 것이다. 바벨론의 포로 신분이었던 다니엘과 하나냐, 미사엘, 아사랴가 그러했던 것처럼….

동경제국대학 시절

히메지고등학교를 졸업한 기천은 동경제국대학 법학부에 입학했다.

당시 일본에서도 동경대 법학부라 하면 '예비내각'이라 불릴 만큼 엘리트들이 모이는 곳이었기 때문에 학교에 다니는 학생들의 자긍심도 대단했다. 그 틈에서 민족주의로 무장한 기천이 공부하기란 결코 쉽지 않았을 것이다. 게다가 몸도 약해서 휴학을 하기도 했지만 학업의 끈은 놓지 않았다.

만만치 않은 대학 시절, 함께 일본에 와 있던 맏형 기원과 동경여자의전에 다니던 기옥, 이렇게 3남매가 동경대 근처의 연못 일인지에서 만나 함께 시간을 보내기도 했다.

이국땅에서 형제들과 만난 기천은 학업의 어려움과 고단함을 노래로 달래기도 했다. 기천은 작은 체구에 비해 목소리가 크고 우렁찼는데, 그 우렁찬 목소리로 노래 부르기를 즐겨했다.

"주는 나를 기르시는 목자요 나는 주님의 귀한 어린양
푸른 풀밭 맑은 시냇물가로 나를 늘 인도하여 주신다
주는 나의 좋은 목자, 나는 그의 어린양
철을 따라 꼴을 먹여 주시니 내게 부족함이 전혀 없어라
못된 짐승 나를 해치 못하고 거친 비바람 상치 못하리

나의 주님 강한 손을 펼치사 나를 주야로 지켜주신다."

그가 좋아해서 자주 불렀던 찬송이다. 너무 힘들고 고단하여 기도조차 나오지 않을 때에 곡조 있는 기도인 찬송의 힘으로 스스로를 위로하며 격려했다.

어느 날, 찬송의 능력을 온몸으로 직접 경험하는 일이 있었다.

스미다가와 강가에서 어느 일본인 집에 하숙을 하고 있었는데, 갑자기 불안한 마음이 들어 바로 이사를 하였다. 그런데 이사한 그 다음 날, B29가 그 일대를 폭격하여 기천이 하숙했던 집이 흔적도 없이 날아가 버린 것이다.

이 일을 어떻게 설명할 수 있을까?

기천은 평생 이 일을 잊지 않았다. 두고두고 생각하고 또 생각해 봐도 지키시고 보호하시고 인도하시는 '하나님의 은혜'가 아니고서는 설명할 수 없는 일이다.

자녀들의 모든 삶을 하나님께 맡기며 올려드린 아버지의 기도가 땅에 떨어지지 않은 것이다.

산정현교회 마룻바닥에 엎드리어 떨어뜨린 아버지 유계준 장로의 눈물들을 하나님이 기억하신 것이다. 기천이 연약한 몸으로 고통 중에 신음하며 내뱉은 찬송을 하나님이 들으신 것이다.

아버지의 기도, 아들의 찬송, 세미한 음성으로 인도하시는 성령님으로 인해 비록 일본 땅이지만 부족함이 없는 푸른 풀밭이 된 것이다.

귀한 어린양을 먹이시며 구해주시는 하나님의 은혜, 그 은혜가 식민지 백성을 낯선 남의 나라 땅에서도 푸른 풀밭으로 인도하신 것이다.

철을 따라 필요를 채워주신 좋으신 하나님, 연약하고 외로운 시간들이었지만 좋은 목자가 되어 주시는 주님과 함께였기에 행복했던 시간이었음을 고백할 수 있었다.

기천은 자신을 인도하시는 하나님의 살아 계심을 경험하면서, 그 하나님께서 택하신 백성을 보호하시며 사명을 다하는 그날까지 지켜주신다는 것을 고백했다.

"내가 사망의 음침한 골짜기로 다닐지라도 해를 두려워하지 않을 것은 주께서 나와 함께하심이라 주의 지팡이와 막대기가 나를 안위하시나이다"(시 23:4).

병원 앞에 버려진 환자

대학 졸업 후 기천은 센다이에 있는 동북제대의 민법교수 가츠모도 마사이키라 교수의 조교로 가게 되었다. 동경제대에 있을 때 기천과 전 인격적인 교류를 나누었던 단도 교수의 배려 때문에 가능했다.

단도 교수는 태평양 전쟁이 치열해지자 소개(疏開) - 적의 공습이나 화재 따위에 대비하여 한 곳에 집중된 주민이나 시설물을 분산시킴 - 를 했다.

소개를 위한 마땅한 장소를 찾으러 다닐 때, 불편한 길에 함께하며 그들의 큰 배낭을 짊어졌던 기천을 보게 되었다. 곱지 않을 수 있는 일본인 선생에 대한 경의를 표하는 기천을 눈여겨보았던 것이다.

단도 교수의 추천으로 기천은 센다이 동북제대에서 일하게 되었다. 당시 센다이에는 약 200명 가량의 조선인들이 있었다. 기천은 그 사실을 전혀 몰랐다.

전쟁이 끝나고 해방이 되자 조선 사람들이 한자리에 모이게 되었고, 자연스럽게 조선인연맹이 결성되었다. 사연도, 상황도 모두 각각이었다. 이들을 위한 목소리가 필요했다. 이들의 운명을 쥐고 있는 미국 진주군과의 교섭을 위해서는 영어를 할 줄 아는 사람이 필요했다.

기천은 영어를 잘하지는 못했지만, 그나마 대학에 있다는 사실 때문에 조선인연맹의 위원장이 되었다. 200여 명의 의견을 하나로 모으기가 쉽지 않았다. 회의를 할 때마다 사분오열되는 것은 흔한 일이었다. 그 와중에 일이 벌어졌다.

패전국 일본을 점령한 미국인들을 숭앙하던 조선인들이 일본 사람과 조선 사람을 구별하지 못하는 미군의 태도에 불만이 점점 쌓여 갔다. 결국 배신감을 느낀 조선인 20여 명이 야간에 미군의 창고에 들어가 알코올 드럼 10개를 훔치다 체포되고 말았다.

조선인연맹에서는 기천에게 이 재판의 특별변호인이 되어 줄 것을 요청했다. 당시 맥아더 사령부는 이 일의 신속한 종결을 원했기 때문에 토요일에도 재판을 진행했다. 시간이 별로 없었다. 기천은 며칠 밤을 새워 변론서를 작성하여 준비했다.

재판 당일, 기천은 진주군이 제공한 승용차를 이용했다. 토요일 오후 6시 30분이 지나도록 재판이 끝나지 않자 재판부에서는 일요일에 재판을 속개하기로 했다. 피고인들의 가족들은 감사의 뜻으로 기천에게 저녁식사를 대접하겠다고 했다.

시내의 한 식당에서 만나기로 했다. 온종일 이어진 재판으로 기천은 몹시 고단했다. 시내에 이르러 자동차 문을 열고 내리려는 순간, 엄청난 속도로 달리던 미군 GMC차량이 기천을 덮쳤다. 저들은 쓰러진 기천을 병원 문 앞에 버리고는 달아나버렸다.

사고 후, 15시간 동안 기천은 의식이 없었다. 다음 날 오전 10시가 되어서야 깨어났는데, 마침 만주국 출신의 조선인 동포가 그날 병원의 당직이었다. 같은 민족임을 안 그가 기천을 극진히 보살피고 치료해 주었다.

병원에서 2주 동안 외상 치료를 받은 후 기천은 몸을 추스르기 위해 온천 지역으로 떠났다. 사고 소식을 들은 조선인 동포들의 성금이 이어졌다. 받은 봉투만도 50여 개가 넘었다고 한다.

어제까지 지내던 하숙집이 폭격으로 날아가고, 동포들의 변론에 나섰다가 과속차량에 죽을 고비를 맞아 병원 앞에 버려졌는데 마침 동포가 당직 근무 중이었고….

이런 일들을 누가 만들어낼 수 있을까?

하나님의 손길이 아니고서는 무어라고 설명할 수 없는 일이었다.

"네가 물 가운데로 지날 때에 내가 너와 함께할 것이라 강을 건널 때에 물이 너를 침몰하지 못할 것이며 네가 불 가운데로 지날 때에 타지도 아니할 것이요 불꽃이 너를 사르지도 못하리니 대저 나는 여호와 네 하나님이요 이스라엘의 거룩한 이요 네 구원자임이라 내가 애굽을 너의 속량물로, 구스와 스바를 너를 대신하여 주었노라 네가 내 눈에 보배롭고 존귀하며 내가 너를 사랑하였은즉 내가 네 대신 사람들을 내어 주며 백성들이 네 생명을 대신하리니"(사 43:2-4).

깊은 물 가운데서도 불 가운데에서도 기천을 지키시고 보호하셨던 하나님, 하숙집에서 빼내어 기적적으로 인도하셨고, 의식 없었던 15시간 동안에도 그와 함께하셨던 하나님, 그 하나님이 우리의 하나님이고 나의 하나님이 되신다.

우리가 혼자였던 적은 없었다. 우리의 시선이 주님에게서 떠났던 것이지, 주님의 눈은 항상 우리를 향해 고정되어 있었다. 그 시선은 지금도 동일하게 고정되어 있다. 우리의 모든 것에….

하늘이 무너져도 정의는 세우라(Fiat justitia ruat caelum)

동경에서 귀국한 후 얼마 지나지 않은 1946년 4월, 기천은 경성법학전문학교의 교수가 된다. 당시에는 일제 강점기에 설립된 경성제국대학 법문학부가 있었지만, 당시 교육자들의 염원은 해방된 조국에 세계 유수의 대학과 같은 종합대학을 세우는 것이었다. 그리하여 경성대학 법문학부의 법학분야와 경성법학전문학교의 통폐합은 국립 서울대학교 설립으로 자연스럽게 연결되었다.

1945년, 해방은 되었으나 무질서의 공백기에 심해진 좌우의 대립으로 국립 서울대학교 설립안은 쉽게 해결되지 않았다.

찬반논쟁이 좌우익의 이데올로기 싸움으로까지 번지는 진통을 겪고 나서야 1946년 10월 15일 국립 서울대학교 법과대학으로 새 출발을 하게 되었다.

기천은 새 법과대학에 조교수로 부임했다. 서울대학교 창설 멤버로 강의를 시작한 것이다.

기천은 법과대학 건설에 기초를 놓는 데 정진하며 열심히 강의하고 학생들을 지도하였다. 또 법대 안의 기독학생회 지도교수로서 일하였고, 이북 출신 학생들의 든든한 지원자가 되기도 했다.

좌우익 학생들의 충돌로 교내는 어수선했다. 총파업을 결의한 좌익 학생들이 총파업 결의 다음 날, 연구실로 출근하는 기천을 교문에서 가로막으며 저지했다.

"선생님의 교문 통과는 결의에 위배됩니다."

"교수가 연구하는 것은 자유이며 이는 학생들을 위해서도 필요하다."

"그래도 안 됩니다."

"이는 학생들의 결의와 무관한 것이기에 나는 내 연구실로 가야겠다."

교문으로 들어서는 기천의 어깨를 학생들이 잡으며 못 들어가게 했다.

"너희들이 힘으로 나를 방해하면 나도 힘으로 할 수밖에 없다."

어깨를 잡은 학생 한 명을 유도로 내동댕이쳤다. 히메지고등학교 때의 유도 실력이 나온 것이다. 학생들은 당황했고 기천은 아무 일 없었다는 듯 연구실로 들어갔다. 이런 혼란 속에서 형사법 연구모임을 조직했다.

오늘날 서울법대 형사법학회의 전신이 된 '이리스회'(IRIS)이다. 이리스(Iris)는 그리스신화에 나오는 '무지개의 여신'이란 뜻도 있으나 붓과에 속하는 화초로서 약초로도 쓰인다. 깨끗한 꽃 이름으로 법대생들의 마음을 자리매김 하고 싶은 기천의 의도였다.

법대 출신들은 사회의 병을 고치는 '약'이 되고, '사회의 부패를 방지하는 소금'이 되라는 뜻에서 동아리 이름을 그렇게 지었다고 한다.

이 모임은 기천의 지도 아래 형사법 관계 토론회와 모의재판을 매년 열어 서울법대뿐만 아니라 다른 학교 학생들에게도 널리 알려졌다. 많은 동문들이 이 모임을 거쳐 사회에 나아가 기천이 강조한 부정, 부패, 불평등과 맞서며 사회를 고치는 약과 소금이 되기 위해 노력하고 있다.

기천은 이렇게 해방 후 향학열에 불타는 학생들과 함께 법대 건설에 기초를 놓았다. 이때 배운 학생들이 후일 한국 사회의 지도적 원로인사들이 되었다.

기천이 한 알의 밀알이 되어 심은 씨앗이 더 많은 씨앗을 만들어내는 아름다운 순환의 모습이 아닐 수 없다. 이는 아버지 유계준 장로의 모습과 많이 닮아 있다.

평양에서 일제의 온갖 탄압과 불평등 속에서도 우리 민족의 학교를 지켜내고, 학교가 존립할 수 있도록 재정을 아끼지 않고 지원했던 아버지 유계준 장로, 그 일은 하나님을 사랑하고 나라와 이웃을 사랑하라는 말씀에 순종하는 것에서 출발된 것이다.

아버지는 아버지가 처해 있던 환경에서 최선을 다해 말씀에 순종하였고, 아들 기천은 몸담고 있던 그곳에서 한 알의 밀알이 된 것이다.

기천이 서울대학교 법대의 기초를 닦아 가고 있던 중에 6·25 전쟁이 발발했다.

6월 26일부터 27일 밤까지 쏟아지는 빗속에서 학도호국단 간부들이 법대 교정을 지켰지만 북한군은 탱크로 밀고 들어와 서울을 점령하였다.

전쟁통에 교수들과 학생들이 자취를 감추자 숨어 있던 좌익 교수와 학생들이 나타났다. 당시 학장이었던 진승록도 종적을 감추었다. 그 바람에 기천이 학장서리로 행정을 책임지게 되었다.

6월 26일 한밤중에 병사 한 사람이 기천의 집 대문을 두드렸다. 기천의 친구인 자기 상관이 보내서 왔다고 했다.

"지금 당장 피하지 않으면 위험하니 피신하는 걸 보고 돌아오라고 명령하셨습니다."

그는 다급했다.

"나는 대한민국의 옥쇄를 쥐고 있는데 무슨 피난이냐!"

기천은 하루를 더 버티었다.

다음 날, 용감한 학생들의 도움을 받아 피난길에 나섰다.

'옥쇄'라고 부르는 소중한 법대의 학적부 등의 문서를 싸들고 어머니까지 모시고 가는 피난길은 쉽지 않았다. 발에 총상을 입기도 하였다.

고생고생 끝에 부산에 도착한 기천은 전시연합대학에서 궁핍한 법과대학 행정을 운영해 나갔다.

어느 법률사무소 방 한 칸을 빌려 수업을 하였다. 좁은 공간이라

툇마루에까지 학생들이 넘쳐났다. 이런 형편과 상황에서도 학업의 끈을 놓지 않는 학생들을 향해 법제사를 강의했던 김성칠 교수의 한마디는 학생들의 마음을 녹였다.

"이런 치열한 현실 속에서도 학문적 분위기를 가질 수 있는 것이 여간 다행스러운 일이 아니다. 여러분들은 아무리 비통한 현실 속에 처하여도 그 현실의 힘에 짓눌리기만 하지 말고, 이성적인 눈으로 현실을 볼 수 있는 젊은 학도로서의 긍지를 가져야 한다."

이곳저곳에서 훌쩍거리는 소리들 때문에 교수 자신도 목이 메었다고 한다. 지금의 환경에서는 상상하기 힘든 선생님과 학생들의 모습이다.

모두가 어렵고 힘든 때, 학생들의 사기를 북돋워 주기 위해 기천은 아이디어를 냈다.

법과대학 교문의 철제 아치에 라틴어로 "하늘이 무너져도 정의는 세우라"(Fiat justitia ruat caelum)는 표어를 만들어 세웠다. 다소 청승스러운 느낌은 들었지만 어려운 시기일수록 원칙과 긍지를 지키려는 모습은 학생들과 일반인들에게도 용기와 자극을 주었다.

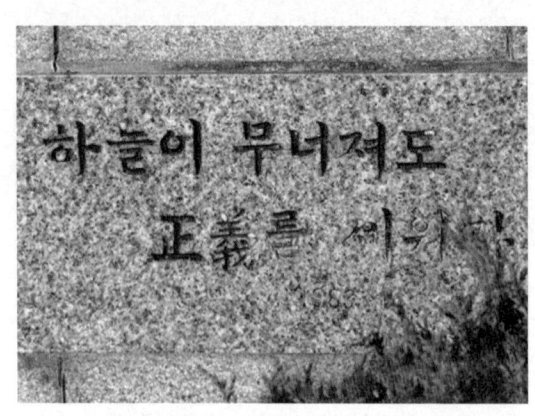

서울대학교 '정의의 종' 아랫돌에 새겨진 글귀

전시상황이었지만 기천은 강의를 대충하는 법이 없었다. 시간도 정확했다. 늦게 시작하거나 휴강하는 일은 결코 없었다. 대리출석을 했다가 발각이 된 학생들은 불호령을 각오해야 했다.

기강이 해이해진 때에

무엇보다 충실한 강의가 기강을 세울 것이라고 생각한 기천은 시험 문제도 어렵게 내기로 소문이 났었고, 학점도 야박했다. 전쟁의 상황에서도 일정 수준에 이르지 못하면 졸업에 필요한 점수를 주지 않았다.

당시의 학생들은 가혹할 정도의 엄격함에 불평도 많았지만 졸업 시험은 엄격해야 한다는 기천의 입장은 변함이 없었다. 이런 기천의 곧은 정신과 태도는 많은 학생들에게 귀감이 되었다.

기천의 이런 정신과 태도는 가족에게도 다를 바 없었다.

큰형님(유기원)의 아들이 서울대 공대 건축과에 응시하게 되었다. 강릉 유씨 집안의 장손이기도 한 아들의 일로 새벽에 아침도 거른 채 시동생(유기천)의 집으로 찾아간 기원의 처….

장조카를 아들 삼아 입학할 수 있도록 도와 달라고 부탁을 하였다. 어렵게 말을 꺼낸 형수님에게 돌아온 답은 그야말로 면박이었다.

"아니, 아주머니 아들만 귀한 줄 아십니까? 대한민국의 아들들이 다 똑같이 귀한 아들이야요."

말 한마디 못 붙이고 돌아간 형수는 서운한 마음을 삭이느라 한참 동안 애를 먹었다고 한다. 조카는 그해 입시에 낙방을 했고, 다음 해에 합격을 했다.

시간이 흐른 후, 가족 모임이 있을 때마다 서슬이 시퍼랬던 시동생과 혼비백산해서 돌아온 맏아주머니의 광경을 화제에 올리며 웃는 때가 많았다고 한다.

이런 일도 있었다. 기천이 법대 학장으로 있을 때, 바로 위의 형님인 유기선의 둘째 아들 정근이 법대 재학 중이었다.

2학년 1학기 수업을 마치고 치러진 형법총론 시험 시간이었다. 시험 문제는 '행위의 주체에 대한 현행 형법상의 태도를 논평하라'였다.

대학 2학년 학생들은 문제의 뜻이 무엇이고 논점이 무엇인지 파악하는 것부터가 어려웠다. 이때 과락당한 학생이 수강생의 절반을 넘었다고 한다. 이 시험에서 조카인 유정근도 F학점을 받았다고 한다. 그래서 지금도 그때 시험문제를 기억하고 있단다.
"원래 네 점수는 D인데, 좀 더 공부하라는 뜻에서 과락을 준 것이니 그렇게 알고 더 열심히 하라우."
기천이 조카 정근에게 한 말이다.

시간 지키는 일에 칼, 철저한 원리원칙주의자, 이것은 기천을 소개하는 다른 이름이기도 하다.
수업 시작 전, 수업시간보다 일찍 강의실에 도착해 교탁 옆에 있는 의자에 앉아 눈을 감고 있다가 시계의 초점이 정각 9시에 이르면 일어나 강의를 시작했다.
5분이 지나면 문을 잠갔다. 늦게 온 학생들이 문을 두드려도 결코 열어 주지 않았다. 수업을 시작한 지 5분이 지나도록 강의실에 들어오지 않는 학생은 수업 받을 자격이 없다는 것이 이유였다.
밖에서 두드리는 소리 때문에 수업에 방해가 되면 큰 소리로 "누구냐? 이렇게 불성실한 태도를 가진 학생은 수업 들을 자격이 없어!"라고 말했다.
"교수님, 저는 고시공부를 하는 학생입니다. 이번 강의시간의 내용이 시험에 나오면 저는 시험을 망칩니다. 열어 주세요."
"뭣이라고? 고시공부를 하는 학생이라고? 학생, 수업시간은 교수와 학생, 그리고 학교 당국이 공개적으로 맺은 가장 근본적인 약속이야. 학생의 신분으로 이런 기본적인 약속조차 지키지 않는 사람이 고시에 합격한들 누구의 잘못을 심판할 수 있단 말인가? 그런 정신 상태라면 고시공부를 그만두는 게 좋겠네!"

호통을 치고 난 다음 다시 차분한 목소리로 110분 수업을 마쳤다고 한다.

총장이 된 후에도 수업을 계속하였는데 외국에서 손님이 와서 수업이 어려울 때면 미리 공고를 내고 토요일에 반드시 보강을 하였다고 한다.

이런 원리원칙, 타협할 줄 모르는 태도는 때로 적을 만들기도 했다.

1958년, 교학국장을 맡고 있던 시절이었다.

입시 때가 되어 모인 학장들과 큰 소리가 난 적이 있었다. 당시엔 교수의 자녀들에게 가산점을 주는 제도가 있었는데, 이것을 안 기천은 노발대발하며 반대를 했다. 고3의 자녀를 둔 교수들이 그냥 있을 리 없었다.

기천에 대한 안 좋은 소문들이 돌기 시작했다.

"결혼도 안 하고 자식도 없는 사람이 뭘 알겠냐고…."

그렇다고 굴복할 기천이 아니었다.

이런 성정은 세월이 많이 흐른 1983년, 그가 있었던 샌디에이고 로스쿨에서도 여전했다.

어느 날, 강의 도중 유명한 학자를 언급했는데 한 학생이 그가 누구냐고 질문을 한 것이다.

기천은 그 학생에게 나가라고 했다. 어떻게 이런 인물도 모르고 내 강의를 듣느냐는 것이 이유였다.

그의 학문적 수준이나 교육철학에 의하면 당연한 것이지만 미국에서는 실수였다. 아무리 저급한 질문이라도 다 받아 주어야 하는 미국에서는….

학생은 그 길로 나가 학장에게 이의를 제기하였다. 젊은 학장은 기천에게 경고를 주었다. 수긍할 리 없는 기천은 이 일로 학장과의 사이가 벌어졌다.

젊은 학장도 끈질기게 대응했다. 일부러 기천의 과목을 다른 필수과목과 같은 시간에 배정을 해서 학생들이 강의를 들을 수 없도록 한 것이다. 나중에는 연구실과 도서실도 사용하지 못하도록 열쇠를 반납하라고 했다.

그러나 그렇다고 기천이 그저 엄격하기만 한 교수는 아니었다. 1962년 당시 서울법대에서 경제학을 강의하는 전임교수가 없어서 임원택 교수가 법대 1학년의 경제원론을 강의하고 있었다. 그는 우리나라 유수의 경제학자로 탁월한 실력은 나무랄 것이 없었는데 그 수준이 너무 높아서 1학년 학생들이 이해를 하지 못한 것이었다. 급기야 천하의 졸강으로 오인되어 임원택 강사 축출 운동으로까지 번지게 되었다.

학생대표들의 주관 하에 1학년 전체 학생회의를 열고 논의한 결과 졸강을 추방한다는 결론이 났다. 이것이 서면으로 당시 학장인 유기천 교수에게 전달되었다.

학생들의 진정을 받은 기천은 가부를 결정하지 않고, 조카인 유정근과 최종고 학생을 불러 수업노트를 가져오게 했다.

한 주 동안 경제원론 노트를 점검한 기천은 빙긋 웃으면서 얘기했다.

"우민이 공자를 무식하다고 심판을 하였구먼…. 경제 강의내용은 훌륭한데 학생들이 바보구나."

임원택 강사는 경질되지 않았을 뿐만 아니라 그 다음 해에 법대 교수로 임명이 되어 정년까지 서울대학교에 봉직하였고, 경제학에 관한 훌륭한 저서들을 많이 남겼다.

기천은 학생운동에 대해서는 강경한 입장이었다. 학생의 본분은 학업의 매진에 있는데 일부 극소수의 학생들이 선동함으로 학원의 분위기를 깨는 것은 용납할 수 없는 일이라고 생각했다.

징계도 교육의 일원이라고 생각했다. 학원의 자유란 한도 안에서만 보장되어야 하는데 데모하는 학생들은 그 자유를 남용하는 것이라고 여겼다. 그렇다고 기천이 무조건 강경한 입장이었던 것은 아니다.

서울대생들의 6·3 항쟁 당시 학생회장인 정정길을 정부에서는 좌경이라고 덮어 씌웠다. 기천은 그런 학생이 아니라고 그를 적극적으로 변호했다.

정정길이 구속 후 풀려나올 때까지 끊임없는 지원을 아끼지 않았다. 그때 다른 대학에서는 많은 학생들이 제적되었는데 서울대생은 구속, 불구속을 불문하고 한 사람도 학사처벌을 받지 않았다. 학장인 기천의 고집 때문이었다.

기천의 아내 헬렌 실빙(Helen Silving, 1906-1993) 박사는 그의 회고록에서 남편의 제자 사랑에 대해 이렇게 증언하고 있다.

"내가 한국에 처음 있었을 때 가장 괴로웠던 것은 구금된 학생들의 신원보증을 서달라는 전화였다. 한밤중에 갑작스럽게 걸려온 전화…. 당시 법대학장이었기에 학생문제는 남편의 소관이었다. 전화를 받고 5분도 안 되어 남편은 우리가 살던 산에서 건너편 경찰서로 뛰어 내려갔다. 통행금지가 있는 시간인데도 상관없었다. 아주 짧은 시간에 그는 학생들을 풀어 주고 귀가시켰다. 혐의 사실로 여겨진 그들의 비행이 무엇인지는 잘 모르겠다. 그날 밤 나는 남편이 학생들에게 얼마나 깊이 헌신되어 있는가를 알게 되었다. 그에게 있어 학생들은 마치 자식과도 같았다."

아내의 증언처럼 기천은 제자들을 마치 자기 자식처럼 사랑을 아끼지 않았다.

1965년, 한일회담 반대데모에 참여했던 법대 학생회장 장명봉의 행방이 묘연해지자 기천은 가정방문을 하러 그의 고향인 제주까지 내려갔다.

제주대 총장을 지낸 제자 조문부는 장명봉을 만나러 제주까지 내려온 스승을 만난 적이 있었는데 그는 당시를 이렇게 기억한다.

"이제 생각하니, 학장님은 한일회담을 지지하는 입장이었으리라고 짐작되나, 데모를 하고 행방불명이 되어 수배령이 내려진 한 학생의 장래를 위해서, 끝까지 포기하지 않고 대화를 하려고 당시 교통이 불편했던 서울-제주간의 왕래를 학장이 직접, 그것도 혼자 하셨다는 것은, 그만큼 제자를 사랑하는 마음에 더하여 책임감이 강하셨음을 미루어 짐작하게 한다."

이것은 기천이 아버지로부터 배운 하나님 사랑, 이웃 사랑의 실천 방법이었다. 그는 학생 한 사람을 소중히 여기는 참다운 스승이었다.

서울대학교 총장 시절

전시였던 1952년에 기천은 부교수가 되면서 스미스문트 장학금 프로그램으로 1년간 예일대학교에 연구교수로 갈 수 있었다.

한국 법학자로서 최초로 미국 학계에 연구를 위해 가는 것이었다. 가기 전에 일본에 들러 일본의 형법학계를 시찰하였는데 이것은 그에게 앞으로 국제적인 무대에서 학문 활동을 하게 하는 기초를 마련해 주었다.

예일대학교에서 연구 후 잠시 귀국하였다가 1954년 교수로 승진한 후 다시 하버드 로스쿨에서 2년간 연구하였다. 그때 쓴 논문 〈한국 문화와 형사 책임〉을 1958년에 예일대학교에 제출하여 법학박사(JSD) 학위를 받았다. 이것으로 한국 최초의 미국 법학박사가 되었고, 동시에 민영규(연세대 교수) 교수와 함께 한국인 최초로 하버드-옌칭 연구소(Harvard-Yenching Institute) 연구 교수가 되었다.

서울대학교 총장 시절

1950년 전쟁이 나면서 홀로 평양을 지키고 계셨던 아버지가 공산당에 의해 처형당한 후 가족들 모두는 무척 괴롭고 힘든 날들을 보냈다.

나라의 사정은 혼란스러움 그 자체였다. 그래도 기천은 학업에 대한 끈을 놓지 않았다. 세상에 꼭 필요한 인재가 되어 나라에 헌신하라는 아버지의 말씀을 늘 기억했기 때문이다.

한국을 떠나 미국에서 보낸 시간들은 세상을 보는 기천의 시각을 더 넓고 깊게 해주었다. 세계철학자대회에서 한국인으로서는 최초로 참가해 한국인의 위상을 드러내기도 하였다.

그곳에서 그의 배필, 헬렌 실빙을 만나게 된다. 헬렌 실빙은 폴란드 크라카우 출생의 정통유대인으로 신생 이스라엘의 법적 기초를 연구하는 여성학자였다.

이승만 박사와 프란체스카 여사와의 국제결혼 이후, 기천의 국제결혼은 세간의 큰 화제가 되었다.

젊은 나이 31세에 서울대 교수가 되어 많은 학문적 업적을 쌓고,

유기천 총장과 아내 헬렌 실빙 박사

수많은 중매쟁이들의 요청에도 끄떡없었던 그가 외국 여인, 헬렌 실빙과 함께 돌아온 것이다.

1958년 서울대 교학처장을 거쳐 1961년 법대 학장이 되고, 서울대학교 사법대학원장의 일을 1965년까지 하다가 1965년 8월 서울대 총장이 되었다.

후에 그를 사랑하고 존경했던 제자들은 유기천 교수가 총장이 되지 않았더라면 그의 인생 방향은 지금과 많이 달랐을 것이라고 했다.

부침과 굴곡도 없었을 것이며 학문적 업적도 더욱 빛을 발하여 대단했을 거라며 안타까워했다.

교무처장으로 있는 동안 교내외의 수많은 업무량에 학생들의 논문 지도, 끊이지 않는 데모가 있었음에도 그의 저술 활동은 멈추지 않았다. 그가 쓴 형법학 교과서는 당시 법학도들에게는 바이블처럼 여겨졌다. 종래 일본 법학교과서를 그대로 번역한 것들과는 차원이 다른 것이었다.

일본에서 공부한 그는 그 수준을 뛰어넘어 독일 학풍과 미국 형법학의 연구업적을 두루 소화하여 집필하였다. 이론뿐만 아니라 판례의 중요성을 역설하여 각주에 한국, 일본, 독일, 미국의 판례들을 빽빽하게 실었다. 법학도들은 '법학이라는 것이 이런 것이었구나' 하는 신선한 충격을 받았다. 당시 유기천의 형법학을 보지 않은 법학도는 이단아 취급을 받을 정도였다고 한다.

그러나 1960년 4·19 혁명과 1961년 5·16 군사 쿠데타는 한 학자의 생애를 완전히 전도시켰다.

학생들의 시위에 의해 나라가 뒤집힌 예는 세계 어디에서도 찾아볼 수 없었는데 그 일이 우리나라에서 일어났다.

12년간의 자유당 정부가 학생들의 궐기로 무너진 것이다. 기적과 같은 일을 한국의 대학생들이 해냈지만 그 바람에 알게 모르게 상아탑이 점차 정치화되어 갔다.

기천도 그 소용돌이 속에 있었다.

4·19 혁명을 성공시킨 학생들은 5·16 군사 쿠데타를 4·19 혁명의 부정이라고 여겨 군사정권 시절 내내 저항했다. 정부와 학생들 사이에 낀 교수들은 늘 불안하고 어려웠다. 그 사이 법대 학장이 된 기천 역시 한시도 마음 편할 날이 없었다.

민주사회에서는 합의와 협력이 필요한데 군사정권에서도 당연히 학문적 기반과 지식인들의 협력이 필요했고, 서울법대 교수들의 역량을 빌리려 했다.

그러다 보니 "육사와 서울법대가 야합한 '육법당'이 나라를 말아먹는다"라는 말이 유행하기도 했다.

문과 무, 학문과 정치의 접경에 서 있는 서울법대의 수장인 기천도 이 함수관계에서 예외일 수 없었다. 그 파도들을 온몸으로 감당해야 했다.

한국의 지도자 대다수를 양성하는 서울대가 이런 현상을 몰라서도 안 된다고 생각했다. 게다가 아버지가 공산당에 의해 학살당했기 때문에 정치에 무관심할 수가 없었다. 당시 한일국교 정상화를 반대하는 학생들의 시위는 날로 격해져 갔다.

계엄사령부에서는 14명의 서울대 법대 재학생을 제적시키라는 통

한일회담 반대 시위

보가 왔지만 학원자율침해의 나쁜 선례를 남길 것이니 협조할 수 없다고 답신을 보내며 학생들을 보호했다.

학생들은 단식투쟁에 들어갔다. 여러 정황들을 볼 때 보이지 않는 어떤 손이 학생들을 이끄는 것같이 느껴졌다.

학생들의 도를 넘어선 행동과 원칙 없는 행위를 보며 기천은 이를 바로잡아야겠다고 판단, 몇 명의 학생들에게 정학처분을 내렸다. 이 일은 다음 날 신문 1면을 장식했다.

계엄령이 선포되었던 1964년 6월 3일의 학생시위는 매우 격렬했다.

5·16 군사쿠데타의 오명을 씻으려는 박정희 정권은 경제건설을 앞세워 격렬한 한일회담 반대운동에도 불구하고 한일국교 정상화를 추진했다.

6·3 항쟁에서 쟁점이 된 문제는 3억 달러 청구권 보상, 어민들의 생명선인 평화선, 미국의 대한원조, 기본관계의 조문 등이었다. 당시는 반일 또는 혐일의 감정이 높았던 시기로 대일저자세 굴욕외교로 보고 이를 강력하게 반대했다.

특히 서울대 문리대생들은 교정에서 일장기를 불태우고 한일정상화에 참여한 인사의 화형식을 하며 단식농성에 들어갔다. 그러자 각 대학들도 반일의식을 가진 학생들을 중심으로 반대시위가 격화되었다.

당시 학생들에게 징계를 내린 학장 유기천의 단호한 태도가 학생들과 언론계의 비판을 샀다. 집으로 협박편지가 날아오기 시작했다.

"유기천은 친일파"라는 소문도 돌았다.

최근에 와서야 한일회담과 관련된 문서가 외무부에서 공개되면서 기천에 대한 소문들이 잘못된 것임이 드러났다.

기천이 누구던가? 철저한 민족주의자요, 독립신문의 반포책이요, 신사참배 반대는 물론 창씨개명도 하지 않았던 유계준 장로의 아들이다. 아버지의 신앙과 나라 사랑의 정신을 그대로 이어받은 사람이 기천이었다.

당시 민족주의와 애국심을 내세워 반대 일변도로 전개된 대학과 지식인들의 우려와는 달리 기천이 국가의 장래를 위해서 노력했던 사실이 밝혀졌다.

기천은 시위의 격랑에 부딪히면서도 그 물결에 넘어지거나 흔들리지 않았다. 언제나 나라의 미래와 유익을 먼저 생각했고, 학생들을 보호했다. 그리고 자신의 행동과 결단에 대해선 후회가 없었다.

한편 청와대에서는 기천을 자세히 관찰하고 있었다.

그러다가 동양TV에서 〈조선일보〉 목사균 부장과 대담하는 기천의 당당한 모습을 보게 되었다.

'그래, 바로 저런 사람이야.'

1965년 8월 27일 아침, 기천은 청와대로부터 전화를 받았다. 한 시간 남짓 이야기를 나눈 후, 대통령은 기천에게 서울대 총장직을 제의했다. 그동안 유심히 지켜보았었다며 학장직을 훌륭하게 해내는 것을 보니 총장도 잘해 나갈 수 있을 거라 믿는다고 했다.

기천은 당장에 수락하지 않고 망설이는 태도를 보였다. 당혹한 대통령에게 기천은 몇 가지 조건을 내걸었다.

제안하는 몇 가지 원칙에 동의해 준다면 수락할 수 있겠다고 대답했다. 그 세 가지 조건은 다음과 같았다.

1. 대학의 기능을 회복하게 해 달라.
   그것은 학문의 자유를 보장해 달라는 것이었다.
2. 총장직과 함께 학생들을 계속 가르치게 해 달라.
   내키지 않았던 교무처장과 학장을 했던 것은 강의를 하고 싶었기 때문이기에, 총장이 된 후에도 수업을 할 수 있게 해 달라는 것이었다.
3. 비서관들을 거치지 않고 대통령과 직접적인 통로를 가지게 해 달라.

대통령은 흔쾌히 수락을 했다.

기천이 청와대를 나오는데 뉴스에서 벌써 보도가 되고 있었다. 학원사태의 책임을 물어 전임 신태환 총장의 경질을 두고 학생들의 반발이 컸고, 이미 타오르고 있는 현 상황에 대한 우려도 컸다.

이렇게 임명된 신임 유기천 총장에 대해 서울대학교의 대학신문은 다음과 같이 보도했다.

"…(전략)…8월 27일자로 제9대 서울대 총장으로 임명된 유기천 법대 학장은, 이러한 국면 속에서 앞으로 어떻게 현상을 수습하고 새 질서를 잡게 되는지 주목을 모으고 있다.…(중략)…현 사태의 수습에 대해서는 "불이 붙어 타오르고 있는 상태이니 어떤 방법으로든지 불을 꺼야 할 것이다. 현 사태는 근본적으로 잘못되어 있다"라고 잘라 말하면서 단호한 수습책을 마련할 것이라는 시사를 해주었다.

'교권에 의한 학원질서 유지'를 강력한 소신으로 밀고 나온 전례가 상기된다. 당명 50세의 형법학자인 유 총장은 61년부터 법대 학장직을 맡아 왔고, 62년도엔 사법대학원을 창설, 그 원장직을 겸임해 왔다. 59년엔 본부 교학국장을 역임한 경력도 있어 대학 행정엔 밝은 편이다. 동경제대 출신, 미국 예일대 법학박사인 유 총장의 행정력에 기대가 크다."

이렇게 시작한 서울대 총장이었다. 그러나 취임하자마자 총학생회는 "신태환 총장과 학장들의 사임 거부, 유기천 학장의 취임 거부"를 결의하고, 유 총장의 취임 문제와 체벌 학생의 구제문제가 해결되지 않으면 전교생이 자퇴하겠다고 결의했다.

이런 가운데 긴급학장회의가 열렸다. 시위 주동자와 배후 조종자를 일제히 검거하기로 했다. 그러나 물러설 학생들이 아니었다.

8월 29일, 일요일임에도 학생들은 문리대 교정에 모여 전 서울대학교 학원방위단 결성대회를 가졌다.

"괴뢰총장 임명에는 불승인으로 맞선다. 학원을 봉쇄한 군은 즉시 사과하고 본연의 임무로 복귀하라"는 등 6개 항목의 결의문을 채택하였다.

학생들의 시위는 과격해졌고, 이를 아주 못마땅하게 생각하는 정부에서는 이들을 제적하라고 아우성이었다. 학생들의 처벌 수위를 두고 교수들 사이에서도 의견이 분분했다.

총장은 외롭고도 처절한 자리였다. 당시 동료였던 양호민 교수의 솔직한 심정의 증언이다.

"실로 암울한 상황이었다. 이런 난세에 총장으로 승진한 유기천 학장을 두고 세간에서는 강경 일변도 정책 때문에 '출세'했다는 등 말이 많다. 신문들은 가십난 시사만평을 통해 진실 아닌 루머를 근거로 그를 억울하리만큼 혹평, 야유했다. 박 정권에 대한 원한이 유 총장에게로 향하고 있었던 것이다.

유 총장은 현안의 한일회담을 성사시켜 양국의 국교를 속히 해결하고 대학을 안정시켜야 한다는 종래의 신념을 견지하고 있었다. 그러나 자기의 출세 때문에 대학의 자유, 학문의 자유를 말살하는 '어용 총장'이 될 생각이란 그의 인격에 비추어 볼 때 있을 수 없는 일이었다.

총장직을 제의 받는 자리에서 대학의 자유와 자율을 약속 받았다. 그러나 그것은 허망한 약속이었다. 그는 시위 학생들에 대해서는 엄한 징계 처분이라는 엄포로서 일단 학원을 안정시키고, 시간이 경과한 후에 징계를 받은 학생을 정부와 교섭하여 모두 구제한다는 방안을 구상하였다. 그러나 박 대통령은 학원 자유, 학문 자유, 대학의 자율 등 자신이 유 총장과 약속한 바를 대학이 비판정신을 상실하고 정부에 굴종하여 그 정책에 찬동하거나 아니면 최소한 침묵하지 않는 한 지킬 생각이 전혀 없었다."

기천은 한일국교 정상화에 대해 각 대학을 다니며 교수들을 설득하려 애를 썼다. 다행히도 거의 모든 교수들이 기천의 의견을 지지해 주었다.

그러는 동안 북한의 짓이라고 의심되는 협박편지와 전화가 여러 번 왔었고, 이런 위협은 시간이 갈수록 잦아졌다. 내용 또한 점점 더 불쾌해져 갔다.

기천은 자신이 생각한 계획대로 움직이고 있었는데, 박 대통령과 보좌관들은 그것을 이해하지 못했다.

어느 날 아침, 박 대통령의 집무실로 호출되었다.

대통령은 기천에게 펄펄 뛰며 소리를 질렀다.

"도대체 뭘 하는 거요? 학생들의 불법적인 행동을 멈추게 하기로 약속하지 않았소? 그런데 아직도 시위는 계속되고 있단 말이오. 이 문제를 평화적으로 해결할 수 없다면 군대를 보내 서울대를 점령하여 질서를 회복시킬 수밖에!"

기천은 몹시 화가 났다.

그를 자기 수하에 넣어 총장을 시켜 놓고 자신의 이미지를 이용해 덕을 보려는 의도를 알았기 때문이다.

"이제 소리 다 지르셨습니까? 다 지르셨으면 이제 제가 말씀 드리겠습니다. 겨우 몇 주 전에 제게 하신 약속을 벌써 잊으셨습니까? 제게 책임을 맡기시고 방해하지 않겠다고 약속하셨잖아요. 저는 대학을 돌면서 제 계획대로 아주 잘 해나가고 있습니다. 서울대에 군대를 보내시겠다고요? 자, 군대를 보내 보세요. 저는 약속을 지키지 않는 사람과는 함께할 수 없습니다. 총장직에서 당장 물러나겠습니다."

소리를 지르고 대통령의 집무실을 나와 버렸다. 긴 복도를 지나면서 이대로 여기서 죽을지도 모른다는 생각이 들었다.

20초쯤 지났을까…. 다급한 발소리가 들렸다. 대통령이었다. 기천의 왼팔을 잡았다.

"화나게 해서 미안합니다. 할 말이 있어요. 집무실로 다시 돌아갑시다."

"제가 왜 다시 되돌아가야 합니까? 우리의 합의사항을 하나도 이해하지 못하고 있는 것 같은데…."

한참 동안 실랑이가 이어졌다. 대통령은 여전히 저자세였다. 누그러진 대통령의 태도에 집무실로 다시 갔다.

그간의 활동에 대해, 학원의 자율이 왜 그렇게 중요한지에 대해 자세히 설명했다.

한참을 듣고 나서 대통령은 사실 학원문제는 잘 알지 못한다고 했다. 자신은 그저 단순한 군인이기 때문에 전반적인 사태 추이를 파악하지 못하고 있다고도 말했다. 놀랍도록 부드러워진 대통령의 태도로 처음의 긴장되었던 분위기는 사라지고 마치 오래된 친구처럼 많은 이야기들을 나누었다.

그러나 기천은 대학에 군대를 보내겠다는 박 대통령의 말을 듣고는 그간의 신뢰를 내려놓게 된다.

두 사람의 오랜 갈등이 시작된 것이다.

당대 정치권력의 상징이던 박정희, 지성의 상징이던 유기천의 대결이 적어도 1960년대에는 존재하였다. 그리고 그것이 한국의 대학, 적어도 서울대학교의 버팀목이 되었다.

"너희는 세상의 소금이니 소금이 만일 그 맛을 잃으면 무엇으로 짜게 하리요 후에는 아무 쓸데없어 다만 밖에 버려져 사람에게 밟힐 뿐이니라"(마 5:13).

쌍권총 총장의 누명

데모가 끊이지 않는 캠퍼스, 집으로 날아드는 괴전화와 협박편지, "서울대 유기천 총장을 타도하라"는 북한방송, 기천은 이런 일들이 해방 후 좌익들의 활동과 비슷함을 직감했다.

해방 직후, 대낮에 서울대 사범대학의 신모 교수가 좌익 학생들에게 살해된 기억도 떠올랐다.

1966년 10월, 기천은 동대문경찰서에 권총을 휴대할 수 있도록 요청했다는 것이 〈동아일보〉 우승용 기자를 통해 언론에 보도되면서 "쌍권총 총장"이라는 오명을 얻게 되었다.

〈조선일보〉에도 보도되었다. 이미 호신용으로 권총을 구입하였는데, 이번에 다시 제자들에게 퇴임 요구를 받으면서 권총 휴대를 허가해 달라고 경찰서에 신청했다는 것이다. 그러나 이것은 모두 언론에 의해 과장된 것이었다.

해방 이후 좌우익의 대립으로 혼란한 상황이었기 때문에 서울대 총장실에는 항상 권총이 비치되어 있었다. 그러던 중 북한방송의 내용을 확인한 경찰서 측에서 기존의 권총을 새것으로 교환할 것을 권유한 것이었다. 이것이 와전되어 두 자루의 권총을 갖고 있다고 부풀려진 것이다.

이는 유기천 총장과 박정희 대통령의 사이가 좋지 않은 것을 안 내무부 고위 관리가 상부에 충성하기 위해 언론에 흘리고 기자에게 직접 공개한 것이다. 기천을 흠집 내기 위함이었다.

이를 안 제자들은 매우 안타까워하며 진실을 밝히려고 했지만 이를 말린 건 기천이었다. '음모'인 것이 밝혀지면 당사자가 다친다며 절대 함구하라고 했다.

제자 김찬진은 그것이 전혀 이상한 일이 아니었다고 말한다.

"유 교수님은 한국적 사교생활에는 크게 관심을 기울이지 않았다. 공식적 업무시간 이외에는 주로 동숭동 자택의 연구실과 서재에서 연구에 몰두하셨고, 학교에 있는 교수 연구실에는 거의 나오지 않으셨다. 이에 〈동아일보〉의 보도가 있은 후 동숭동 자택으로 찾아뵈었을 때 먼저 말씀을 꺼내셨다. '평소에도 경찰의 허가를 받아 호신용 권총을 집에 두고 있었는데, 마침 허가 기간이 만료되어 동대문경찰서에 기간 연장을 신청한 것인데, 이것이 와전되어 권총을 두 개 갖고 있는 것으로 보도되었다.'

이에 관해 필자가 감히 증언하자면, 유 교수님은 독실한 기독교 신자로서 반공의식이 투철한 분이셨다. 평양 출신이면서 남한에 사는 분들이 공산정권에 대하여 갖는 일반적 적개심 이외에도 유 교수님의 선친 유계준 씨가 공산정권에 의해서 학살된 연유로 인해 공산주의에 대한 혐오증은 대단하였다.
그분은 남한에서 일어나는 정치적 현상의 일부를 북한 공산주의자들과 내통하고 있는 증좌로 파악하시는 경우가 있었고, 이에 따라 공산세력이 교수님을 위해할 가능성에 대해 평소에도 우려하고 계셨다. 경찰의 허가를 받아 권총을 소지하고 계신다는 말씀에 필자는 조금도 이상하게 느끼지 못했다"(《영원한 스승》, 유기천, 208쪽).

평소 기천의 집을 자주 출입했던 제자 오성식은 이렇게 말한다.

"선생님의 동숭동 댁은 일정 때 경성제국대학 법문학부장 관사였다. 대지 평수가 200여 평으로 넓었다. 사는 분은 선생님과 모시고 사는 노모, 그리고 가정부와 심부름하는 학생뿐이다. 낮에는 기르는 개를 개집에 묶어 두나 밤에는 발바리 개를 풀어 놓는 것으로 안다. 불행하게도 기자가 특종 취재차 그 댁에 개가 있는 줄 모르고 들어갔다가 풀어놓은 발바리에게 위해당할 뻔한 것을 마치 선생님께서 개를 풀어놓는 정신이상자로 기사화한 것은 사실과는 전혀 다른 경솔하고 온당치 않은 허위기사였다"(《영원한 스승》, 유기천, 45쪽).

요즘 말로 풀이하자면 신문기자에게 밉보여 호되게 당한 처지가 된 것이다. 그의 당당하고 원칙적인 태도는 흔히 말하는 언론 플레이 같은 것은 안중에도 없었다. 그러나 이 사건이 그의 총장 퇴진운동에 기름을 붓게 하였다.

그의 타협 없는 원칙이 만들어 낸 사건이 또 있었다.

이른바 멍멍 발표회였다.

유 총장은 학사 관리가 꼼꼼하고 엄격하기로 유명했는데, 매년 입시 때가 되면 서울대의 합격자 발표는 중대 뉴스거리였다. 조금이라도 빨리 알리고 싶은 기자들로 인해 학교는 문전성시를 이루었다.

1966년, 이 해에도 기자들은 약속된 당일 오후까지 기다리다 최종사정이 끝나지 않자 총장실로 몰려갔다. 그곳에는 서명원 교무처장과 각 단과대 학장들이 합격자를 검토하고 있었다.

많은 기자들이 몰려들자 교무처장은 기자들을 따돌리고 밤늦도록 총장 공관에서 극비리에 최종합격자 사정을 계속하게 하였다. 이 사실을 모르고 총장실 앞에서 밤을 새운 기자들은 교무과장을 들볶으며 총장을 가만두지 않겠다고 벼르고 있었다. 과장은 이 사실을 교무처장에게 알렸다.

"제발 살려 주세요. 총장님께 말씀드려 최고득점자를 발표하도록 허락을 맡아주세요."

그는 하는 수 없이 새벽 4시경 총장 침실에 들어가 잠든 총장을 깨우고 사정을 말씀드렸다.

"안 됩니다. 총장실을 무단 침입한 놈들과의 약속을 지킬 필요가 없습니다."

이 사실은 교무과장을 통해 기자들에게 전달되고, 분노한 기자들은 씩씩거리며 전원 공관으로 돌진해왔다.

총장은 공관 정문을 절대 열어 주지 말라고 한 다음 셰퍼드의 목줄을 풀었다. 분통을 터뜨리던 기자들은 공관의 대문지주에 올라가 안으로 침입할 기세였으나 풀어 놓은 셰퍼드가 이빨을 드러내며 으르렁거리자 대학본부로 돌아갔다.

머리끝까지 화가 난 기자들은 아침 일찍 출근하는 비서실장을 만나자 그의 멱살부터 잡았다. 비서실장은 영문도 모른 채 기자들에게 멱살을 잡힌 것이다.

다음 날 언론은 이를 '멍멍 발표'라는 제목으로 대서특필하였다. 비서실장은 자신이 봉변당한 사실을 교무처장에게 보고했다.

"죄송하지만 기자들의 분풀이를 총장님 대신 받아주셔야겠습니다. 교무처장께서 그간의 일들을 기자들 앞에서 자세히 설명한 뒤 양해를 구하시는 것이 어떨까요? 총장님께서는 공관에 그냥 계시는 게 좋겠습니다."

가장 좋은 해결 방법이라 생각한 교무처장이 기자들을 만나러 출발하려는 순간 뒤에서 벼락이 쳤다.

"그럴 거 없어! 내가 직접 그들을 만나 버르장머리를 고쳐 놓겠어."

비서실장과 교무처장이 하는 이야기를 기천이 들은 것이다.

조금 후 총장실에서는 천둥과 벼락이 동시에 쳤다.

"어떤 놈들이야! 어느 신문사에서 온 것이냐! 너의 사장 이름이 무엇이냐? 당장 목을 자르라 하겠다! 대라! 대라! 빨리 대라! 이놈들아!"

혼비백산하여 줄행랑을 친 것은 총장을 혼쭐내러 돌격했던 기자들이었다.

기천은 기자들에게만 미움을 산 게 아니었다.

입시 때에는 누구나 예민해지기 쉽다. 지금도 입시과정이 복잡하지만 그때에도 그랬다.

예체능계 입시에서 문제가 발생했다. 음대, 미대 지원자들은 교수의 특별지도를 받아야 입학할 수 있다는 소문이 공공연한 사실로 알려져 있었고, 고액의 레슨비는 사회문제로 대두되었다.

기천은 레슨 교수의 영향을 막기 위하여 수험번호를 실기 시험 당일 아침에 바꾸고, 비밀번호를 해당 대학 교무과장만 알도록 하였다.

반발한 교수들로부터 인격모독이라는 항의투서가 이어졌다. 이에 물러나지 않은 유 총장은 음악, 미술의 심사위원은 타 대학 교수로 위촉하라는 지시를 내렸다.

이 일은 서울대 교수들의 인격을 모독하는 것이나 다름없다고 판단한 교무처장의 중재로 타 대학과 본교 대학의 교수들을 절반씩 위촉하도록 했다고 한다.

그를 대적하는 자들은 밖에도, 안에도 존재했던 것이다.

문교부장관의 총장 불신과 문리대에서 계속되는 총장퇴진운동들을 보며 기천은 사퇴를 결심했다.

서울대의 기초를 만들고, 그렇게 강단을 사랑했던 그가 사퇴를 결심하기까지 대쪽 같았던 그 마음이 어땠을까?

1966년 11월 30일, 만감이 교차하는 착잡한 심정으로 이임사를 하였다.

"…(전략)…이 세상에서 어느 때엔가는 떠나야 함은 당연한 것입니다만, 어떠한 의미에서는 정상적이라고 할 수 없는 본 대학에서 대학의 본질을 찾고, 그 본질에 입각한 고유의 사명을 다할 수 있는 그 터전조차 마련해 놓지도 못하고 바람같이 사라지는 것 같은 인상을 주는 것이 심히 본인으로서는 유감스럽다는 것을 말하지 않을 수 없습니다.

항간에는 흔히 언론인의 선전에 현혹되어 총장이 엄벌 일변도로 돌진하다가 학생들의 반발에 부딪혀 물러나게 된 듯한 거짓된 착각에 사로잡혀 있으나 통찰력이 예리한 지성인들, 사랑하는 우리 학생들은 진실이 그렇지 않다는 것을 정확히 판단하고 계실 줄 믿습니다.…우리의 현실은 소수 집단의 이른바 '정치적' 목적 때문에 악의에 찬 허위 보도를 능사로 하고 있고, 또한 이런 허

위의 가상이 이 사회에 큰 영향을 끼치고 있다는 웃지 못할 현실
의 의의를 우리는 검토하여야 합니다."

당시 최고 권력인 대통령에게 전혀 밀리지 않는 배짱으로 고성에
는 고성으로 답했던 당대 최고의 지성이었던 유기천 총장은 자리에
서 그렇게 물러나게 되었다.

박 대통령과 마찬가지로 유 총장을 유난히 아꼈던 육영수 여사는
그의 사임을 매우 안타까워했다.

문교부 관리들은 유 총장의 교수 복직을 여러 면에서 방해했지만
저지하지는 못했다. 기천은 계속 강단에 섰다.

1969년 8월부터 아내가 있는 푸에르토리코에 가 있다가 돌아온
기천은 한국의 상황이 많이 달라진 것을 발견하고 놀랐다.

박 대통령의 권력은 나날이 공고해져 갔고, 세 번째 중임을 하기
위해 헌법을 바꾸어 놓은 것이다. 이 때문에 대학가는 격렬한 학생
운동이 일어나고 있었고 학생들의 희생은 늘어만 갔다.

비록 총장 자리에서 물러났지만 학문의 자유, 대학의 자유가 침
해되는 것을 좌시할 수는 없었다. 서울대의 행정을 오래 맡았던 그
였기에 무엇이 문제이고, 무엇이 병폐인지 누구보다 잘 알고 있었다.

기천은 1971년 1월 12일자 〈조선일보〉에 '학자는 탤런트가 아니다'
라는 고발적 비평을 싣는다.

그는 이 글을 통해 사법대학원의 폐지를 비판하며 정치인이나 학
자들이 두뇌 있는 사회를 건설하도록 촉구했다.

마지막 강의

1971년 4월 12일, 교련철폐를 요구하는 학생 데모가 치열한 중에 기천은 최루탄 연기 속에서 형법총론 강의를 했다.

계단강의실에 들어가자마자 "이중에 학생 아닌 사람이 있으면 나가라"고 하자 몇 명이 자진해서 나갔다.

"이중에 정보원 있으면 나가라. 나는 나의 제자 아닌 그들을 상대하고 싶지 않다. 그리고 문을 잠가라."

그리고 이렇게 말했다.

"…나는 3일 동안 잠을 자지 못하고 내가 해야 할 일에 대해 곰곰이 생각해 보았다. 학교에 나오고 싶지 않았으나 사랑하는 제자들에게만은 나의 의사를 밝히는 것이 스승의 도리라고 생각해서 나왔다. 나는 지금 형법을 강의할 필요를 느끼지 않는다. 강의실에서 형법을 가르친다지만 바로 교문 앞에서 권력에 의한 폭력이 그대로 자행되고 있는데 학문을 해서 무엇 하겠는가? 법이 존재하지 않는 곳에서 법학 강의는 무의미하다. 이런 상황 속에서는 학자적 양심으로서 도저히 강의할 수 없다. 법대 학생이자 총학생회장인 최회원 군의 후두부를 뒤에서 내리친 것은 형법상 미필적 고의에 의한 살인 미수죄에 해당하는 것이다. 총학생회장이라면 15,000명 서울대인을 대표하는 사람인데, 회원 군에 대한 이런 야만적 행위는 전 서울대인에 대한 모독인 것이다. 내가 알기로는 그날 교문 앞에서 무궁화 둘을 단 지휘자가 있었고, 그 고위 책임자의 지휘자의 지시에 따라 계획적으로 회원 군의 뒤에서 곤봉으로 그의 후두부를 내리쳤던 것이다.…(중략)…분명히 정부 고위층 중에 국민 분열을 통한 국력 손실을 획

책하는 자가 있다고 보며, 나는 그것에 관한 구체적인 자료를 수집하고 있는 중이다.

얼마 전 내가 자유중국에 갔을 때 자유중국의 고위층 장교로부터 한국에서 총통제를 연구하러 온 공무원이 있다고 말하는 것을 듣고 깜짝 놀랐다. 총통제를 실시하려는 것은 국민을 모독하는 처사로서 국민의 이름으로 규탄 받아야 마땅할 것이다. 내가 이런 말을 할 때 나의 거취문제가 어떻게 될 것인가 하는 것은 짐작이 갈 만도 하지만, 그러나 여기서 주저할 수야 없지 않은가? 대학의 자유는 존엄한 것인데 한국에서는 이다지도 중대한 침해를 받고 있다. 회원 군의 문제 해결을 위해 총장, 문교부장관 기타 관계자들을 만나 교섭하는 데에는 시간이 필요할 테니까 문제가 해결될 때까지 당분간 강의는 하지 않겠다. 대학의 자유는 중요하다. 이러한 폭력집단보다도 더한 행위에 대해 대학의 자유를 지키기 위해 법의 범위 내에서 끝까지 싸우자."

(법대 학생들이 발간한 '자유의 종'에 실린 글)

이 강의가 있은 다음 날 정부는 휴교조치를 내렸고 조기 방학이 이루어졌다.

기천은 예정되어 있던 스케줄대로 독일 프라이부르크에 있는 마르크스 프랑크 형법연구소(Max-Planck Institut fur auslandisches und internationales Strafrecht)에 DAAD(독일학술교류처)의 지원으로 3개월간 체류 예정으로 떠났다.

학생들은 이 일을 전날 강의 때문에 정부에서 시킨 강제출국으로 알았다. 기천은 1965년에 이 연구소에서 내는 〈전형법학잡지〉에 형법 논문을 실은 인연이 있었다.

그 후 한국의 형법 교수와 판검사, 변호사들이 이 연구소를 많이 방문하여 연구하고 돌아왔는데, 그들은 한결같이 대선배 학자 유기천의 탁월한 선구적 업적을 경탄하였다. 기천의 한국 형법전의 독일어 번역이 없었다면, 독일 학자들과의 토론조차 힘들었을 것이라고 입을 모으는 사람들이 많았다.

　나라와 후학들을 위해 세계를 누비며 학문의 씨앗들을 뿌리고 돌아온 고국, 그러나 사정은 더 나빠져 있었다.

마지막 교수회의

　독일에서 돌아온 기천은 여전히 불안하고 어지러운 학교상황을 보았다. 3선 개헌을 반대하는 학생들의 데모는 계속되었다. 법대생을 포함하여 많은 학생들이 체포되어 갔다.
　11월 2일 교수회의에서 기천은 학생들의 구속 경위에 대해 따져 물었다. 그러나 이 일로 인해 사랑하는 나라를 떠나게 될 줄은 그도 몰랐다.

　1988년 〈신동아〉 8월호에 '나와 박정희와 학문의 자유'에서 그때의 상황을 이렇게 말하고 있다.

　"교수회의에서 나는 곤란한 질문을 던졌다.
　'무슨 근거로 지난번에 학교가 학생들을 내쫓았습니까? 군부의 명령에 따른 것입니까? 아니면, 정당한 근거가 있습니까?'
　학장이 대답했다.
　'박 대통령이 직접 제적을 명령했기 때문에 피할 도리가 없었습니다.'

동숭동 자택에서(오른쪽 모친)

나는 목소리를 높여 되받았다.
'어떻게 학교의 대표라는 사람이 그렇게 말할 수 있습니까? 만약 대통령이 그런 명령을 내렸다면 그는 형법 123조에 명시된 탄압죄에 해당됩니다. 물론 과정상 대통령의 경우는 먼저 탄핵을 받고 재판을 거쳐 구형을 받아 수감돼야 하겠지요. 최고 5년 징역에 10년 이하의 자격정지 선고가 내려져야 할 겁니다. 그런데 어떻게 그런 범죄 행위에 가담할 수 있습니까? 공직자로서 당신이 알아낸 범죄 사실을 일반에 알릴 의무가 있었습니다.'
여기까지 이야기했을 때 나는 동료 대부분이 자리를 뜨고 있다는 사실을 깨달았다.
옆자리에 있던 동료 교수는 내 소매를 잡아당기며 '제발 그만두십시오. 그만하세요'라고 호소하고 있었다.
학장은 서둘러 회의를 마감했다.
그를 비롯한 몇몇 교수들이 내 입장이 곤란해질 것이라며 나를 설득하려 들었다. 나는 그들의 경고를 무시하고 집으로 돌아왔다.
그날 저녁 늦게 기관원에게서 전화가 몇 통 걸려왔다.
한결같이 좀 보자는 거였다. 나는 바쁘다고 거절했다."

당시 그 자리에 함께 있었던 황적인 교수(현, 학술원 회원)는 이렇게 기억한다.

"유기천 교수가 항의한 후 교정에 나와서 법대 현관의 운동장에서 나에게 '박정희의 임기가 끝나면 잡아 가둘 수 있다'고 말하고 사라졌다. 나는 유 교수의 이와 같은 발언을 대단히 용기 있는 말이라고 생각한다. 당시의 삼엄한 상황으로서는 죽을 각오가 아니고는 이러한 말을 할 수 없는 것이다. 이와 같은 발언을 한 교수는 당시에는 유기천 교수뿐이다. 다른 모든 교수는 말하고 싶은 말을 못하고 묵묵히 따라가고 굴종했을 뿐이다"(황적인, '이성적 사고와 준법정신의 화신', 《영원한 스승》, 유기천, 295쪽).

학교 안을 군인이 지키고 있는 상황에서 이런 위험한 발언을 한 기천은 스스로도 이것이 얼마나 위험한 일인 줄 알고 있었을 것이다. 실제로 만 2년 뒤인 1973년 11월 19일에는 최종길 교수가 남산에 있는 중앙정보부에 끌려가 사망하는 사건이 일어난다.

도피, 돕는 손길들

그날 저녁, 검사로 있는 한 제자에게서 연락이 왔다. 기관원이 체포하러 갈 터이니 당장 피신하라는 연락이었다.

잠시 후 집으로 전화가 왔다. 집에서 도움을 주시는 아주머니가 받아 보니 어떤 여자가 전해줄 물건이 있으니 문을 열어 달라고 했다는 것이다. 의심쩍어 밖을 내다보았다.

검은 지프차가 서 있고 검은 점퍼 차림의 남자들이 있었다. 문을 두드렸다. 아주머니가 나갔다.

"대통령의 특명으로 왔으니 당장 문을 열어! 안 열면 담을 넘어 들어가겠다."

아주머니는 일부러 큰 소리로 집 안을 향해 말했다.

"아까는 여자분이셨잖아요!"

상황을 파악한 기천은 뒷문으로 빠져나가 옆집으로 피신했다. 고향에서부터 기천의 부친 유계준 장로를 잘 알았던 이웃은 밤이 깊어지자 기천을 화곡동에 있는 자기 딸네 집으로 안내했다. 연락을 받은 기천의 동생 유기옥(소아과 의사)은 왕진을 가는 차림으로 화곡동으로 왔다. 기천을 미국으로 보내기 위해 여권과 서류들을 가지고 왔지만, 그런 상황에서 출국은 곤란했으므로 어쨌든 숨어 있으면서 시간을 벌어야 했다.

기천을 잡아 가두려고 만든 죄목은 '서울대생 내란 음모사건의 배후 조종 인물'이었다.

학생들에게 했던 마지막 강의 때, 강의실 문을 잠그고 반정부 선동을 했다는 것이었다.

서울대의 기초를 놓았던 총장 출신의 형법학 교수가 내란 음모사건의 배후가 되어 쫓기는 신세가 된 것이다. 그러나 그를 사랑하신 하나님께서는 준비된 하나님의 사람들을 곳곳에 두셨다.

기관원들이 체포하러 가기 전 미리 알려 준 사람은 서울지검 공안부 검사로 이름을 날렸고, 중앙정보부에도 파견되었던 박종연 검사였다.

그가 서울지검에 있을 때 윤승영 검사와 함께 있었는데, 윤 검사가 평소 예의가 바르고 성품이 곧아서 존경했다고 한다.

그런데 우연히 유기천 교수가 윤 검사의 처삼촌(유기천의 형, 유기선의 첫째 사위)이라는 사실을 알게 되었다.

그러다 1971년 11월 11일 중앙정보부에서 유기천을 구속하라는 명령이 있었다는 것이다. 알아보니 구속 사안이 되지 않을 뿐더러 구속을 하면 학생들을 더 자극하게 될 것이라 반대를 했다는 것이다. 그래도 잡는 흉내는 내야 하니까 소재지에 수사요원을 보내기 전에 "검사님께 미리 보고하는 것이니 피신하도록 연락을 해주십시오" 했다는 것이다.

박 검사가 윤 검사에게 전화로 알려준 것이다. 기천을 아는 사람들은 이런 위험한 순간에도 서로 자기에게 와 있으라고 하였다. 그럴 때마다 기천은 "나 때문에 자네들이 피해를 입어서는 안 되네" 하며 거절했다고 한다.

거리를 다닐 때에는 수염을 달고 모자를 쓰고, 지팡이까지 드는 변장을 하였다. 뿐만 아니라 제자인 강구진 판사도 변장까지 해가며 유 교수에게 필요한 물건들을 전달해 주었다.

그런가 하면 고향인 평양 산정현교회 송창근 목사님의 맏아들인 송 모 의사가 상도동의 어떤 육아원 시설을 소개해 주어 그곳에서 여러 날 머무르기도 하였다.

당시 제자 오성식의 아내가 운영하던 서교동약국에는 손님처럼 들어가기도 했다. 약국 2층 조그만 방에서 제자와 앞으로의 일들을 의논하기도 했는데, 훗날 오성식은 그때 뵌 선생님의 모습은 투지만만하셨고 건강해 보였다고 했다.

"법보다 주먹이 앞서는 때이니 일단 피하고 볼 수밖에 없다."

오랜 도피 생활로 지치셨을 법도 한데 당당하고 건강해 보였다고 했다.

기천의 둘째 형님 유기형의 둘째 사위인 임대지(청와대 비서관)도 보이지 않는 도움을 주었다.

기천의 동생 기옥은 지혜롭게 피신처를 안내하며 연결시켜 주었는데, 요원들은 원효로에 있는 기옥의 소아과병원에도 자주 갔다. 그럴 때마다 기옥은 당당했다.

"다 뒤져 보시오. 찾을 수 있는가. 나하고 직업을 바꾸는 게 좋겠소!"
"당신들은 뭘 믿고 그리 당당하시오?"
"하나님 믿고 그럽니다. 왜?"
이 말은 평소 기천이 즐겨 쓰는 말이기도 했다.
기천뿐만 아니라 부친 유계준도 자주 쓰는 말이었다.
하나님을 믿고 하나님만 두려워하기 때문에 하나님 아닌 그 무엇도 두려워하지 않는 당당함, 그 소박하고 단순한 믿음에서 큰 용기와 결단이 가능했음을 볼 수 있다.
죽음을 두려워하지 않았기에 끝까지 산정현교회를 지키고 죽음을 맞이한 아버지 유계준, 시간이 흘러 아들 기천은 목숨 걸고 내려온 자유의 땅에서 자유를 지키기 위해 사랑과 정성을 쏟았다.
학문의 자유, 그의 학생들의 자유도 함께 지키기 위해 이렇게 힘겨운 시간들을 보내고 있었다.
하나님을 두려워하는 사람들은 눈에 보이는 권력이 전부가 아님을 알고 묵묵히 자신의 자리에서 최선을 다할 뿐이었다.

"한국에서의 상황은 동생들을 통해 미국에 있는 아내 헬렌 실빙에게 전해졌다.
아내는 그를 구하기 위해 모든 노력을 다했다. 실빙은 미 국무성의 그린(Marshall Green) 차관보도 만나고, 김동조 주미 한국대사도 만나서 사정을 했다.
뉴욕에서 학생들을 가르치고 있는 기천의 제자 신현주 박사도 찾아갔다. 그러다 더 이상 한국정부의 태도 변화만을 기다리고 있을 수 없어 특단의 조치를 취했다.
워싱턴에 있는 키신저 대통령 안보특별보좌관에게 전화를 걸었다.
'무작정 기다리라는 말을 들으려고 전화한 게 아닌 줄 알잖아요.

나는 지금, 나의 절친한 친구에게 내가 사랑하는 남편의 구출을 호소하고 있는 거예요. 좋은 소식이든, 나쁜 소식이든 2~3일 안에 듣고 싶어요. 이제는 더 이상 기다릴 힘도 없답니다. 고마워요.'
옆에서 듣고 있던 신현주 박사는 가슴이 뭉클하고 코끝이 찡해졌다고 한다"(신현주, 선생님의 망명 시절, 《영원한 스승》, 유기천, 305쪽).

그럼에도 불구하고 아무런 진전 없이 시간만 지나가자 실빙은 하버드 로스쿨의 루이스 로스 교수에게 요청했고, 로스(Louis Loss) 교수는 하버드에서도 실력자인 라이샤워(E. Reischauer)에게 이야기를 했다.

라이샤워 교수는 김종필 국무총리에게 학문의 자유를 주장한 유 교수를 탄압하면, 한국과 미국과의 관계가 악화될 것이라는 내용의 편지를 썼고 이 편지는 효과를 보았다.

1972년 1월 20일경 한국을 떠날 수 있다는 쪽지를 받았다. 그때부터 기관원들은 하루 빨리 한국을 떠나라고 재촉을 했다.

과연 이 편지 때문에 해결이 된 것일까?

보이지 않는 도움의 손길이 있었던 것이 아닐까?

제자 오성식은 기천이 두 달여간 도피생활을 하는 동안 위험을 무릅쓰고 기천을 도운 수많은 사람들이 있었음을 알고 있었기에 이렇게 말한다.

"이는 골리앗과 다윗의 싸움임을 실감했고 성령의 가호와 인도가 함께 있었다"(오성식, 《신앙을 바탕으로 한 강직함》, 46쪽).

제자의 눈에도 그렇게 보인 것이다. 사람으로서는 할 수 없는 일이었고, 사람의 생각과 지혜로는 만들 수 없던 길이었음이….

다윗이 이길 수 없을 것 같았던 골리앗 앞에 나선 건 뛰어난 실력과 첨단의 무기가 있어서가 아니었다.

누구에게도 주목 받지 못했던 다윗이 전쟁에 나가 골리앗에게 큰 소리칠 수 있었던 건 하나님을 알았기 때문이다.

하나님이 어떠한 분이신지, 하나님을 사랑하고 경외하는 자들을 어떻게 지키시는 분인지 분명히 알았고 보았기 때문에 그 하나님을 믿은 것이다. 그랬기에 비록 작은 창 하나 들지 않았지만 여호와의 이름으로 나갈 수 있었던 것이다.

유기천 교수가 그를 대적하는 사람들이 많은 것을 알고도 그토록 당당하고 굽힘이 없었던 것은 그의 학문적 배경이나 업적 같은 창검 때문이 아니었다. 그가 입신양명을 바랐다면 그렇게 대쪽 같지는 않았을 것이다. 그랬다면 때로는 타협하고 때로는 불의에 눈을 감으며 살았을 것이다.

조용하지만 그의 강한 신앙심은 애중회의 활동으로, 그리고 그의 말년의 저서 《세계혁명》으로 알 수 있다.

세상 사람들은 명예와 권력을 다 가졌던 그가 이렇게 쓸쓸히 정든 학교와 제자들을 두고 이 나라를 떠나는 것이 실패요 좌절이요 끝이라고 생각했을 것이다. 그러나 하나님의 생각과 뜻은 다른 곳에 있었다.

> "그러나 내가 가는 길을 그가 아시나니 그가 나를 단련하신 후에는 내가 순금같이 되어 나오리라"(욥 23:10).

미국에서의 생활 - original place

기천은 김포를 떠나 뉴욕, 보스턴, 워싱턴을 거쳐 아내가 있는 푸에르토리코로 갔다.

도착 후 그동안 자기를 위해 애쓰고 염려했던 사람들에게 그간의 경과를 알려야 할 필요를 느껴 공개서한을 작성하여 여러 사람들에게 보냈다.

이 문서는 현재 서울법대 귀중문서실에 보관되어 있다. 푸에르토리코에서의 생활은 쉽지 않았다. 음식도, 끈끈한 아열대 해양성 기후도 맞지 않았다. 지친 몸에 병까지 왔다.

동생인 의사 조셉(유기묵)이 와서 보고는 심각한 상태라며 시카고로 데리고 가서 치료를 하고 그곳에서 휴식하게 하였다.

그리고 1977년 샌디에이고 로스쿨로 가게 된다.

"1973년 10월 19일, 이른바 '최종길 교수 사건'이 터진다. 같은 서울법대 제자요, 동료 교수였던 최종길이 동베를린 간첩 사건의 참고인 진술을 받으러 남산의 중앙정보부에 들어갔다가 간첩으로 판명되자 창문으로 투신자살을 했다는 것이다. 그를 아는 사람들은 그 사랑스러운 학자 스타일의 최 교수가 간첩일 리 만무했고, 투신자살을 감행할 성격도 아님을 알고

최종길 교수
유신 의문사 1호

있었다. 하지만 삼엄한 분위기 속에서 누구도 이의를 제기할 수는 없었다.

기천은 1977년 72세 되던 해에 로스앤젤레스 특파원 김윤수 기

자와의 인터뷰에서 이 사건에 대해 언급하였다.

'제자의 죽음이 더욱더 가슴 아픈 것은 스승과 제자가 꼭 같은 경우를 당하였으면서도, 그때 나는 독재의 마수에서 간신히 벗어날 수 있었으나 사랑하는 제자는 그렇지 못했던 슬픈 결과 탓입니다.'

기천은 마치 최 교수가 자신을 대신해서 죽었다고 생각했다.

기천이 미국에서 어떻게 민주화운동을 하였는지에 대해 궁금해하는 사람들이 많지만, 그는 대중과의 합작을 통해서보다 자신의 독자성, 자신의 권위로 일을 하는 타입이었다.

그는 어떤 조직과 함께 움직이지는 않았지만 한국의 반민주주의 사태에 대해서는 예의주시하며 민주화에 관여하고 있었다. 그가 한 번 움직일 때마다 그곳의 대사관이나 영사관에서 신경을 썼다고 한다.

그와 〈동아일보〉와의 사이는 좋지 않았다. 얽히고설킨 사연이 많았다. 그러나 기천은 그런 감정을 떠나 신문의 광고 중단사태가 발생하고 기자들이 대거 해직될 때 도움을 주려고 애썼다.

민주투쟁을 위해서는 어려움에 처한 〈동아일보〉를 도와주어야 한다고 손수 호소문을 만들어 재미교포들에게 배부하기도 했다"

(신현주, 선생님의 망명 시절, 《영원한 스승》, 유기천, 309쪽).

1979년 10월 29일, 박정희 대통령 암살 사건으로 제3공화국이 무너지면서 최규하 과도내각이 구성되었다.

맏형 유기원 박사의 사위 이한빈이 부총리가 되고, 전부터 잘 알고 지내던 김옥길 이화여대 총장이 문교부장관이 되었다.

그리고 1980년 3월, 서울법대 이한기 학장으로부터 다시 학교에 나와 강의를 해달라는 연락이 왔다. 8년 만에 다시 강단에 서게 되었다. 그러나 그의 지위가 문제가 되었다.

1971년 11월 마지막 교수회의 이후 도피생활을 했던 기천을 문교부에서 '파면'한 것이었다.

이에 1980년 3월 30일 문교부장관을 상대로 한 파면처분취소 청구소송에서 승소 판결을 받는다.

"원고의 직장 이탈 기간이 71년 11월 3일부터 12월 8일까지 짧은 기간이었고, 원고가 학년말 시험문제를 출제, 채점까지 해 수강생들을 진급, 졸업시켰는데도 문교부가 징계의 종류 중 가장 무거운 파면처분을 내린 것은 재량권을 벗어난 위법한 처분이니 이를 취소해야 한다. 유씨가 당시의 휴강이 신변의 위협을 느낀 위급한 사정이었다고 하나, 이를 입증할 수가 없어 일단 징계의 사유가 될 수는 있겠으나 65년 8월부터 66년 11월까지는 서울대 총장을 지내는 등 25년 이상 서울대를 위해 봉직했고, 우리나라를 대표하는 세계적 법학자인 점을 감안한다면 파면까지 시킨 것은 부당하다."

그러나 그 사이 교수는 모두 재임용이 되어야 했기에 자동 복직이 안 되고 재임명이 논의되어야 했다. 그마저도 5·17 쿠데타 이후 복직은 허용되지 않았고, 법원에서도 재임명에서 탈락되었다는 이유로 복직이 인정되지 않았다. 이러는 사이 시간은 흘러 복직을 하지 못한 채 정년인 75세를 넘기고 말았다.

'서울의 봄'도 잠시…기천은 5·17 쿠데타가 나기 전 한국의 상황이 밝지 못하다고 판단, 다시 미국으로 돌아갔다.

그의 눈에는 한국의 정치상황이 진정한 의미에서 민주화가 되지도 못하였고, 대학의 자유도 정착되지 못한 것으로 보였다.

미국에서의 생활은 독서와 저술에 몰두한 시간들이었다.

그의 샌디에이고의 집 주소는 3131번지였다. 3·1 운동과 관계된 것이었다.

그런가 하면 독립운동가 33인을 기리기 위해 무궁화 33그루를 심어 가꾸었다. 몸은 먼 나라에 있지만 마음과 정신은 늘 고국과 제자들에게 가 있었던 것이다.

1966년 기천이 총장으로 있던 시절, 형법 강의를 들었던 제자 한 명은 법학에 흥미를 느끼지 못하여 신학으로 전향할까 고민하던 중 기천을 찾아가 상담을 했다. 기천의 불호령이 떨어졌다.

"아직 2학년 학생이 법학을 뭘 안다고 그러느냐?"

"사도 바울은 그리스도를 위하여 모든 것을 버리지 않았습니까?"

"바울은 훌륭한 법률가가 된 후에 그렇게 하였다. 두말 말고 돌아가 열심히 법학을 공부하여라."

그리고 제자를 내쫓았다. 그 제자는 동숭동 골목길을 나오며 자신의 마음을 알아주지 않는 스승이 야속해 달을 쳐다보며 눈물을 흘렸다고 한다.

그때 기천이 따뜻하게 받아주며 네가 하고 싶은 공부를 하라고 했다면 우리는 서울대에서 법사상사를 강의했고, 국내외에서 왕성한 학문 활동을 한 최종고 교수를 만나지 못했을 것이다.

달을 보며 야속한 눈물을 떨구며 그 골목을 나온 것이 얼마나 다행스러웠던가!

제자 최종고 교수는 독일에서 유학하는 동안에도 기천으로부터 많은 격려와 자극을 받았다고 한다.

슬하에 자녀가 없었던 기천은 평소 서울법대의 제자들 모두를 자식이라고 말하곤 하였다. 실제로 기천에겐 제자가 곧 자식이었다. 그

증거가 제자들이 자발적으로 만든 고희기념 논문집과 유기천 기념사업회였다.

20년 가까이 한국을 떠나 있었던 노학자에게 옛 제자들이 1,000페이지가 넘는 대논문집을 발간하여 봉정한 것은 실로 감동적인 일이었다.

간행위원회에서는 국내 제자들에게만 원고를 의뢰했는데, 소문이 나자 외국 학자들도 원고를 보내왔다.

제롬 홀(Jerome Hall), 단도 시게미츠, 뮐러(G. O. W. Mueller), 아들러(Freda Adler), 슬로벤코(Ralph Slovenko), 실빙(Helen Silving) 외 제자 44명이 《법률학의 제문제》(박영사, 1998)라는 논문을 바친 것이다.

돌아가신 후에는 유기천 기념사업회를 결성한다.

한국에서는 거의 잊혀진 스승에 대해 제자들이 그의 정의와 민주주의에 대한 신념, 학문연구의 정신을 선양하자는 뜻을 모으면서 자발적으로 기념사업회를 결성하고, 추모문집《영원한 스승, 유기천》(지학사, 2003)과 유기천 전집 제1권《자유사회의 법과 정의》(지학사 2003), 그리고 유기천 전기인《자유와 정의의 지성, 유기천》(한들출판사, 최종고, 2006)을 출간한다.

이것은 결코 쉬운 일이 아니었다. 더욱이 누가 시킨다고 되는 일도 아니었다. 각자 서로의 위치에서 바쁘고 따로 시간을 내기 어려운 중에도 스승을 위해 만만치 않은 일을 마다하지 않은 제자들이 40명을 넘었다.

유기천 전기

직계 자손은 없었지만 그가 뿌린 배움의 자녀들, 제자들이 각처에서 남긴 씨앗들은 또 얼마나 많을까?

기천의 전기를 집필한 최종고 교수의 말이다.

"누군가는 그 일을 해야 할 것이고 선생님에게 입은 학은을 조금이라도 보답해야 한다."

"유기천만큼 전 세계를 무대로, 그러면서 학문과 정치, 종교의 광범위하고도 심도 있는 삶을 산 분을 보지 못하였다. 특히 서울대학교의 역사를 이해하는 데는 결정적으로 중요한 인물이다. 그가 오해받고 잊혀져 가서가 아니라 '정말 이런 분의 생애는 제대로 정리가 되어 후세인들에게 남겨져야겠구나' 하는 생각이 더욱 강해졌다."

기천은 세상을 떠나면서 그의 장서 5만여 권과 전 재산 30억을 서울대학교에 기증했다. 평소 그의 모습으로 보았을 때 전혀 이상한 일이 아니다.

그를 가장 가까이에서 모셨던 이창석 교수의 말이다.

"선생님은 평소 식사를 많이 하시는 편이 아니었다. 간식은 거의 안 드시고 저녁은 간단한 과일이나 죽으로 드셨다. 그리고 거의 모든 시간을 서재에서 보내셨다. 옷도 몇 벌 안 되셨다. 평소 스스로에게는 인색하다고 할 만큼 검소하셨다. 구두 한 켤레로 10년 이상씩 신으셨다. 종이 한 장, 연필 한 자루 헛되게 쓰시는 일이 없으셨으며, 한 장의 종이에 담아내는 글자 수를 많게 하시려고 글씨를 작게 쓰셨다. 연필이 닳으면 항상 헌 붓깍지를 끼워 몽당연필을 만들어 사용하셨다. 그리고 그 연필심지 끝이 다 닳을 때까지 깎아서 쓰시곤 했다. 검소한 생활이 몸에 배어 있으셨다. 집도 거의 수리를 하지 않고 사셨다. 시대가 바뀌어 옆에 근사한 건물들이 들어서자 선생님의 집은 마치 헛간같이 눌려 흉물스럽게 보이기까지 했다. 하지만 기능상에 문제만 없으면 옛 설비를 그대로 보존하는 걸 좋아하셨다"(이창석, 선생님을 모시고 오래 산 세월,《영원한 스승》, 유기천, 338쪽).

기천이 친자식처럼 키우다시피 한 청년 이창석, 그 제자가 교수가 되려면 박사 학위가 필요하다는 것을 알고, 기천은 직접 일본 고베 대학으로 가서 하야가와 교수에게 지도를 당부하기도 하였다.
이창석의 두 아들에게는 다니엘, 요한이란 이름도 직접 지어주었다.

한국과 미국을 오가며 생활하던 기천은 1998년 몸살과 감기 기운 같은 것을 느껴 적십자병원에 입원하였다.
동생 유기옥의 아들, 차한 박사가 특별히 보살펴 드렸다. 놀라서 문병을 온 지인들은 이제 여생을 한국에서 보내며 편히 쉬시라고 권했다. 그러나 한국에서는 연구도, 집필도 할 수 없다며 기천은 미국으로 돌아갔다.
도착 후에도 상태가 좋지 않아 진찰을 해보니 심장경색증의 징후가 있었다. 병원에서는 수술하는 방법과 수술하지 않고 치료하는 방법이 있는데, 만일 수술이 성공적일 경우 10년은 유지할 수 있지만 그렇지 않을 경우 치명적일 수 있다고 하며 수술을 권하지 않았다. 그러나 두어 달 동안 심장에 압박을 느끼고 감기 기운이 떨어지지 않자 수술을 하기로 결정했다.
기천은 아직도 할 일이 많기 때문에 성경에 나오는 것처럼 120살까지는 살아야 한다고 말하기도 했다.
수술 당일에도 하시고 싶은 말씀이 없느냐는 동생 조셉 박사에게 수술 후 곧 나오는데 무슨 소리냐고 하며 수술실로 들어갔다.

수술은 비교적 성공적인 것처럼 보였고 컨디션도 나쁘지 않았다. 병상에서도 그는 보크(Robert H. Book) 판사의 책, 《고모라에게로의 질주》(Slouching Towards Gomorrah; Modern Liberalism and American Decline, 1996)를 밑줄 치며 탐독했다.

샌디에이고에 있는 기천의 자택에서 이 책을 접한 제자 최종고는 스승의 체온이 아직 남아 있는 것 같아 코끝이 찡해졌다고 한다. 마지막 순간까지 학자로서의 지적 경계심을 놓지 않았던 스승의 열정을 볼 수 있었기 때문이다.

군데군데 보크 판사가 미국 사회를 비판한 대목에서는 한국에서의 경험을 연상하며 적어 놓은 기천의 메모들이 있었다. 이런 것들을 보며 최 교수는 기천이 얼마나 한결같이 스스로를 단련하며 나라를 사랑했는지가 느껴져 뭉클했다고 한다.

수술 후 요양원에서 쉬고 돌아온 후 그가 가장 먼저 한 일은 손때 묻은 성경, 예루살렘 바이블을 읽는 것이었다.

닳고 닳아 너덜너덜해진 성경이었지만 영혼의 안식과 위로를 얻었다. 매일 아침, 6시에 드리는 기도도 빠지지 않았다.

6월 25일 아침, 식탁에서 일어나다 현기증을 느끼며 쓰러진 기천은 다음 날, 또렷한 목소리로 말했다.

"Ask Joe to bring me back to the original place!"

그가 가고 싶어 한 'original place'는 어디였을까?

고향인 평양일 수도, 사랑하는 학교와 제자들이 있는 서울일 수도 있지만, 영원한 본향을 앞두고 있었던 그에게 천국문이 보였으리라 짐작된다.

격동의 1960년대, 혼란과 이념대립의 어수선한 때에 민주주의의 가치실현과 대학과 학문의 자유를 위해 서슬 퍼런 정권과의 정면충돌도 마다하지 않았던 학자, 유기천의 83년 인생이 이렇게 마감되었다.

그는 세상에서 억울한 누명으로 잊혀져갔지만 그를 가까이서 모시고 배움을 입은 그의 제자들은 스승의 땀과 노력, 그들에게 베푼 사랑을 결코 잊지 않았다.

고희 논문집도 그렇고, 별세 후 발간된 《영원한 스승, 유기천》도 그렇다.

책에 실린 제자들의 생생한 고백들은 참으로 눈물겹다.

여기에 하나 더, 회고집을 쓰자는 제자들에게 반드시 해야 할 일이 있다며, 회고록 집필을 미루고 쓴 책 《세계혁명》이 그것이다.

아내 실빙과 사별 후 서재에서 거의 나오지도 않고 집필한 이 책에 대해 기천 스스로가 "생애를 마감하는 혼신의 역작이 되리라"고 했고, 실제로 그렇게 되었다.

영어로 쓴 이 책은 그의 강의를 한 번도 들어본 적이 없는 제자, 음선필 박사가 번역하였다.

'번역은 곧 반역'이라고 할 정도로 쉽지 않은 이 작업을 그에게 직접 배우지도 않은 음선필 박사가 감수해 줄 저자가 없는 유작을 번역하게 된 것은 이 책이 갖는 시각 때문이다.

세계적인 석학이 만년에 심혈을 기울여 쓴 이 책은 기독교인으로서의 저자의 세계관이 강하게 표출된 저술이다.

음선필 박사의 서문이다.

"…(전략)…본서는 법학자와 교육자로서 삶을 시작한 한국의 한 지성인이 민주주의적 가치의 실현을 기대하는 관점에서, 인류 역사의 주요 혁명적 사건들 가운데 나타난 하나님의 섭리와 인간의 혼동을 발견하고, 앞으로 완성되어야 할 민주주의의 핵심요소를 제시하고 있다. 나아가 그의 이러한 가치의 실현이 세계 전체적으로 특히 한국에서 이루어질 것을 기대하고 있다고 한다.…(중략)…또한 민주주의 체제가 올바로 작동하기 위한 핵심요소는 무엇인지를 생각하도록 도전하며, 아울러 이에 대한 저자 자신의 대안을 제시해 주고 있다. 따라서 여전히 민주주의적 가치가 실질적으로 구현되지 못한 채 민주주의 체제가 정상적으로 작동하지 않고 있는 우리의 현실과, 통일이라는 중차대한 민족적 과업을 엄연한 현실적 과제로 떠안고 있는 우리의 상황에 본서는 시사한 바가 무척 크다고 하겠다. 그러한 점에서 저자가 본서의 헌사를 '한국의 재통일을 기도하며'라고 하였으리라 생각한다.…(중략)…인생의 생명을 주관하시는 이가 하나님임을 믿는 역자로서는 지금은 이해할 수 없는 그 섭리를 그저 받아들일 따름이다.…(중략)…성경은 역자로 하여금 인간의 법의 한계와 이를 뛰어넘는 하나님의 법을 알게 해 주었다.…(후략)…."

그가 평생을 갈고 닦은 학문의 결정체로 낳은 책의 내용은 세계 역사를 주관하시는 하나님의 섭리였다. 그는 크롬웰 혁명, 미국 혁명, 프랑스 혁명, 러시아 혁명을 하나님의 시각으로 보았다. 그리고 이러한 가치의 실현이 한국에서 이루어지길 바라는 마음이었다.

그가 인생 말년에 심혈을 기울였던 것은 조국의 통일을 위한 기도였음이 뭉클하기만 하다. 여기에는 가족들을 남으로 보내고 북에 혼자 남아계셨던 아버지를 향한 그리움도 담겨 있었을 것이다.

아버지가 돌아가신 때보다 더 많아진 나이에 이르러 돌아보며 쓴 이 책은 "나라와 민족에게 헌신하는 삶으로 살라"는 아버지의 말씀에 순종한 결정체일 것이다.

그런데 세계적인 형법학자였던 그는 심혈을 녹여낸 저서 《세계혁명》에서 참으로 흥미로운 추론을 제시하고 있다.

유대인이었던 아내 헬렌 실빙은 어느 날 남편과 너무 유사한 관습들이 있음을 발견하고는 공통점을 적어보기 시작했다.

그리고 한 가지 추론을 제시한다.

"한국인이 이스라엘의 잃어버린 10지파 중의 하나일 수 있다는 의미에서 한국은 매우 신비한 국가이다."

한국과 이스라엘의 문화와 언어 사이에 나타난 공통점 29가지를 추론의 근거로 제시하고 있다.

이중 몇 가지를 요약해 보면 다음과 같다.

1. 아바(Abba)라는 단어는 한국과 히브리어에 모두 있는데, 그 정확한 의미는 아버지보다는 아빠(daddy)이다(막 14:36; 롬 8:15; 갈 4:6).
2. 삼베옷은 가족의 죽음을 애도하기 위하여 입었는데, 이스라엘 문화에서도 마찬가지다(사 22:12; 창 37:34-35).
3. 공식적인 서명을 표시하기 위하여 납이나 이와 유사한 물질로 만든 형적(形迹)인 도장은 한국과 이스라엘 문화에 공통적이다(창 38:18).
4. 백의민족이라는 표현에서 알 수 있듯이 한국에서 자주 입는 흰옷은 정결과 순결함을 의미하며 장례식 때 입는다(전 9:8; 계 3:5, 18, 4:4).
5. 전문적인 유급 중매쟁이가 한국과 유대인에 공통적이다.
6. 한국과 전통적인 유대 문화에서는 신랑을 신부의 집에 데려가기 위하여 가마가 사용되었다.
7. 두 나라에서 여인들은 베일을 사용하였다(수건).

8. 사랑하는 사람의 죽음 후 7일간의 애도기간(시바, shiva)은 히브리와 한국 문화에서 행해지고 있다.
9. 전통적인 유대와 한국 문화에서는 모두 집에서 신발을 벗는다.
10. 한국인이나 유대인 모두 교육에 강한 관심을 갖고 있다.

우지 마노르 이스라엘 대사

기타 한국인과 이스라엘인들은 곡물을 운반하기 위해 마대를 사용한다. 그리고 청동접시를 사용했으며, 추석과 같은 감사절기가 있다. 또 아버지와 아들이 결코 같은 이름을 갖지 않으며 여자들이 가발을 흔히 사용하였다.

2005년 8월 1일 〈조선일보〉에는 8월 7일 이임하는 우지 마노르 이스라엘 대사의 인터뷰 기사가 있다.

우지 마노르는 한국이 이스라엘과 많이 닮았다고 말한다.

"이런 얘기를 들은 적이 있어요. 이스라엘은 고대왕국 시절 12개 부족으로 구성돼 있었습니다. 나중에 이민족의 침략을 받아 유럽·아시아·아프리카 등 사방으로 흩어졌지요. 그런데 지금까지 단 하나의 부족만 어디로 이동했는지가 미스터리예요. 그 '사라진 부족'(lost tribe)의 성이 단(Dan)인데, 고조선의 시조가 단군 아닙니까."

실제로 우리나라와 이스라엘 사이에는 많은 유사점이 있다. 대동강 유역에서 출토된 와당의 문양이 고대 히브리어 글자와 같다든지,

규원사화에 실려 있는 10조 금법이 출애굽기 20장의 십계명과 거의 유사한 것을 들 수 있다.

그 외에도 물동이를 이고 다니는 풍습, 돌제단을 만들어 놓고 향을 피우며 굵은 베옷을 입고 곡을 하던 풍습이 같다. 우리 조상들이 기우제를 지낼 때 소를 잡아서 제사 지내던 제사법도 같다. 유월절에 양의 피를 문설주에 발랐듯이 동짓날에 팥죽을 쒀서 문설주에 바르는 풍습이 있다.

많은 사람들은 유기천을 자유와 정의의 지성이라고 높이 평가한다. 40대의 나이에 서울대학교 총장이 되었고, 한국을 대표하는 지식인으로 세계지식인백과사전에도 이름이 올라 있는 국제적으로도 명성을 떨친 법학자이다.

1972년 1월, 그는 정부의 미움을 사게 되어 미국으로 도피한다. 그 후 한국에 잠시 들어와 있을 수 있는 기회가 주어졌지만 다시 미국으로 가서 그곳에서 생을 마감한다.

학계에 있는 여러 사람들은 그가 한국을 떠나감을 못내 아쉬워하며 꼭 그래야만 했는가 하고 반문한다. 세계적인 석학으로서 한국의 학계에 보다 폭넓게 활력을 불어 넣고, 많은 후학들을 가르쳐 인재들을 양성함으로 국가에 크게 이바지함이 마땅하지 않았겠느냐는 것이다.

우리는 여기서 무엇이 운명이며 또 무엇이 섭리인가를 한번 생각해 보게 된다. 또한 저항과 복종의 경계는 어디인지도 생각해 보게 된다. 성경은 분명히 하나님 앞에는 복종해야 하지만 세상에는 저항해야 한다고 말한다. 이것들이 우리의 결단을 통해서 이행되어야 하지만 우리는 자주 실패한다.

신앙은 유연하면서도 철저한 행위를 요구한다. 대체로 우리의 일상은 보편적이며 불가피하고 지루한 일들로 채워져 있다. 그러나 동시에 위대하고 비범한 일도 해야 한다. 이런 일들을 잘 감당하기 위해서는 때때로 복종할 줄도 알고, 또한 용감히 운명에 맞서 나가야 한다. 하나님의 섭리는 이 과정 너머에 자리하고 있다.

예수님은 "나를 따르라"고 명하신다. 그리스도인은 이 부름을 받은 자들이다. 그분을 따르는 사람들은 과연 어디로 인도함을 받는가? 이러한 부르심을 받은 사람 가운데 어떤 사람은 먼저 아버지의 장례를 치르게 해 달라고 요구한다. 또 어떤 사람은 집안 식구들과 작별인사를 먼저 해야겠다고 말한다. 하지만 예수님은 부름에 복종하는 단호함을 요구하신다.

분명한 사실은 그 명령을 하시는 예수 그리스도만이 길이 어디로 이어지는지를 알고 계신다. 따라서 우리는 많은 갈등과 질문을 품은 채 홀로 답을 알고 계시는 분을 따라 나가야 마땅하다 하겠다.

C. S. 루이스는 "하늘을 겨냥하라. 그러면 땅도 덤으로 얻을 것이다"라는 말을 남겼다. 우리는 우리를 이끌어 가시는 하나님의 음성에 귀를 기울이고, 그분께 이끌려 사는 자로서의 명예를 놓치지 말아야 할 것이다. 우리는 하나님께서 영광의 찬송이 되게 하기 위해 이 땅에 보내진 위대한 인생임을 기억해야만 한다.

유계준 장로가 뿌린 믿음의 씨앗들이 이곳, 남한까지 내려와 자녀들이 있었던 삶의 자리에서 또 다른 믿음의 씨앗을 뿌리고 열매를 거두는 선순환의 모습은 아름답기 그지없다.

유기천 교수를 통해 일하셨던 하나님, 그의 열정과 소신, 나라를 향한 헌신의 모습을 통해 배운 그의 제자들을 통해 이 땅 가운데에서 여전히 새롭게 일하시는 하나님을 찬양한다.

"오직 정의를 물같이, 공의를 마르지 않는 강같이 흐르게 할지어다"
(암 5:24)".

죽도록 충성하라

유정순

5

오빠가 베푼 빠른 임직식(?)

부모를 떠나기에는 아직 어린 나이인 초등학교 5학년, 어린 정순은 언니와 오빠가 먼저 가 있는 서울로 오게 된다. 모든 것이 낯설고 어색한 학교생활 중에서도 선생님의 사랑을 많이 받았다.

이유는 도시락 때문이었다. 집에서 돌보아주시는 아주머니께서 도시락 반찬을 제법 잘 싸주셨다. 이것을 어려운 친구와 늘 나누어 먹는 것을 선생님께서 보신 것이다. 이것 때문만은 아니었겠지만, 그래도 정순은 도시락 때문일 거라고 생각했다.

서울에 온 지 얼마 되지 않아 정순은 '선행어린이' 상을 받게 된다.

상을 받기 위해서는 국립극장에 가야 했다. 선생님께서는 전날, 학교대표로 받는 큰 상이니까 깨끗하고 제일 예쁜 옷을 입고 오라고 하셨다.

다음 날, 정순은 자기가 보기에 가장 좋아 보이는 옷, 단정하고 깨끗한 옷을 입고 학교에 갔다.

그런데 수업을 마치고 상을 받기 위해 국립극장으로 가는 정순의 복장을 본 인솔 담당 선생님께서 난감한 표정을 지으시는 것이 아닌가? 들러리로 따라온 다른 학년의 아이와 옷을 바꾸어 입으라고 하셨다. 어린 마음에 정순은 얼굴이 빨개졌다. 바꿔 입기에 당첨(?)된 아이는 울기 시작했다.

'선생님이 보시기에 이 옷이 마음에 안 드시나 보다. 바꾸어 입으라고 하실 만큼…'

'선생님은 내가 부끄러우신가 보다.'

부끄러워 쪼그라드는 마음, 어디에 숨고 싶은 마음 때문이었을까? 곱게 차려 입고 왔다가 일시에 정순에게 옷을 빼앗긴 아이의 울음소리는 정순에게 더 크게 들렸다.

자신에 대한 부끄러움과 우는 아이에게 미안한 마음이 상장보다 무거워 좋은 줄도 몰랐다. 상장과 상품까지 받아들고 집으로 왔을 때에는 이미 어두워졌을 때였다.

동생이 늦게 들어왔는데에도 언니와 오빠는 별 걱정도 안 되는지, 아니면 동생이 집에 있는 줄 알았는지 관심도 없었다. 모두들 저 할 일에 바빴다. 막내 동생에게 오늘 어떤 일이 있었는지도 모르고…. 정순의 무거운 마음을 들어줄 사람은 집에도 없어 보였다.

지금 생각해 보면 그땐 정순도, 언니, 오빠도 모두다 어렸다. 이런 동생을 헤아리고 보듬을 수 있을 만큼의 어른이 아니었다.

정순의 어린 시절, 학창 시절은 이렇게 외로움으로 시작된다. 그녀의 허전한 마음은 이럴 때엔 엄마가 오시길 기다리는 것으로, 중·고등학교 때엔 기도하는 것으로 채우게 된다.

병원이 있는 부산에 계시다 자녀들이 있는 서울에 오셔서 새벽기도에 나가실 때마다 막내는 엄마를 따라 다녔다.

그래서일까? 엄마가 부산에 가신 다음에도 정순은 새벽기도를 자주 나갔다. 그래서 얻은 별명이 '유 권사'였다.

오빠가 베푼 빠른 임직식(?) 덕분에 중학교 때에 이미 권사가 되었다. 정순은 이 별명을 아주 싫어했지만 언니, 오빠는 그렇게 계속 불렀다.

당시, 남산에 주말 저녁에 모이는 구국제단이라는 기도집회가 있었는데, 정순은 이곳에 가서 기도하기도 했다.

"지금 생각해 보면 무서운 줄도 모르고 거기를 왜 갔는지 모르겠다"라고 고백한다.

그것은 나라를 위하여 늘 기도하시는 부모님을 가까이에서 보고 자란 이유가 아닐까?

아버지에게서 할아버지의 이야기를 전해 듣고 자란 정순은 나라를 위한 기도는 당연히 해야 하는 것으로 생각했다.

경기여중, 경기여고를 거쳐 이화여자대학교 영문과에 들어간 정순은 22세에 큰 오빠가 있는 미국으로 유학의 길에 올랐다.

떠나기 전, 아버지와 함께 드린 가정예배에서 아버지는 로마서 8장의 말씀과 찬송가 432장을 부른 후 두 가지 당부의 말씀을 주셨다.

1. 순교자의 자손임을 잊지 말아라.
2. 어느 곳에 있든지 대한민국의 대사임을 잊지 말아라.

당시에는 아버지의 당부 말씀이 무척이나 부담스러웠다. 그러나 그 부담은 자신을 채찍질하는 선한 부담감이었다. 정순은 안 그래도 외로운 학창 시절을 보내었는데, 또 어머니와 떨어져 기약 없는 길을 떠나게 되었다.

한국 청년 수련의와의 만남

외로움 한가득 안고 찾은 땅 미국, 정순은 그곳에서 한 청년을 만난다. 세련됨보다는 순수와 열정을 지닌 그 청년은 서울대를 졸업하고 수련의로 와 있던 강형욱이었다.

정순은 형욱과 교제를 하면서 그의 맑고 깨끗한 신앙에 끌리었다. 어려서는 한국의 슈바이처가 되고 싶었다는 형욱….

그의 꿈과 소망에 함께하고픈 마음에 정순은 그와 결혼을 하게 된다. 비록 부모님이 함께하지 못하는 결혼식이었지만….

낯선 곳 미국 땅에서 서로에게 힘이 되어 주기로 하며 하나님을 섬기는 일에 함께 마음을 모아 제2의 인생을 시작하였다.

유학생과 수련의의 힘겨운 타향살이가 시작되었다. 주말이면 유학생들이 신혼집에 모여 학점 걱정, 돈 걱정, 이성 문제 등 마음을 열어놓고 서로를 위로했다.

왠지 모를 허전함과 목마름이 그녀를 계속해서 예배의 자리로 내몰았다. 유일한 아시아계 커플이 주일예배, 성경공부, 주일저녁예배, 수요예배 등 모든 예배에 참석하는 것을 기특하다며 눈여겨본 미국교회 목사님과 교인들은 이런 부부의 헌신된 모습을 보고 형욱을 장로로 세워주었다. 이때 형욱의 나이 불과 39세였다.

형욱은 영어가 서툰 한국인들을 대상으로 가정에서 성경공부를 인도하기도 했다.

교회생활도 열심, 가정에서도 열심이었지만 그래도 정순에게는 알 수 없는 목마름이 이어졌다. 정순은 '이 목마름의 근원이 도대체 무엇일까? 석사학위로 끝난 학업 때문인가?'라고 생각하며 우선 학위 공부를 계속하기로 했다. 하지만 육아와 학업을 병행한다는 건 결코 쉽지 않은 일이었다.

그래도 해내야 한다는 생각에 더욱 이를 악물었다. 그러나 학업을 이어가도 목마름은 해결되지 않았다. 그러던 차에 캠퍼스에서 여학생 성폭행 사건이 일어나 가해자를 찾는 공고가 곳곳에 붙었다. 그녀에게 두려움과 함께 회의가 밀려왔다.

'내가 이렇게까지 공부를 계속해야 하나?'

어쩌면 학문이나 학위가 우상일지 모른다는 생각에 주님 앞에 무릎을 꿇었다.

"주님, 이것도 놓을게요. 제 목마름을 해결해 주세요. 입으로는 주님 한 분만으로 충분하다고 하면서 계속 다른 것을 찾아 헤매었

네요. 주님께서 원치 않으시는 것은 모두 내려놓겠습니다. 지금은
'아내와 엄마의 때'를 살겠습니다."

그 순간 세상의 말로는 표현할 수 없는 평안이 강물처럼 밀려들어왔다.

예수님을 만난 삭개오의 기쁨과 평안이 이러했을까?

인간적인 힘과 노력으로 애쓰며 스스로의 힘으로 무언가를 이루려고 했던 것들을 포기하고 내려놓았더니 새로운 것들이 보이기 시작했다.

어제 보았던 그 세상이 아닌 것 같았다. 정순은 자기네 집 2층의 방 하나를 내놓기로 했다.

선교사님들을 위한 게스트 룸으로 주님께 드리기로 했다.

선교사님들이 지나시는 길에 언제든지 쉬었다 가실 수 있게 하였다.

어쩌다 이런 일을 할 수 있는 기회가 생기면 가장 먼저 자원하였으며, 놓치고 싶지 않아 늘 갈망하며 기다리고 있었다.

이 일은 혼자의 힘으로는 할 수 없는 일이었다. 가족 모두가 협조해야 가능한 일이었다. 다들 긍정적이었다.

선교사님들이 오시면 정순은 식사대접도 하고, 함께 교제 나누는 일을 즐겨했다. 자연스럽게 비전에 대해 나누는 기회도 가지게 되었다.

어떤 선교사님들은 예언의 말씀을 주시기도 하였다. 남편은 이 일을 처음부터 좋아하지는 않았다. 그의 어린 시절, 안 좋은 기억 때문이었다.

남편인 형욱이 중학교 때, 어머니를 따라 어느 집회에 갔었다고 한다(나중에 알고 보니 전도관 박태선의 집회였다고 한다). 저녁에 시작한 집회는 밤을 지나 새벽까지 이어졌다.

집회를 인도하던 목사는 새벽에 내리는 은혜의 이슬이 지금 내린다며, 은혜의 이슬이 보이는 사람은 헌금을 하라고 강요 아닌 강요를 하였다고 한다. 그러자 신도들은 너도나도 감격하면서 헌금을 하기 시작하는데, 헌금을 하고 싶으나 드릴 것이 없었던 어린 형욱의 어머니가 자신이 소중히 여기던 결혼반지를 주저 없이 냅다 빼어 드리는 것이 아닌가…. 형욱이 이것을 본 것이다.

형욱의 눈에 보인 것은 은혜의 이슬이 아니었다. 그냥 새벽에 내리는 자연스러운 이슬이었는데, 서슴없이 반지를 빼는 어머니를 보고 적잖은 충격을 받았다고 한다.

이런 기억 때문인지 집에 오신 선교사님들을 잘 대접하는 것은 좋지만, 예언이니 뭐니 하는 것에는 거부감이 없지 않았다.

자연스럽게 아내에게도 종종 주의를 주었다.

우리 어머니는 반지를 뺐지만 당신은 집문서라도 드릴 사람이라며….

그러던 중, Denn. S. Godell 목사님께서 기도 중에 보았다며 남편 형욱에 대한 예언의 말씀을 전해 주었다.

"외국의 왕들이 문을 열어준다."

그 당시에는 정순도 형욱도 이 말에 동의하지 않았다. 미리 학습된(?) 안 좋은 기억 때문이었으리라.

그 후 의료선교를 위해 수많은 나라들을 방문하면서 그 예언의 의미를 다시 생각하게 되었다.

한 번은 OMS 선교사님을 모신 적이 있었다.

토론토로 가시는 길이었는데, 정순의 집에 들러서 잠시 쉬셨다가 떠나시려고 하는데 차의 시동이 걸리지 않았다. 게다가 눈도 너무 많이 와서 시동이 걸린다 해도 도저히 갈 수 없는 상황이었다. 결국 토론토로 못 가시게 되었다.

그리하여 예정에도 없던 부흥회가 3일 동안 이 집에서 열리게 되었다. 평소 말씀에 대한 갈급함, 영적인 것에 대한 목마름이 있었던 정순에게는 더없이 즐거운 시간이었다. 하나님께서 오롯이 이 가정만을 위한 말씀의 잔치를 베풀어 주시는 것 같아 기쁘고 즐거웠다.

'야호! 나의 갈급함을 아시고 폭설도 사용하시고, 시동이 걸리지 않는 엔진도 사용하시는 좋으신 하나님!'

정순에게는 보너스와 같은 시간이었다.

따라 따라 예수 따라 가네

따라 따라 예수 따라 가네
(유정순 옮김)

'주님을 위해 무엇을 할 수 있을까?'

정순의 갈급함은 주위를 돌아보는 시선을 가지게 했다.

결혼 초기, 영어가 서툰 한국 사람이나 외국인들을 위해 성경공부를 인도했던 남편을 돕던 일이 생각났다.

"그렇지!"

한국에서 영문학을 전공한 것을 살려 국제결혼 커플들을 위한 책을 번역하기로 했다.

정순의 미국 친구 중 한국 아이를 입양한 친구가 있었다. 자기가 입양한 아이의 나라인 한국에 대한 책이기에 구했다며 책 한 권을 가져다 주었다. 그 책의 제목은 Daybreak in Korea였다. 윌리엄 베어드(한국이름 배위량) 선교사의 아내 애니 베어드가 쓴 책이었다.

애니 베어드(Annie Baird)는 미국 인디애나 주 디케이터 카운티에서 태어났으며 안애리라고 불렸다. 1891년 한국에 온 후 남편과 함께 부산지방 개척전도사로 활동하였다. 이들

배위량 선교사와 부인 안애리

은 사랑방전도, 문서전도로 복음을 전파하여 마침내 1893년 초량교회가 설립되었다. 1897년 평양으로 이주한 후 배위량 선교사가 설립한 숭실학교에서 가르치며 교과서 편찬작업을 수행하였고 음악에도 조예가 깊어 교회음악 발전에도 기여하였다. 정순은 Day break in korea를 《따라 따라 예수 따라 가네》라는 제목으로 번역하였다.

마포삼열 선교사와 함께 평양에서 사역하신 실제 인물들의 이야기였다. 정순은 이 책을 한국어로 번역하게 되었고, 이 책은 후에 인도 선교로 이어지는 소중한 끈이 되었다.

"예수 따라가며 복음 순종하면…."

목마름을 가지고 예수의 뒤를 따르는 정순을 좋으신 하나님께서는 외면하지 않으셨다.

조용히, 때론 은밀하게 주님의 생수를 가져다 주셨다.

1980년 대 초반, 홀트아동복지회 오하이오 지부에서 섬길 때의 일이었다.

정순은 입양된 한국 아동의 적응을 위해 도움을 주거나 입양가족을 대상으로 한국문화에 대한 강의로 섬기고 있었다. 그때 한국 아기를 입양한 의사 가정을 알게 되었다.

정순의 남편도 의사였기에 자연스럽게 그 가정과 가깝게 교제하게 되었다. 어느 날, 그 가정이 후원하는 OMS 선교사님을 모시고 coffee-time outreach 사역을 위해 정순의 집을 사용하는 게 어떻겠느냐는 제안을 받았다.

친지들을 초대하고 커피와 다과를 대접하면서 선교사님으로부터 복음과 개인 간증을 듣고 질문도 하는 만남의 시간과 장소를 제공하는 것이었다.

선교사님들에게 언제나 열려 있는 정순으로서는 거절할 이유가 없었다. 처음 뵈는 볼레터 선교사님은 금발에 환하고 평온한 미소를 소유한 교양 넘치는 숙녀 같았다.

그녀의 간증을 들으면서 정순은 많이 놀랐다. 그녀의 평온한 얼굴은 그녀가 겪었던 엄청난 무게의 고난과 어울리지 않는다는 생각을 멈출 수가 없었다.

선교사님 남편은 암으로 죽고, 큰 아이는 병으로 잃고, 고등학생인 쌍둥이 아이들은 교통사고로 한꺼번에 잃고 혼자의 몸으로 대만에 선교를 가서는 성폭행을 당하고···.

놀람을 넘어 충격에 가까운 그녀의 삶과 그 고통의 자리에 함께 하셨던 하나님의 은혜는 믿을 수가 없을 정도였다.

정순 부부는 볼레터의 정기후원자로 자원하였고, 계속해서 교제를 나누었다.

OMS가 볼레터의 자서전을 출판하였을 때, 그 책을 한국어로 번역하고픈 마음을 하나님께서 정순에게 주셨다.

하나님을 사랑하는 그 뜨거운 마음을 가지고 부르심에 순종한 자녀를 통해 세계 곳곳에서 일하시는 하나님을 가까이에서 경험하는 것 자체가 큰 위로와 영광이 되었다.

번역의 사역은 하나님께서 주시는 상장으로 여겨졌다.

갈 길을 몰라 헤매며 갈한 심령으로 서성이던 정순에게 하나님께서는 시원한 생수로 갈함을 씻어 주셨다. 선교사님들을 가까이에서 섬기는 것을 통해 하나님께서는 번역의 자리로 이끌어 주신 것이다.

예수의 뒤를 조용히 걷는 자에게 행할 길을 환하게 비춰주신 주신 선하신 하나님…. 그분이 정순과 우리 모두의 하나님이시다. 그 하나님이 오늘, 이 순간에도 우리의 아버지 되심이 얼마나 감격스러운지….

외국의 왕들이 문을 열어준다

나우병원 강형욱 이사장

강형욱 박사, 그는 어려서 한국에 소아마비 환자가 많은 것을 보고 그들이 잘 걸을 수 있도록 해주고 싶다는 생각을 하곤 했다. 가난하고 작은 나라, 한국의 슈바이처가 되고 싶다는 꿈을 하나님께서 주셨다. 그래서 정형외과를 선택했다. 꿈을 향해 조금씩 나아가는 길에 하나님께서는 늘 함께해 주셨다.

서울대 의대를 졸업하고 1965년에는 결코 쉽지 않았던 미국에서 수련을 받을 수 있었던 것도 하나님의 은혜였다. 그의 전공은 인공관절 대치수술이었다.

그는 수년 만에 미국에서 이 수술을 가장 많이 시행하고 성공한 의사 중 한 명으로 지명되었다. 당시 형욱은 Johnson & Johnson 기업의 의료장비 회사인 DePuy가 출시한 인공관절(LCS)을 사용하고 있었는데, 더 좋은 implant로 개선하기 위한 brainstorming team 열 명 중에 외국인으로는 홀로 뽑히게 되었다.

이런 남편의 명성을 정순은 선교하기 위한 문을 하나님께서 앞당겨 열어주신 것으로 받아들였다.

어느 날, 형욱이 스키를 타다가 어깨가 골절되는 부상을 입었다. 평소의 스키 실력으로는 있을 수 없는 일이었다.
'넘어질 만한 코스도 아니었는데, 그런 평범한 곳에서 넘어지다니…'
3개월 동안 수술을 할 수 없게 되었다. 그동안 밀려드는 수술 스케줄로 잘 쉬지 못했던 형욱을 향한 하나님의 격한(?) 배려로 알고 쉬던 중 한 목회자 수련회에 참석하게 되었다.
김남수 목사님의 중국선교 발표를 들으면서 의료선교의 중요성에 대해 던져진 도전이 방금 막 쪄낸 뜨거운 감자처럼 불덩어리로 형욱에게 전달되었다. 이를 계기로 정순네 집은 중국에서 오는 수련의들에게 활짝 열리게 되었다.

길림성 관리들을 수차례 미국으로 초청하여 그들과 교제를 가지며 중국 의료인들이 미국에서 수련을 받을 수 있도록 과정들을 만들어 나갔다.
중국 의료인들은 선진의료기술을 배우러 미국에 오는 것이었지만, 이들이 미국으로 와서 수련을 받는 과정 속에서 복음을 제시하고, 그들이 돌아가 또 복음으로 중국을 섬길 수 있도록 훈련하는 일이었다.
어느 기관의 후원이 있는 것이 아니었기에 공산당 간부들이 미국에 머무르는 2, 3주 동안 계속 호텔에 머무를 수는 없었다.
정순의 아이 셋은 아래층으로 보내졌고, 2층 전체는 그들의 숙소로 제공되었다.

중국 의료진들은 각 병원으로 배정 받기 전까지 그녀의 집에서 지냈다. 정순은 그들을 미국 문화에 맞게 교육도 시키고 계절에 맞는 옷도 준비해 주어야 했다.

많은 중국인들이 이 집에 드나드는 것을 본 동네 사람들이 정순에게 자주 물었다.

딸은 셋인데 무슨 아들이 이렇게 많으냐고 했다. 정순 부부는 그렇게 애쓰며 중국인 의료인들을 교육시켜 형욱이 미리 섭외한 병원으로 보냈다. 그런데 며칠 후 병원에서 항의 전화가 빗발치곤 했다.

"중국인 수련의들이 파자마 바람으로 병원 복도를 다닌다."

"화장실 사용 후 물을 내리지 않는다."

"가래침을 아무 데나 뱉는다."

"국제전화를 마구 사용한다."

그런 전화를 받을 때면 이만저만 곤란한 것이 아니었지만 더 잘 주의시키겠다고 대신 용서를 구하며, 복음을 위해 이 정도는 감수할 수 있다고 스스로에게 다짐했다.

정순 부부의 목적은 전도였기에 주일이면 이들과 함께 예배를 드렸다. 그중에 세례를 받은 사람도 있었지만 이 사실은 극비에 부쳐졌다. 사실, 이들이 미국까지 올 수 있었던 것은 공산당원으로서 이미 성분검사가 마쳐진 사람들이기 때문이었다.

이렇게 중국선교를 위해 공들인 시간이 10년이었다.

중국인 수련의들을 받아 교육시키면서 연변에 생천병원을 건립하게 되었다. 의료진 공급과 운영, 매출의 공유와 예배의 자유를 약속받았으나, 혹시나 했던 걱정은 배신으로 돌아왔다. 그들은 약속을 지키지 않았고 10년의 시간은 그렇게 마감이 되었다.

그 후, 그중의 한 젊은 의사가 세월이 흘러 생천병원의 원장이 되었다.

정순 부부가 2005년에 연변에 갔다가 생천병원에 들러 만나자고 전화를 하니 그는 바쁘다며 끊어 버렸다. 쓴 웃음으로 돌아설 수밖에 없었다.

이 일로 정순 부부가 아프게 깨달은 한 가지 교훈이 있었다.

선교라는 명분으로 사람의 욕심이 하나님의 열심을 앞섰다는 것, 전도의 모든 열매는 하나님의 소유라는 것….

그러나 그런 일로 인해 정순 부부는 결코 위축되지 않았다. 이들의 행보는 더 넓어졌다.

케냐, 탄자니아, 이집트, 우즈베키스탄, 카자흐스탄, 키르기스스탄, 인도, 라오스, 캄보디아….

"외국의 왕들이 문을 열어준다"는 선교사님의 말씀을 솔직히 진심으로 받아들이지 않았었는데, 그 문들은 의료선교를 위한 문이 아니었을까 생각한다.

또 어느 나라로 인도하셔서 의술을 통해 복음의 씨앗을 뿌리게 하실까?

오늘도 정순은 기도하며 꿈을 꾼다.

나우병원의 탄생

중국인들에게 활짝 열려 있던 정순의 집 대문은 서울대 수련의들에게 또 한 번 열리게 된다.

인공관절 대치술로 이름이 나 있던 형욱에게 수련을 받고 싶어 하는 서울대의 후배들이 오게 된 것이다.

짧게는 2주에서 한 달, 길게는 1년 정도 미국에 머무르며 훈련을 받으러 오는 후배들로 집 안은 늘 북적였다.

그녀가 늘 그래왔던 것처럼, 그들에게 한국 음식을 대접하며 삶과 학업에 대해 이야기를 나누며, 그중 신앙이 있는 후배들과는 함께 비전을 나누었다.

이들 중에는 이야기로만 끝난 사람도 있었지만, 복음에서 비롯된 꿈들을 이야기하고 그려보고 넓혀나가며, 또 구체적으로 그려본 이들도 있었다.

그렇게 수련기간이 끝나면 한국으로 돌아갔다. 그곳에서 삶을 나누며 함께 지냈던 후배 의사들 중에, 미국 정순의 집 거실에서 나누었던 이야기들의 씨앗을 심으려는 몇 명이 마음을 모았다.

하나님을 사랑하는 마음으로 우리들만의 병원을 만들어 보기로 했다.

'복음이 기반이 된 운영', '의료선교가 존재 이유가 되고', '탁월한 의료기술을 전수하고', '하나님 앞에서 정직한 병원'이 되는 꿈과 비전을 품고 기쁜 마음으로 함께 병원을 시작하였다.

주님은 '지금', '이곳에서', '우리와 함께 일하신다'는 의미를 가진, 분당의 나우(NOW)병원이 그곳이다.

2002년 9월에 동문 의사 4명이 공동원장단으로, 의사 총 7명에 직원 20여 명으로 시작한 나우병원에 하나님께서는 섬겨야 할 사람들을 보내주셨다.

시작한 지 3년째부터 해마다 나우 의료팀 12명이 팀을 이루어 2번 또는 3번 해외로 의료선교를 나갈 수 있게 하셨다.

나우병원의 의료진들은 하나님과의 약속을 지키기 위해 그들의 시간과 재능과 물질을 주님께 드렸다.

약사 보조로, 때로는 약사로

의료선교에 함께하는 비의료인들은 할 수 있는 일이 별로 없어 보이지만 선교현장에서는 그렇지 않다.

선교지는 넓고 할 일은 많다. 선교지에서 약을 처방하는 종류는 대략 정해져 있다.

위장병, 관절염, 피부병, 안과질환, 호흡기 질환 등….

처방이 아주 어려운 게 아니라서 약사의 조수 역할을 충분히 할 수 있다. 의사가 처방을 내리면 약을 싸기만 하면 된다. 이것이 '약싸'의 엄청난(?) 직분이다.

의사 4명과 케냐에 갔을 때의 일이다. 비의료인은 정순 혼자뿐이었다. 미리 처방해 놓은 대로 성인용, 아동용, 유아용으로 약을 따로 따로 준비해 두었다. 그런데 너무 많은 환자가 오는 바람에 준비해 둔 약이 모두 바닥이 났다.

한정된 약으로 얼마 동안 봉사하다 보니 의사의 문진하는 소리만 듣고도 처방을 시작할 수 있었다.

접수창구의 안내자로…

의료팀이 떠난 후에도 이 지역의 선교사님이 연락을 취할 수 있도록 환자의 이름과 나이, 거주지를 정확하게 기록하는 일이 아주 중요하다. 이것은 비의료인의 몫이었다.

또 증상에 맞게 의사를 선택하여 보내는 일도 마찬가지였다.

어느 병원이건 의사와 처음 만나는 경험이 중요하다. 그것이 편안하고 긍정적일 때 후에 만나게 되는 의료진과 선교사님과의 연결까지에도 영향을 미치기 때문이다.

기도의 중보자로…

때로는 의료진들이 감당할 수 없는 말기 암환자들이 올 때가 있다. 상태가 위중하여 큰 도시의 병원으로 보내야 하는데, 그럴 수 없는 형편일 때에는 더욱 안타까웠다.

그럴 때에는 종합 비타민 수개월 분을 드리고 팀 전체가 모여 함께 손을 얹고 간절한 기도를 드린다. 예수님을 알고 주님 품에 안기실 수 있도록, 최후가 너무 고통스럽지 않도록 간구한다.

페이스페인팅 화가로…

어린이들이 많은 지역에서는 인기가 아주 좋은 포지션이다. 줄이 길어 오래 기다려야 하는 경우, 그들의 뺨에 예쁜 그림을 그려주고 거울을 보게 하면 하얀 이를 드러내며 신기해하며 환하게 웃는다. 얼굴이 너무 더러울 때는 물티슈로 닦아내야 그림을 그릴 수 있는데, 준비해 간 물티슈가 모자랐던 적이 한 두 번이 아니었다.

정순은 그렇게 아이들을 천사로 만드는 화가가 되었다.

약 주고 사탕 주고 도장 찍고…

의료선교를 가는 지역마다 준비해가는 약과 의료품들이 조금씩 다르다.

아프리카와 인도에서는 먼저 기생충 약을 직접 먹인다. 그리고 사탕을 넣어준다.

아! 세상에 사탕을 싫어하는 아이들이 있을까?

달콤함의 황홀에 빠진 아이들이 사탕을 또 먹으려고 줄을 다시 서는 것이 당연지사….

그러다 보니 기생충 약을 몇 번이나 먹는지….

그리하여 만들어 낸 방법이 약을 주고 사탕까지 입에 넣어 준 아이들의 팔에 도장을 찍어 주는 것이었다.
'입에 약 넣고~ 사탕 넣고~ 팔에 도장 찍고~'
삼박자 쿵짝! 정순의 손길은 그래서 삼박자다.

속마음을 들어주는 중보자로…

이 역할이 정순에게는 가장 마음에 남았다. 가는 곳마다 그 지역의 한인 선교사님들을 대상으로 진료를 먼저 한다. 의료팀의 역할은 선교사님들을 먼저 세우고 지원하는 역할임을 알기 때문이다.

의료팀은 외부에서 잠깐 왔다가 가는 사람들이고 나머지 모든 일들은 모두 선교사님들의 몫이다.

나이가 주는 푸근함에다, 기독교 상담학을 공부한 정순으로서는 이들의 깊은 속마음을 듣게 되는 일이 많았다.

반드시 어떤 답을 주어서가 아니었다. 그저 타지에서 외로움에 갇혀 쏟아내지 못한 아픔과 상처들, 고백하지 못한 죄를 토설하는 데서 오는 해방감이었다.

그들의 속마음과 아픔들을 함께 나누는 마음으로 기도했고, 그것만으로도 서로에게 큰 위로와 격려가 되었다.

20년 가까운 시간이 흐른 지금도 그때 선교지에서 잠깐 나누었던 교제가 끈끈하게 이어지고 있음이 이를 증명한다.

아줌마! 지금 뭐하는 거예요?

2002년 한국으로 돌아온 정순 부부는 동문 의사들이 마음을 모아 건립한 나우병원이 정형외과 전문병원으로 자리 잡을 때까지만 있을 생각이었다.

40년 넘게 미국에서 살았고, 자녀들도 모두 미국에 있었기에 5년 정도만 있다가 돌아갈 계획이었다.

한국에 오기 전, 정순은 귀국 후의 삶에 대해 여러 그림을 그렸다. 좋은 서적을 번역하는 지적인 활동, 좋은 교회를 찾아 굶주렸던 영혼을 살찌우겠다는 영적인 활동, 그동안 쌓은 영어실력으로 수입원을 마련할 경제적인 활동, 여고 동창들과 맛집을 탐방하는 입이 즐거운 활동 등 총천연색의 화사한 그림들을 그렸다.

그러나 시간이 지날수록 야무졌던 계획들은 하나둘씩 날아가기 시작하였다. 색을 칠하기도 전에….

생각했던 것과 달리 의미 없는 하루하루는 정순을 매우 당황스럽게 했다. 이렇게 계속 지내다간 우울의 감옥에 갇힐 것만 같았다. 그러다 찾은 것이 출근(?)이었다.

남편을 따라 나우병원에 출근하기로 한 것이다. 자원봉사자가 되어 병원의 이곳저곳을 살피며 일을 찾았다.

직원예배에 참석하고, 예배에 오신 강사를 대접하고, 직원들의 이야기를 들어주고, 환자들과 이야기를 나누고….

미국에서 그의 거실을 늘 내어주며 지체들을 섬기는 것이 몸에 밴 정순으로서는 그 일이 아주 쉽고도 즐거웠다. 또 수술실에 들어가기 전, 환자의 손을 잡고 기도해 주는 일, 수술실 앞에서 기다리는 가족들의 이야기를 들어주고 때론 기도로 위로하는 일도 정순의 사역이 되었다. 하지만 확고한 원칙이 있었다.

환자가 원치 않으면 기도하지 않았다. 그들의 동의를 항상 먼저 구했다. 오해 때문에 환자 보호자에게 모욕을 당한 일도 있었다.

어느 날, 환자에게 동의를 얻어 함께 기도하고 있는데, 그때 병실로 들어선 보호자가 불같이 화를 냈다.

"아줌마, 여기서 지금 뭐하는 짓이오!"

당혹스러웠지만 이것도 훈련의 일부라고 생각했다.
주님은 온갖 수치와 멸시를 다 당하셨는데, 이쯤이야….
좁은 문과 좁은 길, 그 길에는 사람이 많지 않다.

한번은 이런 일이 있었다.
78세 여자 환자가 수술을 앞두고 입원을 하셨다.
영국 신사처럼 멋지게 차려 입은 노신사가 자기처럼 멋지게 차려 입은 아들을 데리고 그녀를 찾아 병원에 왔다. 분노로 일그러진 그의 얼굴은 이미 신사가 아니었다. 그는 다짜고짜 소리쳤다.
"지금, 누구 마음대로 입원을 하고 수술하는 거요?"
흥분한 그를 정순의 남편 형욱이 만났다.
사정 이야기를 들어보았다.
환자의 남편은 대기업을 운영하고 있는데, 아내가 자주 가는 단골 스파에서 친구의 말을 듣고 이 병원까지 찾아왔다고 했다.
문제는 아내가 이미 큰 병원에서 수술받기로 예약이 된 상태였다는 것이다. 그런데 친구 따라 한번 와서 외래에서 정순의 남편 강 박사를 본 순간, 친정아버지를 본 것 같은 마음에 그냥 이곳에서 수술을 받아야겠다며 남편 몰래 택시를 타고 와서 입원을 한 것이었다. 이 사실을 뒤늦게 안 남편이 찾아온 것이었다.
그는 정순의 남편인 강 박사와 한참을 이야기 나누고 이런저런 질문을 한 뒤, 그냥 이곳에서 수술하는 게 좋겠다며 병원을 나갔다.
그녀는 양쪽 무릎을 수술 받았기에 3주 이상을 병원에 머물렀다. 그러면서 차츰 마음을 열고 오래 묵힌 이야기들을 꺼내었다.
그녀는 19세에 남편을 따라 이북에서 내려왔다고 한다. 그때 마지막으로 본 친정아버지의 인자한 모습을 평생 잊지 못하고 그리워하고 있었던 것이다.

경제적으로는 풍족하고 넉넉했지만 그녀의 결혼은 순탄치도 행복하지도 않았다고 했다. 크게 사업을 하다 보니 집에 점쟁이가 거의 상주하다시피 했고 굿판도 자주 벌였다고 했다.

그런데 마치 아버지처럼 인자하신 원장선생님이 수술을 해주신다고 하고, 자원봉사하시는 분이 이야기도 잘 들어주고, 기도도 해주시는 게 참 좋았다고 하면서 퇴원을 하면 예수님을 믿겠다고 하셨다. 할렐루야!

수술하는 날에는 수술복 안에 몰래 부적을 감추고 들어갔고 베개에도 매일 부적을 묻고 잤는데, 정순의 기도를 들을 때마다 마음에 걸렸다고 귀여운 고백도 하셨다.

본인은 이제부터 예수를 믿을 것이지만, 자기 남편이나 아들은 절대 믿지 않을 거라고도 하셨다. 그들에게는 돈이 세상의 최고이기 때문에 돈에만 절하는 사람들이라 자기만이라도 열심히 하나님을 섬기겠다고 하셨다. 퇴원하던 날, 정순의 손을 꼭 잡으며 조용하지만 굳은 목소리로 속삭이셨다.

"집에 가면 부적 모두를 태워 버릴게요. 그동안 고마웠어요."

이분은 집이 강남인데도 분당까지 재활치료를 받으러 오셨다. 오실 때마다 정순을 찾아 물으시곤 했다고 한다.

"우리 아부지(원장님) 잘 계셔요?"

퇴원 후, 정말 교회에 출석하셨고 예수님을 영접하셨다. 그리고 얼마 지나지 않아 남편이 간암 진단을 받으셨다. 그러자 아내를 따라 교회에 나갔고, 제일 앞자리에 앉아서 예배드리셨다고 했다. 머지않아 아들까지 아버지 옆자리에 앉게 되었다고 한다.

때가 되매 택하신 자들을 부르셔서 구원하시는 하나님의 섭리와 은총을 보게 하셨다.

하루는 젊은 여인이 자기 가정의 은인이라며 정순을 찾아와 고마움을 전했다.

78세 환자의 딸이었다. 그녀는 어릴 때부터 딸이라고 많은 차별을 받고 자라 억울함과 서러움이 가득했단다. 그러다 믿음 있는 집으로 시집을 가서 신앙생활을 하게 되었고, 친정을 위해 늘 기도하며 복음을 전했으나 이 역시도 딸이라고 무시당했다고 한다.

그런데 이 병원에서 친정 엄마가 예수님을 영접하게 되고 가족 모두가 주님 앞에 나오게 되었다는 것이다.

그제야 정순은 무릎을 쳤다.

이 딸의 간절한 눈물의 기도가 제물로 드려졌음을….

"은혜로다! 은혜로다!

신묘막측하신 하나님의 크신 은혜로다!"

우리 하나님이 하시는 일은 이토록 놀랍고도 아름답다.

딸의 간절한 눈물이 진주가 되어 가족을 구원하는 보석이 된 것이다.

그녀의 어린 시절의 상처와 서러움까지도 사용하셔서 선함으로 이끄시는 하나님,

분노로 가득했던, 평생 점쟁이와 굿판을 끼고 살았던 노신사를 포기하지 않으시고 예배당 가장 앞자리까지 부르신 하나님.

이런 하나님을 우리가 어떻게 다 이해할 수 있을까?

악한 우리 인간을 끝까지 포기하지 않으시는 하나님의 선하심과 인자하심을 어찌 찬양하지 않을 수 있을까?

지금 이 시간에도 어디선가 떨어지고 있을 간절한 중보의 눈물들, 그 입술에서 나오는 이름들을 하나님이 기억하실 것이다.

'어서 돌아오라, 어서 돌아오라.' 두 팔 벌리시고 기다리시는 주께서 끝까지 포기하지 않으시고 건져주실 것이다.

인도, Living Water School

하나님의 오묘하심은 이렇게도 나타났다.

나우병원이 설립되고 2년이 지났을 때 벌초하다가 손가락을 다쳐서 온 환자가 있었다.

"한국에 이런 병원이 있어서 살맛이 납니다."

그분은 곧 나우병원의 팬이 되셨다.

이분은 목사님이셨다.

Living Water School 준공식

어느 날 이 목사님께서 젊은 여인을 입원시켜 달라며 데리고 오셨다. 목사님의 말씀은 이러했다.

목사님이 그 여인을 처음 본 것은 병원에 데리고 오기 1년 전, 섬기는 교회의 새벽기도였다.

처음 오신 분이 맨 뒷자리에 앉았다가 살며시 나가기를 한 달 가량 되던 어느 날, 짤막한 쪽지와 헌금을 남기고 갔다고 한다. 이름도 연락처도 없었다.

"주님의 부르심으로 인도로 떠납니다."

시간이 한참 지나 다시 새벽기도에 나타난 여성은 이번엔 까무잡잡한 남성과 함께 왔다. 다음 날에는 남자 혼자만 조용히 왔다가 조용히 나가는 것이었다.

이렇게 며칠이 지나 목사님은 그 남성에게 "누구시냐"라고 물었다.

인도 봉사활동(중앙 유정순)

그의 말에 함께 왔던 여성은 아파 누워 있고, 자기는 남편인데 인도 사람이라고 했다.

지금 여자의 부모님 집에 머무르고 있는데, 부모님이 결혼을 반대하신 상황이라 매우 난처하다고 했다. 더구나 아내가 많이 아프다는 것이었다.

그래서 목사님은 일단 입원부터 시켜야겠다고 판단하시고 데려오신 것이었다. 내과과장이 주치의가 되어 여러 검진을 해도 병명이 불분명하여 1인실에 입원하도록 했다. 특별한 병명이 없는데, 참으로 많이 아픈 이상한 일이었다.

인도 사람인 남편은 잠시도 아내 곁을 떠나지 않고 극진히 간호를 했다. 병명이 나올 때까지 돌보는 중에 이들의 이야기를 듣게 되었다.

이 여성은 불신 가정에서 자랐고, 혼자 예수님을 영접하여 신앙생활을 하다가 부르심을 받고 신학교에 갔다.

집안의 도움 없이 혼자의 힘으로 신학교를 졸업하고는 선교사로 나갈 계획을 세웠고, 직장생활을 하며 모은 돈으로 선교자금을 마련하여 인도로 떠난 것이다.

파송한 교회도 없이 혼자 도착한 인도 땅에서의 생활은 바나나 두 개로 하루를 버티는 삶의 연속이었고, 그럼에도 포기할 수 없는 전도자의 길을 계속 갔다.

그러나 여자를 업신여기는 인도 문화권에서 그녀가 전하는 복음은 당연히 배척당했고, 소외감과 천시는 그녀를 먼지와 가시밭으로 내미는 것 같았다.

그녀의 남편은 인도 말을 가르쳐 준 선생님이었는데, 사랑을 키우고 결혼까지 하게 되었다. 부모님께 인사시키러 집에 온 것이었는데, 부모님의 반응은 싸늘했고 여자는 매우 아픈 상황이었다.

6주 동안 입원했던 여자의 병명이 드디어 나왔다.
병명은 극심한 영양실조였다.
'아니, 이럴 수가!'
정순은 말문이 막혔다.
복음을 위해 부모를 떠나 혼자 갔던 인도에서의 생활이 그녀를 죽음 직전까지 몰고 간 것이었다.
정순과 나우병원 전체가 그녀의 친정 식구가 되기로 마음먹었다. 복음을 위해 떠난 발걸음이 적어도 영양실조에 걸려 쓰러지게 할 수는 없었다. 외로움과 배고픔에 쓰러지게 그냥 두지 않기로 했다.
주님께서 버팀목이 되어 주시고, 나우의 식구들은 뒷받침해 주는 든든한 가지들이 되어 주기로 했다.

그는 신미정 선교사였다. 그녀는 회복된 후 다시 인도로 갔다.
그리고 다음 해, 나우의 의료팀은 그들의 사역지 West Bengal 주 산티니케탄(Santiniketan)으로 갔다. 그곳은 한마디로 척박한 땅, 황폐한 땅 그대로였다.
학교는 마른 나뭇가지로 얼기설기 엮은 게 지

산부족 아이들

붕이고, 어설프게 서 있는 짚단으로 땡볕을 가린 게 벽이었다.
 이 학교는 비가 내리면 사라졌다. 그러면 얼마 동안 학교도, 학생도 없어졌다. 그러다가 비가 그치고 다시 마른 땅이 나타나면 여기저기서 나뭇가지를 주워 모아 학교를 만들었다.
 나뭇가지 학교가 만들어지면 아이들도 다시 돌아왔다.
 학교가 만들어졌다 없어졌다를 반복하는 동안, 이 마을 어른들은 복음을 배척하며 선교사 부부를 내쫓았다고 한다.
 그러나 학교를 다니면서 변화된 자녀들의 행동을 보고 마음이 움직여 다시 이들을 불러 '학교를 하라'고 허락하셨다고 한다.

 이런 이야기들을 듣고 나우의료팀은 전략을 짰다.
 "질 높은 검진을 하자."
 초음파 기계까지 들고 갔다.
 그리고 그 지역 정부 관리들을 먼저 진료했다. 그러자 복음을 멸시하고 선교사 부부를 하찮게 여기던 그들의 시선이 완전히 달라졌다. 마치 홍수처럼 수백 명의 환자들이 밀려들었고, 의료팀은 각자의 자리에서 인도의 땡볕에 익어갔다. 그러나 의료팀의 속마음은 하나님께서 주시는 즐거움으로 시원했다. 모두를 시원케 하시는 주님의 임재로 차고 또 차고 넘쳤다.
 나우의 의료팀은 이듬해에 다시 오겠다고 약속을 했다. 한국의 수준 높은 의료혜택을 본 인도 관리들은 전에 없던 호의를 베풀기 시작했다. 선교사들에게 불편한 게 있으면 무엇이든 말하라고 하고 언제든지 부탁하면 초고속으로 처리해 주겠다고 약속했다.

 다음 해, 약속대로 나우의 의료팀은 산티니케탄으로 다시 갔다. 예수 믿는 사람들, 특별히 선교사들은 신뢰할 만한 상대임을 인식시켜 주기 위해 이전보다 더 좋은 장비와 의료품들을 가지고 갔다. 주님께서 병든 자들을 만지시고 고치셨듯이, 그들을 VIP 진료로 정성껏 섬겼다.

그리고 그동안 선교사 부부가 개척한 또 다른 마을에도 들어가서 진료했다. 차마 눈뜨고 볼 수 없는 처참한 상황과 환경에 처한 가엾은 인생들을 목격할 때마다, 넉넉하고 풍성함이 은혜인 줄도 모르고 사는 우리에게는 그 광경이 부끄러움 그 자체였다.

나우병원 의료선교팀

끝도 없는 질문을 스스로를 향해, 주님을 향해 던지며 그곳을 나온 정순과 의료팀은 말을 잃었다.

"주님! 주님! 주님은 이곳에도 계시는 거 맞죠?
주님! 주님은 어디에나 계시는 거 맞죠?
가진 자로서, 구원의 복음을 이들보다 먼저 받은 자로서 우리는 어떻게 해야 하나요? 나중에 주님께서 셈하자고 하실 때 무엇을 내놓아야 하나요?"

'그래, 학교를 짓자.'

"주님! 도와주세요."

할아버지(유계준 장로)가 숭덕학교 이사장으로 계시며 민족이 살아나려면 교육을 해야 한다는 말씀을 늘 기억했던 정순으로서는 주저할 이유가 없었다.

'인도의 소외된 어린이들에게 공부할 수 있는 기회와 터전을 마련하는 것만큼 좋은 게 있을까? 주님께서도, 할아버지도, 아버지도 좋아하실 거야(당시는 친정아버지가 돌아가신 얼마 후였다). 할아버지, 아버지의 숭고한 뜻을 부족하지만 나도 이어 보자.'

결정은 어렵지 않았다.

부지를 사고, 설계도를 그리고, 관계부서와 관리들을 수없이 찾아가고, 학교로 들어가는 길을 내고, 줄지어 흙을 날라 땅을 굳히고, 건축 재료를 구입하는 일들은 모두 현지인 란짓 선교사가 맡았다. 그의 발이 부르트지 않을 리 없었다.

그런데 그렇게 학교 지을 준비를 해놓으면 어디서 듣고 왔는지 밤새 누군가 와서 재료들을 가져가곤 했다. 그러면 다시 재료를 사들이고 지킴이를 고용하는 일들을 반복했다.

학교를 지으러 가는 길목 길목에 떨어진 선교사 부부의 땀과 눈물, 애씀과 헌신의 크기를 가늠할 수 없을 정도였다.

그렇게 학교 짓기 공사가 계속되고, 이제 학교의 이름을 지을 시간이 되었다.

강 박사와 정순은 병원 직원들 모두에게 학교 이름을 추천하도록 하였고, 저마다 이름을 적어 선교사님께 보내기로 했다.

이들 부부가 마음에 품은 이름은 요한복음 4장 14절의 말씀이었다.

"내가 주는 물을 마시는 자는 영원히 목마르지 아니하리니 내가 주는 물은 그 속에서 영생하도록 솟아나는 샘물이 되리라."

그리하여 'Living Water School'이라고 지어 무명으로 보냈다.

여러 이름 중에서 최종적으로 선교사가 선택한 이름도 'Living Water School'이었다.

나우의 의료팀이 세 번째 갔을 때에는 학교 건축이 한창 이루어지고 있을 때였다. 공사를 위해 부지 한구석을 파들어가는 순간 '쏴아아~~' 하고 갑자기 물줄기가 치솟았다.

선하신 하나님께서 이곳에 영생의 물줄기를 예비하심을 보여주셨다. 주님의 세밀하신 격려 앞에 코끝이 찡해졌다.

건축한다고 힘에 부치도록 노력하는 선교사 부부를 향하신 하나님의 시원한 'Living Water ceremony'였다.

격려의 보너스는 또 있었다.

디모데출판사가 만든 책 《따라 따라 예수 따라》는 정순의 미국인 친구가 읽어보라고 준 책을 번역한 것이다.

이 책은 숭실대학교를 설립한 Willam Baird(한국 이름 배위량) 선교사님의 아내 Annie Baird가 평양에서 사역하며 쓴 실제 인물들의 이야기이다.

그 당시 숭실대학교에서는 역사관을 새로 열어 창립자에 대한 기록물을 수집하는 프로젝트를 진행하고 있었다. 그러다가 정순이 번역한 그 책의 원본을 기증받길 원하여 정순을 찾은 것이다. 그는 흔쾌히 승낙했다.

기증식에서 총장님을 비롯한 학교의 중요한 관계자들을 만나게 되었다.

숭실대학교 학생들이 방학이면 해외에 나가 봉사하는 프로그램이 있는 것을 잘 아는 남편이 혹시 인도에 한 팀을 보내는 방안을 고려해 줄 것을 제안했다. 함께 참석한 총장과 학교 관계자들은 모두 좋다고 하였고, 여름과 겨울방학에 대학생 팀들이 인도 산티니케탄으로 향했다.

대학생들은 그곳에서 아이들과 청년들에게 컴퓨터를 가르치거나 학교 건물 페인트칠을 하는 등 실질적인 봉사를 했다.

그들의 실력은 탁월했다. 그 지역에서 하나님을 섬기는 선교사님들의 위상과 한국의 위상은 나날이 높아져갔다.

유학을 떠나는 정순에게 하셨던 아버지의 말씀인 "어디를 가든지 한국의 대사임을 잊지 말아라"고 당부하셨던 것을 조금이나마 지킬 수 있는 것 같아 정순의 입가엔 어느새 옅은 미소가 번졌다.

숭실대학교 7+1 프로그램

숭실대 총장님은 거기서 더 나아가셨다.

총장님의 비전인 7+1 프로그램을 출범시킬 계획을 말씀하셨다. 학생들이 해외에서 한 학기를 봉사하면, 학교에서 한 학기를 수료한 것으로 인정하는 제도였다.

이 프로그램에 참여한 학생들은 영어로 수업을 준비하고 과제를 수행하며, 어린이들을 양육하는 선생님 겸 멘토의 일을 해야 했다.

그럼에도 불구하고 이 과정에 참여하려고 신청하는 학생들이 많아 경쟁률이 매우 높았다고 한다. 이들이 학기를 마치고 돌아갈 때엔 모두 눈물을 흘리며 자신이 가르친 것보다 훨씬 더 큰 것을, 더 영원한 것을 얻고 간다는 고백들을 했다.

학교건물 준공식이 다가와 나우병원에서 참석할 팀을 구성하던 중에 숭실대학교 총장실에서 연락이 왔다.

준공식에 총장님과 학교의 중요한 관계자들이 참석하신다고 했다. 준공식 행사는 반나절이나 걸려 치러졌고, 의료팀은 진료로 바쁜 일정들을 소화했다.

인근 지역 주민들은 학교 건물을 이용하여 진료소를 꾸몄고, 차로 5시간 걸리는 다른 마을에서는 천막을 쳐서 해를 가리고 마을에서 얻어 온 책상을 놓고 진료를 했다.

성탄절 공연

의료진들은 간이 화장실도 만들었다.

이 모든 과정들이 조직적으로 움직이는 것을 본 총장님은 감동하셨다. 특히 자신보다 나이가 많은 강 박사가 땀이 범벅이 되어 환자를 돌보는 모습을 보고 부끄러워하셨다. 왜냐하면 자신은 곤한 여행길에 병이 나서 그만 의료팀의 환자로 영양주사를 맞고 누워 있었기 때문이다.

선교사 부부의 헌신에 감명 받으신 김대근 총장님은 숭실의 7+1프로그램으로 인도학교를 적극 협력할 것을 약속하셨다.

벌초하다 다친 손가락 때문에 병원에 오게 된 목사님,
그 목사님이 데리고 온 병명조차 몰랐던 영양실조의 환자,
그 환자가 회복되어 다시 돌아간 땅 인도,
오래전 번역한 책으로 인해 숭실대와 연결이 되고,
또 그곳에 할아버지 유계준 장로와 아버지 유기선 장로의 뜻을 잇는 학교를 짓게 하시고, 한국의 대학생들의 뜨거운 열정이 녹아드는 현장이 되게 하심은 사람으로서는 생각할 수도, 꾸며낼 수도, 각색할 수도 없는 드라마였다.

오직 주님만이, 하나님이시기에 가능한 일이었다.

지치고 피곤한 손길을 위해 물줄기를 솟아나게 하셔서 위로하시는 하나님,

책으로 배울 수 없는 것들을 선교의 현장에서 배우게 하시고 깨닫게 하셔서, 그들이 돌아간 삶의 현장에서 또 다른 씨앗을 뿌리게 하시는 놀라우신 하나님,

그 하나님이 우리의 아버지가 되시니 참 기쁘고 즐겁도다.

인도의 꿈나무와 바자회

비가 오면 없어졌다가 땅이 마르면 다시 생기던 학교가, 하나님의 은혜와 하나님을 사랑하는 많은 사람들의 헌신에 힘입어 'Living Water School'로 견고하게 세워졌다.

그러나 이게 전부는 아니었다. 몰려오는 학생들로 인해 증축이 불가피했다.

아이들의 학년이 하나씩 올라가면서 교실도 하나씩 더 필요하기 때문이었다.

"인도 꿈나무들을 키워주세요."

이런 슬로건을 내걸고 매년 바자회를 병원에서 연다.

떡볶이를 만들고, 해물전을 부치고, 어묵을 끓이고, 호의적인 기업으로부터 재고를 기증 받기도 한다. 인도 현지인들이 손수 만든 공예품과 비누도 판매한다.

주사와 약, 수술도구들을 들었던 손에 떡볶이와 어묵, 파전이 들려도 즐겁고 행복하다.

예수의 이름을 모르던 입술에서 찬송이 흘러나오고, 예수님의 이름을 높이는 큰 눈망울의 인도 아이들이 척박한 땅 산티니케탄에서

자라고 있음을 알기 때문이다.

그들을 보았기 때문이다.

나우병원은 이렇게 깨어서 소금으로, 빛으로 섬긴다.

병원이 자리 잡을 때까지 약 5년 정도만 머무르려고 했던 것이 12년이 되었다. 역시나 사람의 생각과 하나님의 시간표는 다른가 보다.

남편과 함께 출근하며 병원과 직원들을 섬겼던 부부는 하나님의 배려로 직원들과 환자들의 따뜻한 신뢰와 애정 속에 물러나게 되었다.

아름다운 퇴장이다.

은퇴를 하여 병원을 떠나면서 정순은 이렇게 고백한다.

"육신의 딸들은 멀리 두고 왔지만, 120명이 넘는 직원들로 인해 많은 자녀를 둔 어미가 되는 은혜를 누렸다. 이것은 하나님의 축복이고 선물이다."

아니, 이런 인연이 다 있어요!

정순에게는 딸 셋이 있다.

그중에서도 둘째 딸 강재원은 어려서부터 남다른 면이 있다고 정순은 생각했었다.

하나님께서 주신 믿음의 분량도 달랐고, 영성에 대한 사모함도 남달랐다.

재원은 대학을 졸업하자마자 결혼을 하였는데, 둘째 사위에 대한 정순의 애정도 특별했다.

사윗감을 처음 보았을 때, 1967년 클리블랜드 한인 크리스마스 파티에서 남편 형욱을 처음 만났을 때의 느낌을 받은 것이다.

촌스러움에서 묻어나오는 순수함이 싫지 않은….

재원의 시어머니는 아들이 대학 재학 중에 교제하는 것을 탐탁지 않게 여겼다. 결혼 후, 가족모임에서 정순은 친정아버지 유기선 장로의 회고록을 보여준 적이 있었다. 그 책의 내용을 본 사돈이 깜짝 놀랐다.

"아니, 이런 인연이 다 있어요!"

사위의 엄마, 박수미 권사가 평양 산정현교회 교인이셨던 전상보 집사님의 손녀였던 것이다.

전상보 집사님의 딸 전경신 권사의 딸이 재원이의 시어머니이신 것이다.

그러니까 증조할아버지 유계준, 할아버지 유기선, 엄마 유정순의 딸 강재원과 증조할아버지 전상보, 할머니 전경신, 엄마 박수미의 아들 김세권이 한반도 평양을 지나 서울을 거쳐 미국의 시카고에서 만나 부부가 된 것이다.

사부인인 박수미 권사로부터 들은 이야기는 이렇다.

평양에서 양말 공장을 운영하시던 전상보 집사님은, 시장의 상인들에게서 독립운동자금을 모아 상해에서 온 독립투사들에게 전달하는 일을 하셨다.

독립투사들을 사랑방에 3, 4일씩 머물게 하시며 식사도 따로 대접하셨다. 자녀들에게는 손님이 오신 것을 누구에게도 말하면 안 된다고 하셨다고 한다. 그래서 자녀들은 양말 공장에 물건을 가지러 온 도매상인인 줄로 알았다고 한다.

전상보 집사님은 매일 새벽기도 후, 유계준 장로님이 가져온 독립신문을 두루마기 속에 감추어 배포하는 일도 맡아 하셨다. 그러다 상해에서 온 독립투사가 돌아가는 길에 만주에서 일본 형사에게 잡혀 고문을 받게 되었다. 그가 큰돈을 가지고 있었기에 그 출처를 알기 위해서 일본 형사는 심하게 고문했고, 고문을 견디지 못한 그는 전상보에게 받았다고 자백하였다.

전상보 집사님은 체포되고 나머지 독립자금을 댄 사람들의 명단을 자백하라는 고문을 받으셨다. 그러나 끝까지 혼자 마련한 돈이라고 하여 20명의 후원자들을 보호했다. 유계준 장로님도 그래서 고문과 구속을 면할 수 있었다.

형사들은 전상보의 집을 뒤졌고 가족들에게도 협박을 했지만 알 길이 없었다. 가족들에게도 알리지 않았기 때문이다.

전 집사님은 명석하셔서 그 명단을 다 외우고 계셨고, 명단은 베개를 뜯어 그 속에 넣어두었다고 했다.

전상보 집사님이 출옥하신다는 소식을 듣고 산정현교회 교인들과 친지들이 기차역으로 마중을 나갔고, 딸 전경신도 아버지가 기차역에 내리실 때 사람들이 박수치던 모습을 생생히 기억한다고 했다.

그러나 이 석방은 죄 없음이 이유가 아니었다. 일제가 쓰던 수법대로 병이 깊어지자 위장하려고 석방한 것이다.

최봉석 목사님이 그러셨던 것처럼….

병이 깊어질 대로 깊어지면 석방하여 자신들의 죄를 면하려는 수법 그대로 모진 고문으로 병을 얻어 죽음이 임박해지면 석방을 하는 것이다.

전상보 집사님은 석방 후 얼마 지나지 않아 별세하셨다. 지금까지 전상보 집사님은 단순히 병사를 하신 줄로 알았다. 그러나 이제라도 산정현교회의 역사 속에 분명히 자리매김을 해야 하리라.

전상보 집사님은 주기철 목사, 최봉석 목사와 함께 해방 전에 주의 나라와 그의 의를 구하며 나라와 민족 앞에 부끄럽지 않았던 산정현교회의 자랑스럽고 영광스러운 순교자이시다.

그는 투철한 민족주의자였고, 독립운동가였으며, 참 하나님 외에 어떤 우상 앞에도 무릎 꿇지 않았던 산정현교회의 순교자다.

가족들은 돌아가신 후에야 이 모든 사실들을 알았다고 했다.

독립운동자금을 대신 것, 유계준 장로님과 함께 독립신문을 배포하신 것, 고문에도 끝까지 후원자들을 보호하고 혼자 책임지신 것 등을 말이다.

그 사실조차 몰랐던 자손들이 미국에서 만나 목회를 하고 인디언 사역을 하고 있으니, 하나님의 생각과 계획은 참으로 오묘하고 놀랍지 않은가!

박수미 권사의 둘째 아들 세권은 한국기독의사들의 모임 AKAPE (Association of Korean American Physicians for Evangelism)가 결성되어, 해마다 대도시에서 여는 대회에 열심을 내어 중직을 맡아 성실하고 열성적으로 이 일을 감당했던 김용일 장로의 아들이었다. 그러니까 이들의 결혼 전부터 부모들은 이미 잘 알고 있었다.

평소 존경하던 장로님의 아들과 자신의 딸이 교제하는 것을 정순은 매우 좋아하였다. 대학 졸업 후 바로 결혼한 이들은 대학원 학생부부로 신혼을 시작하였다.

사위는 Northwestern University에서 CCC 리더로 활동하면서 북미 지역 한인교회 청소년부 여름 캠프에 강사로 늘 불려 다니던 인기(?) 강사였다.

Trinity Seminary에서 신학(MDV, MTH)을 공부한 사위는 신학대학원 교수진이 뽑는 설교자상을 두 번이나 받았고, 딸은 웰즐리를 졸업하고 노스웨스튼 대학에서 영문학 석사과정을 밟았다. 그녀는 셰익스피어를 전공으로 박사코스에 꼭 들어오길 지명하신 교수님의 조언을 마다하고 남편이 공부하는 신학석사 과정에 들어갔다. 그곳에서 탁월한 연구논문과 고전 언어 실력을 크게 인정받았다. 그리하여 이들은 우수한 캠퍼스 커플로 유명세를 탔다.

그러나 이것은 아무것도 아니었다. 이들을 위해 준비해 놓으신 하나님의 훈련 코스는 아직 시작도 되지 않은 것이었다.

남들이 부러워하는 이력의 소유자들인 이 부부가 처음 사역을 시작한 곳은 시카고의 작은 한인 교회의 중·고등부였다.

청소년 여름캠프와 사역의 현장은 너무도 달랐다.

캠프에선 유명강사였지만 현장의 전도사님으로는 힘에 부쳤다. 출석이 미미한 교회, 부모에게 억지로 끌려온 중·고등학생, 곱게 자란 모범생 전도사님들, 서로가 서로에게 고난인 시간들이었다.

공부도 파트타임, 일도 파트타임으로 뛰어 다녔다.

대형 전자기기 상점에서 고객 담당부서에서 일한 사위는 강의실에서 배운 신학이나 훌륭한 가정교육으로 해결되지 않는 많은 현실과 마주해야 했다. 무시와 수치, 언어폭력과 감성폭력은 사위가 감당할 수 있는 수준을 넘어섰다.

사는 곳도 훈련의 일부였다. '바람의 도시'라 불리는 곳, 미시간 호수의 칼바람은 사위와 딸의 몸도 마음도 칼로 베는 듯했다.

엘리베이터가 없는 낡은 아파트, 주차 공간도 없어 조금이라도 늦게 들어온 날에는 남의 동네 뒷골목을 한없이 뒤져야 하는 곳, 학업과 사역이 때로는 기쁨과 위안이 되었고, 때로는 무거운 짐이 되어 이들을 흔들어 놓을 때도 있었다.

혹독한 시간이 지나 나아갈 방향을 위해 이들은 하나님 앞에 조용히 앉아 있는 시간을 가졌다. 하나님의 지시하심을 듣기 전까지 재원 부부는 각각 두 개의 석사학위가 있었기에 후학을 가르치는 일에 부르심이 있을 것으로 여겼다.

그러나 하나님의 방향은 달랐다.

교회를 개척하라는 부르심이었다. 이때까지 이들은 "주님의 음성을 들었다"라는 표현을 한 적이 없었다. 영성을 사모하지만 많은 부분이 지성에 쏠려 있었기 때문이었다.

혹독한 훈련의 터널을 지난 후 이들의 태도는 많이 달라져 있었다. 가장 먼저 이들이 한 일은 복음이 뿌리 내리지 못한 지역을 조사하는 것이었다.

주님은 샌프란시스코의 남쪽 South Bay 지역으로 인도하셨다. 그곳은 명문대학 스탠포드가 있고 Cisco, Google 등 쟁쟁한 벤처기업들이 성공의 마천루를 쌓아 올리는 곳이었다.

사람의 생각과 다른 하나님의 뜻을 따라 이곳에 Bay Light Church를 세웠다. 몇 안 되는 멤버들과 한 살짜리 아들을 안고 시작한 사역에는 시애틀에서 찬양사역자로 있던 테드 김도 함께했다.

사위는 설교자로, 테드는 찬양사역자로, 딸은 가르치고 양육하는 자로 톱니처럼 서로 맞물려 돌아가는 팀워크를 이뤘다.

기성교회에 환멸을 느낀 젊은이들이 찾아오고, 호기심으로 발을 들여놓는 지역의 브레인들을 양육했다.

이렇게 보낸 시간이 8년이었다.

하나님께서 다시 이들에게 물으셨다.

"제자가 무엇이더냐?"

"제자는 다른 제자들을 배출하는 자입니다."

'기성교회와 구별됨에 만족하며 지적인 설교에 몰려오는 지식인들 속에서 안락을 누리고 있는 건 아닌가?'

하나님께서는 계속 물으셨다.

이 질문에 답을 하기 위해 주님의 음성을 듣는 시간을 오래도록 가지게 되었다.
 그리고 길을 찾아 인도하시는 대로 떠나기로 했다.
 '예수님의 제자라면 예수님이 가신 길을 가는 것이 마땅한 것이다. 지금 우리가 걷고 있는 길은 십자가에서 멀다. 편안과 안락, 보장을 내려놓고 절대 신뢰, 절대 순종을 하자. 나는 더 작아져야 하고, 주님은 더 커지고 높아져야 한다. 주여! 떠나겠습니다.'
 이들은 8년 반 동안 사랑하고 또 사랑받던 교회를 두고 애리조나로 갔다.
 미국이라는 국가 안에 있는 또 하나의 국가(산 칼로스 아파치 인디언 보호구역, San Carlos-Apache Indian Reservation)였다.
 유럽에서 건너온 백인들에 의해 삶의 터전을 잃고 그들의 적이 되어 쫓겨날 수밖에 없었던 이들은 가축 떼처럼 몰려 척박한 산악지대로 숨어들었다.
 언어도 문화도 이해될 수 없었던 이들은 살육의 대상이 되었고, 사람들의 눈에 띄지 않는 곳으로 깊게, 더 깊게 들어간 것이다.

 아파치 족은 북미 인디언 족속 중 가장 가난하다.
 산 칼로스에는 2만 명이 안 되는 아파치들이 살고 있고, 이들 대부분이 '극빈자' 수준에도 미치지 못할 뿐더러 거의가 실직자들이다. 가난, 술, 도박, 무지의 악순환에서 벗어나지 못하고 있는 이들에게 들어가기로 한 것이다.
 다시 시작이다. 직장도, 수입도 없었다.
 사위는 커피숍에서 바리스타로 일하며 부근 초급대학에서 고교졸업자격증 코스(GED)를 가르치는 대리선생으로 취직을 했다. 사위가 이곳에 취업이 된 것 자체가 주님의 은혜였고 기적이었다.
 원래 아파치 인디언들은 자기들만의 독립된 영역과 주권을 소유하고 있기 때문에, 외부 사람들을 영입하지 않을 뿐더러 신뢰하지도 않는다. 삶의 터전 모두를 외부인들에게 빼앗겼던 그들로서는, 그것은 어쩌면 당연한 일이었을 것이다.

정순의 사위는 GED선생이라는 타이틀로 일하지만, 실제적으로는 그들의 전인사역자이고 멘토이다.

배반과 포기가 삶에 깊이 배어 있는 그들에게 진심으로 다가가고 동화되어도 돌아오는 것은 여전했다. 그래도 실망하지 않고 그들과 진심으로 소통하며 애통하기를 원했다.

딸 재원은 그곳에 자비로 대지를 구입하여 한쪽에 있던 농가를 리모델링하여 학교로 꾸몄다. 재봉틀을 사서 커튼을 만들고, 페인트칠을 하고, 사람의 키보다 훨씬 더 큰 넝쿨들을 헤치고 끝도 없이 닦아내고 또 닦아내고, 주님께서 우리를 어루만져 주시듯이 구석구석 사랑의 손길로 다져갔다.

4년이 지난 지금, School House Co-op.으로 운영하고 있다.

이 작은 학교에 인디언 가족들이 찾아오고 있다. 공립학교에 가면 무료인데, 학비가 들어가는 사립학교에 대한 소문을 듣고 찾아오고 있다. 학비가 있다 해도 선생님들의 최저임금과 농가를 유지하는 최소의 비용으로 운영되고 있다.

하나님께서는 절대 순종의 마음으로 광산 지역으로 들어간 이들 부부를 세심하게 보살피고 붙들어 주셨다.

이들만 두신 게 아니었다. 야곱의 하나님께서 벧엘에서, 하란에서 동행하셨듯이 그들의 발걸음을 이미 헤아리고 계셨다.

딸 부부가 애리조나로 간 긴 발자국을 따라서 여러 사람들이 버림받은 것 같은 그곳으로 함께 땀을 흘리자고 들어온 것은 하나님의 분명한 계획하심이었다.

　엄마 정순의 시각으로 바라보면 마음이 아리고 쓰리다 못해 이렇게 살지 않았으면 하는 바람이 왜 없겠는가? 그러나 이제는 부모라기보다 동지로, 중보자로 함께 서 있기를 갈망하고 있다.

　이 땅에서 제자를 찾으시는 하나님의 부름에 응답하는 젊은이들이 있는 한 오늘과 내일을 소망이라 부를 수 있기 때문이다.

　이처럼 대동강의 십자가, 하늘씨앗 유계준 장로의 빛나는 열매는 저 멀리 미국 땅 애리조나에서 다시 영글고 있다.

반갑지 않은 손님이지만…

　나우병원에서 은퇴를 한 정순에게 뜻밖의 손님이 찾아왔다.

　선교사님들에게, 중국 의료인들과 한국의 후배들에게 언제나 열려 있었던 정순의 가정과 거실, 필요를 따라 섬기고 대접하기를 기꺼이 기쁨으로 감당했던 정순에게 손님은 끊이지 않았었다.

　그러나 이번엔 그다지 반갑지 않은 손님이 찾아왔다. 위에서 암이 발견된 것이다. 가던 걸음을 멈추어 세우고 그녀의 인생에 쉼표를 찍게 한다. 그의 시선을 태고에서 영원까지 더 들게 했고 영혼의 창 앞에 머무는 시간이 길어졌다. 이렇게 불쑥 찾아온 불청객은 그녀에게 유익한 존재가 되어 곁에서 나란히 뛰는 페이스메이커로 인생에 참 벗이 되었다.

　그녀는 여태껏 그래왔듯이 불청객 벗과 함께 그에게 주어진 길을 뚜벅뚜벅 걸어갈 뿐이다. 한 걸음씩 또 한 걸음씩….

하나님은 우리의 소원을 이루어 주시는 것이 아니라, 그분의 약속을 지키시고 이루어 가신다. 그분의 약속은 우리로 하여금 그리스도의 장성한 분량에까지 자라게 하심으로, 이 세상에서 하나님의 영광을 드러내게 하시겠다는 것이다. 이를 위해서 때로는 고난도 허락하신다. 즉 우리는 하나님의 고난에 택함 받음으로 진정한 그리스도인이 되어 간다.

그러기에 고난조차도 유익이 아니던가?

정순은 이제 그리스도 안에서 누리는 자유에 대해 증언한다.

"자유는 고난을 통해 이르는 길이며, 해방은 고난 속에 있다."

"자신의 문제를 자신의 손에서 하나님의 손으로 넘겨 드리는 것이 자유라면, 죽음은 자유의 절정이며 최고의 향연이다."

그러나 그는 아직 긴장을 풀지 못하고 일상 속에서 하나님의 고난을 진지하게 받아들이고, 겟세마네 동산의 그리스도와 함께 깨어 있는 것이 바로 신앙이며 또한 회개라 말한다.

그럴 때 우리는 인간이 되고 그리스도인이 되는 것이라 강조한다. 어느덧 칠순을 넘기고 10명의 외손자, 외손녀를 둔 할머니이지만, 성령의 마지막 열매인 절제의 덕을 사모하며 생활 속에서 이루어 가고 있다.

절제의 본질은 쾌락의 포기가 아니라, 하나님의 말씀을 따라 삶의 초점을 주님께 온전히 맞추는 것이다. 따라서 날마다 말씀과 기도를 게을리할 수 없단다.

이삭을 데리고 번제를 드리기 위하여 칼과 불을 들고 모리아 산에 올랐던 아브라함이, 다시 그 아들의 손을 잡고 산에서 내려올 때의 심정을 지금 그는 알 것만 같다.

그의 모든 생각과 몸짓은 하나님을 향한 감사와 찬송뿐이다. 예수를 따르는 자의 자유와 자랑, 그리고 예수를 닮아가는 자의 명예와 존귀함을 증언하고 있다.

그녀에게 남은 바람이 있다면 인생의 목적인 하나님을 영화롭게 하며 하나님의 거룩하심처럼 거룩함을 입고 끝까지 신실하게 살아가는 것이란다. 그렇게 다음세대, 또 다음세대의 자녀들에게 믿음의 유산을 넘겨주고 싶다고 말한다.

주의 인자는 끝이 없고

유정근

6

세상에서 제일 맛있는 빵

정근의 희미한 기억 속에 흐트러지듯 남은 한 조각의 장면이 있다. 한밤중 누군가의 등에 업혀 저벅저벅 물소리 나는 곳을 지나던 기억이다.

38선을 넘는 어린 날의 아련한 기억이었다.

피난길

평양을 떠나 서울에 잠시 머물다 6·25 사변을 만나 다시 피난길에 올라야 했다.

가족들이 머문 곳은 부산의 어느 문간방이었다.

셀 수도 없이 이사를 다녔는데 정근의 기억에 남아 있는 곳은 어느 교회 지하실, 육군 정보대가 있는 사무실의 2층방, 럭키화학공장의 단칸방, 그리고 서면의 어느 도살장의 문간방 등이었다.

당시 피난 초등학교에 다니던 정근은 아버지가 무슨 일을 하시는지 몰랐다.

도살장의 문간방에 살던 어느 날, 아버지가 파란 빵을 가지고 오셨다.

아버지가 빵을 가져오시면 어머니는 무슨 영문인지 그 빵을 햇볕에 말리셨다. 그리고 파란 부분을 털어내고는 먹었다.

너무너무 맛있게…. 세상에 이렇게 맛있는 게 있다니!

감동! 하여튼 맛있게 먹었다.

나누어 먹기도 아까운 왜 파란 부분은 털어 냈어야 했는지도….

그때, 아버지는 거제 포로수용소에서 포로들을 돌보는 의사셨다. 하루 일과를 마치고 퇴근할 때면 수용소 식당에서 일

피난촌 아이들

하는 미군들이 상해서 먹지 못하는 빵을 아버지에게 주었다. 그것을 햇볕에 말려서 먹은 것이다. 물론 털어냈던 파란 것은 곰팡이였다.

지금으로서는 상상도 할 수 없는 일이지만 그땐 그랬다. 그 빵이 지금까지 먹은 빵 중에 최고로 맛있는 것이었다.

먹을 것도, 입을 것도, 세상의 모든 것이 귀하고 귀할 때였다. 곰팡이 핀 빵을 가져오시는 아버지의 마음은, 또 그것을 말려 먹일 수밖에 없었던 어머니의 마음은 어떠셨을까? 도무지 짐작이 되지 않는다.

그곳에 1년 정도 살다가 처음으로 방 두 개짜리 집으로 이사를 갔다. 방이 두 개여서 좋았지만 단점이 있었다. 산꼭대기라는 점이었다.

비가 오면 미끄러워 고무신에 새끼줄을 묶어야 넘어지지 않고 비탈길을 내려갈 수 있었다는 점이 그것이었다.

좋은 점도 있었다. 정월 대보름이나 추석 때면 사람들이 정근네 마당에 다 모이는 것이었다.

어린 정근은 동네 사람들 모두가 자기네 마당으로 달맞이 하러 오는 줄 알았다. 그 정도로 높은 곳에 정근의 집이 있었다.

이 집에서 정근은 행복했다.

아래로 내려다보면 친구들 집도 보이고, 학교 갔다 돌아오는 동생

도, 장에 갔다 오시는 어머니의 모습도 보여서 신기했다. 뭐가 뭔지 몰랐지만 집이 높은 데 있어서 좋았다.

사기구슬 몇 알, 딱지 몇 개만으로도 행복했고 세상을 다 가진 것 같은 우월감도 있었다.

구멍 난 러닝셔츠의 모양이 반달 같아서 달을 등에 지고 다니느냐고 친구들이 놀려도 마냥 즐거웠다.

왜? 구슬과 딱지가 있었으니까!

해가 질 때 즈음 신문지로 등잔불 갓을 닦아내면 어머니께서 칭찬을 해주셨다. 그 칭찬이 귀에 달콤해서 열심히 등잔 갓을 닦아내었다.

어머니의 칭찬에 더욱 신이 나서 모기를 쫓아낸다고 법석을 떨기도 했다. 혼자 힘에 부칠 때에는 가족 모두가 모기 퇴치에 마음을 모았다. 지금 생각하면 미소가 번지기도 하지만 마음 한편이 저릿저릿하면서 눈물이 고인다.

가난했지만 행복했고 그립지만 돌아갈 수 없는 시간이기 때문일 것이다. 그러나 어머니에게는 그곳이 가장 고생스럽고 아픈 곳이기도 했다.

어머니는 당뇨병을 앓고 계셨다.

정근네 집이 가장 높았는데 집보다 더 높은 산에 가서서 새벽마다 기도를 하시며 투병생활을 하셨다.

철없던 때, 어머니께서 당 수치를 알아보기 위해 소변에 무슨 시약을 넣어 연탄불에 올려놓으신 후 하얀 찌꺼기가 생기는 것을 보고 측정을 했는데, 이게 신기하고 재미있어서 나도 하겠다고 자주 나서기도 했다.

어머니께서 피곤해하시면 설거지도 도맡아 하고 심부름도 잘했다. 그러면 칭찬해 주시면서 용돈을 주셨다.

'얼쑤, 이렇게 좋을 수가!'
 더 좋은 일은 매일 새벽, 산에 오르시며 기도하던 어머니를 하나님께서 긍휼히 여겨주셔서 병으로부터 놓이게 하신 것이다.
 살기가 가장 힘들었을 때, 하나님께서는 어머니를 더욱 귀히 여겨주셨다.
 그 후, 아버지는 부평동에 집을 마련하시고 도로변에 있는 방을 병원으로 개조하여 '유기선 의원'을 시작하셨다.
 이제 더 이상 비 오는 날 새끼줄을 고무신에 묶지 않아도 되었다.
 그 당시 용두산 중턱에 판자로 지은 건물이 학교였다. 그곳에서 무엇을 배웠는지는 기억이 없는데 학교 가는 길에 있었던 고구마, 오징어 튀김, 또뽑기 등의 주전부리 가게는 지금도 생생하게 기억이 난다.
 이중에서 제일 압권은 말눈깔 사탕이었다.
 어쩌다 장에 가시는 어머니를 따라갔다가 무거운 짐을 들고 올 때면 격려와 칭찬의 의미로 사 주시곤 했다.
 진짜 말 눈알처럼 크게 생긴 이 사탕 하나 얻어먹는 재미가 쏠쏠했다. 들고 오는 무거운 짐의 고통을 상쇄하고도 남는 사탕의 달콤함이란 지금도 잊을 수가 없다.
 그 달콤함을 뒤로하고 초등학교 5학년을 마친 후 형과 누나가 있는 서울로 가게 되었다. 그리운 사탕…말눈깔 사탕을 뒤로한 채 말이다.

자동 알람, 미국 국가

아버지의 교육열은 대단하셨다.
 할아버지께서 어려서부터 한시에 능하시고 책을 가까이하시며 자녀들의 교육에 남다르셨던 것처럼 아버지도 그러하셨다.

형과 누나는 일찍 서울로 보내서 공부하게 하셨다. 정근도 6학년 때 서울로 오게 되었다.

부모님과 친구들, 동생이 있던 부산 집을 떠나온 서울은 낯설기만 했다.

60년대 후암동

부산의 산꼭대기 집처럼 후암동의 집도 언덕 높은 곳에 있었지만 어린 시절 분위기와는 사뭇 달랐다.

부모님을 떠나서 형제들끼리 살던 집에선 매일 아침 용산미군기지에서 들려오는 미국 국가가 정근을 깨워주었다.

모닝콜이 된 미국 국가, 재미있기도 하고 낯설기도 했다.

지금도 그때의 모닝콜을 들어볼 수 있을까?

주일 이른 아침, 후암동에 있는 산정현교회로 발걸음을 옮길 때 마다 미군부대 언저리를 돌아보며 추억의 모닝콜 소리를 들어본다.

저 멀리 추억의 건너편에서 아스라이 모닝콜이 들려온다.

"Oh, say can you see by the dawn's early light."

가끔 올라오시는 어머니를 기다리는 게 정근의 낙이었다. 어머니는 어디에도 마음을 두지 못하셨다고 한다.

아이들이 있는 서울로 올라올 때에는 부산에 계신 아버지가 마음에 걸리고, 다시 부산으로 내려갈 때에는 서울에 두고 온 자식들이 눈에 밟혀 경부선 기찻길이 어머니의 눈물로 마를 날이 없었을 것이라고 종종 말씀하셨다.

어느 날, 서울에 오신 어머니께서 집으로 가시기도 전에 정근이 다니던 초등학교로 바로 오신 적이 있었다.

정근의 반을 찾아간 어머니는 당황할 수밖에 없었다. 학교에 있어야 할 아이가 그곳에 없었다.

서울생활이 낯설었던 정근은 아침에 집을 나섰다가 학교 가기 싫은 날이면 동대문 야구장에 가서 고교야구를 보기도 하고, 더운 날에는 한강에 가서 멱을 감기도 했다. 그러다 아이스께끼도 사먹으며 나름 한가롭고 여유 있는(?) 시간을 누리기도 했다.

이런 그의 행각이 어머니에게 딱 걸린 것이었다.

중·고등학생 시절 사춘기가 되면서 외로움은 더해갔다.

외로움과 혼란의 시간들은 공부보다는 운동에 집중하게 했고, 친구들과 어울려 다니는 것을 더 좋아하게 했다.

활동무대는 주로 후암동이었다.

세월이 지나서는 점차 갈월동까지 영역을 넓혀 갔다.

그런데 이것을 어떻게, 무엇이라고 설명해야 할까?

도저히 믿겨지지 않는 일이 일어났다. 마음 둘 곳이 없어 후암동, 갈월동을 주름잡았던 정근이 수재들의 집합소 서울대학교에 합격했다. 그것도 수재 중의 수재들만 모인다는 법대에 말이다. 장차 법관이 되는 것은 떼어 놓은 당상이었다.

평소 수학과 물리 과목을 좋아했지만 아버지의 뜻에 따라 법대에 진학하게 된 것이다.

정근이 진학한 서울법대에는 숙부인 유기천 교수가 계셨다. 그는 조카라고, 본인의 피붙이라고 뭘 더 봐주고 너그럽기를 바랄 수 없는 강직한 성품을 소유한 분이었다. 오히려 조카에게 F학점을 준 얄 궂은 사랑(?) 때문에 정근의 인생방향이 한참 달라져 버렸다.

F학점의 충격

숙부인 유기천 교수의 형법학 강의는 유명했다.

"1980년대 초에 발간된 〈월간조선〉에서 '천하제일 서울법대'라는 특집기사를 실은 적이 있었다.
'누가 가장 출세했는가?'
'누가 제일 수재인가?'
여러 부문의 '제일'을 선정하였다.
의견이 엇갈렸던 다른 부문과 달리 '제일 명강의' 부문에서는 유기천 교수의 형법 강의가 아무런 이견 없이 뽑혔다"(유기천 기념 사업회 편, 《영원한 스승》, 유기천, 250쪽).

1995년, 서울법대 동창회에서 공동으로 발간한 책인 졸업생들의 학창 시절 회고지인 《진리는 나의 빛》,《하늘이 무너져도 정의는 세워라》라는 책에도 가장 많이 언급된 것이 유기천 교수의 강의였다.
저마다 '명강의'라고 입을 모았다.
강의뿐만 아니라 시험문제도 어려운 것으로 소문났다.
전쟁통에도 수업을 빠뜨린 적이 없으며 지각도 용납하지 않은 분, 전쟁 상황에서도 일정 점수가 되지 않으면 졸업을 시키지 않은 그런 분이었다.
그런 유기천 교수에게 정근은 2학년 1학기 형법총론 과목 기말고

사에서 F학점을 받았다.

'이런!'

해결이 되지 않으면 졸업이 안 되는 전공과목에서 과락을 준 것이었다.

그해에 F를 받은 학생은 그 과목 수강자의 절반이 넘었었다. 정근뿐만 아니라 많은 친구들이 F를 받았지만, 그때 정근이 받은 충격과 분노는 대단했다. 과락을 주고선 정근을 불러 다정한(?) 위로의 말씀을 해주셨다.

"원래 네가 받을 성적은 D인데 이것 가지고는 부족하니 더 노력하라는 의미에서 F를 준 것이니 그리 알고 더욱더 학문에 매진하도록 하여라."

이것이 혈육을 사랑하는 숙부의 방법이었겠지만 정근이 받은 상처는 너무 컸다. 정근은 실체를 알 수 없는 분노와 실망으로 학문에 흥미를 잃게 되어 다시 방황의 길로 나서게 되었다. 당시 학생들의 데모는 끊이질 않았고 그 선두에 설 수도 없는 처지였다.

그의 발걸음은 도서관보다 당구장으로 향하는 날이 더 많아졌다.

당구와 만년필

특별한 목적의식이나 사명감 없이 들어온 대학에서 숙부로부터 그런 모욕(?)을 당하고 나니 공부할 맛이 나지 않았다. 서북사나이의 기질과 할아버지, 아버지의 성품까지 쏙 빼닮은 정근은 당구장에서 인생이라는 삼각함수를 풀기 시작했다.

어느 날, 친구로부터 솔깃한 이야기를 들었다.

당시 최고의 몸값 과외교사 서울법대생 아닌가? 친구가 과외교사를 하는 집에 당구대가 설치되어 있다는 것이다.

'아하! 그럼, 완전 공짜.'

어느 날, 친구와 인생의 삼각함수를 풀기 위해 당구장이 있는 그 집으로 향했다. 그 댁은 연안 이씨 가문의 기업가 이연 회장의 집이었다. 옛 고로들이 광김연리(광산 김씨, 연안 이씨를 두고 한 말)라고 했던가?

오늘에 이르러 우리나라도 서구적 가치가 자리 잡았지만 조선은 문치의 나라였다. 그 문치의 나라에서 사회, 국가적으로 많은 영향을 미친 가문이 있다.

조선왕조 500년간 수많은 가문이 흥하고 쇠했다. 강릉 유씨처럼 개국공신의 가문이 하루아침에 멸문을 걱정해야 할 정도로 뿌리가 흔들린 경우가 있는가 하면 여말선초의 격변기에 찬란하게 일어난 가문이 있다.

연안 이씨는 이무를 시조로 한다. 고려 말에 이르러 이원발은 절의파 사대부인 포은 정몽주, 야은 길재, 운곡 원천석 등과 교유하였고 이성계, 조준 등 개혁파 사류와도 교분이 있었다.

두 아들 귀령, 귀산에 이르러 가문의 기틀을 다졌으나 귀산의 아들 이속 때에 큰 화를 입었다. 이속은 성격이 강직하고 타협할 줄 모르는 외골수 형이었다.

태종이 옹주의 사윗감을 물색하던 중에 아무리 왕의 딸이지만 궁인의 딸이라면 내 자식은 줄 수 없다고 말함으로 가화를 만났다. 예기치 않은 혼인파동을 겪으면서 극심한 가화를 겪은 연안 이씨는 이속의 손자 이인문 때에 다시 일어나기 시작했다.

이후 연안 이씨가 사림의 주류로 진입하는 데 결정적 역할을 한 사람은 이말의 손자 이주였다. 이주의 자손들은 주로 문과를 통해 관직에 나아가 명문가의 입지를 확고히 다졌다.

한편 이현려의 후손에서는 이석형이 뛰어났다. 석형의 아버지 회림은 아들이 없어서 삼각산 신령에게 빌어서 잉태하였는데, 마침 금성에서 숙직을 할 때 꿈에 커다란 바위 위에 앉았더니 흰 용이 바위를 쪼개고 나왔다. 그때 아들을 낳았다는 기별을 받고 이름을 석형이라 하였다.

저헌 이석형 신도비

이석형은 나이 26세에 생원·진사와 문과 초시에 모두 장원을 했다. 1471년에는 좌리공신 4등에 책록되고, 연성부원군에 봉해졌다. 석형의 현손 월사 정귀(廷龜)는 6세 때 이미 글을 깨우친 신동이었고, 인조 초에 우의정을 거쳐 좌의정에 이르렀다.

그는 문장에 능했고 외교에도 재치와 수완이 뛰어나 수차례에 걸쳐 사신이 되었다. 당시 명나라 문사들의 청에 의해 1백 여 장의 기행문을 모은 《조천기행록》을 간행하여 문명을 떨치기도 했다.

석형의 6세손인 묵재 이귀는 임진왜란 시에 삼도소모관으로 한양 수복을 도왔고, 전란 후에는 혼란을 수습하는 데 크게 기여하였다. 후에 인조반정에 성공하여 정사공신 1등에 녹훈되고 연평부원군으로 봉해졌다. 1626년(인조 4년) 병조·이조의 판서에 올랐으나, 같은 해 사계 김장생과 함께 인헌왕후의 상을 만 2년으로 할 것을 주장하다가 대간의 탄핵을 받고 벼슬에서 물러났다.

그의 아들 이시백은 사계 김장생, 우계 성혼의 문인으로 인조반정 때 아버지와 함께 가담하여 정사공신 2등으로 연양군에 봉해졌다. 1650년(효종 1년)에 우의정, 좌의정이 되었고, 연양부원군에 봉해진 뒤 1655년 영의정이 되었다.

둘째 아들 이시담의 호는 사우당이다. 인조반정 때 아버지와 형과 함께 참여하여 공을 세우고 원종공신 1등에 녹훈되었다. 1663년에 중추부동지사가 되었고, 1665년 세상을 떠난 후 병조판서로 추증되었다.

셋째 아들 이시방은 인조반정 때 유생으로 아버지와 함께 가담해 정사공신 2등으로 연성군에 봉해졌다. 공조판서, 형조판서를 역임하고, 호조판서가 되어 폐정개혁에 힘썼다.

주배의 아버지 이연 회장의 가계는 이무(연안 이씨 시조)-이현려(판소부감공파, 중시조)-이석형(저헌공파, 9세)-이정화(의정공파, 13세)-이귀(연평공파, 14세)-이시담(사우당공파, 15세)으로 이어지는 조선의 명문가다.

연안 이씨는 조선왕조에서 광산 김씨와 함께 가장 많은 문형(대제학 7명)을 배출한 가문이다. 당시는 열 정승이 죽은 대제학 한 분을 못 당한다고 했었다. 특히 연안 이씨는 청백리가 많았고, 탐관오리가 없었다. 아마 '넘침을 경계하라'는 계일(戒溢)을 가훈으로 삼은 탓이리라. 특히 연안 이씨는 조선왕실과 혼사를 하지 않았음을 자랑으로 여긴다.

《홍제전서》를 보면 앞으로 간택이 있어도 연안 이씨는 단자도 내지 말고 그대로 전통을 이어가라고 했다. 그럼에도 불구하고 삼한갑족으로 자리 잡았기에 연안 이씨는 도도한 면이 있다.

연리가문의 도도한 딸, 이주배

정근의 인생 삼각함수는 당구대와 만년필에서 시작되었다. 당시 토목기사이셨던 주배의 아버지는 한국동란이 끝나자 황폐화된 국토의 재건사업에 뛰어들었다.

토목회사 '창설사'를 경영하여 사업이 번창함에 따라 바쁜 나날을 보냈다. 그 시절에는, 사업의 절반은 공사발주처인 정부와 그리고 업자들 간의 담합을 위한 교제와 이에 따른 향응에 바쳐졌다. 따라서 대부분의 기업주는 가정에 소홀해지기 마련이었고, 아버지의 부재는 자녀들의 정신적 혼란의 원인이 되기도 했다. 하지만 삶의 본질에 대해 깊이 사색하는 계기가 되기도 하였다.

주배는 이화여자대학교에 입학하면서부터 매주 있는 채플시간과 기독교강론을 통해 가랑비에 옷이 젖듯이 기독교에 다가가게 되었다.

그 즈음, 공짜 당구 맛에 연안 이씨 댁을 드나들던 중에 주배의 어머니가 정근을 눈여겨보았다. 당대 최고의 수재들만 모이는 서울 법대생을 어느 부모가 마다할까? 하지만 아버지는 기업가로서 기업가의 가문과 혼사를 하려는 마음이 강했다고 한다.

그런데 연안 이씨 댁에서 정근을 잡으려고 했던 이유는 전혀 엉뚱한 데 있었다.

어느 용하다는 점쟁이가 한 몫 톡톡히 했다.

이 역시 하나님의 오묘한 섭리지만….

주배의 어머니가 정근의 사주를 보았다. 주배의 모친이 기독교와 무관한 사업가의 아내로서 점쟁이를 가까이할 때였다. 그때 사주를 본 점쟁이가 말했다.

"이 사람을 반드시 잡아! 반드시!"

"이 사람이 두 번 구한다."

세상에서 말하는 정근의 사주는 연안 이씨 댁을 구원하는 구세주(?)였던 셈이다. 이것이 정근을 잡아야 했던 이유다. 실제로 결혼 후에 회사가 위기에 빠질 때마다 정근의 역할은 구세주였다.

점쟁이가 용한 것일까? 아니, 하나님께서 그 가문을 사랑한 탓이리라. 무엇보다 연안 이씨 가문이 순교자의 가문과 혼사를 했으니 그 가문의 구세주였다. 또한 주배는 결혼을 하기 위하여 세례를 받았으니 역시 점쟁이의 말이 맞았다(?).

하나님의 자녀가 아무나 될 수 있는가?

그런데 아뿔싸, 언제나 사랑에는 이변이 있는 법….

본래 어머니는 정근을 주배의 동생과 맺어주려고 했었단다. 하지만 사람의 계획과 하나님의 뜻이 어찌 같으리오. 이즈음, 정근은 군 입대를 하게 되었다. 정든 공짜 당구장을 떠나던 날, 주배가 정근에게 선물을 했다.

'만년필'이었다.

주님의 발 앞에 옥합을 깨뜨렸던 여인처럼 그 만년필은 언젠가 배필을 만나면 주려고 했었단다. 그 만년필을 받아들고 입영열차에 올랐다. 만약 그때 입대를 했더라면 그 후는 어떻게 되었을까?

그런데 뜻밖의 일이 일어났다.

정근의 의지와 상관없이 입대가 취소되고 다시 공짜 당구장으로 돌아오게 되었다. 역시 하나님께서는 그분의 뜻과 계획대로 하신다. 이것이 정근의 고백이다. 하지만 정근이 누구던가!

책을 싸서 짊어지고 어느 사찰로 들어가서 고시공부를 하게 되었다.

고시공부에 용맹정진하고 있던 어느 날, 만년필 뚜껑을 열어젖힌 주배가 찾아왔다. 그것도 절에서는 먹을 수 없는 육고기를 푸짐하게 싸들고 말이다.

정근과 주배는 사찰에서 고기파티를 즐겼다. 그래서 하산을 했단다. 결국 고시는 포기한 채 그럭저럭 졸업하고 결혼을 하게 되었다.

공짜 당구장, 만년필, 절에서의 고기 파티와 결혼.

참으로 절묘한 함수가 아닌가?

하지만 부모님의 실망은 크셨다. 법관의 길로 가기를 바라셨는데 고시 준비는 하지 않고 결혼이라니!

자식에 대한 기대가 없는 부모가 어디 있으랴마는 큰 뜻을 품고 세상에 꼭 필요한 인재가 되길

만년필 사랑, 결혼식

바라셨던 아버지로서는 아들에 대한 실망이 이만저만이 아니셨다.

그것도 믿지 않는 가정의 한 살 연상의 여인이었던 아내를 마뜩찮아 하셨다. 주배는 결혼을 앞두고, 시댁의 강권에 따라 세례를 받고 신앙생활을 시작하게 되었다. 이 모든 일들을 되돌아보면 모든 것이 하나님의 은혜이며 섭리라고 정근은 고백한다.

사춘기 때부터 느껴왔던 긴 외로움은 패기와 열정을 필요로 하는 도전인 고시공부보다는 결혼이라는 출구를 통해 위안을 얻고 싶었던 것이다.

'유학'으로 포장된 '도피'

주배와의 결혼생활, 그러나 이것 또한 쉽지 않았다. 현실은 냉엄했고 때론 가혹하기까지 했다. 사회경험 없는 초년생이 아내와 자식을 책임지고 돌보며 건사하기가 쉽지 않았다. 절박하고 당혹스러웠다.

한여름에도 찬바람이 마음에 엄습할 때가 한두 번이 아니었다. 절망하기도 했다.

가정이라는 울타리 안에 있지만 덩그러니 내버려진 것같이 느껴질 때면 어디론가 숨고 싶은 마음이 들기도 했다. 그러나 뒤로 물러날 곳도, 숨을 곳도 없었다. 답답했다.

부모님의 기대에 미치지 못하는 자식이라는 죄책감은 그림자처럼 따라다니며 정근의 어깨를 더욱 무겁게 했다.

반대하는 결혼을 감행한 용감함은 아내와 자녀들을 향한 부모님의 차가운 시선을 감내해야 하는 인내를 요구했다.

참아내기가 쉽지 않았다.

숨이 턱에 차올랐다.

이때, 또 다른 길을 찾아 서성이다가 '유학'이라는 것을 찾아내었다. 부끄러운 고백이지만 '유학'으로 포장된 '도피'라고 하는 게 맞았단다.

난감했던 차에 정근은 흩어졌던 여러 조각들을 끼워 맞췄다.

어느 날 부모님께 시국이 어수선한데 여기 있다가 정치적으로 휘말리는 것보다 미국에 가서 공부를 하는 것이 좋겠다고 말씀드렸다.

실제로 당시 상황은 정치적인 소용돌이에 휘말리고 있을 때였다. 부모님께서는 반가워하셨다. 사업하는 집의 사위로 들어가서 크게 사업을 할 줄 알았는데 그것도 아니고, 이참에 집어치웠던 고시를 다시 시작하려는가 보다 하셨는지 좋아하셨다.

부모님도, 형제들도 공부하는 것을 돕겠다고 팔을 걷었다.

군대도 면제를 받고 유학수속도 빠르게 진행이 되어 생각보다 빨리 떠나게 되었다. 무슨 공부를 할 것인지조차 결정하지 못한 채 도망치듯 한국을 떠났다.

정근은 지금 돌아보아도 법관의 길은 자기와 맞지 않는 길이었다고 생각한다.

누군가를 옳게 판단한다는 것은 판단하는 사람의 인격과 사상, 도덕과 가치관 등이 지고선의 기준에 가까워야 하는데 본인은 자격미달이라는 판단을 조금 일찍 한 것뿐이라고 말한다.

남을 판단하고 아픔을 주며 사는 것은 자신도 그 아픔과 판단에서 자유롭지 못할 것이란 생각으로 스스로를 달랬다.

정근은 부모님의 기대를 저버리고 다른 길을 갔지만 본인은 법조인이 되지 않은 것을 감사한다.

그 당시에는 실망이 컸지만 법관의 길을 포기하게 해준 분께도 감사한 마음을 가지고 있단다. 숙부 유기천 총장에게도….

그러나 남은 숙제가 있었다.

아내와 자녀….

마음 한구석이 걸렸다.

주배는 예정에도 없던 남편의 갑작스런 미국 유학을 계기로 두 아이들을 데리고 친정살이를 시작했고, 현실의 답답함을 해결하기 위해 기도와 성경공부에 열중하기 시작했다. 믿음의 씨앗을 뿌리고 또 뿌린 시기였다.

당시 장인과의 관계도 썩 좋지 않을 때였으나 다른 방법이 없었다. 아내에게 미안할 수밖에 없는 상황이었다. 책임을 져야 하는 사람이 책임만 남겨두고 훌쩍 떠난 것 자체가 큰 죄악이란 생각을 그때는 하지 못했다.

나의 아픔과 상처에만 갇혀 다른 것은 보지 못할 때였다. 정근은 지금도 그때의 일을 두고두고 회고하며 아파한다.

캘리포니아 주의 샌프란시스코에 있는 Lincoln University의 경영대학원에 입학허가를 받았다.

좋은 성적을 유지하면 졸업 때까지 장학금을 받을 수 있는 이곳에 머물게 되었다. 그러나 막상 공부를 하려 하니 두려움이 앞섰다.

나이 30세에 처자식을 두고 말도 서툰 남의 나라에 와서 학문을 익힌다는 게 넘을 수 없는 벽처럼 느껴졌다.

대학을 다니긴 했지만 공부답게 해본 적이 없기도 하고, 영어실력이 모자라다 보니 사전을 붙잡고 밤을 새우기 일쑤였다. 그래야 책의 내용을 이해할 수 있고 강의를 따라갈 수 있었다.

나이 서른이 넘어 불이 붙은 학구열, 돌아보니 정근의 생애 중에 가장 열심히 공부한 시간이었다. 누구보다 열심히, 누구보다도 성실히 학업에 충실했다. 대학원을 다니면서 깊이 깨달은 것은 '성실'이라는 덕목이었다. 무엇이든 성실하기만 하면 안 되는 게 없다는 것을 알았다.

시험을 치를 때에도 교수님이 원하시는 명쾌한 답을 적지 못해도 성실하게 공부한 흔적을 남겨 좋은 성적을 받았던 적이 많았다. 공부나, 인생이나 성실한 것 이외에 다른 길이 없음을 배우게 된 때이기도 했다.

늦게 깨달은 것 같아 마음이 쓰리기도 했지만 이렇게 공부할 수 있는 기회를 주셨으니 마지막이라 생각하고 더욱 열심을 냈다.

우리를 위해 날마다 해를 띄워 주시는 하나님, 아침에 주의 인자하심을 나타내시며, 밤마다 주의 성실하심을 베푸시는 하나님께서 학업을 통해 정근을 위로해 주셨다. 여유로운 시간이 주어지면 근처의 공원을 산책하거나 캠퍼스에서 다른 유학생들과 대화를 나누며 교제하기도 했다.

그들의 고민은 거의 비슷했다. 인생의 도약을 위해 떠나온 이곳에서 어떻게 하면 더 높이 올라갈 수 있을지에 대한 고민과 갈등이었다. 하나님 없는, 창조주가 계시지 않는 인생은 모두 허망한 것인데,

그들의 고민 속에는 하나님의 자리가 없었다. 비록 늦게 도망치듯 떠나온 유학이었지만 하나님께서는 바닥으로 내동댕이치지 않으시고 정근을 놓지 않으셨다.

사춘기 시절의 외로움, 대학 시절의 방황 대신 할아버지가 안고 예배당으로 올라가셨던 그 따뜻한 품안에 있는 것처럼 보이지 않는 강한 손길이 정근을 붙들고 계심을 느꼈다.

주님의 인자하심과 도우심으로 졸업할 때까지 모두 장학금으로 학업을 마쳤다. 스스로가 대견하기도 했지만 뒤늦은 후회도 있었다. 진즉에 이렇게 열심히 했으면 지금과는 다른 모습이지 않았을까 하는….

학교를 다니며 학업에 열중하면서도 마음 한구석은 한국에 가 있었다. 한국의 정치상황이 바뀌기만 하면 언제라도 되돌아갈 생각이었다.

그 당시에는 석사학위만 있어도 영주권을 받을 수 있었지만 정근은 받지 않았다. 미국에서 살 생각이 없었기 때문이다.

하나님의 계획과 시간표, 그것은 우리의 것과는 많은 차이가 있었다. 언제든지 돌아갈 준비가 되어 있었던 정근은 오래도록 그곳에 머물게 되었다.

아저씨! 우리 어디로 가요?

대학원을 마칠 때가 되어갈 즈음, 먼저 아내와 아이들을 데리고 와야겠다는 생각을 했다.

두 아이를 데리고 친정집에 있는 동안 겪었을 아내의 고생은 무엇으로도 보상할 수 없는 큰 빚이었다. 일단, 가족들과 함께 지내면서

아저씨에서 아버지로! 두 아들

길을 찾아보기로 했다.

샌프란시스코 공항에서 정근을 만난 둘째 아들….

"아저씨! 우리 어디로 가요?"

6개월 때 헤어진 아버지를 4살이 되어 만났으니 알아볼 턱이 없었다. 미안하고 미안한 마음을 어찌 말로 할 수 있을까?

아이들에게 아버지의 자리는 한동안 비어 있었다. 그동안 미뤘던 책임은 살아가면서 갚겠노라 다짐하였다.

아저씨에서 아버지가 되어 가기로 했다.

일단 아이들을 학교에 보내기로 했다. 낯선 환경에서 어찌할까 염려했던 것과 달리 학교 가는 것을 즐거워했다.

정근은 가족들과 함께 미국에서의 생활을 시작하기 위해서 우선 영주권을 신청했다. 어느 날, 아파트 관리회사를 운영하는 아는 분이 찾아왔다. 당시는 미국에 석유파동이 일어나 원유가격이 치솟는 상황이었다. 따라서 휴스턴에서는 석유개발사업이 활발하게 일어나기 시작했고 그곳으로 많은 사람들이 몰려들었다. 자기도 그곳에 가서 새로운 사업을 찾아보려 한다며 아파트 관리회사를 인수해 달라고 요청했다. 인수 조건으로는 자동차와 장비 비용만 요구하였다. 그는 자기 자신이 좋은 기회를 놓치지 않도록 꼭 인수해 달라고 신신당부했다. 신청한 영주권이 나올 때까지 특별한 일이 없었는데 생각하지도 않았던 아파트 관리회사를 운영하게 되었다. 그러던 중, 한국에 화공약품을 수출하는 회사 사장이 찾아와서 자기 회사제품을 사용해 줄 것과 시간이 나면 회사 업무도 좀 도와달라고 부탁했다.

자신은 미국 화학회사에 근무하면서 한국 정부산하의 회사 부탁으로 어쩔 수 없이 화공약품을 수출하고 있다고 하였다. 여러 달 후 어느 날, 한국에서 화공약품 전문수입업자가 찾아와서 단독구매 대행계약을 맺자고 하였다. 특별히 나쁠 것이 없었다. 이제 좀더 갖춰진 형식이 필요했다. 그리하여 Sandol Inter-Tech Co.라는 회사를 등록하고 본격적인 무역 업무를 시작하게 되었다.

'산돌'은 베드로전서 2장 4-5절의 말씀에서 따온 것이다.

> "사람에게는 버린 바가 되었으나 하나님께서는 택하심을 입은 보배로운 산돌이신 예수께 나아가 너희도 산돌같이 신령한 집으로 세워지고 예수 그리스도로 말미암아 하나님이 기쁘게 받으실 신령한 제사를 드릴 거룩한 제사장이 될지니라."

그 후, 하나님께서는 회사를 그 이름처럼 인도해 주셨다. 정근은 회사를 신령한 하나님의 집으로 세워지길 소망하는 마음으로 운영하려고 애를 썼다. 말씀과 성실로 하루를 시작하고 감사함으로 하루를 마감하는 생활이 이어졌다.

주님께서 반석이 되어 주셨다.

빌딩을 관리하는 일에서, 화학약품을 수출하기 시작하면서 무역업을 하게 되었다.

물과 햇빛과 바람을 주시어 곡식을 자라게 하시듯 회사는 조금씩 성장하기 시작했다. 건축자재, 건설장비 등을 한국으

동원자원개발 사장 시절,
아르헨티나에서

로 수출하면서 한국으로부터 인공위성 수신 안테나를 비롯한 부품들을 독점 수입, 총판을 하게 되었다.

1996년 동원자원개발 사장으로 가기 전까지 정근은 산돌에 몸을 담고 있었다.

하나님께서는 부족하지도, 넘치지도 않게 채워 주셨다.

가난하여 하나님을 원망하지 않게 해주셨고, 너무 많이 주셔서 하나님이 없다고 교만하지 않게 해주셨다.

모든 것을 하나님께서 세밀하게 돌보아 주신 것임을 분명하게 알게 되었다. 20여 년간 사업하는 동안 선적과 품질에 대한 고객들의 불만을 들어본 적이 없었다.

운송회사나 선박회사들도 산돌의 일이라면 우선적으로 처리해주었고 고객들도 늘 편의를 봐주었다.

물론, 안타까웠던 때도 있었다. 사업을 확장할 수 있는 기회들을 놓쳤을 때이다. 타사와의 경쟁에 필요한 기술지원이 절실할 때, 끌어올 수 있는 자금의 한계가 있었기 때문에 사업 확장이 어려웠다.

그러나 이마저도 하나님의 세밀한 간섭하심이라고 고백한다.

감당할 수 있는 만큼의 주문이 들어왔고, 그것으로도 충분히 넉넉했다.

한편 주배는 상황이 바뀌어 뜻하지 않은 이민을 가게 되자, 이민 생활의 고달픔이 또 다른 시련으로 다가왔다. 남편과 아이들과 한 가족이 모두 함께 살아가는 기쁨도 있었지만 낯선 땅에서의 소외감과 무력감은 다시금 기도와 성경말씀을 붙들게 만들었다.

이러한 시간들을 통해서 겨자씨가 자라서 나무가 되고 새들이 와서 깃들고 노래하듯 주배의 신앙도 그렇게 자라나게 되었다.

그러던 중 장인의 탄광업은 석탄생산 원가의 지속적인 상승과 정부의 생산량 감축정책에 따라 대체사업이 절실하게 되었다. 탄광회사의 강점은 땅을 파고 내려가는 기술이니 석유개발사업에 눈을 돌리면 어떻겠냐고 제안했다. 때마침 Shell 회사의 기술을 담당하는 사람으로부터 신기술을 이용하여 생산이 중단된 유전을 개발하자는 제안을 받아 사할린으로 가게 되었다.

11월부터 4월까지 눈이 쌓여 있는 사할린….

새로운 땅, 낯선 환경이었다.

사회주의 국가의 특징은 국가가 소유하고 있는 것들이 모두 다 자기의 것인 양 주인 행세를 하기 때문에 이들을 상대하기가 퍽이나 어려웠다.

워낙 추운 곳이라 핑곗거리만 생기면 실내에서 노래하고 춤추며 먹고 마시기를 즐겨하다 보니, 이들을 상대로 계약을 따 내기에는 많은 시간이 걸렸다.

운전기사와 통역관을 앞세우고 사할린 주정부 청사를 자주 드나들어야 했고, 본사와 협의할 일이 있으면 전화국으로 달려가야만 했다. 업무처리를 하는 데에도 다른 곳에서의 몇 배의 시간과 돈, 노력이 필요했다.

일을 성사시키기 위해 많은 사람들을 만나야 했고, 틈나는 대로 사할린에 거주하는 한국 교민(고려인)들과 식사 자리를 마련하기도 했다.

부지런하고 성실하여 겨울에도 온실에서 장미를 재배하여 판매하는 고려인들은 생활수준이 높기 때문에 사할린에서도 이들의 발언권을 무시하지 못했다.

한겨울이면 머리가 깨질 것같이 추운 이곳에서 보낸 시간이 2년…. 어렵게 주정부와 계약을 맺고 서울에서 정부요원들과 성대한 파티도 열었지만, 그들은 더 좋은 조건을 내건 다른 곳과 재계약을 해버렸다. 다리에 힘이 풀렸다.

그렇지만 이것도 하나님의 또 다른 은혜라 여기며 사할린을 떠나 아르헨티나로 갔다.

사할린에 비하면 더없이 좋은 환경과 여건이었다.

형식은 입찰이지만 정부 측과 협상이 되면 계약이 되는 일이어서 석유회사를 인수하여 생산을 할 수 있었다.

문제는 다른 유전을 찾아 개발하는 것이었다. 유전개발은 천문학적인 돈이 들어가는 일이기에 신중에 또 신중을 기해야만 했다. 아르헨티나에서의 생활은 계속되는 회의와 토론의 연속이었다.

현지 정부와 석유공사 직원, 정근이 몸담고 있는 회사가 서로 다른 이해관계 속에서 합의점을 찾기가 녹록지 않았다.

밤의 도시 부에노스아이레스는 독특한 자기들만의 문화를 가지고 있어서 여가를 즐기기엔 부족함이 없는 도시였으나 가족에 대한 그리움, 계속되는 회의로 점차 지치게 되었다.

그런 와중에 생긴 회사와의 불협화음으로 미련 없이 후임자에게 업무를 인계하고 미국으로 돌아오게 되었다. 그것이 1999년이었다.

무역업을 다시 시작하기엔 여러 가지로 어려울 것 같았다. 더욱이 한국에 계신 부모님을 자주 찾아뵈어야겠다고 마음먹은 후였기에 무역업에 관한 미련을 쉽게 버리게 되었다. 그러면서 대한민국 국적도 회복하였다.

한국에서 미국으로, 미국에서 사할린으로, 사할린에서 아르헨티나로, 아르헨티나에서 미국으로, 그리고 먼 길을 돌아 다시 한국으로 왔다.

끝없는 하나님의 위로와 격려가 늘 함께했다.

갑작스러운 이별

그러던 중 가슴이 찢어지는 아픔을 당했다. 형님과의 이별이 그 것이었다. 이 땅에서는 다시 만날 수 없는 곳으로 홀연히 떠나셨다.
만남과 헤어짐이 반복되는 게 인생이다.
만났다 헤어지고 또 만나는 게 인생이다. 모든 이별에는 아쉬움이 있지만 준비되지 않은 갑작스러운 이별은 남아 있는 사람들에게 크나큰 상처와 아픔을 남기게 된다.

정근에게 일어난 일이 그런 것이었다.
2001년, 정근의 형 유정걸 장로는 주일예배 후, 목사님과 교인들이 함께 차를 마시며 교제하던 중 갑자기 쓰러졌고, 병원으로 가는 구급차 안에서 주님의 부르심을 받았다.
다섯 자녀의 자상한 아버지이며 멀리 계신 부모님께 매주 전화를 드리던 아들이었다.
부모님을 모시지 못한 것을 늘 마음 아파했던 장남 정걸의 부음은 가족 모두에게 청천벽력 같은 소식이었다. 받아들이기 힘들고, 인정하고 싶지 않은 아프고 슬픈 일이었다.

정걸은 어려서부터 고생을 많이 했다. 갓난아이 시절에는 젖이 모자라 어머니의 등에 업혀 젖동냥을 다녀야 했고, 해방이 되자 막내 동생을 업고 가시는 어머니의 손을 잡고 3·8선을 넘어야 했다.
6·25 전쟁이 일어났을 때 열한 살이었다.
어린 소년은 부산까지 머나먼 피난길을 걸으며 총탄이 쏟아지는 전쟁의 공포를 고스란히 겪어야 했다. 더구나 피난살이의 고단함, 빈곤, 설움은 눈물이 되어 뺨을 타고 흘러내렸다. 중학교에 진학할 무렵 부산 서면에 살았는데 송도까지 날마다 통학을 해야 했다. 그 길은 전쟁과는 또 다른 고생이었으리라.

그래서였을까?

고등학교 시절에는 건강이 나빠져서 비교적 조용한 시간을 보낼 수밖에 없었다. 그래서 정걸은 남산골샌님이었다. 힘들게 의과대학을 졸업하고 때마침 미국으로 갈 수 있는 기회가 주어졌다. 하지만 의사소통이 원활하지 못한 채 시작된 의사로서의 첫발은 참으로 가혹하리만큼 힘들었으리라. 더구나 몸도 성치 못했기에….

인턴과정의 야근시간과 고된 레지던트의 업무는 지옥과 같은 시간이었다. 그럼에도 불구하고 내일에 대한 소망이 그를 일으켜 세웠다. 힘겹고 고달픈 시간들이었지만 세월이 흘렀다. 점차 안정을 찾게 되자 서울에 두고 온 아내와 큰딸을 불러들여 희망찬 새 삶을 시작했다.

아이가 다섯으로 늘어나면서 할아버지 유계준 장로와 아버지 유기선 장로로 이어진 하나님 사랑, 이웃 사랑의 교육철학은 유정걸 장로에게로 고스란히 이어졌다.

정걸은 인간됨이란 교육을 잘 시킴으로 비롯되며 그것이 자기 인생과 가정 그리고 국가에 공헌하는 길이라고 믿었다. 그리하여 두 아이는 의사로, 한 아이는 공학박사로, 나머지 아이들은 석사까지 뒷바라지했다.

다섯 아이들을 머나먼 이국땅에서 뒷바라지하는 것이 얼마나 힘들었을

형님댁에서

까? 정걸은 몹시 힘에 부칠 때마다 눈물 어린 기도와 함께 찬송을 불렀다.

"내 모든 시험 무거운 짐을 주 예수 앞에 아뢰이면
근심에 싸인 날 돌아보사 내 근심 모두 맡으시네
내 짐이 점점 무거워질 때 주 예수 앞에 아뢰이면
예수는 나의 능력이 되사 세상을 이길 힘 주시네

무거운 짐을 나 홀로 지고 견디다 못해 쓰러질 때
불쌍히 여겨 구원해 줄 이 은혜의 주님 오직 예수."

아버지로서의 책임과 순교자 가문의 유산을 지켜내려는 갈망은 정걸의 기력을 조금씩 소진시켰다.
즐겨 부르던 찬송가 가사처럼….
그가 홀로 지고 가는 짐이 얼마나 무거웠을까?
그의 삶은 골고다를 향한 오르막길이었다.
힘에 겨워 견디다 못해 쓰러지는 정걸을 하나님은 두 팔로 끌어안아 품어 주셨다.
그날은 바로 할아버지 유계준 장로가 순교하신 6월 24일이었고, 당시 나이는 62세였다.
장례식에서 조사를 읽는 동생 정근의 두 눈에서 눈물이 하염없이 흘러내렸다. 그냥 서서 울고만 있었다. 무엇이 그토록 아프고 애절했을까?
사랑한다는 것이 책임을 다하는 것이라면…아비로서 가시고기가 되어 소진된 정걸의 생명은 무엇이라고 이름 지어야 하는가?
유정걸 장로는 이렇게 가시고기가 되어 하나님의 품으로 돌아갔다. 아니, 하나님께서 정결의 무거운 짐을 맡으시고 쉬게 하셨다.

사랑하는 사람과의 이별은 누구에게나 쓰리고 아픈 상처를 남긴다. 하늘이 무너지고 땅이 꺼지는 것 같은 현실의 아픔 속에서 정근의 시간은 멈춘 것 같은데, 오늘도 어김없이 밝은 햇살은 미소처럼 번지고, 날이 저물면 땅거미는 기어나온다.

아무것도 할 수 없을 것 같고 다시 무엇을 하기 힘들 것 같은 아픔이었다. 그러나 그 이별이 영원한 것이 아니기에 참담한 슬픔 속에서도 다시 내일의 소망을 꿈꾸게 된다.

다 이해할 수 없는 하나님의 뜻과 시간들, 그 안에서 일어나는 만남의 기쁨과 헤어짐의 아픔들을 어찌 다 표현할 수 있으랴. 아무런 예고와 준비가 없었던 이별은 이해되지도 않았고, 받아들일 수도 없었다.

하지만 지금도 살아 계신 하나님, 우리를 향해 늘 신실하신 하나님, 단 한 번도 실수가 없으신 하나님을 온전히 신뢰한다.

시간이 흘러 어느 날엔가 생명강가에 섰을 때 '하나님의 뜻과 주님의 길이 여기에 있었구나' 하고 고개 끄덕이게 될 날이 올 거라 믿으며 기다린다.

고난, 아픔, 슬픔과 이별, 피하고 싶고 만나고 싶지 않은 일들이 하나님의 자녀에게도 찾아온다. 하지만 영원한 이별이 아니기에 오늘의 슬픔을 견디며 이겨낼 수 있다.

다시 만날 것을 알기에 그 누구도 원망하지 않고 그날을 기다릴 수가 있다.

고통과 슬픔을 지나 더 큰 기쁨과 소망을 지닐 수 있음은 하나님의 자녀에게 주신 특별한 선물이리라.

정근은 눈물을 삼키며 찬란한 주님의 나라를 바라본다. 다시 만날 그날을 기약하며….

　가시고기가 되어 이 세상을 떠나간 형님이 있었다면, 또 한편으론 책임을 끌어안고 버티며 견디어 낸 공보부장 정은이 있다.
　아버지는 자식들을 모두 서울로 보내 공부를 시켰다. 아버지 유기선 장로는 "말은 새끼를 낳으면 제주도로 보내고, 사람은 자식을 낳으면 서울로 보낸다"는 말을 자주 하셨다.
　사람이 많고 번화한 도시에서 교육을 시켜야 큰 인물이 될 수 있다는 말은 그만큼 주위의 환경이 중요하다는 의미일 것이다.
　부모를 떠나 서울에서 아이들끼리 생활했기에 누군가는 생활비를 관리하며 부모님과의 연결고리 역할을 해야 했다.
　이 일이 누님 정은의 역할이었다.
　매달 부모님께서 보내주시는 생활비를 관리하고 궁금해하시는 서울 생활을 알려드려야만 했다. 한창 자라나는 나이였기에 돌을 삼켜도 소화시킬 정도로 식성은 날이 갈수록 왕성했다. 하지만 한정된 재정으로 관리한다는 것은 참으로 어려웠을 것이다.
　그러나 정은은 어려서부터 자신은 물론 형제와 집안 관리를 잘 하던 터라 맡겨진 살림을 훌륭하게 감당했다. 아버지는 어려서부터 안팎으로 관심을 가지고 잘 살피는 정은을 '공보부장'이라고 부르시곤 했다. 공보부장은 아침마다 하루의 용돈과 차비를 나누어 주었다. 정근은 학생 신분

그리운 부모님!

이지만 용돈은 늘 부족했다.
그러면 어떠랴! 후암동, 갈월동 일대가 활동무대인 것을!

정은은 사대부속중학교에 입학을 했다. 그 당시 사대부중은 입학시험이 특차여서 공부 잘한다는 학생이라면 모두 응시하던 터였다.
그러나 정은은 어렵지 않게 당당히 합격을 했다. 그에게는 별로 힘든 일이 아닌 듯했다. 정은은 남달리 끈질기게 버티는 힘이 있어서 동이 트기 전에 책상에 앉아 공부를 시작하면 날이 어두워질 때까지 그대로 책상에 앉아 있었다. 참으로 놀라울 정도의 집념과 버티기, 그리고 인내의 소유자였다. 아마 아버지의 성품과 기질을 고스란히 물려받은 것이 아닐까 싶다.
고등학교 시절에는 공부도 잘했을 뿐만 아니라 규모 있는 생활 속에서 훈련되어진 절제된 성품으로 기율부장 임무도 잘 감당했다.
이화여자대학교 영문학과에 입학을 하면서 아버지는 이대 총장의 꿈을 키워보라고 하셨다.
하지만 아뿔싸! 훤칠한 키에 KS마크(경기고, 서울대)의 미남 윤승영 검사를 만남으로 이대 총장의 꿈은 물거품이 되고 말았다. 이대 총장이 될 수 있는 첫 번째 조건은 미혼이어야 했기 때문이다.
정은은 아버지의 기질을 가장 많이 닮았다. 아버지는 자녀들을 (사위와 며느리 포함) 모두 박사로 만들고 싶어 하셨다. 이런 아버지의 뜻을 따라 정은 부부가 제일 먼저 박사 부부가 되었고 아주대에서 후학들을 가르쳤다.

정근이 먼 길, 오랜 시간 돌고 돌아 다시 찾은 한국은 많이 달라져 있었다.
눈부신 발전, 괄목할 만한 경제 성장, 높아진 위상, 그리고 늙으신 부모님…. 정근도 할아버지가 되었다.

학교를 땡땡이 치고 멱 감으러 갔던 한강은 여전한데 어릴 적 그 한강이 아니었다.

서대신동의 꼭대기 집도, 후암동 언덕의 집도 이젠 추억으로 사라지고 없지만, 이곳을 위해 무언가를 해야 할 것 같은 강한 마음이 솟구치는 것은 무슨 이유일까?

부모님의 장례를 치르고 나서 조용히 앉아 하나님의 부르심에 귀 기울여 보았다.

유계준 장로 순교비 제막식에서

마음대로 산 것 같았는데, 돌아보면 다 하나님의 섭리였음을 고백하게 된다. 인생의 모퉁이, 길목 하나에도 하나님의 손길 아닌 것이 없었다.

자유롭게 살았는데, 문득 생각해 보면 돌고 돌아 도착한 곳은 십자가 그늘 아래임을 깨닫게 된다.

하나님께서 나의 손을 놓지 않으신다는 약속을 믿는 믿음이 있었기에, 인생의 순간순간마다 최선을 다할 수 있었음을 정근은 고백한다.

그의 자녀들을 책임지시는 하나님의 사랑을 믿기에 다가오는 삶에 대한 염려도 없다. 그저 성령님의 인도하심을 따라 한 걸음씩 뚜벅뚜벅 걸어갈 뿐이다.

아버지의 기대에 미치지 못했다는 죄송함에 평생 눌려 있었다. 하지만 돌아온 탕자를 품에 안고 기뻐하며 가락지를 끼우고, 새 신발을 신겨주고, 송아지를 잡아서 잔치를 열었던 탕자의 아버지처럼, 그를 따뜻이 품어주실 거란 확신이 들었다.

법관이 되었다면, 사회정의를 구현하며 국가질서를 유지하고 숭고한 사명과 정의국가 실현에 근간이 되는 책임감 있는 사람이 되어 나라 발전에 이바지했겠지만, 하나님의 부르심에는 제한구역이 따로 없다는 생각이 든다.

"한 알의 밀알이 되라."

할아버지 유계준 장로의 유훈이다.

법관의 자리가 아니어도 밀알이 될 수 있고 옥토가 될 수 있는 것 아니겠는가!

나이도 학력도 제한이 없는 하나님 나라의 일꾼으로, 주님의 구인광고란에 지원자로 들어서기로 했다.

혹시, 목사님이세요?

미국 나성한인교회에는 도서실이 있다.

매월 추천도서로 몇 권의 책을 선보이는데, 목사님께서 여러 번 도서실에서 자원봉사할 사람을 찾는다는 광고를 하셨다.

시간이 많이 지나도 자원하는 사람이 없었다.

손을 들었다.

교인들에게 좋은 신앙서적을 소개하는 일이었다. 책을 소개하기전에 먼저 좋은 책을 선정하고 읽어야만 했다. 따라서 많은 시간을 요하는 일이었다. 이 일은 한국에 머무르고 있을 동안에도 매달 20권의 책을 구입(신앙서적 70%, 일반도서 30%)하여 미국의 교회로 보냈다.

이 일을 10년 넘게 했다. 누가 알아주지 않는 이 일을 자비로 감당했다. 알아주지 않으니 더 즐거운 일이었다.

순종하는 손길을 통해 일하시는 하나님을 알기 때문이다.

책 한 권으로 인생이 통째로 바뀔 수 있게 하시는 분이 하나님이시다. 그러한 일들이 실제로 일어나기를 소망하며 기쁨으로 감당했다.

처음에는 봉사라고 생각했으나, 이 일의 가장 큰 수혜자는 정작 자신이라는 것을 깨닫게 되었다.

책을 통해 새롭게 만나게 되는 하나님, 하나님께서 하시는 놀랍고도 기묘한 일들, 부르심에 순종한 사람들을 통해서 세상 모든 것을 움직이시는 하나님을 만나는 시간은 은혜롭고도 아름다운 시간이었다.

그러다 보니 한국에서의 시간 대부분을 도서관이나 서점에서 보내게 되었다.

서점을 자주 찾게 되자, 어느 날 직원이 조심스럽게 물었다.

"혹시, 목사님이세요?"

"아닙니다."

"그럼, 누구세요?"

이러이러한 일을 하는 할아버지라고 소개를 하니, 자신이 출석하고 있는 교회에서 방과후 교실을 운영하고 있는데, 아이들에게 영어를 가르쳐 줄 수 있겠느냐고 부탁을 했다.

지난 일들을 통해 볼 때, 하나님께서는 언제나 먼저 사람을 보내주셨다.

미국에서 사업을 하려 했던 게 아니었는데, 화학제품을 시작으로 일이 확대되어 무역회사를 하게 되지 않았던가!

적당한 때, 적당한 사람들을 보내주시고 돕게 하셨던 하나님의 선하심을 떠올렸다.

"그럼 그러자" 하고 매주 한 번씩, 보광중앙교회의 초등학생들과 함께 영어공부를 하고 있다.

20분 이상 집중이 어려운 초등학교 아이들을 가르치는 게 쉬운 일은 아니지만 할 수 있을 때까지 계속할 것이다.

이러한 만남이 또 있다.

'4·19 도서관'에 머무르는 시간이 많다 보니 자연스럽게 마주치는 이들이 있었다. 젊은이들이었다. 주말이면 공부하러 도서관에 오는 대학생들과 자주 만나게 되었다.

이들도 묻는다.

"혹시, 목사님이세요?"

정근의 정체(?)에 대해 알게 된 대학생들과의 대화는 자연스러웠다. 이들은 자신들의 고민과 갈등, 현실의 문제 등에 대해 조언을 구하며 인생의 선배에게 이것저것을 묻는다. 심지어 여자 친구와 헤어져 마음의 고통을 토로하는 친구도 있었다. 아직도 이 만남은 지속되고 있다.

대학생들은 주말을 기다리게 되었고, 정근도 주말이면 도서관에 가려고 한다. 자장면도 사주고 피자도 나누어 먹으며 교제를 나눈다.

그중에는 대학 1학년 때 처음 만났는데, 벌써 군대까지 다녀온 학생도 있다. 젊은이들과 대화하면서 인생의 중심에 계시는 하나님을 전한다. 정근의 인생길에 함께하셨던 하나님, 고비마다 피할 길을 주시고, 이겨낼 힘을 주시고, 필요한 사람들을 보내주셨던 좋으신 하나님을 증거한다.

'예수천당, 불신지옥'이라고 굳이 강권하지 않아도 삶 가운데로 스며드는 증인이 될 수 있다. 그렇기에 정근은 서 있는 그 자리에서,

불러주신 그곳에서 조용한 증인이 되고 싶은 소망으로 오늘도 살아가고 있다.

예수님을 영접하자마자 상투를 자르고 삶으로 본을 보이신 할아버지, 신혼집을 드림으로 미림교회를 설립하신 할아버지, 숨이 끊어지기 직전의 자기를 안고 산정현교회 언덕을 눈물 뿌리며 한달음에 올라가셨을 할아버지를 생각하며…그렇게 살아갈 것이다.

대동강에 십자가를 세우시고 하늘씨앗이 되신 할아버지 유계준 장로처럼….

이따금 멀리서 개 짖는 소리만 들리는 칠흑 같은 어둠을 뚫고, 숨을 죽이며 네 살 난 아이가 안내자의 등에 업혀 누나와 함께 조심스럽게 강을 건너고 있다. 38선을 넘어 한 발 앞서 떠나신 부모님과 형제가 있는 남한으로 탈출하는 길이다.

2년 후, 여섯 살 난 아이가 유치원을 나와 집으로 돌아가던 중 한

또 하나의 밀알

제과점 앞에 멈추어 섰다. 아이는 도넛을 구워내고 있는 아저씨를 열심히 쳐다본다. 그 아저씨는 아버지를 따라 이북에서 38선을 넘어와 같은 집에 살고 있는 왕년의 권투선수다.

유리창에 얼굴을 들이민 채 그대로 굳어져 있다. 콧등이 유리병에 짓눌린 모습으로 아저씨가 도넛을 줄 때까지 버티고 서 있다.

그리고 그 다음 해, 6·25 전쟁이 터지자 온 식구가 부산으로 피난길에 오른다. 전쟁이 무엇인지도 모른 채 소풍이나 가는 양 신나는 마음으로 앞장서 피난길을 떠났다.

배가 고프면 길가에 심겨진 감자를 캐먹고, 비행기 공습을 만나면 어느 움막에 들어가 몸을 숨겼다. 그러던 그가 이제는 칠십을 훌쩍 넘긴 백발의 노인이 되었다.

그는 하나님께 감사하다는 말밖에 할 말이 없다고 한다.

그가 살아온 굽이굽이마다 하나님의 자비하심과 긍휼하심이 넘쳤을 뿐만 아니라, 모든 것이 그분의 은혜요 사랑이라 고백한다.

하나님이 여기까지 인도해 주시고 이끌어 오셨으니 죽는 자리까지도 반드시 책임져 주실 줄을 믿는다고 한다.

많은 사람들이 '어떻게 죽을 것인가' 하는 웰다잉을 염려하지만, 자기는 어떻게 죽을 것인가보다 '죽음을 이기는 부활'에 더 마음이 간다고 한다.

하나님의 일하심은 참으로 신묘막측할 뿐이다. 그분의 사랑과 자비는 온 우주를 다 덮고도 남음이 있음을 안다고 한다. 남들이 우러러보는 잘난 인생은 결코 아니지만 하나님의 긍휼과 은혜로 가득 채운 삶이기에 보석 같다고 말한다.

그는 오늘도 기도한다.

"하나님, 참 감사합니다. 오늘도 저의 인생을 통해 하나님께서 영광을 받으옵소서!"

"여호와께서 사람의 걸음을 정하시고 그의 길을 기뻐하시나니 그는 넘어지나 아주 엎드러지지 아니함은 여호와께서 그의 손으로 붙드심이로다 내가 어려서부터 늙기까지 의인이 버림을 당하거나 그의 자손이 걸식함을 보지 못하였도다 그는 종일토록 은혜를 베풀고 꾸어 주니 그의 자손이 복을 받는도다"(시 37:23-26).

하늘 씨앗 미림 유계준 장로
대동강의 십자가

1판 1쇄 인쇄 _ 2018년 3월 15일
1판 1쇄 발행 _ 2018년 3월 20일

지은이 _ 김호민
펴낸이 _ 이형규
펴낸곳 _ 쿰란출판사

주소 _ 서울특별시 종로구 이화장길 6
편집부 _ 745-1007, 745-1301~2, 747-1212, 743-1300
영업부 _ 747-1004, FAX 745-8490
본사평생전화번호 _ 0502-756-1004
홈페이지 _ http://www.qumran.co.kr
E-mail _ qrbooks@gmail.com / qrbooks@daum.net
한글인터넷주소 _ 쿰란, 쿰란출판사
등록 _ 제1-670호(1988.2.27)
책임교열 _ 최찬미 · 최진희

ⓒ 김호민 2018   ISBN 979-11-6143-037-9 93230

책값은 뒤표지에 있습니다.
이 출판물은 저작권법에 의해 보호를 받는 저작물이므로 무단 복제할 수 없습니다.
파본(破本)은 구입처에서 교환해 드립니다.